阿比西尼亞攝政王塔法利拉斯王——後來的海爾・塞拉西皇帝於一九三四年訪問敦倫時，由約克公爵——後來的英王喬治六世迎接。

上圖 位於阿迪斯阿貝巴的舊領事館，
我就在那裡出生。

中圖 年僅四歲，我握著一支
父親打到的山羚羊的角。

下圖 新的領事館，我在那裡長大，
現在是英國大使館。

我的父親與我的母親。

下圖 我的父親在護衛下進入阿迪斯阿貝巴，向曼尼里克皇帝的
指定繼承人里茲·亞蘇呈交到任國書。

左上圖 里茲．亞蘇穿著傳統的阿比西尼亞服裝。
左圖 身為一名穆斯林，亞蘇穿著丹納吉爾服裝。

上圖 一九一七年，塔法利拉斯王擔任攝政王。

左圖 曼尼里克皇帝。

下圖 參加英王喬治五世加冕大典的阿比西尼亞代表團，由卡薩拉斯王（右起第三位）帶隊。

左上圖及中圖
一九一七年大革命期間的情景。

左圖 米凱爾王麾下被俘的將軍在塞加勒之役後，被領著通過勝利遊行隊伍。

上圖 一名阿比西尼亞北部的提格雷人。

恩柯巴的景觀：遷都到阿迪斯阿貝巴之前，
曼尼里克的宮殿位在山丘頂上（中間偏右）。

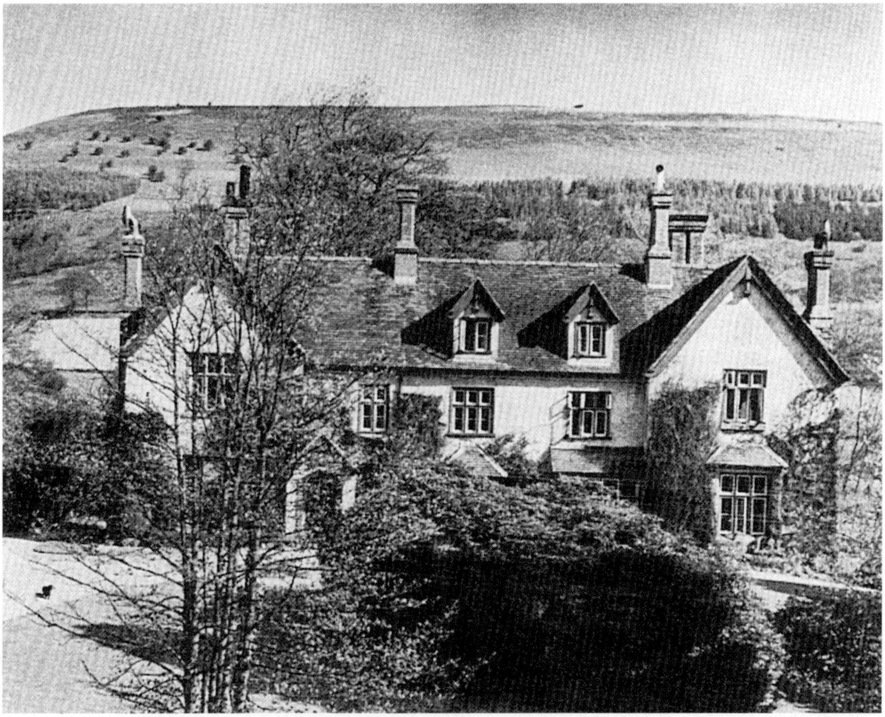

上圖 一九一八年，我的叔叔
徹門司福議員穿著他的總督袍子。

下圖 一九一七年，
在總督府小木屋的一項官員聚會，
在我叔叔左邊的是國務卿
艾德溫．蒙達古，
接下來是我的母親，
布萊恩和我坐在左邊的地上，
我父親在我們正後方第二排。

右上圖 羅登夏的麥爾布魯克
曾長達二十年是我們的家。

右下圖 伊頓公學的高年級比賽，
戴扁帽的是我的古典指導老師
C.O. 畢凡，坐在我的舍監
麥克奈里旁邊，我本人是後排
右起第二位。布萊恩是中排
最右邊，羅德里克是前排左起
第二位，德蒙是前排右起第三位。

上圖 在阿迪斯阿貝巴復臨堂聖殿，祭司以聖水祈福。
下圖 鄰近阿迪斯阿貝巴的一處典型戶外市集。
右圖 海爾．塞拉西接受加冕擔任皇帝的那一天。

一九三三～三四年的
丹納吉爾鄉野：

上圖 我的探險隊成員；奧瑪在中間，卡西米在他右邊。
左圖 在比連飲水的駱駝。
下圖 一群戰士。

對頁 阿瓦許河域：

上圖 某次渡河。
中圖 聳立在南奧薩濕地上方的吉拉火山口。
下圖 阿瓦許河的終點，阿布赫巴德湖。

上圖 我和我的小獅子們在喀屯屋宅的外面。

右圖 我在蘇丹的私人隨從伊得里斯，戰爭期間攝於加拉巴特。

上圖 在達爾富北部，一群麥道布族人正在聚集。

下圖 伊得里斯（帶槍者）和其他查哈瓦人與一頭專殺牛群的母獅合影。

左頁上圖 和我的挑夫們在西努爾區內洪水氾濫期間一起旅行。

左圖 我的挑夫們。

最上圖 「克勒里」平底駁船，這艘螺旋槳汽船是西努爾省行政區的總部所在地。

上圖 一九三八年，我的狩獵戰利品，左邊是伊得里斯，右邊是我的翻譯員馬洛。

右圖 溫德本－麥斯威爾和兩尾他所捉到的尼羅河紅魚合影。

左圖 努巴人在哥多芳省東側丘陵舉行摔角比賽。

下圖 提貝斯提山脈中，靠近奧若的那那姆西納峽谷。

右頁上圖 提貝斯提山脈中，位於庫西山的馬夏卡奇峽谷。

右頁下圖 提貝斯提旅行時我的手下。

上圖 位於夏法塔克的藍尼羅河峽谷。

下圖 在阿吉巴向我投降的戰俘。

一九四一～四二年的
戈占省戰役：

左圖 一〇一軍團的但恩・山德佛旅長。
右圖 奧德・溫吉特上校校閱第二衣索匹亞營隊。
下圖 曼加薩將軍和他的義勇軍勁旅。

上圖 大衛・史特林和SAS南非巡邏隊。

下圖 我和SAS希臘聖戰中隊指揮官紀甘特上校在西部沙漠合影。

左圖 法里斯夏辛，我的德魯士族傳令兵以及他的祖父在馬哈合影。

右圖 一名德魯士族騎士。

下圖 德魯士長者在羅馬人的遺址合影。

阿比西尼亞北部山脈。

右圖 一九六〇年，我的騎士們在一趟穿越阿比西尼亞北部的旅行中。

右圖 在拉利貝拉教堂中的一只銀質戰鼓。

下圖 在我的北阿比西尼亞之旅中，一個先鋒司令官和他的妻子及家人招待我。

對頁 藍尼羅河從坦納湖浮現之後，所形成的提西薩瀑布。

上圖 位於岡達爾，十七世紀由法西拉達斯所建造的宮殿。

下圖 十二世紀建在洞穴裡的因拉漢納克里斯托教堂。

左圖 拉利貝拉巨大的石造教堂米德漢納阿蘭教堂。

下圖 拉利貝拉的石雕十字形喬治斯教堂。

一幀海爾．塞拉西簽名送給我的照片，這是一九三六～四〇年間他流亡英格蘭期間拍攝。

當代名家旅行文學76

我選擇的生活

世紀探險家塞西格回憶錄

The Life of My Choice

威福瑞・塞西格（Wilfred Thesiger）◎著

趙惠群◎譯

紀念
已故的皇帝陛下
海爾・塞拉西

目錄

【第五篇】重回阿比西尼亞：一九四四～一九五八年

我吃了你們的麵包與鹽，
　　我喝了你們的酒與水，
看著身旁的那些亡者和
　　那些臥倒的生者，他們盡是我的人馬。

在祈禱中，在勞苦中，或在安樂中，
　　還有什麼是我不曾分享的——
我誠摯的心飄洋過海而來，
　　還有什麼樣的喜樂或痛苦是我所不知的？

——吉卜林

前言

這本書主要是關於阿比西尼亞（Abyssinia），除了最後一章，我在本書裡一直使用這個名字，來稱呼這個我出生與我生命中最初八年居住過的國家。當時與多年之後，人們所知的她不叫做衣索匹亞，而是阿比西尼亞。一九三五年義大利入侵該國，報紙、政治家和一般大眾還是稱它為阿比西尼亞；在二次世界大戰期間，英國解放了這個國家，因此我們總是偏愛稱它為阿比西尼亞。在描述一九五九到一九六〇年我在那裡的旅行時，即使衣索匹亞這個名稱被沿用至今，我還是繼續使用阿比西尼亞。然而我在最後一章，為順應時代而使用現在的國名，因為那一章主要是關於海爾·塞拉西①皇帝被推翻、飢荒援助組織和現今的馬克思主義政府。

同樣地，直到最近，阿法爾人②總是被人們稱為丹納吉爾人（Danakil），這個名稱我從《我選擇的生活》（*The Life of My Choice*）用來稱呼他們直到現在。同樣地，不管現今流行的稱呼為何，我會提到阿迪斯阿貝巴（Addis Ababa），但從來不用流行的「阿迪斯」（Addis）這個名稱（阿迪斯阿貝巴在阿姆哈拉語③中的意思是「新開花朵」），對我來說，依照《牛津新大學大字典》的解釋而稱它為「新」，那是很不恰當的。

我敘述一九一〇年到一九一九年間發生的事件，是依據我父親的外交部往返公文、他的半官方書信和我個人擁有的文件，以及他寫給他母親的書信。我還保存了一本一九三三到一九三四年我在丹納吉爾地區④探險，及一九三八年我在撒哈拉沙漠的提貝斯提山脈⑤旅行時記錄的詳盡日記。我在蘇丹和大戰期間服役，曾寫過長信給我的母親；我在阿比西尼亞最後兩趟旅行也寫了日記。

有一章我寫到關於一九三五到一九三六年，義大利入侵阿比西尼亞的事。今天只有少數人還記得五十年前在一個偏遠的非洲國家所發生的那一場戰役，我並沒有參與，但是沒有任何事件像它那般讓我產生刻骨銘心之痛。如果不能正確判斷義大利人所犯下的暴行，就不可能了解我何以對他們深惡痛絕，以及我在戰爭期間為何要獻身於阿比西尼亞解放運動。而這一章的文字我完全是參照科菲（Thomas M. Coffey）所著的《被獅子跟蹤》（*Lion by the Tail*，一九七四年出版）這本書。這本淺顯易讀且描述詳細的著作，對這個主題有最蓋棺論定的報告，任何對墨索里尼發動獸性殘暴且無預警的攻擊感到興趣的人，一定要讀這本書。我對於衣索匹亞曼吉斯杜上校⑥的共產政權建立所做的二手描述，是根據《泰晤士報》的報導，以及與艾德華．烏蘭朵夫教授（Professor Edward Ullendorff）的訪談。他是傑出的學者，對於阿比西尼亞有相當完整的了解，他也很熱心地為我檢視第二章的阿比西尼亞歷史，以及我的阿姆哈拉語的人名音譯。

阿拉伯名音譯成英文總是有些困難。一些相當知名的地名，諸如喀土木、哈登多瓦，我保留傳統的拼音方式：我非常感謝馬克．艾倫（Mark Allen）給我其他方面的建議。

以下這些人對我寫作這本書有相當大的幫助。紀連．吉本斯（Gillian Gibbins）對這本書寫作的過程，有強烈的興趣，他不斷地給我鼓勵和協助。我的非正式編輯阿德里安．豪斯（Adrian House）曾經多次閱讀這本書的打字稿，提供我一些很有價值的建議，特別是這本書的架構。最重要的人是喬治．韋布（George Webb），在忙碌的生活之餘，他十分嚴謹地閱讀這本書的打字稿，對於讓素材更流暢提出許多建議，並確保事實的正確無誤。四十年來，每當我旅行歸來，莫里．安塔吉（Mollie Emtage）就來迎接我，在我位於倫敦雀爾西⑦的公寓照顧我。只有我知道這一切對我意義重大，而我這本書的許多內容都是在這個庇護之所裡完成的。

注釋：

①海爾．塞拉西（Haile Selassie）：一八九一～一九七五，衣索匹亞皇帝（一九三〇～三六，一九四一～七四），原名塔法利．馬孔能拉斯王。一九一六年領導反對里玆．亞蘇（Lij Yasu）的革命，成爲攝政和帝位繼承人，把國家的制度加以西化。義大利征服衣索匹亞後，他住在英國（一九三五～三六），一九四一年英國解放衣索匹亞後恢復帝位。一九六〇年代初期參與建立「非洲統一組織」。一九七三年大飢荒導致經濟混亂、工廠罷工、軍隊兵變，一九七四年被廢黜，皇太子即位。

②阿法爾人（Afar）：居住在衣索匹亞東北部及厄立特里亞東南部的沙漠地區（丹納吉爾地區）的民族。

③阿姆哈拉語（Amharic）：衣索匹亞的官方語言。

④丹納吉爾地區（Danakil Country）：衣索匹亞東北部及厄立特里亞東南部的沙漠地區。地勢低窪，北和東臨紅海，南和西爲大裂谷。部分山地海拔一千公尺，但最低處則低到海平面下一一六公尺。氣溫最高達攝氏六十度。吉布地至阿迪斯阿貝巴的鐵路通過本區。

⑤提貝斯提山脈（Tibesti）：非洲中北部山脈，大部位於查德境內，部分在利比亞和蘇丹境內。最高峰是撒哈拉境內的庫西火山，海拔三四一五公尺，由風蝕造成的岩層蔚爲奇觀。

⑥曼吉斯杜上校（Colonel Mengistu）：全名爲Haile Mariam Mengistu，一九三七～　，衣索匹亞領袖。曾任臨時軍事行政會議主席（一九七七～八七），早年就學於蓋內特軍事學院，一九六〇年參與反對海爾．塞拉西的未遂政變，但未被審訊。一九七七年再次發動政變，遂成爲毋庸置疑的統治者。他仿效卡斯楚，在衣索匹亞建立一個同共產主義集團聯盟的社會主義國家。一九九一年被推翻下台。

⑦雀爾西（Chelsea）：倫敦西南部一住宅區，爲藝術家和作家聚居地。

【第一篇】

我的家人與阿比西尼亞：1910～1933

海
法屬
索馬利蘭
亞丁灣
瑞達瓦
哈拉爾
英屬索馬利蘭
拉爾省
奥
加
登
瓦瓦爾
威比謝碧利河
巴勒
義屬索馬利蘭
0
100
200
哩
多洛

阿比西尼亞

蘇丹
亞特巴拉河
馬薩瓦
阿斯馬拉
阿都瓦
阿克蘇
塔克茲河
瑟門
拉斯達山
貝格
美提瑪
加拉巴特
岡德爾
瓦格
坦納湖
蒙
德
羅瑟里斯
巴拉雅山
達爾喬
治斯河
阿拜河
(藍尼羅河)
巴希洛河
丹吉拉
戈占
布來
狄波拉馬可士
阿拜河
(藍尼羅河)
埃
及
英
屬
費契
索瓦省
瓦勒加人
阿迪斯阿貝巴
徹拉羅山
夏拉湖
伊魯巴伯人
吉瑪
大
加法
索都
阿巴雅湖
布爾奇
奧摩河
非
史蒂芬妮湖
亞維洛
美加
東
魯道夫湖
肯亞

【第1章】

抵達阿迪斯阿貝巴

一九二四年夏天，我在伊頓公學（Eton）的第一年，當時還是攝政王，後來成為海爾・塞拉西皇帝的塔法利拉斯王（Ras Tafari），以官方身分造訪英格蘭，並邀請我母親和我在倫敦謁見他。我童年在阿比西尼亞的歲月有多次機會見過他，當時我父親在那裡擔任英國公使，不過這倒是我第一次和他談話。他穿著一件黑色滾金邊的絲質斗蓬，套在一件精織的羊毛衣上，他穿過客房來迎接我們，和我們握手，微笑地帶著一種手勢請我們就坐。他個子很矮，即使後來，在我的印象中，他的輕盈體態和身高不足，正突顯了他的高貴特質，讓我把注意力移到他那敏感而性格的臉龐。

我對他的第一印象和最後的印象是威嚴的，一種毫無虛飾的威嚴；後來我更體會到他的慈祥。在後來的幾年裡，我十分欣賞他的那種堅毅不拔的意志力、他那種高度的耐性、勇氣、他的冷酷、他為他的國家所做的貢獻和他深切的宗教信仰。

我們用法文交談，那是他所熟稔的外國語。他立即表達對我父親過世的哀痛。他說：「我永遠也無法忘懷一九一六年大革命時，危機四伏的那幾個月裡，他所給我的支持與協助。他是個永遠能夠提供我足以信賴的建議的朋友，這樣的朋友真的很少。」

我的母親問候塔法利拉斯王的妻子與家人，特別是他最大的兒子阿斯法・伍森（Asfa Wossen），塞加勒內戰（battle of Sagale）期間他還在襁褓中，和我們一起待在公使館內接受庇護；接著他們談起共同的朋友，也回想起我們在阿比西尼亞期間所發生的一些事情。就在我們要離去的同時，咖啡和糕餅拿進房裡來，我告訴塔法利拉斯王，我是多麼的想回到他的國家。

他說：「你永遠受歡迎的。有一天你一定要來當我的貴賓。」

前往阿比西尼亞

我的父親在一九〇九年十一月中旬抵達阿比西尼亞就職，擔任英國公使，帶領領事館時，當時的曼尼里克皇帝（Emperor Menelik）據說依然健在人世，而他是這個國家幾個世紀以來，人們所知道的最偉大的君王，不過沒有人確定此事，但所有的人都會問，如果他過世了，將會發生什麼事。

過了一年多，曼尼里克病臥在寢宮裡，像一具活僵屍，全身癱瘓而不能言語，他後來又撐了四年，他的國家陷入混亂動盪中，據說他在臨死前召集群臣，嘆息著說：「我可憐的老百姓。」然後淚水從臉龐滑下。在他身為這個王朝無庸置疑的主宰的最初幾年，他的二十萬名戰士在他面前列隊接受校閱，另外有數十萬大軍護衛北方的邊界，或在東方的沙漠上與索馬利人①作戰，他曾在恩托托山脈（Entoto mountains）的山下建立了人稱「新開花朵」的阿迪斯阿貝巴城。在他統治之前，這座城的所在只是這個王朝最南方的邊界之地，當他過世時，這裡成了這個王朝的心臟地區。

我的雙親曾經從法屬索馬利蘭海岸地區的吉布地②搭火車旅行，前往鐵道末端阿比西尼亞境內的狄瑞達瓦（Dire Dawa）。他們在那裡和領事館領事赫伯特．赫維勳爵（Lord Herbert Harvey）派來的英籍印度裔醫師瓦克曼（Wakeman）會面，他被派遣前來協助他們，安排前方行程事宜。他們帶齊了在阿比西尼亞旅行所需的一切：糧食、衣物、書籍、相片、傢俱、帳篷、鞍具，一共有二十多個皮箱和大板條木箱，在他們離開狄瑞達瓦之前，所有的箱子都得加以檢查並且打包。我的母親才在幾個月前結婚，在此之前，她的海外旅行最遠只不過到義大利，而此時她得面對一項艱鉅的旅程，前往一個偏遠的國度，那裡因為曼尼里克過世，很可能呈現無政府狀態。這足以讓大多數人打退堂鼓。有一回她告訴我，唯一能讓她灰心沮喪的事，就是把那一大堆多得不可思議的行李加以分類，並確定每樣東西都能按照正確的路線送達而不被遺漏。比較沉重的行李利用駱駝經由沙漠的路線運送到阿迪斯阿貝巴，這條路線有丹納吉爾人，一直很危險，據說此時比平常更加麻煩。我的雙親利用騾子當運輸工具，經由澤澤山脈（Chercher Mountains）旅行到阿迪斯阿貝巴，取道哈拉爾（Harar），五十四年前，探險家柏頓③曾經到過這座有城牆的古城。

我的父親急於到那裡和巴爾查將軍（Dedjazmatch Balcha）見面，他是哈拉爾這個伊斯蘭教城市的首長，也是阿比西尼亞境內最有權勢的人物之一。巴爾查是世襲的古拉格人④，當他還是孩子時，他在曼尼里克參與鎮壓南方部落的諸多戰役中的某一戰役被去勢。戰爭結束時，曼尼里克注意到這個小男孩，並命令他的隨從訓練他。巴爾查復元後，在曼尼里克家裡擔任僮僕直到長大，後來他受特許而在阿都瓦（Adua）參戰，一八九六年阿比西尼亞人在這裡擊潰一支義大利部隊。身為哈拉爾的統治者，他有一種與生俱來的特質，以冷酷、野蠻和貪婪而聞名，受到他子民的憎恨與畏懼。

離開狄瑞達瓦兩天之後，我的雙親在哈拉馬雅湖（Haramaya Lake）畔的高原紮營，這是一小塊水澤之地，有野禽群聚，離哈拉爾不遠。第二天，巴爾查派遣一支部隊來護衛我父親進城，我的母親因為有孕在身且疲累，因而留在營地裡，這將是教她一生感到懊悔的事。這是我的父親第一次見識到阿比西尼亞王朝的那種俗艷的華麗，他在給他的母親的信中曾加以描述：

酋長和貴族穿著絢爛華麗，穿緋紅、湛藍或青綠的天鵝絨所做的斗蓬，大量使用金線鑲邊，套在絲質的襯衫上；有些人還用獅子或豹的皮革披肩披在肩上。大多數人都配戴珠寶，還有綴以獅子鬃毛的鍍金王冠。他們的盾牌有金或銀質的浮雕，他們修長而彎曲的刀劍，插在裝飾繁複的刀鞘裡。他們袍子的華麗因為他們隨從所穿的單調白衣，而格外地突顯。

這支漫長迤邐的武裝隊伍，有的人騎馬或騎驢或徒步，在烈日當空下，穿過平原而捲起煙塵，那是一種教人難以忘懷的景象。我希望我的父親曾留下任何與巴爾查會晤時的描述，但是我在他的信札或官方送達的文件中一無所獲。這位傑出的人物在後來發生的事件中扮演重要的角色，二十六年後，他再度與義大利人交鋒時遭到殺害。

一個月之後，我的雙親在阿迪斯阿貝巴城外開闊的平原上和赫伯特・哈維勳爵及一名阿迪斯阿貝巴貴族代表碰面，由這名代表護送他們前往領事館，領事館位在城鎮東相當一段距離，就在恩托托丘陵下的一處寬闊宅院裡。領事館由一些零落的抹灰籬笆牆木屋「土庫爾」（tukuls）組成，每一間屋子都是圓形的，並以茅草覆頂。這些建築物舒適而寬敞，也十分迷人。我於一九一〇年六月在其中一間屋子裡誕生，是第一個在阿比西尼亞出生的英國孩子。直到隔年，石造的領事館才完工，也就是今天的大使館所在地。

在那個年代裡，英國在巴黎、柏林、聖彼得堡、羅馬、君士坦丁堡和華盛頓，都派遣大使做代表，但是在其他大多數國家則是在領事館裡派駐一名全權公使。

當父親抵達領事館，他的手下包括了那位領事、一名醫師、一名阿比西尼亞籍翻譯官，還有來自印度陸軍的一支錫克族（Sikh）組成的領事館護衛隊。赫伯特・哈維爵士隨後很快地辦理移交，幾個月之後，由道提威利上校（Colonel Doughty-Wylie）取代。這位出色的人物曾經被從皇家威爾斯燧發槍團（Royal Welch Fusiliers）暫調到土耳其亞達那⑤擔任領事，他在亞美尼亞大屠殺事件中表現英勇果敢，他騎遍全城，在受傷之前，曾經拯救數百人性命。他很快就成為我雙親的密友，後來也是我弟弟布萊恩的教父。一九一五年，道提威利在加利波利⑥獲頒一枚維多利亞勳章，那是個重要的時刻，他在登陸戰中，從克萊德河上岸，重整來自罕普夏的一營殘餘兵力，攻占河岸上方的制高處，後來他就是在那裡遇難。我當時年紀太小，對他沒有什麼記憶，但是我記得後來不時有許多著名的人物擔任我父親的屬下，其中包括阿諾・赫德生（Arnold Hudson）、休・陶德（Hugh Dodds）和亞瑟・班亭克（Arthur Bentinck），多年以來，他們一直是我們的好友。

父親抵達幾天後，受到公眾的歡迎。他穿上全副外交官禮服，騎了一匹由曼尼里克派來、裝飾華麗的驢子到皇宮去。在阿比西尼亞，驢子比馬匹還要高貴。陪同的有我的母親，那位領事和全副武裝的錫克護衛隊，還有由巴爾查將軍提供，比我們的護衛隊更光鮮亮麗、人數多很多的小部隊。皇宮距離領事館有數哩之遙，每回我的雙親登上高點，他們更能看到前前後後延展開來的部隊行進。

而此時，曼尼里克已毫無行為能力，我的父親從未能與他會晤。而是由攝政王塔薩馬拉斯王（Ras Tasamma）和皇帝十五歲大的孫子里茲・亞蘇負責接待，在寫給祖母的另一封信裡，父親描述當天的情景：

> 在皇宮的大門，官員們毫不留情地使用長竹竿驅趕未獲准前來的人，以便清出通道。在最大的第一間廳堂裡，樂師吹奏長而直的號角，黑人吹著長笛加入這般喧鬧，那場景實在教人感到非常的震撼與特別。

他們穿過另一個擁擠的殿堂，來到只有酋長列隊的內殿。他們從那裡下馬，進入——

一棟巨大的建築，光線極昏暗，每一邊都有木頭柱子；地板鋪滿青綠的燈芯草，一塊長長的地毯鋪在中央。酋長們背對著牆排排坐著，全都華麗盛裝。

里茲．亞蘇坐在皇座前的一個高台上，在那第一次的會晤中，我的父親並不知道這個男孩子會為他的國家帶來什麼麻煩。

我的父親就是這麼樣被導引認識阿比西尼亞，後來的十年間，除了其間三度離去，他一直滯留在這個地方。

我的雙親

我的父親原本就有個有趣而且不斷異動的事業生涯。他於一八七〇年出生，一八九六年到九七年，他在小亞細亞的凡城⑦擔任名譽副領事，亞美尼亞大屠殺事件發生當時，他本人就在那裡。當時凡城遠離君士坦丁堡，只有少數歐洲人曾造訪過。庫德族人穿著他們獨特而華麗的服裝，居住在群山幽壑與湖畔，過著與他們祖先數個世紀以來相同的生活型態。

我的父親畫了一些以他們為題的水彩畫，吸引了童年時代的我，只是這些畫作後來不見了。在凡城，父親非常清楚那一段過往的偉大傳統：亞述的國王統治的年代，就在這些山脈之間，一個個朝代相互征戰與衰敗；他能夠想見當年他們居住的宮殿，還有與他們同床共枕的皇后嬪妃，他寫到：

他們如今何在？仍滿心歡喜與受到眷顧嗎？
他們四處離散而蒙塵，他們的美麗皆已消逝。
唯剩那綠草叢生的土丘與石塊砌成的石階，
靜靜地承受，目睹這裡的死寂。
在這庫德族人漂泊的丘陵地之上，看著羊群在溪谷中覓食，
這些古老年代的傳說，
對那不曾聽過阿什脫雷思或巴力⑧的人來說，又有什麼意義呢？

（凡城，一八九六）

我父親返回英格蘭時，被調派到外交部，派駐到義大利南部的塔倫多（Taranto）。在波耳戰爭⑨中，他加入皇家義勇騎兵隊（Imperial Yeomanry）擔任騎兵，不過沒多久便晉升為上尉。一九〇〇年三月到一九〇一年十月間，他在南非征戰，得到優異服務勳章（DSO）。

戰後他原來打算在羅德西亞當一名地區長官，但後來還是決定重新加入外交部團隊。一九〇二年，他被派到南斯拉夫首都貝爾格勒（Belgrade）擔任副領事，當時南國因為亞歷山大國王（King Alexander）與德拉格皇后（Queen Draga）遭黑手黨徒暗殺，首相在民眾抗議之下退位，父親當時被留滯下來帶領領事館，擔任臨時副部長，在他的文件中，我發現一份沒有注明資料來源的剪報：

塞西格先生在教人厭倦與可怕的世局中，仍堅守他的崗位。在那段自我放逐而不願與他周遭人事做社交接觸的期間，塞西格先生熱愛户外運動與偏愛單純的生活，使他立於不敗之地。騎馬、狩獵與書本讓他的生活充實，許多叛逆分子忿忿地看著這名高大的英國人，漫不經心信步在貝爾格勒的公路和人行道上。他們覺得他們的權威受到削弱……

一九〇六年，他從貝爾格勒被調派到聖彼得堡，一九〇七年，就在秘密調查比利時人暴行之後，旋即調到比屬剛果的波馬（Boma）。一九〇九年，他被任命為阿迪斯阿貝巴的使節。我的雙親結縭之時，父親三十八歲，母親二十九歲；婚後幾個月，他們便出發前往阿迪斯阿貝巴。母親當年的一張相片裡，展現棕髮飄逸之下、一張美麗而堅毅的臉孔。在領事館，遠離家族的干預與騷擾，她全力為父親付出一切。父母親分開時，父親寫給母親的信中，也顯示他對母親的愛。多年之後，她曾經告訴我，她不記得他們之間有過任何怨懟的話語。

我的父親是總理內閣的徹門司福勳爵的孫子，是徹門司福將軍的三子，後者是我的祖父，他在印度兵變⑩期間，任職於克里米亞半島，在馬格達拉（Magdala）戰事中，他在阿比西尼亞擔任副代表；他隨後在卡菲爾與祖魯戰爭⑪中，奉命帶領軍隊。退休之後，他被任命為維多利亞女皇的侍從參尉（ADC）和倫敦鐘塔的護衛隊隊長。他在聯合俱樂部（United Services Club）玩撞球時過世，享年八十一歲。

我的父親強烈而明顯地以他的家族為榮，因為在他那一代，家族裡出了一位總督、一名將軍、一名艦隊司令、一位下議院議員、一名高等法院法官和一個知名演員。他具備智慧、敏銳和藝術的特質，還有某種特殊的羞怯增添他的魅力，他是個具有絕對完整特質而與眾不同的男人。

他熱愛素描、撰寫詩歌和音樂演奏。當我倦臥在床上，他所拉的大提琴琴音縈繞在我的童年記憶中。他對英國的鄉野有一種持續不斷的熱愛，他描寫班利沼澤（Beanley Moor）：

……金色陽光照在馬車上，
柔和潔白而膠著在一起的浮雲
延展著它那冰冷的手指，伸向那雪花飄落的深處，
或撲向雪花的煙環中，消散在蒼藍的天際。
松樹隨著北風搖曳低語，那羊齒蕨喃喃地說著：
在我們腳下，金雀花綿延散布，正是原始黑沼澤發源的地方。
我們在那裡，從馬鞍上向沼澤與金雀花女神膜拜。

一九〇二年五月十八日

他喜歡馬匹，偏愛獵狐，這些都是他的詩作中的主題。他曾待在南非與騎兵團共處，從那裡獲得不少馬匹管理的知識。在阿迪斯阿貝巴，他擁有一座大型的馬廄，細心地訓練馬匹，他熱中馬球，在與其他領事館之間的比賽中贏過多次。

他是個天生的運動好手；是一名出色的板球手，就像他家族裡的許多成員一樣，曾經是切爾滕納姆⑫的校隊隊長。他曾被大海所吸引，從他的詩作中可以得到印證；在塔倫多期間，他變成一名敏銳的遊艇水手。在剛果，他生平第一次獵獲大型獵物，而後來在阿比西尼亞期間，他把握每次機會去狩獵，並把他的熱情移轉到當時年紀還小的我身上。我當時才三歲，大家叫我比利，

當時他寫給他母親的信中提到：

> 比利每天都出門去打獵，但是他的武器只是一支網球拍和空彈匣，用來打鳥，不過他的收穫並不多，他說鳥兒飛翔時，他沒辦法捉到牠們，但是如果牠們立定不動，他一定可能打中一隻。他的運動天賦強烈地表露出來。

我母親凱瑟琳．瑪麗，是來自卡洛郡⑬的薇閣家族（Vigors），她的家族在布爾蓋格（Burgage）開基建業已有歷史。她在四個孩子中排行老二，家中有兩男兩女。七歲時，她的父母親離異，帶著孩子回英格蘭。我的外祖母是個喜怒不形於色、十分嚴謹的女性，相反地，我的外祖父是個十足的浪子，一個不折不扣的賭徒，顯然也是個絕佳的玩伴。我的母親終其一生一直以孺慕之心懷念著他。長大之後，她經常拜訪愛爾蘭的親戚，她對那個鄉野培養出一種一輩子的浪漫情愫，正是源自於她童年對布爾蓋格的思慕。

天性愛冒險，使得她喜愛在阿比西尼亞的生活，沒有什麼可以阻止她。她分享父親對騎馬的喜好，完全熱愛經常騎乘。她就像他一樣，是個熱情而技巧純熟的園藝家，他們在一座不毛的丘陵地上建了一座花園，而今天位於阿迪斯阿貝巴的英國大使館，就有這樣一種歡樂的特色。因為她對父親的愛毫無怨尤，她的孩子無可避免地被排到第二位。於是在我的童年記憶裡，她並不像父親那樣有特色，直到後來，我才能充分欣賞她那種強悍卻又惹人憐愛的人格特徵。

我的雙親在阿比西尼亞待了十年，那十年無疑是他們一生中最快樂的歲月。

注釋：

①索馬利人（Somali）：居住在非洲索馬利亞以及肯亞、衣索匹亞和吉布地部分地區操庫施特語的民族。大約有三分之二索馬利人住在內陸地區，飼養牲畜，隨季節遷徙，稱薩馬爾人。其餘的住在海岸地區，務農經商，稱薩布人。

②吉布地（Jibuti）：吉布地共和國的首都。吉布地是非洲東北部國家，西部、西北部和南部與衣索匹亞毗鄰，東南與索馬利亞接壤，北臨亞丁灣。吉布地在十九世紀中葉爲法國殖民地，一八九六年成立法屬索馬利蘭殖民地，第二次世界大戰後成爲法國海外領地，一九六七年成爲法屬阿法爾和伊薩領地。一九七七年獨立。

③柏頓（Burton）：全名Sir Richard (Francis) Burton，一八二九～一八九〇，英國探險家。一八五六年與斯皮克（Speke）開始探險，一八五八年發現坦干伊喀湖。後去北美旅行。先後擔任過費南多港、桑托斯、大馬士革、的港等地的領事。寫過多部遊記，還翻譯過幾種東方著作。一八八六年受封爲爵士。

④古拉格人（Gurage）：衣索匹亞西南部扎維湖以西和奧默河以東富饒地區的民族。

⑤亞達那（Adana）：土耳其南部亞達那省省會和商業城市，土耳其第四大城，位於塞伊漢河畔。

⑥加利波利（Gallipoli）：土耳其西北部一狹長半島，位於達達尼爾海峽（東南）與愛琴海（西）之間，自伊斯坦堡省海岸向西南方向延伸，全長約一百公里。一九一五～一六年爲第一次世界大戰中激戰的戰場。

⑦凡城（Van）：土耳其東部城市，位於凡湖湖畔東岸。

⑧阿什脫雷思（Ashtaroth）或巴力（Baal）：Ashtaroth是阿斯塔特（Astarte）的希伯來語Ashtoreth（古代菲尼基和敘利亞主管愛情與生殖的女神）複數形；巴力，希伯來語意爲「主」。腓尼基的雨和豐饒之神，其聲音爲雷聲。在《聖經》中指敘利亞和迦南各地的守護神，尤指迦南人的主神。對他的崇拜常與女神阿瑟拉（Asherah）或阿斯塔特聯繫在一起。

⑨波耳戰爭（Boer War）：此處指第二次波耳戰爭。波耳戰爭是英國和波耳人爲統治南非進行的兩次戰爭，第一次波耳

戰爭是在一八八〇～八一年，第二次波耳戰爭爲一八九九～一九〇二年。

⑩印度兵變（Indian Mutiny）：一八五七～五九年印度反對英國統治的一次重要事件。起因是爲英國服役的印度士兵相信新式步槍子彈殼上塗抹的潤滑劑是動物油，這是印度教徒和穆斯林所深惡痛絕的。同時，舊的統治階級對於權力被削弱和西方的革新深感不滿。一八五七年五月十日在密拉特發生兵變，隨即蔓延到整個印度北部。德里不久被攻陷，孔坡和勒克瑙的駐軍遭到圍攻。一八五八年中，英國終於重新控制了整個局勢。立即結果是行政管轄權在一八五八年由東印度公司移交英國政府，長期的後果則是雙方種下了怨恨。

⑪卡菲爾與祖魯戰爭（Kaffir and Zulu wars）：卡菲爾戰爭，指一七七九～一八七九年間，發生在南非開普殖民地的殖民者與科薩（Xhosa）農民與牧民之間的長期征戰；祖魯戰爭，一八七九年間在南非東部，英國與祖魯人間連續六個月的戰爭，結果英國戰勝了祖魯人，使得祖魯蘭（Zululand）被併入英國的納塔爾（Natal）殖民地。

⑫切爾滕納姆（Cheltenham）：英格蘭西南部，格洛斯特郡切爾滕納姆區住宅城鎮，十八世紀時即以溫泉聞名。當地學校以切爾滕納姆學院和切爾滕納姆女子學院最有名。

⑬卡洛郡（County Carlow）：愛爾蘭共和國東南倫斯特省一郡。位於斯利夫阿爾達丘陵（西）與威克洛山（東）之間。

【第2章】

阿比西尼亞

我祖父必定曾經對他的孩子們講述，他在馬格達拉事件中一些教人興奮的戰事中所扮演的角色，當時一支英國部隊曾經出發前往營救他們被希奧多國王（Emperor Theodore）囚禁的領事。諸如此類的故事也必定讓我的父親有一種持久的印象，讓他早就對阿比西尼亞產生興趣。一九〇九年他前往當地，隨身帶著許多有關這個國家、人民和歷史的書籍。憑藉對他們歷史的些許認識，他希望能夠和這些不平凡的人打交道，這些人相信，他們的國王是所羅門王和示巴女王①後裔的傳說。

所羅門王的後裔

阿比西尼亞人會宣稱他們有不曾間斷過的歷史傳承，那可以回溯到兩千年以前；非洲只有埃及擁有比較古老的文明。從西元六世紀回到西元前三世紀，南阿拉伯的一些哈巴薩人（Habashat）、阿加山人（Agazan）和其他部族，曾移民越過紅海，在今天阿比西尼亞北部的高原地區定居。這些閃族人在單一哈姆族（Hamitic）人組成的地區，表現他們自有的語言、風俗習慣與典章制度，他們和這些人血統融合，產生現今的提格雷人②和阿姆哈拉人③的祖先。唯有人類學才會探索他們文明起源的遺跡，這種文明後來持續到西元十世紀末獨特的阿克蘇王國④。

能見證當年阿克蘇人豐功偉業的蛛絲馬跡，殘留至今的著實不多，只有一些出土的文獻、當年國王與法老的寶座，以及那些巨大的石碑。精密而準確地雕刻的石碑象徵樓塔，有十三層樓高，可能是在西元三世紀及四世紀所豎立的。其中一塊屹立不搖，高七十呎；另一塊甚至超過一百呎，比任何的埃及方尖石塔還要大，碎裂散落在地面上。此地的那些王座中，有一座一直是阿比西尼亞國王加冕的地方，直到十九世紀末，曼尼里克國王選在索瓦（Shoa）加冕為止。

早期提到阿克蘇人的文獻，是記錄在《愛琴海航海指南》（*Periplus of the Erythrean Sea*）一書，那可能是在西元第二世紀所寫的。它記載阿克蘇距離阿杜里斯（Adulis）有八天的陸路旅程，阿杜里斯位於紅海，是由托勒密國王⑤派遣希臘商人所建，以便帶回象群加以訓練來供戰爭之用的港口。《愛琴海航海指南》也把阿克蘇國王索斯卡里斯（Zoscales）描述為虛妄、貪婪，另一方面又很高貴，並鼓吹吸收學習希臘文的人。

在希臘的文獻裡也記錄了西元三世紀，阿非拉斯（Afilas）如何在其他征服者之間，征服這裡的部族，最遠達到埃及的邊界。他在他的武功碑石上記載：「當我以我之名，在這塊土地上建立了和平，我來到阿杜里斯，謹代表航行在這個海域的人們，獻給天神宙斯、戰神與海神。」

艾拉．阿米達（Ella Amida）之子艾桑納（Ezana）也被記載為「阿克蘇、萊登、希姆雅與阿拉伯沙巴王朝之王」，一份關於他的文獻記載證實，他曾經皈依基督教。

這件絕對重要的事件得到羅馬史學家盧飛納斯（Rufinus）的證實。他以傳說為證，一艘商船在紅海遭到搶劫，船上的水手與乘客都遭到殺害，僅有兩名小男孩倖存，後來被帶到阿克蘇交給艾拉．阿米達。這兩名男孩在王宮裡長大成人，其中一名叫富魯蒙提斯（Frumentius），在艾桑納年幼時，還曾被任命為攝政王。富魯蒙提斯是虔誠的基督教徒，曾經造訪亞歷山卓港，西元三三○年，他在那裡接受亞大納西⑥授以主教聖職。回到阿比西尼亞之後，他讓艾桑納及其子民改奉基督教。君士坦丁的羅馬皇帝在三一二年才信奉基督教，直到四三三年，聖派翠克前往愛爾蘭為止。

西元六世紀，查士丁尼⑦大帝曾派遣一名大使到阿克蘇。阿克蘇王乘坐由四頭大象馱運的鑲金四輪馬車，前來迎接這名公使，他戴著金色項圈，披著金線滾邊並綴以珍珠的亞麻袍子，並握持兩把鍍金長矛與一面鍍金的盾牌。

西元七世紀伊斯蘭教興起，讓阿比西尼亞與基督教世界隔離。西元七〇二年，阿比西尼亞的海盜在吉達港（Jidda）劫掠，之後卡里發⑧加以反擊，奪回被他們占領的港口。後來在吉朋⑨令人難忘的話語裡提到，「衣索匹亞人（Aethiopians）四面八方皆被其宗教上的敵人所環繞，沉睡了近千年，他們忽略了那個遺忘他們的世界。」

滅亡的命運降臨阿克蘇王國，那是在西元十世紀被來自南方未被同化的阿告族（Agaw）所消滅。阿告族是屬於哈米特人（Hamites），在很遙遠的古代就居住在高原地區。他們曾經和來自阿拉伯的閃族殖民者同時出現在北方，創造了阿克蘇文明，在南方他們是異教徒，或更可能屬於古代南阿拉伯猶太教生活型態，這種型態迄今仍被法拉夏族人（Falasha）所保存。在一位傳說名叫茱蒂斯（Judith）且教人畏懼的女王統治下，他們毀滅了阿克蘇王國，焚燒教堂、推翻阿克蘇最後一位國王，並在一座山頂上屠殺他們所發現的任何一名阿克蘇皇族嫡系王子，這些王子依風俗被限制生活在這個山頂。阿克蘇建國比耶路撒冷和羅馬更長久，就在英國人征服法國北部諾曼第之前的八十年，國勢才開始衰敗。

先不論他們最初的暴行，得到勝利的阿告人最後終究被他們曾經試圖摧毀的文明所同化，改而信奉基督教。經過一段動盪期之後，阿告人自行建立一套君主集權統治，也就是一般人熟知的查格威王朝（Zagwe dynasty）。其中一位君王在拉利貝拉⑩建了非凡的石砌教堂群。在王朝後來幾年中，人們蘊釀一種信念，相信示巴女王曾拜訪耶路撒冷的所羅門王，並曾誘惑他，為他生了一名男孩，名叫曼尼里克，就是他建立了阿比西尼亞的皇室血統。人們也相信曼尼里克曾經面見他的父親所羅門王，在他返回時，他把他父親給他的一件法櫃（Ark of Covenant）原件做了一件複製品，然後將原件帶回阿克蘇。

西元一二七〇年，入侵的阿告王朝被耶庫諾・安拉克（Yekuno Amlak）所推翻，他宣稱是阿克蘇嫡系的王子，且被世人所接受。後來幾年，世人皆相信阿比西尼亞是所羅門王的旁系，並且中興復國，這種信念一直持續到海爾・塞拉西顛覆王朝，後來建立現今的馬克思主義共和國。

約翰祭司王

關於阿比西尼亞興起的另一種傳說，是歐洲人所採信的，即是這個國家有一位傳奇性神父國王祭司王約翰⑪。當年十字軍東征時，歐洲人有一種綺想，認為在東方某個地區有一位強悍而信奉基督教的君王，也就眾所周知的祭司王約翰，他適時地揮軍前往耶路撒冷，消滅異教徒並解放聖殿。人們相信祭司王曾寫信給拜占庭帝國王曼紐爾・康訥諾斯（Manuel Comnenus），列舉他的王朝諸多神奇事蹟，他控制了三個印度地區、七十位國王，在他的職權下，控制二十名主教、十二名大主教和一名長老主教。

早在西元一一七七年，教宗亞歷山大三世（Pope Alexander III）寫信給「約翰」，這位印度地區傑出而榮耀之王，這封信幾乎可以確定他是被派遣擔任阿比西尼亞國王，而且已經被確認他就是祭司王約翰。

西元一四八七年，葡萄牙的約翰國王派科維翰（Pedro da Covilham）去找尋祭司王約翰，他到達阿比西尼亞之後，受到這位帝王熱誠的接待，但是永遠不得離開這個國家。

大約三十年之後，就在達伽馬⑫打開通往印度的海路之後，羅德里格．德利馬（Rodrigo de Lima）教會的一個葡萄牙傳教團由陸路旅行前往里納．丹吉爾（Lebna Dengel）的皇宮，他也就是人稱萬王之王或皇帝的內古薩．納加斯（Negusa Nagast）。

雖然里納．丹吉爾對這些葡萄牙人帶來的禮物不甚滿意，他們之間的爭辯也惹惱了他，但他還是友善地向這些人提出證明，科維翰依然健在，他對這個家的風俗與語言淵博的學識證明是非常寶貴的。這個傳教團在阿比西尼亞待了六年，回到葡萄牙之後，禮拜牧師法蘭西斯科．阿佛列斯（Francisco Alvares）寫了有關這個國家的著名報告〈祭司王約翰王國的真相〉（A True Relation of the Lands of the Prester John），經由他的故事編纂，他暗示里納．丹吉爾就是祭司王約翰。

他描述里納．丹吉爾的都城規模只不過是個完全由帳棚所構成的小鎮，國王的五個帳棚安置在營地中央一塊坡地上，皇居周邊是以布幕構成的圍籬所包圍。鄰近地區有兩座教堂：聖瑪麗與聖十字教堂，另外兩座帳幕用來收藏皇室的寶物。

在近處同樣有皇后的營帳、僕人的營帳和皇室御膳房，不遠處還有審判廳、兩位元帥的駐紮地、被稱為「阿布納」（Abuna）的大主教、內閣官員以及皇親貴族的居所。

里納．丹吉爾在他那龐大的白色帳棚內治理國政，他坐在一個平台上，穿著綴飾華麗的袍子，局部臉龐被藍色紗巾所遮掩。作者觀察到皇宮在遷移時，也有類似的形式。國王騎著一頭由六名僕役帶領、裝飾精美的騾子，坐在被隱藏的柱子架起的紅紗帳之後，在他的前頭走著另外二十名僕人，後頭跟著的六匹上鞍的騾子和六匹上鞍的馬匹，分別由四個人牽引。在他的前方總是有四隻用重鏈鎖住的獅子。

他極度潛心宗教，白天或夜裡隨時都會召喚阿佛列斯探討教義。阿比西尼亞的教堂是屬於一神論（Monophysite），相信基督是唯一的「聖靈」，與天主教信仰有一種理論上的差異，天主教認定基督同時具有凡人與聖靈的特質。阿佛列斯同時也批判阿比西尼亞的教堂慣例，例如他們星期日禮拜，有祭拜示巴女王的儀式和一般慣常的割禮祭慣例。然而他也因看到為數龐大的修道院與教堂，印象深刻。阿佛列斯記錄，除了國王的兒子，皇室所有成員都得被隔離在一座幾近險峻山峰上的古老風俗。這種風俗有效地預防其他皇族干預國政或挑起事端。他留滯阿比西尼亞期間，有一回他們偷偷寄出一封信而遭到攔截，負責看守的守衛為此而遭到鞭刑數日。

在葡萄牙宣教團離開阿比西尼亞之後，里納・丹吉爾發現自己面臨漸增的來自伊法特人（Ifat）和阿達爾人（Adal）的穆斯林國家的威脅，阿達爾人中包括自從十四世紀開始，阿比西尼亞皇帝就間歇與其發生戰爭的哈拉爾人（Harar）。這些國家一直侵犯帝國的東邊國界，與帝國間一直有襲擊與反襲擊的戰事。在十五世紀伊斯坦堡的沙林姆蘇丹（Sultan Salim）征服了埃及，並獲得漢志的歸順之後，穆斯林的威脅變得更加明顯。

紅海的土耳其人在一五一七年到達，對阿比西尼亞人顯然是一大災難。當人稱「左撇子」或阿馬德・格蘭茲（Ahmad Granj）的阿達爾族領袖阿馬德・伊布拉辛（Ahamd Ibrahim）入侵該國，而那位葡萄牙籍傳教士得以空手離去。阿馬德・伊布拉辛配備土耳其人提供的火繩槍，並有兩百名土耳其士兵為後盾，他驅散那些反抗他的部隊，侵占這塊土地，帶走他們的寶物，焚燒他找到的每一間教堂，並殺害山頂上的皇室成員。以相當少量的兵器來對抗一支從沒有火炮經驗的勇士部族，已經具有絕對的殺傷力。

無畏無懼的里納・丹吉爾在內陸的群山之間找到一個避難之處，帶著一支人數不多卻效忠於他的部眾，持續反抗。他向葡萄牙求援，但不免一死，由他唯一倖存的兒子克勞迪（Claudius）繼承大統，時間就在一支由知名的達伽馬之子克里斯多福（Christopher）率領的葡萄牙部隊到達之前。

人數不足，但火炮上擁有優勢，使得克里斯多福．達伽馬在阿山奇湖（Lake Ashangi）附近打了一場不得要領的戰役。就在下一場戰役展開前，阿馬德．格蘭茲戰力大大強化，特別是火炮的部分；克里斯多福被殺，他的部隊繞道而行。雖然盟友戰敗，但克勞迪仍表現得和他父親在逆境中一樣果敢堅定不移。一五四二年，他號召阿比西尼亞的軍隊，重新集合殘餘的葡萄牙部隊，在坦納湖（Lake Tana）附近突襲這支伊斯蘭教部隊。阿馬德．格蘭茲在這場戰役稍早時被殺死，他混亂的部隊四散逃逸，遭到心懷仇恨的阿比西尼亞人的追殺。少數人得以逃回他們的國家。

這是阿比西尼亞人兩千多年以來第一次遭到異族的入侵，但並未被征服。這個國家的人民減少十分之一，他們的土地遭到蹂躪，他們獨特的教會傳統被破壞，不過就單一種族而論，他們不曾被混血過。今天住在貝格蒙德（Begender）、提格雷和戈占（Gojjam）及索瓦的曼茲（Manz）這些地區的阿比西尼亞人，還維持羅馬帝國時代以來單一種族的世系後裔。

亂事不斷

無神論的加拉族⑬此時逮到機會從穆斯林戰爭的動盪與分裂中獲利，無論如何，他們的入侵對廣大的地區帶來一種持續的影響。哈姆人在索瓦大半地區自行立足生根，甚至從狄西（Dessie）以上，沿著山崖向北推進數大約一百五十多哩。此後，他們和索瓦地區的諸王之間發生戰事幾乎不曾間斷過。有些加拉族人變成基督徒，而被阿姆哈拉人所同化；其他人——特別是渥洛人

（Wollo）——變成伊斯蘭教徒，不過多數人仍是無神論者。

阿比西尼亞的教堂曾經因為葡萄牙人的援助而免於毀滅，沒有他們的介入，阿比西尼亞人必定會被相鄰的伊斯蘭世界所同化，但這些葡萄牙人活在基督徒自相殘殺使靈魂得到救贖的年代，葡萄牙人的軍隊當初曾協助保存這些教堂，如今他們的耶穌會卻對這些教堂的教義與儀式加以責難。因為阿比西尼亞人是一神論，信服於亞歷山大大主教，他們自己任命阿布納擔任他們教堂的領袖。耶穌會的人致力於改造各地本土化的教堂，但是他們的熱情與不耐卻擊潰了他們的目標，他們總是一成不變地設法離間那些為自有基督教傳統而引以為傲的人。

耶穌會曾經改造某個國王，使得阿布納叛離了他們原先所信服的教義；在後續的叛亂中，國王被殺害。他的侄子蘇聖約（Susenyo）繼承大統；他同樣變成天主教徒，而直接的後果是造成進一步的叛亂。因為無止盡的屠殺而使他震驚，他終究還是投降了：

> 你聽啊！聽啊！我們給你們這樣的信仰，相信它是良善的，但是無數的人卻遭到殺害——先是朱里斯（Julius）、加百列（Gabriel）、塔卡拉．喬治（Takla Giorgis）、沙薩．克里斯托（Sarsa Kristos），而現在是這些農民。只因爲我們保留了你們父執輩的信仰……他們所喜樂的信仰。

蘇聖約沒有多久就去世，由他的兒子法西拉達斯（Fasiladas）繼位，他將耶穌會趕出這個國家，把當地每個頑強天主教徒加以處刑。這個教會一百年來的努力完全化為烏有，唯一的影響就是確定了阿比西尼亞人對他們古老信仰的堅定，並且埋下他們仇外的種子。

法西拉達斯把他的皇城建在坦納湖北邊的岡達爾（Gondar），那個逍遙的殿堂迄今存在兩百多年⑭。在岡達爾，法西拉達斯建造了他們第一座石造的宮殿，迄今屹立不搖。他的孫子亞蘇（Yasu）在一六八〇年繼位，在位二十年後退位，是岡達爾最後一位握有實權的皇帝。他的後繼者最後失去所有的實權，即使在皇城裡，也只能在那些殘暴而野心勃勃的貴族手中當個傀儡，苟延殘喘，這些貴族相互征戰，極力推翻他們的政敵，只想取得這個分裂王國的控制權。在某個時期，據說同時有六位皇帝，每個人都無能為力，這些動盪的日子持續了一百五十年。

馬格達拉事件

駐在金奈德（Kinnaird）的詹姆士．布魯斯⑮於一七六九年抵達，決定發掘藍尼羅河⑯的資源，雖然他很幸運地與當時控制阿比西尼亞的提格雷殘暴的米凱爾拉斯王（Ras Mikael）維持友誼關係，當時距離他離開這國家的時間還有三年半。

布魯斯出版了一套五冊有關他的旅程的書籍，詳細描述無止盡的戰事，全面性大屠殺，還有當時滿是散亂肢體手足的岡達爾街道上執行的拷刑與死刑。他寫道：「到了最後，我連出門都害怕，腦子裡所想的只是如何逃離這個國家。」悲慘的是，這位偉大的旅行家，也是第一位造訪阿比西尼亞的英國愛爾蘭人，最初遭到人們的嘲諷與不信賴。布魯斯於一七九四年過世，是個滿腹惆悵的人。當我還是伊頓公學低年級學生時，我曾花五先令買了他的《發現藍尼羅河源頭紀行》（*Travel to Discover the Sources of the Nile*），全書五冊被我閱讀透徹。

在這個動盪的時期，暫由希奧多國王代行發號施令。這位國王是西阿比西尼亞卡瓦拉（Kawara）地區的小酋長之子，大約生於一八一九年，這位傑出人物的一生事業之始，是從一名只有一小撮死忠部眾的流亡者開始；到了一八四五年，他已經征服了岡達爾與戈占，接著幾年，他更打敗瑟門⑰地區的德拉斯吉（Derasge）最強勁的敵人，也就是提格雷的統治者，他自命為皇帝，自行封號為希奧多，索瓦省在一八五八年臣服於他，年輕的索瓦王子曼尼里克成了他的階下囚。

希奧多決定打破各地區拉斯王的權力，在他的集權統治下，統一這個國家，他由他自己任命的各個省長進行宣誓。他同時也決議出多項改革，包括廢除奴隸制度。起初他有兩名傑出的英國人輔佐，華特·普羅登（Walter Plowerden）在希奧多取得政權之前，曾被派到阿比西尼亞擔任領事，和幾位最強勢的拉斯王協議訂定商務協定。他並沒有達到目的，卻和他的朋友約翰·貝爾（John Bell）決定留在這個國家。他們變成希奧多信賴的顧問。普羅登與貝爾遭到叛軍殺害是他的不幸，他們所遺留下來的影響力也遭到根除。

希奧多是個狂熱的基督教徒，自認是「期待中的王」，將帶領他的軍隊對抗那些無神論者，並解送到耶路撒冷。一八六二年，他寫了一封信給維多利亞女王，要求她協助對付土耳其人，並且派遣使節送上禮物。不過他並沒有得到回音；像這樣一封信函所付出的代價之大，真是少見。顯然是因為受到刻意的怠慢，希奧多把派駐在馬薩瓦⑱的英國領事查爾斯·喀麥隆（Charles Cameron）和不同國籍的傳教士加以囚禁。

英國政府派了駐守亞丁⑲官邸的一名亞美尼亞裔軍官霍姆茲·拉薩姆（Hormuzd Rasssam）前往協商釋放他們；但他也遭到囚禁。最後在一八六八年，英國政府共花了一千萬英鎊的代價，從印度派了羅柏特·納皮爾爵士（Sir Robert Napier）將軍，帶領一萬六千名人員，包括以象群馱運槍炮，前來營救這些人質。我的祖父正是納皮爾的執行副官，這次教人震驚的軍事行動經過詳細的規畫與縝密的執行，讓希奧多政策原本所承受的民怨更加擴大。

希奧多計畫讓各省傳統的部落統治者納入他的權威控制之下，卻帶來持續的戰事。他也任由他那些終年征戰沙場的軍隊巧取豪奪，帶來更多的不幸。除了因為他的殘暴和無政府狀態的暴行使他臭名遠播，到了英國入侵時，他的有效勢力範圍僅局限於他在馬格達拉山區城堡周邊地區。

納皮爾循序前進馬格達拉，來到皇城的山腳下與希奧多的部隊交戰。這些阿比西尼亞人以無比的勇氣奮戰，但受到少數臨陣逃亡者而挫其兵勇。戰爭結束後，希奧多順應他的死忠部隊心裡所期待的，遞解喀麥隆和兩名歐洲籍囚犯到納皮爾的營地。

納皮爾寫了一封信給希奧多，要求他投降。希奧多的回應包括了以下的訊息：「以前我打算要征服這個世界，如果上天同意的話；如果我的目的無法達成，那麼我只求一死。因為自我出生之日起，就沒有人能動我一根汗毛。」接著，他獨自一人等待他的噩運，當英國的大軍衝進城門，他拿了一把手槍自殺，那是在比較歡樂的年代裡，維多利亞女王送給他的禮物。

納皮爾燒掉所有的建築，達成他的任務，接著撤退到海岸邊。他帶了希奧多的兒子阿拉馬雅胡（Alamayahu）回英格蘭，進拉格比公學⑳就讀，接著進入位於桑德赫斯特（Sandhurst）的皇家軍事學院，他在那裡因病而身故，年僅十九。維多利亞女王有一件用以紀念他的銅像，放在溫莎的聖喬治教堂裡，我在伊頓就學時，曾到那間教堂尋找到那件銅像。

曼尼里克統治阿比西尼亞

提格雷的拉斯王因為大力協助納皮爾進軍馬格達拉，得到大量的槍枝與火炮做為犒賞，在希奧多死後的惡劣年月裡，他藉著這些槍炮擊敗他的敵人。一八七二年，他在阿克蘇獲得加冕，稱為約翰四世。他就像希奧多，是個勇敢而足智多謀的將軍，所不同的是他生性堅忍自制而溫和。

在他統治的十七年中，約翰的帝國持續地受到來自邊界外的威脅。出現在紅海的土耳其人勢力消退後由埃及人接替，他們在一七八五年入侵他的國家，而在一七八六年被徹底擊敗。在他們撤退之後，接踵而至的是義大利，他們於一八八五年占領馬薩瓦的潮濕海港，並在那裡虎視眈眈，妄想得到清涼的高原地區。有一支部隊突圍前往高原區而遭到擊潰，但是義大利人的威脅仍然存在。

在此同時，約翰也受到來自蘇丹的德佛士人（Dervish）部隊的威脅，他們在他的邊界大量集結。他號召他的百姓、諸侯和王子們前來協助他，他們前來與他共襄盛舉，只是沿路便侵占領土，因為他們為數有兩萬人之多。不過他們同樣也帶來威脅，因為約翰的宮中能夠信賴的家臣實在很少。

曼尼里克此時已是索瓦之王，在希奧多的宮內做了九年的人質之後，逃離馬格達拉，重回他的故里。他在那裡受到當地居民熱烈的歡迎，這些子民曾經被他的家族統治數代。因為北方外患威脅之故，他只得把他的王國向南方及東方擴張，那只是讓他暫時失去當上皇帝的機會。無論如何，他的野心並不曾衰退，而他要對付約翰的計謀也不曾終止。他因為答應協助義大利人，在義大利人撤退之後，他便得到數千把步槍，這件事約翰也相當清楚。

戈占地區的塔克拉．海曼諾（Takla Haymanot）是約翰另一名強而有力卻也是野心勃勃的附庸，他同樣純為一己私利才採取行動。不過儘管估計他的部隊有一萬多人，在一八八八年，終究被一名曾是奴隸的阿布．安加（Abu ANga）所帶領的德佛士人徹底擊敗。他們挾著勝利、大肆劫掠岡達爾，燒掉不計其數的教堂。他們最後撤兵之時，帶走了四千名的奴隸和為數眾多的牛群。

隔一年，約翰朝蘇丹人的邊界揮兵，攻擊德佛士人位於加拉巴特（Galabat）的據點。就在似乎勝券在握之時，他遭到殺害，他的死訊一傳開來，他的部隊便分崩離析，德佛士人並沒有趁勝追擊，而是心滿意足地將約翰的遺體送到恩圖曼[21]的加里法城（Kalifa），他的頭顱在那裡被砍下來插在旗桿上，拿到蘇丹北部遊行。

曼尼里克此時已經達成他的企圖心：一八八九年，他就在阿迪斯阿貝巴城外的恩托托（Entoto）加冕登基為皇帝。就在同時，義大利人趁著約翰死亡之便，占領阿斯馬拉[22]和克倫（Keren）。曼尼里克接受這個事實，並與他們簽訂〈尤切里條約〉（Treaty of Uccialli）。義大利人藉由這個條約宣稱曼尼里克授權他們接管阿比西尼亞。他們的宣誓是基於條約的義大利文翻譯版本，而曼尼里克所簽署的阿姆哈拉文版本的條約，並未確認此事，也沒有達成協議。曼尼里克最後拒絕接受這個條約，接著，一八九五年爆發戰爭。

義大利人對付一支提格雷人的部隊，輕易地贏得初期的勝利。在這場戰事之後，一名俘虜警告他們：「此時你們勝利是因為上帝默許，不過一兩個月之後，你們將見識到曼尼里克的士兵，他們為數龐大如蝗蟲一般。」義大利人過於自信，占領了提格雷部分的領土，向南最遠推進到阿拉奇山（Amba Alagi）。最後在數次的交戰中，他們遭遇曼尼里克的堂兄馬孔能拉斯王（Ras Makonnen）的大軍而被擊敗，他們被擊退到馬卡勒（Makalle）之外。

巴拉提爾提將軍（General Baratierti）獲悉他將接手義大利部隊的指揮權，連夜帶了三支縱隊，穿過岩石滿布的崎嶇丘陵和峽谷，接近阿都瓦，與曼尼里克達一萬人的部隊交手。他的縱隊失去音訊，在一八九六年三月一日才傳來被擊敗的消息。這支為數一萬七千七百人的部隊，有一萬零六百名是義大利人，其餘是土著部隊，超過六千人陣亡，一千五百人受傷，大約有三到四千人被俘。阿比西尼亞人的損傷估計，有七千多人陣亡，一萬人受傷。他們追趕散逃餘眾大約九哩之遠，接著在山丘頂上點燃火把，為當地的農民擔任警戒。那個晚上，整個戰場和營帳之間揚起了勝利的凱歌：

> 割呀！割呀！割掉那嫩草——艾巴古美（Ebalgume）！艾巴古美！散布在提格雷的義大利軍隊如麥子般被收割，被阿巴丹格諾吃掉，被送給了鳥兒。

這首歌詞隱喻的是，曼尼里克總是騎著他的名駒丹格諾上戰場。

大約有一千五百名的當地土著戰俘被砍去他們的右手和左腳以做為懲罰，因為他們與自己的國家為敵：他們絕大多數都已死去。雖然與曼尼里克所下的軍令不符，但有些人被去勢。大多數阿姆哈拉族已放棄了將犧牲者去勢的風俗，那是依據大衛王對付非利士人㉓而訂下的風俗；但是加拉族依舊維持著將死者閹割並加以風乾的習俗，而在那天，曼尼里克的部隊裡就有許多加拉族人。

以現今的標準來評斷阿比西尼亞人對待他們戰俘的方式是無意義的：他們依然奉行中古世紀的行事準則；他們只是要徹底地擊退一個歐洲強權無緣由的攻擊。他們的歷史並不能給他們充分的理由善待歐洲人。在勝利凱旋之後，曼尼里克展現他無比的自制力：他默許義大利人對厄立特里亞㉔的主權宣誓，但明文規定必須以馬瑞布河（Mareb River）為界。而四十年之後，義大利人發動另一次無理的攻擊，以毒氣獲取勝利，並毫無節制地殺害他們許多的戰俘。

注釋：

①所羅門王和示巴女王：所羅門王（King Solomon），著名的以色列國王，大衛與拔示巴之次子。他統治期間表面上國勢強盛，帝國版圖擴大，在耶路撒冷興建聖殿。所羅門爲人聰明絕頂，成爲猶太教的傳奇人物。示巴女王（Queen of Sheba），她的王國可能在阿拉伯西南部（今葉門），也有人說在阿拉伯北部，她從那裡來到耶路撒冷，去測試所羅門的智力，並交換禮品，也可能是訂立一個貿易合同。故事中描述了所羅門宮廷的壯觀。

②提格雷人（Tigreans）：衣索匹亞東北部提格雷省（Tigre）的住民，提格雷人使用閃語。游牧民族大部住在北部；農業人口在南部。

③阿姆哈拉人（Amhara）：衣索匹亞中部高地的民族，使用閃語；與提格雷人構成衣索匹亞的多數人口。其祖先是從阿拉伯半島南部來的原閃族征服者。基督教的衣索匹亞帝國曾受阿姆哈拉人各王朝（一二六〇～一七九四）的統治。阿姆哈拉人透過通婚和文化同化吸收合併了帝國幾乎全部的民族。

④阿克蘇王國（Aksumite kingdom）：約一至七世紀是一強大王國，都城阿克蘇（Aksum）位於衣索匹亞北部高原，它通過紅海港口阿杜里斯（今馬薩瓦附近），壟斷蘇丹尼羅河流域和羅馬帝國地中海之間的貿易，特別是象牙和獸皮。

⑤托勒密國王（Ptolemys）：由托勒密一世（原爲馬其頓的亞歷山大大帝軍中的一員大將）於西元前三〇四年建立的王朝，西元前二八五年由其子托勒密二世繼承帝位。托勒密帝國其時在埃及和海外的勢力都十分穩固，亞歷山卓（有由王室建立的博物館和圖書館）成爲地中海地區的主要學術中心。

⑥亞大納西（Patriarch Athanasius）：約二九六～三七三，基督教領袖，生於亞歷山卓城，曾帶頭反對阿里烏主義的學

說，曾參加尼西亞公會議（三二五）。當選爲亞歷山卓宗主教和埃及首主教。

⑦查士丁尼（Justinian）：約四八二～五六五，羅馬皇帝（五二七～五六五）。爲其叔父拜占庭皇帝查士丁（五一八～五二七年在位）所撫養。初與查士丁並肩稱帝，查士丁死後成爲唯一的統治者。與其妻狄奧多拉共同主宰羅馬帝國晚期一個最輝煌的時期。通過他的將軍貝利薩留（Belisarius）和納爾塞斯（Narses）之手收復了北非、西班牙和義大利。還完成將羅馬法規匯編成法典的重大工作。

⑧卡里發（Caliph）：伊斯蘭教中穆罕默德的繼承人。

⑨吉朋（Gibbon）：一七三七～一七九四，英國歷史學家。一七六四年遊羅馬後開始計畫巨著《羅馬帝國興衰史》（五卷，一七七六～八八）。

⑩拉利貝拉（Lalibela）：衣索匹亞中部聖城，其巨石教堂已列爲世界性古蹟。

⑪祭司王約翰（Prester John）：傳說中中亞一大帝國信奉基督教的祭司兼國王。關於他的存在、財富和軍力的情況，是由據稱於一一六五年由他發出的一封著名的信件證實的。這一件事使當年正遭到穆斯林威脅的歐洲基督教徒士氣大振。這個傳說大致可確認是指衣索匹亞基督教王國，這王國由於埃及被穆斯林人所征服，而與歐洲斷了聯繫。「祭司」一詞源於古法語prestre，意爲神父。

⑫達伽馬（Vasco da Gama）：約一四六九～一五二五，葡萄牙航海家，生於阿連特茹的錫尼什。他率探險隊發現繞好望角到達印度的海路（一四九七～九九）。一五〇二～一五〇三年率艦隊往印度的卡利卡特以報復當地人屠殺卡布拉爾（Cabral）留下的一批葡萄牙探險者。一五二四年被派往印度任總督，不久染疾，卒於科欽。

⑬加拉族（Galla）：或稱奧羅莫人(Oromo)。衣索匹亞和肯亞北部的民族，使用庫施特語。南部加拉人保留著許多傳統的社會組織和宗教；北部加拉人大多數已成爲基督教徒或穆斯林。

⑭法西拉達斯在岡達爾所建的城法希爾城堡（Fasil Ghebbi），現已列爲世界文化遺址。十七至十八世紀成爲衣索匹亞永

久國都，現正在修復當時興建的城堡等建築。

⑮詹姆士·布魯斯（James Bruce）：一七三〇～一七九四，英國探險家。一七六三～一七六五年任駐阿爾及耳的總領事。一七六八年從開羅出發前往阿比西尼亞，一七七〇年到達藍尼羅河的源頭。返回蘇格蘭後，於一七九〇年出版了文筆生動的《發現藍尼羅河源頭紀行》一書。

⑯藍尼羅河（Blue Nile）：非洲東北部尼羅河的上游源流。長一四五〇公里。發源於衣索匹亞戈占地區塔納湖東南角。先向東南，然後向南和向西，在本巴地進入蘇丹；在喀土木與白尼羅河匯合而形成尼羅河。汛期提供尼羅河百分之七十的流量；乾旱期提供不到百分之二十流量。

⑰瑟門（Simien）：衣索匹亞北部經嚴重侵蝕的山區。

⑱馬薩瓦（Massawa）：厄立特里亞的港口，瀕臨紅海。一八八五年爲義大利占領，直至一八九七年爲義大利厄立特里亞省首府。

⑲亞丁（Aden）：葉門亞丁省省會和海港城市，位於紅海入口亞丁灣。一八三九年爲英國占據，原爲亞丁保護地首府，一八六九年蘇伊士運河開通後成爲重要的運煤港和貨物轉運地。一九三七年成爲英國殖民地，一九六八年成爲南葉門首都。

⑳拉格比公學（Rugby School）：英格蘭中部窩立克郡拉格比區城鎮，位於考文垂以東十七公里埃文河畔。當地的男生寄宿公學建於一五六七年，頗負盛名。

㉑恩圖曼（Omdurman）：蘇丹中部大喀土木城郊城鎮，經白尼羅河上的恩圖曼大橋與喀土木相通。

㉒阿斯馬拉（Asmara）：厄立特里亞首都。一八八九年爲義大利人占領；一八九七年成爲厄立特里亞首府；一九四一年爲英國人所占。

㉓非利士人（Philistines）：地中海東南部今雅法和埃及之間沿海地區一些好戰的居民。他們和內地的以色列人經常發

生衝突。參孫、大衛和歌利亞的故事反映了這些衝突。

㉔厄立特里亞（Eritrea）：東北非國家，位於衣索匹亞北部，瀕臨紅海，首都阿斯馬拉。一八八二年被義大利攻占；一八九〇年宣布爲義大利殖民地。一九三五年被義大利用作入侵阿比西尼亞的基地；一九三六年成爲義屬東非的一部分；一九四一年爲英國所奪取。一九五二年成爲衣索匹亞聯邦的成員；一九六二年建爲衣索匹亞一省，並因此而引起政治動盪。一九七〇年代處於內戰狀態，分離主義者取得優勢；前蘇聯和古巴支持的政府軍在一九七八年進攻後，收復了大部分地區。一九九一年，曼吉斯杜（Mengistu）總統垮台，導致新自治區的形成，由厄立特里亞人民解放前線組成臨時政府。一九九三年宣布獨立，舉行公民投票。過渡期的政府爲時四年，包括選舉總統的國民大會以及國務委員會。

【第3章】

大革命：一九一六～一九一七

當我父親抵達阿迪斯阿貝巴時，這個城市只是一系列零落的小村落所組成，集中在丘陵邊，村落之間有著開闊而未經開墾的空地。曼尼里克的宮殿雄踞在最大的丘陵上；附近有一大落的茅屋和一些覆蓋波浪型鐵皮屋頂的小屋，圍繞著廣大而開闊的市集。那裡沒有半條像樣的馬路。我的父親在參加法國公使館晚宴之後寫到：「這是一趟穿越兩座山谷和一塊濕地的騎乘之行，接著在暗無月色的晚上走一條可怕的道路來到使館，那真的是一點也不好玩。」

任何有名望的阿比西尼亞人四處旅行都會騎著騾子，伴隨著一群奴僕和家臣，人數多寡視他們主子的重要性而定。加拉族、索馬利人、古拉格人，有來自加法（Kaffa）王國的人們，還有來自西方的黑人，以及人數超多的阿姆哈拉人和提格雷大地主混雜在街道上；而後者這些人才是主導街景的人。他們套著類似白色寬袍，稱為夏瑪（Shammas）的棉布袍子，裡頭穿著有色長袖襯衫和馬褲，追隨仿傚的人數增加，經過多年後，他們建立一套服飾流行。

這種服飾、這種建築、操阿姆哈拉語的聲腔音調；還有帶腐臭味的奶油、紅胡椒和那種燒牛糞的氣味瀰漫全鎮；有惡犬群集街頭，咆哮聲此起彼落，徹夜不斷。偶爾可見一具屍體懸掛在絞刑樹頭上，看到因為竊盜而已失去一隻手或腳的乞丐，債務人與債權人在街頭遊盪，彼此糾纏，一列驢子載來薪材，有騾子馱車；壅塞的市集男男女女蹲踞在地上，販售土罐、布匹、皮革、藥包、鹽棒、銀飾、一堆堆穀粒、蔬菜和啤酒——凡此種種交錯融合，形成一種景象和一種氛圍，與這世上其他地方截然不同。

阿姆哈拉人和提格雷人，與加拉人或其他部族正好相反，他們已經結合成為他們自己的帝國，和任何一個部族的外貌特徵沒有不同之處。然而令人不解的是，他們自認為是淡色皮膚；在他們的畫像中，他們必然露出整張臉，而且幾近白色，相反的，他們的敵人在畫中被描繪的只是側面，而且是黑面孔，除非他們是歐洲人。

受到英國人、法國人和義大利人的領土所圍繞，他們極度自豪他們歷史悠久的獨立自主，而且非常清楚他們的先人是最早皈依基督教的人之一。相對地，他們也傲慢而保守，在過去三百年中，使得他們對與歐洲人打交道感到狐疑與窒礙。就一個種族而言，他們天性好爭訟，也因天性貪婪而受傷。然而他們也很自然地謙遜有禮，經常是極度聰明，也一直勇敢而堅忍。

曼尼里克王朝

阿迪斯阿貝巴的情況等同於這整個國家的狀況，當我父親抵達時，已經陷於混亂。它們的情況很快就變得十分惡劣，阿迪斯阿貝巴城內城外的謀殺、土匪打劫和公路掠奪的事件增加，讓人感到憂心。在復原令中，當眾絞刑、鞭刑和截斷手足等刑罰效果不彰，整個城鎮充滿來自曼尼克部隊中被遣散的士兵，而在丘陵地之外，駐紮著形形色色有意奪權的競爭者。

在被剝奪權力之前，曼尼里克攻城掠地得到認同，他建立的新疆界也廣被接受，他的帝國曾經併吞歐加登①、哈拉爾地區的首府、加拉族的土地、古拉格地區、加法古王國，以及安努瓦克（Anuak）與蘇丹邊境其他部族的土地。受到阿比西尼亞古老省份的統治者和所有貴族一致接受而成為皇帝。

然而一九〇八年，他的第一次出擊卻遭到挫敗。他最後一次有效力的法令是宣布他那十三歲的孫子里茲．亞蘇做為他的繼承人，由塔薩馬（Tasamma）的拉斯王擔任攝政王。里茲．亞蘇的父親是渥洛族的統治者，在約翰皇帝執政期間，由伊斯蘭教改信奉基督教，稍後娶了曼尼里克的長女索瓦拉加德（Shoaragad）。他是個偉人，以他的那個年紀，是最教人敬畏的，他原本即將被加冕為尼古斯（Negus）——國王，但因為他效忠他那一無是處的兒子而毀了他的封王之路。

在皇宮裡，皇后泰圖（Taitu），也就是曼尼里克的妻子，曾是個絕色美女，而如今是個臃腫的胖子，她陰謀奪權。曼尼里克是她的第五任丈夫；他們沒有小孩，而曼尼里克過去的婚姻曾育有一子二女：他的兒子早夭；大女兒索瓦拉加德，也就是里茲．亞蘇的母親。而小女兒曹蒂圖（Zauditu）曾嫁給泰圖的姪子，也就是貝格蒙德省的古薩瓦勒拉斯王（Ras Gugsa Wale of Begemder），當曼尼里克過世時，泰圖決定讓曹蒂圖取代里茲．亞蘇登上王位，她有信心接下來她將能握有實權。然而，所有原本各自為政的大臣內閣議會拋開歧見，一致地反對她。

在北方，舊有競爭者再度重新發動戰事：強大的拉斯王們密謀造反並發動奪權之戰，極力壓制他們諸侯之間的反抗勢力，或者出兵阿迪斯阿貝巴。在南方主要的省份中，統治者與和他們占領土地的軍隊掠奪土地，把當地居民賣給奴隸販子。「這些士兵盡其所能地洗劫他們所掃過的土地，那些進駐的士兵則拿走剩餘的。」我的父親曾如此形容。在此同時，在法國官員的默許下，由法屬索馬利蘭流入的步槍在這個國家氾濫。

一九一一年四月十日，攝政王塔薩馬拉斯王在一次出征中陣亡。我的父親批評他「對凡事容忍，是這個官僚體制中最腐敗的一點」，然而他曾經握有實權。其他拉斯王一聽到他的死訊，立即聚集在阿迪斯阿貝巴，很快地組成一個武裝營隊。所有的政事在這個時候陷入停擺。此時，我的父親必須護衛一個以卡薩拉斯王（Ras Kassa）為首的阿比西尼亞教會，前往英格蘭參加英王喬治五世的加冕大典。他把領事館交給道提威利上校，在五月四日搭乘馬車前往狄瑞達瓦，而在六月十五日抵達英格蘭。這五名阿比西尼亞的貴族穿戴他們的皇室徽章，在那間修道院裡（指的是西敏寺修道院），曾引起一陣騷動。

為了避開酷熱的天氣，我的母親在我父親之前，先行回到英格蘭。由一名來自蘇丹而暫時在領事館任職的官員，一路護衛到吉布地。我的父親有四個月的假期，他們藉此在比區利（Beechley）度過假期，住在塞文（Serven）河口的徹普斯托（Chepstow）附近他那迷人的住宅裡。在家庭相簿中，有一些我和我最思念的印度籍奶媽蘇珊娜在草地上合拍的相片。當時我才一歲，她和我們住在一起，直到我快四歲。有了她，我一點也不會犯錯。當我的母親提出異議時，她會回答說：「他是個標緻的拉札②，為什麼不讓他做他想做的事啊？」我那時顯然學步有一點過早，但學說話卻是晚了。我的母親總是堅稱我所說的第一句話是「走呀（go yah）！」意思是「走開（go away）」，那展現出我的獨立個性。

我的弟弟布萊恩在一九一一年十月出生，我的雙親聘請瑪麗・巴克爾（Mary Buckle）來照顧我們。她才十六歲，從來就沒離開過英格蘭。然而她卻毅然決然地出發前往一個遙遠而野蠻的非洲國度。她為我們無私地付出，成了我們家庭中不可或缺的一分子。我們孩提時代都叫她米納（Minna），從那時起，我們和我們的朋友都只知道她叫做米納。而現在已過了七十多年，她仍是我永不凋零的摯友和知己，是唯一能與我分享那些逝去的歲月回憶的人。

不曾加冕的國王

我的父親在回英格蘭的路上時，里茲・亞蘇在曼尼里克的總司令先遣指揮官哈布塔・喬治（Fitaurari Habta Giorgis）的支援下，奪下皇宮，並計畫取得該國的控制權。他打算自己宣布為皇帝，但只要人們知道曼尼里克還健在，這件事就不可能辦到。即使曼尼里克死之後，里茲·亞蘇永遠也不曾加冕過，或許他相信一項預言，那就是如果他一旦被加冕，他就會死掉。這樣的有所不能，使得他在未來的鬥爭中，地位遭到削弱。

一九一二年一月我的父親回到阿比西尼亞時，那裡的局勢變得更加混亂，這是因為大多數的情勢反映了里茲·亞蘇的性格。自他一九一一年取得政權之日開始，百事荒廢，只耽於歡樂，他經常不在阿迪斯阿貝巴，他不在皇城的期間，一切政務，即使是瑣事，全部陷入延宕，因為里茲·亞蘇離開時，沒有一位大臣願意做決策。

有一回，我的父親在丹納吉爾鄉野找一名信差送一封重要的信箋給亞蘇，那個人帶著信返回，因為信件無法送達。我的父親在外交部的一份文件裡寫到：

> 里茲·亞蘇在叢林裡紮營，只帶著五名他的阿比西尼亞籍親信，但在鄰近的村落裡，有來自政府和各地酋長各個不同的信差，他們因害怕而不敢前去送達信件，因爲任何人若打擾他，便有遭鞭刑之虞。里茲·亞蘇把頭剔成丹納吉爾流行的髮型，和丹納吉爾人共同生活，他所要的食物或乳品都是取自鄰近的村子，他什麼都不做，只是偶爾出去打打獵。

殘暴而傲慢主宰他的人格特質，他會明顯地帶著歡喜心去看一場絞刑或鞭刑。在較近一次的事件中，為證明他的男性雄風，他把一名屬於宮中的小男孩殺害並加以去勢。在奪權之後，他旋即親自領導一項對付蘇丹邊界的山克拉（Shanqalla）黑人探險行動，我的父親斷言，即使他是如此嗜血，那次的大屠殺必然可以讓他得到一段時間的滿足。

一九一三年，曼尼里克過世的那一年，里茲．亞蘇恣意攻擊一些丹納吉爾人的營地，我的父親解釋「那只因為他喜歡血腥的景象」，他顯然已經接受丹納吉爾人把死者去勢並加以風乾的習俗。義大利的總督柯里伯爵（Count Colli）引述里茲．亞蘇的官員的話說，在里茲．亞蘇這次探險活動回程時，他看著一名女孩被他的士兵強暴，之後那女孩因為曾經抗拒他的入侵行動，而被他將胸部割了下來。

到了一九一三年，阿比西尼亞與英屬東非託管地，也就是眾所周知的肯亞，兩國之間的邊界狀況比平常更惡劣，因為阿比西尼亞人全武裝部隊，為搶劫奴隸與象牙，經常入侵。我的父親因而急於旅行前往奈洛比，與當地的總督商議防止這樣的入侵，同時化解邊界衝突的可能，並因應阿比西尼亞政府要求遣返波朗人（Boran）和加巴拉人（Gabbra）兩個部族，尋求解決辦法，這些人在曼尼里克征服他們國土時，曾經大量遷徙到東非境內。

一九一三年十一月，我的家人回英格蘭，父親一路伴隨直到鐵路的終點，這條鐵路此時可通到阿瓦許河（Awash River），接著他再返回阿迪斯阿貝巴。他從那裡搭乘一輛驢車，走了八百多哩路到奈洛比。他的信中描述到他從事這趟旅行的興奮之情，這樣的旅行只有極少數歐洲人曾經辦到，他預期一路上有機會參加幾次的大型獵物狩獵。

我的父親取道美加（Mega）、莫亞爾（Moyale）、馬沙比（Marsabit）、萊沙米斯（Laisamis）和尼爾里（Nyeri）前往奈洛比，這些地方都是我後來五十五年中所熟悉的地點。在奈洛比停留數日之後，他搭火車前往蒙巴薩③，他從那裡搭船回英格蘭；就在我的弟弟德蒙（Dermont）出生沒多久，他與我的母親會合。一九一四年八月四日宣戰時，他還在英格蘭度假。由於他是一名傑出的語言專家，精通德語和法語，所以他被陸軍徵召，被任命為情報支局的上尉，派駐到法國去，他在九月二十三日抵達。這次的派遣是一項非凡的成就，因為當時正規軍官都急於設法前往前線，他們擔心等到自己能夠參與此役時，戰爭可能已經結束。他隸屬第三步兵師，法國官方只給他加入陸軍的許可，因為了解他的簽證過期後，他就會回阿比西尼亞。他在一九一五年一月，帶著家人回到阿迪斯阿貝巴。

蘇珊娜在一九一三年回印度，當時我們正搭船從吉布地返回英格蘭，我懷疑當時我在踏上甲板的興奮之情中，我能明白她就要永遠離開我。在英格蘭，我的雙親聘雇一名年長而訓練有素的保母來照顧德蒙。我都叫她奶媽；我從來就不知道她的名字。他照顧德蒙和一年之後在領事館出生的羅德里克（Roderic）。我回想起來，她一直只是個模糊的印象。

改信伊斯蘭教的亞蘇

在返回阿迪斯阿貝巴時，父親因為里茲．亞蘇明顯偏袒伊斯蘭教，因而愈來愈關心此事，在他的王朝裡，有愈來愈多的穆斯林與他為伍，他因為戴伊斯蘭教頭巾，並依據伊斯蘭教戒律對吃豬肉者施以鞭刑。

許多阿比西尼亞人接受中央集權將能夠贏得戰爭。英國人在克特（Kut）和達達尼爾海峽④被土耳其人擊敗，更強化他們這種信念；他們更感覺到與德國人和土耳其人保持良好關係是明智之舉。但里茲．亞蘇對伊斯蘭教徒的偏袒顯然不只是為了圖一己之便，他曾經娶了六名伊斯蘭教酋長的女兒，而且與索馬利蘭的「瘋狂的毛拉（Mad Mullah）⑤」經常書信往返，這位毛拉供應他步槍和彈藥，協助他在長期消耗戰中與英國人對抗。他顯然希望能將毛拉的女兒迎娶回宮，人們甚至相信他圖謀娶到伊斯蘭教卡里發的女兒。

一九一五年六月，我的父親批評說：「我的結論是，繼承所羅門王寶座深植於在這個伊斯蘭教徒的內心，他正進入一種幻想，讓自己當上全是穆罕默德門徒的阿比尼西亞人的首領，並製造一個伊斯蘭王國，把疆界伸展到他現有的王朝邊界之外。」

一九一六年五月，蘇丹王登基周年，里茲．亞蘇獻上一件阿比西尼亞國旗到阿迪斯阿貝巴的土耳其領事館，國旗綴上土耳其的新月圖和伊斯蘭教信仰宣言。這件事在城裡引起一陣錯愕。六月間，他搭火車逃往狄瑞達瓦，我父親洩氣地寫信給外交部：「里茲．亞蘇滯留在阿迪斯阿貝巴的三個月期間，接下破壞的棒子，甚至毀掉中央政府的形象，剝奪了各部會首長的權限，以致我們領事館根本就找不到可以交涉的主管單位。」

在狄瑞達瓦，里茲．亞蘇參加伊斯蘭教的慶典，在清真寺內公開地禱告，並且為這個慶典奉獻三隻駱駝和五頭犢牛給伊斯蘭教社團。他接著前往吉格吉加（Jig Jigga），在那裡的一項索馬利人大型聚會中，他以古蘭經宣誓他是一名伊斯蘭教徒。他散播一份文件，宣稱他的家世從他的父親開始，可以追溯到先知穆罕默德。八月間，他的第一步驟是在哈拉爾建立一個伊斯蘭教政權，他斷然召回該省省長塔法利將軍（Dedjazmatch Tafari），這位名叫塔法利．馬孔能（Tafari Makonnen）的人就是未來的海爾．塞拉西皇帝，他曾取代遭人唾棄的巴爾查將軍，在一九一一年成為哈拉爾的省長。由於他是馬孔能拉斯王的兒子，所以他被他的人民所接受，也因為他的正義與人道，他隨即受到他子民的熱烈愛戴。

曼尼里克曾在一八八七年一場殘酷的戰役之後，占領哈拉爾，任命馬孔能拉斯王擔任省長，這是他手下大將和效忠他的親朋好友之中，能力最強的一位。馬孔能拉斯王統治哈拉爾直到一九

○六年過世，他的兒子塔法利在那裡出生，並在他功蹟卓著的父親手中的開明政權下長大；他父親去世之際，他才十三歲。當時曼尼里克已喪失行為能力，要是馬孔能拉斯王還活著，他原本應該掌理國家大權，而且身為他的堂兄，被認定理應接替他。不過，此時是由他的兒子接手，並且領導對抗里茲．亞蘇的反對勢力。

在阿迪斯阿貝巴，塔法利已盡其所能團結那些受到威脅而分裂的酋長們，並說服他們採取有效的行動。在八月間，一項原本有計謀的策略卻因為阿布納的怯懦而受挫，他在一次決定性的會議中臨時抽腿。後來在宮廷裡舉行的一次全酋長會議中，公開宣讀了一項有關行動的聲明，以讓文武百官相信里茲．亞蘇已經成為一名伊斯蘭教徒。那位優柔寡斷的阿布納站起身來，開口說：「如果這些事是真的話……」他當場被格斃。

我父親寫道：

一種難以名狀的混亂接續而來：第一槍開火之後，興奮的士兵們立刻跟著拿起步槍朝四面八方開火，根本就不知為何開火、向那裡開火。在擁促的空間裡，只有少數子彈沒有命中目標，而大屠殺顯然有可能就要接著發生，不過負責打戰鼓的軍官腦子清醒，他命令他們敲打肅靜的訊號，鼓聲揚起，這場瘋狂很快就被弭平。很多人被發現已經死亡，這場意外事件據報大約死了一百人。

在接下來的寂靜中，大多數的酋長被人發現流著眼淚，而委員會被取消，直到下午才舉行。在第二次會議中決定宣布曼尼里克皇帝的女兒華傑洛．曹蒂圖（Waizero Zauditu）爲女皇，塔法利將軍被任命爲拉斯王並繼承大統。這個城鎮維持高度的平靜，人民收到訊息而感到滿意與釋懷……

而此時阿布納王朝的子民已經被解除和里茲・亞蘇的結盟關係。塔法利拉斯王顯然是皇帝的唯一人選。他果敢堅毅、能力過人、公正不阿、有耐性而有慈悲心。他有皇室血統，是沙勒・塞拉西國王（King Sahle Selassie）的曾孫，是曼尼里克的第二位堂兄，是著名的馬孔能拉斯王的兒子。但是他遭到許多人的懷疑，有人懷疑他想推翻奴隸制度、想設學校、想要開闢道路、想讓這個國家進行現代化。他的貴族把這個國家視為一個整體，顯然不想要這些革新。他們並沒有宣布他為皇帝，反而任命他為攝政王。而他從接下來十四年的挫折與艱險的歲月中倖存，他懷有遠見、毫不怨恨，最後終於達成他的雄心壯志。

里茲・亞蘇在哈拉爾四周停滯一陣子。他的變節讓他賠上他的王朝。在這個關鍵時刻，被他視同己出的索馬利人部落或許會因為他的動機而重整旗鼓，以表示認定他是領袖。不過相反地，他只想到個人安全，當阿迪斯阿貝巴的部隊在殘暴的巴爾查將軍逼近時，他逃入丹納吉爾沙漠。巴爾查進入哈拉爾，他的部隊挨家挨戶找到像穆斯林的人並加以屠殺。駐守在哈拉爾的領事休・陶德報告說，那屍體的腐臭味在城鎮內蔓延數日。

里茲・亞蘇的父親米凱爾王（Negus Mikael）此時是忠貞的基督教徒，因而責怪他的兒子加入伊斯蘭教，但是當他聽到里茲・亞蘇被免除家族的光榮職位而受到侮辱，他就集結他的部隊，並準備揮兵前進阿迪斯阿貝巴。他的整個兵力大約八萬人，能夠在他的皇城所在地狄西方圓五十哩動員起來，然而塔法利拉斯王的兵力卻相當分散，有些駐紮在離阿迪斯阿貝巴兩百哩處。我父親提出報告說，索瓦人的首領估計他的兵力約十一萬兩千人，但他警告外交部，兵力計算其實是以一個酋長能配置的兵力，而不是他實際有效部署的人數。

對我父親來說，那是一段憂心忡忡的日子。里茲・亞蘇的復辟行動，至少能成功地從土耳其那裡集結數量相當的教派力量；那可能會將阿比西尼亞捲入與我們敵對陣營之間的戰爭中，當時我們在東非與德國人交戰，在西奈半島、美索不達米亞和亞丁保護領地對抗土耳其人，在索馬利蘭對付德佛士人。

一九一六年十月，他在一份文件中寫道：

> 在大革命之前，塔法利拉斯王每天都預期他將被監禁，在他的觀念裡，那等同於判他死刑；而同樣地，他也吐露他的意願，把他所有可動用的資產交給我，以更我能安排轉送到英國銀行爲他的孩子交付信託。而此時他更交付我一個更重大而且最教我窘迫的證明，以表達他的信賴，他要求我照顧他那只有兩個半月大的兒子，並且暫時過繼給我。拉斯王和他的妻子爲孩子感到焦慮和緊張，而我覺得爲不傷及他的友誼，我不可能拒絕，而這段友誼在未來對我來說，也是極端重要的……

我看到塔法利的兒子阿斯法．伍森被帶到領事館階梯上，裝在一個紅色的搖籃裡，吊在他的僕人頸子上。而一大群武裝的待從前導開路，我母親唯一的要求是陪著孩子的僕人不能超過兩人。她不希望一小撮部隊不定期地駐守在她的花壇和玫瑰花叢間。我記得那兩名僕人的名字，分別是阿巴塔芬（Abtahun）和奶媽阿斯塔卡卡麗澤（Astakakalij）。

為了米凱爾王可能打敗索瓦人的部隊，我父親在領事館區安排了三百名歐洲人、印度人和阿拉伯人接受庇護。他相信在那個情況下，最主要的危險來自於渥洛族人追殺索瓦人而殺進城內，他們會經過領事館。他決定解除所有進入領事館土地而接受庇護者的武裝，以避免任何人在那裡滋生事端。

雖然阿迪斯阿貝巴的市集已經關閉，但是他設法買到足夠的麵粉、穀類、牛隻和羊群，以便餵飽那些可能的流亡人士。他也蒐集沙包和木頭，為領事館建築設下路障。我感興趣地看著步槍被從天花板上拿出來，沙包被裝填。許多領事館的僕人想離開而前去參戰，但是他們必須有人留下來幫忙。然而還有是少數人離開，而在那場戰爭中，至少有一個人遇害。

遲至十月十三日，索瓦人的首領依舊相信米凱爾王還在狄西省。但是當他逼近到距離阿迪斯阿貝巴不到一百哩的曼茲時，有一大批軍隊在這個區域大事掠奪，此一消息傳來，造成他們驚慌失措。他們立刻命令擁有八千兵馬的魯爾塞吉拉斯王（Ras Lul Seged）撤退，加入駐於恩柯巴（Ankober），擁有一萬四千兵力的先遣指揮官吉里（Fitaurari Gelli）。然而領導索瓦人的先鋒指揮官哈布塔·喬治只有兩萬人在身邊，而卡薩拉斯王的兵力還比他多一萬人。在米凱爾王於恩柯巴封鎖魯爾塞吉拉斯王和先遣指揮官吉里，並將部隊推進到預期將是發生第一場戰役的德布拉柏漢（Debra Berhan）平原上之前，這四支軍隊是否可以集結仍有待觀察。我父親寫道：「從阿迪斯阿貝巴出來往北的道路上塞滿了一批批士兵，正往北移動，加入他們各自不同的指揮系統，而每一天的延誤，就會增長先遣指揮官部隊的實力。」

我弟弟布萊恩和我看到索瓦人的部隊往北移，以便與米凱爾王和他的渥洛游牧民族交戰。有好多天，我們看到他們經過領事館下方的平原。有的時候是大批密集的隊伍，有時只是一細列隊伍正趕路以便跟上主力部隊。打著赤腳的人緊圍著他們那些乘坐裝飾華麗且以三匹為一組的驢子隊伍的酋長，一群群騎馬的人——大多數是加拉族人——以小跑步經過，有更多打著赤腳的人加入他們的隊伍。所有的人都是全副武裝，有些人拿槍，有些則是拿著矛，不過幾乎所有的人都帶著劍和盾牌。零星散布在他們之中的是營隊的隨從，有婦女與年輕人，趕著滿載物資的騾子和驢子。這些正是開拔前去作戰的阿比西尼亞騎士兵團，這樣的部隊從古至今都不曾有所改變，而對一個年紀小，腦子浪漫的小男孩來說，這是一幕難以忘懷的景象。

然而對索瓦人來說，時間正在飛逝。米凱爾王在魯爾塞吉拉斯王前來增援先遣指揮官吉里之前，出其不意地發動攻擊，在十月十九日敉平他的部隊，並且拿下恩柯巴。他接著包圍及殲滅魯爾塞吉拉斯王的部隊，而拉斯王也在其中而遇害。

當這個雙重的惡耗傳到阿迪斯阿貝巴，全城陷入恐慌，德國與土耳其的領事館散布的謠言更加重了混亂情況。從南方趕到的酋長只有貼身待衛伴隨，而他們其餘的部隊還在路上。塔法利拉斯王第二天離城前往前線。他只帶著四千名部眾。到了十月二十日晚上，所有的索瓦人部隊都已集結，只留下殘暴的巴爾查將軍負責留守阿迪斯阿貝巴。

布萊恩和我有一天早上騎馬出去，聽到前方有隆隆的槍炮聲，便讓我們的小馬掉頭，奔回領事館。我們在那裡聽到索瓦人部隊獲得一項重大勝利的捷報剛傳來。城內的炮火聲是為了慶祝勝利。

勝利凱歌揚

一九一六年十月二十七日，北方的部隊和南方的部隊集結在阿迪斯阿貝巴北方六十哩的塞加勒（Sagale）平原上，他們在那裡赤手空拳，終日拚戰，最後米凱爾王被俘，他的部隊被瓦解，大多數被殲滅。四十四年後，我造訪當年的古戰場，看到米凱爾王最後佇足的地方，在岩石丘陵上的縫隙裡，我看到骷髏與骨頭。

我父親的報告提到：

> 關於這場戰役很難有持續性的報告。所有的人都同意交戰雙方用了極大的勇氣進行戰鬥，而勝利不用說是偏向索瓦人這一方。大屠殺似乎也十分激烈，索瓦人的戰爭損傷估計約一萬兩千人被殺，而先遣指揮官吉里與魯爾塞吉拉斯王的部隊被殲滅的先前兩次戰役加起來，還得再加上一萬兩千到一萬四千人。
>
> 由此來看，如果當時米凱爾王在取得恩柯巴之後，立刻再向前推進，當時哈布塔指揮官的部隊尚未集結完成，他有相當大的機會攻進阿迪斯阿貝巴，而整個情勢都將爲之改觀。結果反倒是他的部隊被殲滅，而逃走的人在抵達安全之地之前，可能遭到農民們的屠殺。

幾天後，勝利的大軍進入阿迪斯阿貝巴，並且在詹美達（Jan Meda）廣場接受曹蒂圖女皇校閱，那裡也正是曼尼里克校閱他的部隊的一個開闊寬廣的地方。

那天一大早，我的父母親以及布萊恩和我，在手持有紅白旗的長矛的領事館護衛開道之下，走進巴爾查部隊之中寬闊的走道，前往皇室的營帳。戰鼓砰然，製造出一種低沉而傳遞遙遠且不曾休止的聲音，令我震撼而直達心底；那五呎長的號角發出高而刺耳的聲響。在等待的部隊行列之上，一大排旗幟迎風飄揚。我父親在給他母親的一封信裡形容這種情景：

> 前有開口的大型營帳被架起來，女皇在女侍陪同下出現，面紗遮著雙眼，被牽到她的皇座上。我們跟著出席，比利和布萊恩雙手顫抖。所有本地的部隊列隊在左右，前方則是五顏六色的酋長

們，穿戴鑲金的袍子和鑲珠寶的皇冠，並持盾牌，少數酋長穿著染成亮麗色彩的獅皮、豹皮或羊皮。

大約十點三十分，部隊開始行進，首先進來的是吟遊詩人，高唱戰歌，當他們歌唱結束，便撕下他們的斗篷，在女皇面前將它們拋開，口中說道他們已爲她而戰，這樣的衣服對他們已一文不值，女皇是否再賜給他們新的斗篷？在這樣的場合中，所有的言論都可自由發揮。騎馬或驢子的先頭護衛部隊以整齊規律的隊形走過來，但是當他們靠近時，他們便全速前衝，高聲尖叫並揮舞他們的武器，每個都叫喊著他曾殺了多少人，接著他們繞圈子，以便爲其他隊伍製造更多的空間。人員與馬匹綴飾著綠黃紅絲綢，盾牌也覆上黃金或絲布，馬匹的頸子吊掛著被每一位騎士所殺死的敵人沾了血漬的斗篷與戰利品。

那是個奇妙的景象。赤腳的士兵列隊走過來，載歌載舞，當騎衝向他們，神奇的是他們竟然沒有被撞倒。每一位大酋長被二十名奴隸簇擁，騎著驢子前進，銅鼓咚咚敲響，總是伴隨著軍號與大型笛子的刺耳聲響。各分遣隊的酋長騎馬來到營帳前，在他們進入女皇營帳的圓形場地就定位之前，先行下馬並拜倒在地，每一次這圓形場就變得更大一些，而變成金黃和色彩繽紛而亮麗的大集團。

或許最引人入勝的景象是魯爾塞吉拉斯王部隊的殘餘部眾，在這場殘酷的戰爭中，他們幾乎被滅絕，而拉斯王本人也遭殺害。原本拉斯王的兒子領軍的部隊有六千或八千人，他曾經潛逃，而這部隊只剩一百五十人列隊經過。他們仍穿著參戰時穿的衣服，但是沒有綴飾或任何勝利的標記，只是死寂地走過，拉斯王的兒子穿著帶血的衣物走進來，坐在所有穿著華麗的酋長中間，表現出一副沉默但有威嚴的形象。

塔法利拉斯王走進來，他受到熱烈的歡迎；他的部隊中有虜獲的槍炮和酋長。阿布納、佩脫斯（Petros）和教堂的祭司騎在驢子背上的寶座，走在他的前頭。他下馬並被迎到皇室營帳裡。在他之後，走來更多的酋長，接著是曾經將他們的法櫃送到戰場的兩座主要教堂的旗隊與圖畫隊伍。

當他們乘車經過，所有官員與旗隊構成一個巨大的方形隊伍，接著米凱爾王被帶進來，他赤著腳並被上腳鐐，他是個年長而且相貌好看的老人，穿著尋常的黑色絲質斗篷，頭上裹著白布，樣子堅定而且非常莊嚴，在被帶離之前，在女皇面前彎身鞠躬。有人爲他感到難過；他曾像個男子漢一般戰鬥，帶領著他所統轄的部隊，只是爲了那不成材的兒子，這兒子卻不曾鼓足勇氣冒死支援他的父親，而這位父親卻因爲這兒子的緣故，拋棄一切。只在一個月之前，米凱爾還是阿比西尼亞最有聲譽的酋長，對他來說，被帶到他所痛恨而正勝利歡呼的索瓦人面前，那必定是痛苦的一刻。

更多的騎兵部隊走過來，接著是騎兵的三位主將，穿著像米凱爾一樣，被套上鐐銬，但每個人肩膀上背著一塊大石頭，被當做一種奴隸的象徵。他們走過營帳前，跟著他們的牢頭走開之前，累倒在地上。我們接著前去向女皇告別和握手，並向塔法利拉斯王和他的酋長們道賀，而整個校閱儀式結束。

那是我所見過最奇特的景象，狂野而野蠻達到極致，所有的事物被神奇地搬上舞台，而且有條不紊。比利和布萊恩感到震撼，而且應該永難忘懷。他們曾經身在戰爭中，聽到他們四周圍傳來的射擊聲，他們腦子一無所思。隔一天我們得到一項警訊……我們活在一個極度興奮的時刻裡，在這個城鎮裡，需要一隻強而有力的手來控制秩序，脫序的元素試圖控制整個局面。此時每座主要的橋梁和主要的十字路口，都用一名被血腥的手所捕殺的盜匪身體，做爲可怕而不住擺盪的裝飾。

在一七六〇年代，當勝利的大軍凱旋返回岡達爾時，詹姆士·布魯斯無疑地也見證過同樣的景象。其他少數歐洲人也看過類似的景象；而前所未有的是兩名英國的小男孩看過阿比西尼亞這般壯觀的映象。即使是現在，已經過了將近七十個年頭，我幾乎能夠回憶所有的細節：鼓手戴著綴著貝殼的刺繡扁帽，一個男人被捕之後，從馬上落下，一名小男孩被勝利般地簇擁而過，因為他殺了兩個人，而他的年紀只不過比我大一點；魯爾塞格拉斯王的幼子臉部表情，還有他肩膀上的羊皮。我以前一直在讀《伊里亞德的故事》（*Tales from Iliad*），而我此時所見的景象，就好像故事中阿基里斯⑥、埃賈克斯⑦、尤利西斯⑧勝利洋洋地伴隨著年邁的普里阿摩⑨從眼前走過，他們是雖敗猶榮。我相信那一天那種野蠻的壯盛軍容，永遠深植在我心中，留下烙印。因為那種蠻荒與多采多姿的景象，以及戰鼓的砰然，帶給我一種持久不斷的尊崇，那是歷史悠久的風俗傳統和禮教，也是源自於對異土的西方世界發明有一種根深柢固的仇恨，還源自於對當代世界單調的一致性所產生的嫌惡。

注釋：

①歐加登（Ogaden）：衣索匹亞東南地區，爲一乾旱平原，僅有法芬河和傑萊河的季節性水流。一八九〇年以前爲阿比西尼亞的領土。一九三六～四一年爲義屬東非的領地。居民大多爲講索馬利亞語的游牧民族。

②拉札（Rajah）：即Raja，在印度指王公或首領。

③蒙巴薩（Mombasa）：肯亞東南部濱海區港口，肯亞的重要港口和第二大城市。位於蒙巴薩島上，通過穆卡帕堤道與本土相連。

④達達尼爾海峽（the Dardanelles）：土耳其西北部溝通西面的愛琴海與東面的馬摩拉海的狹長海峽。

⑤毛拉（Mullah）：伊斯蘭教的學者、教師或篤信與精通教義的人士。

⑥阿基里斯（Achilles）：傳說中的希臘英雄，珀琉斯與忒提斯之子。忒提斯爲使他全身刀槍不入，抓住他的腳後跟將他全身浸入斯梯克斯河水中。特洛伊戰爭開始時，他母親把他和女孩子們一起藏在斯基羅斯島上。但是他被奧德修斯查出而只得前往特洛伊。《伊里亞德》的全部故事都圍繞著他的極度驕傲展開，他盛怒時便在營帳中大發雷霆。他的朋友帕特洛克勒斯被殺後，他重新參加戰鬥，殺死赫克托耳，並殘虐其屍體，最後還是允許普里阿摩收回其屍體。後帕里斯用一支毒箭射中了阿基里斯的腳後跟而殺死了他。

⑦埃賈克斯（Ajax）：特洛伊戰爭時期的兩位希臘英雄。大埃賈克斯是薩拉米斯國王忒拉蒙的兒子，因而稱忒拉蒙的埃阿斯。他以身材高大，力大無窮聞名，在最險惡的處境中「安立如塔」。當他未能得到阿基里斯遺留的盔甲時，氣得發瘋而自殺。小埃賈克斯是洛克里斯國王俄琉斯的兒子。在從特洛伊還鄉途中惹惱了神祇，在他到達希臘海岸時被波塞冬殺死。

⑧尤利西斯（Ulysses）：即希臘神話中的奧德修斯（Odysseus）。爲雷爾提斯（Laertes）之子，伊色克（Ithaca）之王。荷馬的史詩《奧德賽》（*Odyssey*）中敘述他曾參與特洛伊戰爭，以其智慧受人景仰。戰爭結束後在外漂流十年，歷經了重重的傳奇冒險，終於回到故鄉伊色克。之後，殺掉趁其不在而糾纏其妻珀涅羅珀的求婚者，並平息狂爆的海神波塞冬。

⑨普里阿摩（Priam）：希臘民間傳說中特洛伊的國王。他是拉俄墨冬的兒子，赫卡柏的丈夫。《伊里亞德》寫他是一老翁。赫克托耳被殺以後，他秘密去找阿基里斯，請求把兒子的屍體帶回安葬。特洛伊城陷遭洗劫時，他被涅俄普托勒摩斯殺死。

【第4章】

革命的餘波盪漾

里茲・亞蘇變成流亡之徒，他的父親又是俘虜，泰圖皇后，也就是曼尼里克的遺孀，從隱居生涯復出，她和曹蒂圖的丈夫古薩瓦勒拉斯王，密謀消滅塔法利拉斯王，但是他們低估了他的智慧與堅毅。他們所犯的諸多錯誤在後來的年月中應驗。在那次事件中，就在她和古薩拉斯王離婚之後，曹蒂圖於一九一九年二月十一日接受加冕，而泰圖皇后則遭到放逐。

這個國家維持在動盪的狀態中。我父親報告提到，當時瑟門省、瓦凱特省（Walkait）、渥祝省（Wojju）和渥加拉省（Wogara）叛變時，曹蒂圖的加冕大典勉強草草完成。渥洛族的伊斯蘭教徒曾受到索瓦人部隊的迫害，開始攻擊狄西省，雖然被擊敗，但還是舉行大規模的入侵。亞魯西人（Arussi）和伊斯蘭教徒和來自吉尼爾（Ginir）到多羅（Dolo）之間的異教徒部落已經興起，一般預料提格雷省將有一場大革命。由於士兵只能靠打家劫舍過日子，農民在極度絕望中挺身而起。各部會的委員會只圖謀個人的既得利益。而在此同時，塔法利拉斯王依然孤軍奮戰，在沒有實權的情況下，一肩挑起所有的重任，他不能確定是否有可以信任的人。

里茲・亞蘇藏身在一個安全距離外，看著他的父親在塞加勒被打敗後，便逃回丹納吉爾沙漠，而此時他重新復出，加入葉默拉斯王（Ras Yemer），這位親王的領土曾遭到索瓦人軍隊的劫掠。葉默拉斯王曾是米凱爾王手下大將之一，因而聞名於世。他和里茲・亞蘇聯合組成一支軍隊，占領馬格達拉，他們盤據在那座幾乎牢不可破的山頂上，但遭到圍剿。索瓦人的領袖不太想進攻，但是當威名遠播的先遣指揮官哈布塔・喬治從阿迪斯阿貝巴帶著增援部隊前來，葉默拉斯王在里茲・亞蘇伴隨下，帶著數千名部眾突破索瓦人的防線逃逸。鄰近的國家後來加入他的陣營，他於是掃平卡薩拉斯王的一支部隊；三百名戰俘遭到肢解而死。接著在一九一七年八月二十七日，他在狄西和恩柯巴之間，與先遣指揮官哈布塔・喬治交戰。

我的父親寫道：

里茲・亞蘇的部隊因巨大的戰損而潰敗，葉默拉斯王被殺害，德拉・貝祖指揮官（Fitaurari Dera Bezu，他的副將）受重傷。這場兵戎之禍傷亡慘重。有人告訴我，戰場上有一萬人傷亡。大多數戰俘遭到肢解，不是失去一隻手，就是少一條腿，因爲他們曾經對抗米凱爾王交戰而得到寬恕，卻又再度參加戰事。

里茲・亞蘇再度逃回丹納吉爾地區。在此同時，塔拉法里拉斯王阻擋了那位被放逐的泰圖皇后的另一次陰謀，她計畫與里茲・亞蘇配合，從北方發動攻擊。四個月之後，泰圖戲劇般地因心臟病而結束生命。

印度生活

到了一九一七年十二月，我的父親急於離開。因為阿迪斯阿貝巴的海拔高度八千呎，對他的心臟有不良影響。他一直因為人手不足而且工作過度，加上許多事件發生的結果引發大革命，讓他處在相當大的壓力之下，他很清楚聯軍所促成的大革命成功的重要性，一旦失敗，將危及他的家人。在獲准離開時，他決定帶我們去印度，拜訪他的弟弟，印度總督徹門司福勳爵。

到了這時候，鐵路已經通到阿迪斯阿貝巴，因此我們能夠搭火車旅行到吉布地。我父親從吉布地取道前往亞丁港，接著到開羅與當時最高指揮官雷吉諾・溫蓋特爵士（Sir Reginald Wingate）

共商大計，而我們則前往巴貝拉（Berbera）和英國駐索馬利蘭的指揮官喬佛瑞．亞區爾（Geoffrey Archer）同住；他和他的妻子因為曹蒂圖二月舉行的加冕大典，曾經和我們在領事館裡共度。

雖然我父親身高六呎二吋，不過喬佛瑞似乎才是個真正的巨人，他的身高一定有六呎四吋，而且身材比例十分壯碩。不過他是個和善的巨人，對小男孩有一種天生的同情心，他是索馬利蘭的鳥類權威，他看出我對鳥類的興趣，便讓我參觀他的收藏品。他多次將一把點四一〇口徑的霰彈槍借給布萊恩和我，並帶著我們沿著海岸射擊；當我們回來時，他命令他的剝皮工人把我們打到的鳥類加以消毒。這些冒險活動真的讓我感到十分震撼。他也曾經送我們上港口的一艘單桅桿帆船出海釣魚——我們從來不曾坐在一艘船上，這麼親近海水。

在巴貝拉的一切是如此陌生而教人興奮：那光禿不毛而乾枯的鄉野，與阿迪斯阿貝巴高原是如此的不同；駱駝牲口聚在井邊；那些削瘦而半裸的索馬利人一頭蓬鬆雜亂的頭髮，揮舞著他們的長矛，說一口粗魯而難懂的話；還有長號的聲音；那些未經訓練的部隊在操場上操兵演練，特別是有個傍晚，部落土著拿著空彈匣，以「舉槍」姿勢，為我們做真實的攻擊操演。我經常聽到「瘋子毛拉」的名號，這個人的部隊仍舊占領這個國家大半的土地；我傾心聆聽那些索馬利蘭駱駝兵團的軍官，述說對付他的德佛人士的故事。

我父親從開羅及時趕回來與我們共度聖誕節。他一路上搭乘護衛艦到蘇伊士，途中經由吉達港（Jidda），以便與胡笙國王（Sharif Husain）會晤，他是費瑟埃米爾①的父親，曾領導阿拉伯大革命。我的父親形容胡笙國王是個「歡樂而且絕對有幽默感的老人」。

我們一起從巴貝拉搭女王陛下敏托號（HMS Minto）航行到亞丁港。那是一趟教人毛骨悚然的旅行。海象極為惡劣，那護衛艦整夜顛晃搖擺。我們全都嚴重暈船。在亞丁港，我們成為史都華將軍的賓客，在總督府過夜。土耳其人曾從葉門而來，入侵亞丁保護區，並與駐守距此不遠處的拉赫澤（Lahej）的英國軍隊交戰。將軍帶著父親參觀戰壕：布萊恩和我跟著他親眼目睹英軍炮轟土耳其人的防線。在我們回亞丁港的途中，參加阿拉伯酋長的一項聚會，他們送了一把華麗的短劍給我父親。在後來的三十年裡，每當在南阿拉伯沙漠旅行時，我總喜歡隨身帶著它，可惜後來它遺失了。

對我來說，這些難以忘懷的月份中，最精采的便是在印度的那段時光。在總督的小木屋官邸，我們住在像宮殿般的帳棚裡，華麗奢侈地鋪上地毯和裝潢，我們有一班僕人照料。在草地上，有一排排類似的帳棚，因為小木屋本身的房間數有限。印度政府在一九一一年才從加爾各答遷都到德里，而今天主宰新德里都市景觀華麗的路提彥②建築，當時還在興建中。

打從我到達的那一刻開始，我就對那些圍繞在身為總督的叔叔四周所舉行的壯盛遊行隊伍和儀式陣仗，留下極深的印象。那些貼身待衛的雄壯威武，以及被門房、信差、車夫、內務僕役和其他工作人員的制服與精緻的頭巾而深深吸引。

駐印度的國務卿艾德溫·蒙達古（Edwin Montagu）剛抵達德里，準備為了蒙達古—徹司門福改革計畫而進行會談。這是英國對印度民族主義的第一次讓步。所有的王子、各省省長和他們的幕僚與官員都聚在德里，連帶地，我的叔叔也十分忙碌。我從未見過他。他一穿上大禮服，對他這位大受感動的侄子來說，他似乎便不是個凡人。某次機緣中，我和布萊恩受邀與他及我的叔母法蘭西一起喝茶。我覺得受寵若驚，雖然他們無疑地試著讓我們放輕鬆，但是我並不認為我們這樣的小孩子，有誰能理解他們的用心良苦。而我的叔叔佛瑞德真正對我感興趣，是在十年以後。

我在阿迪斯阿貝巴長大，那裡很少有永久性的建築，大使館是例外。對英格蘭只有模糊的回憶，因此，我把城鎮聯想成白鐵皮屋頂與蓋茅草的小屋；在吉布地、巴貝拉和亞丁港，我不曾見過紀念性建築。我對德里毫無心理準備，年紀太小而不足以理解我所看到的事物。蒙古蒙兀兒帝國（Moghul）墓群、紅堡（Red Fort）、大清真寺（Jami Masjid）高大的尖塔，讓我第一次體會到文明的壯觀和歷史的真義。

有一天下午，我們被載到德里後方的山脈上，在印度兵變期間，英國軍隊曾在那裡駐守，對抗經常性的攻擊，我們參觀一個倒在地上、被子彈掃過的圓球體，那東西曾經用來裝飾那間教堂的尖頂。我父親為我描述先鋒部隊如何從旁遮普邦③日夜兼程趕到，直接加入戰事；尼可遜（Nicholson）帶領部隊攻擊德里戰壕時如何遇害。他還告訴我，我的祖父曾經在大暴動期間參與戰事，英格麗斯女士（Mrs Inglis），也就是我曾祖父徹門司福的女兒，曾經在勒克瑙④突破重圍，而她的丈夫就是在那裡指揮軍隊。

當我們孩子們晨間騎馬、午後野餐的時候，我的雙親前去拉吉普特人邦（Rajput States）參觀。或許兩週之後布萊恩和我將和奶媽米納一起送到齋浦⑤和他們會和，他們在那裡當大君（Maharajah）的座上賓。我們搭火車旅行到那裡；我記得靠近鐵道，有成群的牛隻在吃草，還有牛車在煙塵中笨拙地前進。

當我們抵達齋浦，我父親告訴我們，他派人送我們來此，以便我們可以跟他一起去獵老虎。我幾乎不敢相信我所聽到的事。我不記得我們在齋浦待了多久，但是每一天都充滿了興奮。我們坐在大象的背上，看著獵野豬活動，還坐在一輛牛車上追蹤黑鹿——我父親射殺了兩頭，兩隻的頭形十分完美。接著是天光大亮。

就在早餐後不久，我們被送到叢林裡，看到一些野豬，對我們騎乘著象群經過，絲毫不以為意，我們還看到一些絢麗的孔雀和猴子；對我來說，這些猴子等於是故事書裡的「賓迪洛」⑥，那是我直接從吉卜林⑦的著作《叢林故事》中認得的動物。前往獵虎台（machan）必定花了好幾個小時，那是一種架在柱子上的高台。我們爬上平台，有個人吹起一種號角，接著開始打擊鼓噪。過了一會兒，我聽到遠處的槍聲，我直挺挺地坐著，不敢移動我的腦袋。一隻孔雀飛過。接著是我的父親緩緩地舉起他的步槍，那裡有一頭老虎，沿著一條狹窄的狩獵小徑，慢步走向我們，牠的頭還左右晃動。我還記得牠看到我們正看著牠。牠長得十分雄偉，體型比我所預期的還要大，外形幾乎是呈紅色，而有灰白的乾草底色。

我父親開槍射擊。我看到那隻老虎蹎足了一下。牠發出吼聲，開始起身，消失在叢林裡。牠一直沒被找到，雖然他們騎著大象前去搜尋，而我們則回到宮殿。我非常清楚父親的極度失望。兩天後我們參加另一趟狩獵行動，這次獵捕的是豹，不過那頭豹半路折返，我們一直沒有看過牠。不過，曾有一頭大雄鹿通過狩獵平台。這樣的情景一直清晰地留在我的腦海裡。

身為全印度最大的土著省份大君的賓客，我們被財富與榮耀所包圍，那是自阿克巴⑧時代以來就不曾改變過的。當時我只把那些財富與榮耀當做所有重要的狩行獵活動的華麗場景，或許當年我太年輕而不是真能懂得珍惜這樣得以一窺印度宮廷生活的機會。我確實記得我第一眼看到四季風宮殿（Palace of the Winds），那一座看起來十分龐大的建築，赭紅色的外觀，它的正面是一排高過一排的方格窗。那些大房間、大理石牆壁上華麗的鑲嵌、穿著華麗的人員、還有其他衣著破爛的人、一排上著腳鐐的大象、為取悅我們而在競技場上舉行的人獸大戰，我對這些事物都只有錯亂的記憶。

到了三月底，我們搭上東印度公司（P & O）的郵輪離開孟買前往亞丁港，我們從那裡搭上女皇陛下朱諾號（HMS Juno），也就是東印度艦隊的旗艦，渡海到吉布地。這次的航行和我們搭敏托號橫渡的可怕航行經驗截然不同，海上十分平靜，而這艘大船就像在陸地上一樣平穩。艦上軍官對我們這些孩子十分禮遇：海上軍樂隊在甲板上演奏，艦長給我們棉花塞住耳朵後，讓艦上的一門火炮開炮。

重回阿迪斯阿貝巴

在領事館，我們受到僕人們的歡迎，很高興重新回歸到我們所熟悉的生活方式中。到四歲時，我們已經學會騎馬，而且可以到處騎乘；在那段日子裡，沒有人是用雙腳步行的。我們的小馬是哈布塔高原種，被喚做塞斯（syce）的馬夫會陪伴我們，當我們用完早餐，他們總是在一旁等候。

布萊恩和我經常騎馬爬上屋子後方那陡峭的山丘上，那裡海拔高度八千五百呎，有個洞穴是從地表下方天然切割出來的，那裡擁有極廣的視野，向北可以瞭望卡薩拉斯王所領轄的沙拉勒省（Salale），直到藍尼羅河峽谷，或者向南望遠方的亞魯西（Arussi）群山。

有些早晨，我們騎馬漫步越過領事館下方開闊的平原；在小徑上，我們與一群群正前往阿迪斯阿貝巴市集的村民交會。到了下午，我們或騎乘馬匹或拿著我們的獵槍射鳥。以同年紀的孩子來說，我們擁有相當大程度的自由，只不過鎮上是在我們被允許的活動範圍之外。

如果不是因為第一次世界大戰，我可能會被送進英國的學校，和我的父母親暫時分離，因為許多英國小孩面臨的命運，歸因於他們的父親在印度或其他東方地區工作。雖然想不起來，但我一定曾經在領事館裡接受一些教育，因為記得我曾學過閱讀與寫字。我父親在夜裡會讀書給我聽，有些書是我一直非常期待的，我在《布雪威爾的蘇格蘭高原士兵》（*Jock of Busjveld*）這本書的世界裡長大，那是派西．費茲派翠克爵士（Sir Percy Fitzpatrick）所寫的偉大著作，是關於南非狩獵的書。我記得的其他書本還有基利兄弟（Keary and Keary）所寫的《阿斯加德的英雄》（*Heroes of Asgard*）、吉卜林的《叢林故事》與《普克丘陵的精靈》（*Puck of Pook's Hill*），特別是鮑威爾柯登（Powell-Cotton）所寫的《阿比西尼亞探險之旅》（*A Sporting Trip of Abyssinia*）。

我父親總是溫和、有耐性和善解人意，他給一個小男孩的不是讓他經常感到厭煩和下命令的感覺，而是一種愉快的朋友關係。他總會解釋事情，而不是貶抑我。我還保有他在一九一四年由他在萊沙米斯駐守的營區前往奈洛比時，用鉛筆所書寫的一封信。信裡有水牛、長頸鹿、疣豬、營區情景，以及一張描述捕犀牛的素描。那應該是寫給七歲大孩子的信箋，而我當時才三歲半。

無可避免地，他在阿迪斯阿貝巴必定終日忙碌，寫著他的公文、接見人物或拜訪其他領事館的同僚。然而，我們待在印度的時光，他經常陪著我們，而在齋浦，我也曾經體會到一種與他共同分享探險的愉快感覺；不過或許我們每一年從領事館前往營區時，由於極渴望與他共度那十天，我對他的印象才最為深刻。我現在還能記起他的模樣：他高瘦、戴著頭盔的身形，當他看著馬匹被裝上馬鞍或檢視馬鞍是否安置妥當時，嘴裡還叼著菸斗；我還回想起他在他的帳棚走道上清理他的獵槍，或傍晚與我母親一起坐在爐火旁談天的樣子。

我們的營地是個迷人的景點，深藏在恩托托山脈裡。一條河流在我們營帳對面的懸崖奔流而下，接著流經一座混雜著岩石的樹叢之間。我們這裡有各式各樣的鳥類，有高大的犀鳥、緋紅翅膀的百舌鳥、明亮的蜂虎；太陽鳥、天堂鳥、戴勝鳥、金色的鷺鳥和其他各種鳥類。我父親認得每種鳥類，並且教我牠們的名稱。

禿鷹在那懸崖上築巢，在營地上方低空緩速盤旋。我經常拿他的軍用望遠鏡觀察牠們，而狒狒沿著懸崖前進，小狒狒攀附在牠們母親的背上。夜間，我們有時聽到當有豹侵擾牠們時，牠們會發出激烈的咆哮聲。有好幾回我和父親在夜裡起床，爬到河谷上方，我和他坐在一塊岩石後方，希望他能射中那頭豹。我記得有一次，一隻大型白尾蒙鼠在距離我們數呎外狂奔。

一九一八年八月，父親奉召回倫敦向外交部提出報告，他一直到十二月中旬才回來。九月間，西班牙型流行性感冒席捲全歐洲，病死的人數遠勝過戰爭，流行病也傳到阿比西尼亞；流行病造成這個國家五分之三的醫生死亡，另有五分之一的醫生癱瘓。德蒙和我也感染到流行感冒。我還很清楚地記得，我母親為我讀《阿比西尼亞探險之旅》時她讀到什麼地方，當時她看我有發熱的情況，為我量體溫，並且送我上床。僕人以及住在領事館地區的小村子的侍從中，有七十人染病。在這個小鎮上，造成一萬多人死亡。他們被埋在一個大墳墓堆裡，屍體一個疊著一個，用幾吋的黃土覆蓋。那些土狼終究會把這些屍體挖出來，塔法利拉斯王也病重。當時那些惡意攻訐他的人心裡或許正在想著，只要他一死，這個國家將會發生什麼狀況。

在阿比西尼亞任職十年之後，我父親在當地的工作便告結束。我們在一九一九年初回英國，搭火車旅行到吉布地，接著搭「聯合城堡號」（Union Castles）到馬賽。直到最後一天，我還無法相信我們真的要告別阿比西尼亞，而且可能不會再回來。

注釋：

①費塞埃米爾（Amir Faisal）：埃米爾是伊斯蘭教國家王公、貴族等的稱號。

②路提彥（Lutyens）：全名爲Sir Edwin Landseer Lutyens，一八六九～一九四四，英國建築師。生於倫敦，就學於倫敦皇家藝術學院，後以鄉村建築而聞名。著名作品有懷特霍爾的戰爭死難者紀念碑（一九一九～二〇）、新德里城市規畫及其富麗堂皇的總督府（一九一二～三〇）。他還爲利物浦設計羅馬天主教教堂，未及完成而在倫敦逝世。

③旁遮普邦（Punjab）：印度西北部一邦，北和西北與巴基斯坦毗連，首府昌第加。旁遮普邦在十八世紀末之前一直是蒙兀兒帝國的一部分。一八四六、一八四九年在兩次錫克戰爭後爲英國所侵占。

④勒克瑙（Lucknow）：印度北方邦首府，位於印度中北部。一八五七年印度兵變期間被英國駐軍包圍五個月。

⑤齋浦（Jaipur）：印度西北部拉賈斯坦邦首府，位於德里西南。有「石竹花城」之稱。

⑥賓迪洛（Bandar log）：英國作家吉卜林爲兒童所寫的森林故事中的主角，一群擾攘不停的猴子。

⑦吉卜林（Kipling）：全名爲(Joseph) Rudyard Kipling，一八六五～一九三六，英國作家。生於印度孟買，就學於英國的寄宿學校。一八八〇年返回印度當記者。他以諷刺詩和短篇小說如《山中小故事》（*Plain Tales from the Hills,1888*）和《三個士兵》（*Soldiers Three,1889*）在英國成名。一八八九年回到英國，定居倫敦。他的詩集《軍營歌謠》（*Barrack Room Ballads,1892*）和《七海》（*The Seven Seas,1896*）都非常成功，已經成爲動物故事經典之作的兩本《叢林故事》（*Jungle Books,1894-1895*）、《吉姆》（*Kim,1901*）和《不過如此的故事》（*Just So Stories,1902*）亦然。一九〇七年獲諾貝爾文學獎。

⑧阿克巴（Akbar）：一五四二～一六〇五，印度蒙兀兒王朝皇帝。全名查拉・烏德—丁・穆罕默德・阿克巴。生於信德省的歐邁爾果德。一五五六年繼其父胡馬勇即帝位，並於一五六〇年從他的攝政王手中接管權力。短短數年間他就控制了溫迪亞山脈以北的整個印度北部地區。他修築道路，建立統一的度量衡制度，並調整稅收。他對非穆斯林採取非常容忍的態度，並大力鼓勵文學和藝術。

【第5章】

英格蘭與學校生活

孩子們總是有適應力的，但英格蘭卻是一個與阿比西尼亞截然不同的世界。我有一回曾經問我的父親英格蘭是否有土狼。什麼？沒有土狼，沒有條紋羚羊，也沒有非洲大羚羊，在一個叫做蘇格蘭的地方有少許的老鷹，而難以置信的是根本就沒半隻鳶。我想這一定是個極其無聊的地方。

我父親的房子位在比區利，戰爭期間被海軍強制徵收，所以此時我們無家可歸。我們夏季到愛爾蘭，造訪那裡真是有趣極了。布萊恩和我駕著一輛驢車閒晃，釣鱸鰻，用一把點四一〇口徑的步槍打兔子。我大多數時候和父親在一起，看著他素描或在史蘭尼河（Slaney）釣鮭魚。這是在布萊恩和我像其他男孩一樣，依慣例穿著套裝，戴板球投手帽，被送到聖奧賓學院（St Aubyn's）之前的一段歡樂插曲；聖奧賓學院是鄰近布來頓①的羅亭迪恩（Rottingdean）的寄宿學校。

一九二〇年一月，就在學校第二學期開學時，我的父親過世，得年四十八。他在刮鬍子的時候突然跌倒，他喃喃地說：「我沒事，親愛的，」就這樣死在我母親的臂彎裡。他的死對她來說是極大的打擊。當時他們住在布來頓的小木屋，因為比較接近我們的學校。而此刻我的母親處於極度的孤寂，因為父親的死而沒有了家，也造成經濟拮据。一位好心又富裕的姑姑出錢為她在倫敦郊外買了一間房子，她問：「我的孩子在這裡能做些什麼？」答案竟然是：「我們可以買腳踏車給他們，教他們怎麼騎腳踏車。」

相反地，我的母親回拉諾夏郡（Radnorshire，也就是今天的波伊斯郡②），她在提特里（Titley）一棟農舍租了一個房間，房間十分狹窄，裡面的陳設也很簡陋，她利用父親的一匹小馬和一輛輕便馬車來解決交通問題，那匹小馬實在很虛弱，我們叫它垂死的小馬。對我的母親來說，從住領事館變到這裡，是落魄潦倒得教人難過，但我們小男孩卻是自得其樂。米納和我們住在一起，而當地的士紳也很友善。住在普列斯登（Presteigne）附近羅德市（Rodd）的一位德拉吉上校（Colonel Drage）有時候會邀請我和布萊恩到他家過夜，他會在黎明時分，拿著蠟燭來叫我們起床，到他的木屋四周捉兔子。任何時候都可以做這件事，但是他明白這麼早叫我們起床捉兔子，對我們而言那是何等刺激的事情。我們一直極為期盼這樣的拜訪。

一年多之後，也就是一九二二年，我的母親租了麥爾布魯克（Milebrook），那是靠近奈頓（Knighton）——也就是拉諾夏郡與沙諾普郡③接壤之處——一間迷人的屋子，我的母親一眼就愛上它，她知道她的家人應該在那裡長大成人。我們的房東羅傑士是拉諾夏郡的郡議會代理主席，也是史丹納吉公園（Stanage Park）這塊土地年長的土地持有人。查理．羅傑士，和稍後提到的他的兒子蓋（Guy）對我們很好，允許我們把他們的土地當做自己的使用，隨我們意思帶著我們的狗在裡頭奔跑與閒晃。不遠處是廣大的拉諾森林區（Radnor Forest），它的後方是艾蘭河谷（Elan Valley），是隼的棲息地，還有湯尼河谷（Towny Valley），是英國最後的鳶鳥棲息地，特雷加隆沼澤（Tregaron Bog）裡，野雁每年都會來過冬，在麥爾布魯克，我再度找回我在阿比西尼亞所熟悉的逍遙自在，但是這一年只剩下三個月。

在布萊恩與我一起上學之前，我們很難碰到其他的英國男孩；我只記得有個孩子叫做史丹迪許．羅雪（Standish Roch），我們住在愛爾蘭期間，他就住在我們附近。我們在阿迪斯阿貝巴最後幾年，派駐當地的領事紀拉德．康貝爾（Gerald Campbell）有兩個孩子，有一個年紀比我小一點，但她們都是女孩子，在我們的生命中沒有任何意義。在阿比西尼亞沒有其他的英國孩子，在索馬利蘭也是一樣，亞丁也是，在德里期間，我也只記得見過女孩子。

突然之間，我們在聖奧賓學院那一群七十名男孩子裡找到自我，大家年紀幾乎全都比我們年長。那裡沒有半點隱私，我們總是雜處在一塊，不管是在教室裡、餐廳或體育館，甚至在操場或夜間在宿舍裡。學校裡的男孩非常典型，對於任何行為或服裝與之不符的男孩，就會群起攻之；因為我們的背景特殊，布萊恩和我缺乏與同年紀的孩子相互競爭的能力；因為英國男孩只知道板球，所以我們自然成為他們的攻擊目標。

一到學校之後，我很快地就被問起我的父母親和我的家庭狀況。起初我還是個友善而且躍躍欲試的小男孩，非常想和別人交談，或許想吹噓我曾經從事的旅行和我的見聞。然而我的故事卻遭到質疑與嘲弄，我漸漸感到被排斥。結果讓我自我退縮，讓友誼的伸展帶著不信任，並且很容易就被激怒。我結交少許的朋友，但是當我融入這樣的生活中，我並不認為我有特別的不愉快。我可以自我安慰，特別是在夜裡，想起阿比西尼亞的景象與風光，那比學校後方荒涼死寂的英國丘陵來得更真實。

我父親決定送我們去聖奧賓學院時，那是個聲譽卓著的學校，不幸的是我們到達之前，一位新校長藍恩接管校務，他是個高大而體面的人物，曾經是個著名的運動員，我可以確定他一定讓我的父母親有很好的印象。他未婚，是由他的姐姐撫養長大。其實他是個虐待狂，在我父親過世之後，布萊恩和我就成了他的施暴對象。學校的校訓是「放棄你自己而像個男人：堅強起來」，剛被送到宿舍時，我必須光著膝蓋跪在我的床邊，我記得我第一次哭喊「好痛」，藍恩先生冷酷地說「就是故意要這樣」。

每次被鞭打之後兩三天，他就會叫我到他的書房，以更檢查我的傷口是否完全痊癒，雖然我不曾受過這樣的傷害，但很奇怪的是我對這些鞭笞並沒有怨恨，因而使他感到無聊，這種原來是用來對付有罪者的懲罰，從來就沒有讓我產生什麼樣的心理不平衡。

我們在學校待了三年之後，曾經在南阿比西尼亞擔任領事的阿諾·赫德生在假期開始時，和我們一起同住。有一天晚上，他開玩笑地說：「我不敢想像今天在學校你們還會被鞭打，不像我們那個時代。」布萊恩和我都不曾告訴我們的母親有關鞭打的事，不過此時，我怒火中燒，捲起我的短褲，讓他看那些半痊癒的傷疤。一年之後我才知道，赫德生曾經到索塞克斯（Sussex），告訴校長如果他再打我們任何一人，就要把他送到法院去。

那裡還有另一種讓我害怕的懲戒。每天學校得接受住在村子裡的一位退役士官的操練，在特殊的場合中，我們得配合學校樂團一起閱兵。這種閱兵遊行十分嚴格，下午其他的學校在運動嬉戲，而犯規的人必須不停地繞著鋪柏油的廣場跑步。在嚴熱的夏季，這種懲罰比較適合外籍兵團，而不是一所英國的預備學校。

最近我曾回到聖奧賓學院發表演說，並且在那裡過夜。時光似乎已經靜止。那些男孩子同樣穿著灰色短褲和緊身運動衫；樂隊也還在操場上練習、踏步與答數行進。我參加教堂晨禱，那些座椅和教堂裡的儀式似乎不曾改變過。在宿舍中，我認出我曾經睡過的床，床下同樣有放髒衣服的籃子，床邊還是有同樣的椅子。在餐廳裡，團體照舊沿著牆面懸掛：我在其中一張認出了布萊恩；而我本身則從來就沒有達到那樣的成就。在六十年中，這所學校外觀並沒有什麼改變；而真正的差異在於校長和學校男孩之間的關係。他們之間，我感受到情感、信心與信賴。我曾聽說聖奧賓現在是這國家最好的預備學校之一。和校長共處，並且對這些男孩演講，我知道這一切是真的。

伊頓生涯

我的家族中許多人，包括我的祖父在內，都曾經在伊頓公學待過；但我父親除外，祖父把他的兒子都送到溫徹斯特就讀。我父親因為某些因素而到切爾滕納姆，他在那裡過得很愉快；但是他決定送我們上伊頓。當我父親過世時，他的兄弟皮爾西（Percy）慷慨地承諾支付布萊恩和我的教育費。如果他並沒有這麼做，我就無法上伊頓就讀，這會讓我失去塑造一生人格最有影響的機會。

我不是機靈而受教的孩子，對於那些讓我所厭倦的學科，我不願意集中注意力。而後來在聖奧賓，當然是沒有學到什麼東西，當我參加伊頓公學的聯合入學考試，我一敗塗地以致於學校當局寫信給我母親，說我即使再試一次也是徒勞無功，我的母親並不洩氣，她送我去一所一流的補習班讀了兩學期，布萊恩則到另一所預備學校。我的第二次嘗試，讓我進了伊頓公學，完全達到這所學校的最基本要求。

一九二三年九月，我和母親抵達溫莎車站，我們從那裡搭了一輛馬馱的包車經過溫莎古堡，穿過泰晤士河，進入伊頓。伊頓有二十四間宿舍，每一間住了四十五名男孩，也就是眾所周知的「市民」（Oppidans），和學院裡七十名學者分開住。每一間宿舍由一名資深的舍監管理，宿舍以他而命名。我的舍監是A. M.麥克奈里。我們和他及他的太太一起飲茶，並且和其他三名新來的男孩及他們的雙親會面，他們是哈利．菲利摩爾（Harry Phillimore），個兒小、黑頭髮並且戴著眼鏡；朗尼．錢斯（Ronnie Chance）纖瘦、金髮而羞怯；戴斯蒙．帕森斯（Desmond Parsons）則是個高大而俊美的男孩。

從抵達伊頓的那天開始，每個男孩都有他們自己的房間。我的房間很小，空間僅容一張摺疊床、盥洗台、衣帽櫃、放衣服的箱子和簡便的椅子，不過那都無所謂，重要的是那是屬於我的房間，有這間房間給予我無價的隱私感。在母親回倫敦之前，她和我到鎮上買了一張地毯，考德威爾（Caldwell）拍的非洲大狩獵的照片則掛在我的牆上。在學期間，我搬到另一間大一點的房間，那是宿舍的最後一間，有絕佳的視野，能看到溫莎古堡。

在伊頓公學，不同的宿舍和教室散布在廣大的區域內，過了一兩天，我才搞清楚哪個教授在什麼時候、在哪裡教我哪一門課。我也急於找到我在教堂裡該坐在哪裡；接下來我必須記住不同宿舍的名字和所在位置，還有零星分布的運動場。

麥克奈里的宿舍和其他宿舍一樣，由四到五名男孩子管理，他們就是所謂的「讀書會」（Library），相當於宿舍的班長。除了宿舍的舍長是由舍監挑裡選出來，讀書會是由宿舍成員推選。宿舍裡也盛行一套稀奇的制度，讀書會可以毆打犯錯者，而舍監則不能：或者說是他把這件事交給了讀書會，或許重大犯錯才交給校長（Headmaster）或低年級老師（Lower Master）。同樣地，伊頓社團（Eton Society）被稱為波普（Pop），相當於學校的行政長官，由社團成員選舉出來，除了少數人是依職務而擔任。

學校分為高年級男孩（Upper）與低年級男孩（Lower），每一間宿舍的低年級男孩為讀書會成員服勞役：例如為他們泡茶、聽候他們差遣，可能還會派到離溫莎古堡那麼遠的富勒茶館（Fuller's Teashop）弄一塊蛋糕，當讀書會裡某個人呼喊「男孩子」，低年級男孩就得立刻應召報到，最後到的人就會被分派工作。沒有應召到達的人就會遭到毆打。新來的男孩子可以在到校前一晚免除勞務，直到他們找到自己的動線。我相信勞務和毆打現在已經革除，而我當時卻是樂於接受。

每天晚上，我會和一兩個朋友一起喝茶，他們都是被我安排一起共餐以度過「半年」（Half）

的人，半年也就是伊頓所謂的一學期。茶點其實是豐盛的餐飲，有蛋、培根、香腸，甚至還有帶骨的肉，由我們自給自足，在走廊上的圓形瓦斯爐上烹煮。在麥克奈里的宿舍如果不這樣做，我們必然病得厲害，因為不只是早餐，連中餐、晚餐都一樣不吸引人。

起初我和哈里·菲利摩爾一起混日子，他後來變成我終生的摯友。他有學問而且非常用功，他嚴肅的本質被他某一種調皮的性情所淡化。我們是麥克奈里宿舍中低年級男孩裡最不受教的一群，我們所製造的騷動通常都是由菲利摩爾教唆。他在一九七四年過世，是一名上訴法院院長。有一回在法院我聆聽他的演說，讓我回想起某一次，負責打理我們房間的一名年長而且體型龐大的男孩宿舍的女僕，雙手插腰地站著抱怨他所犯的一些小錯，在她的長篇大論結束後，她說：「菲利摩爾先生，你不要站在那裡像亞尼拿撒④一樣扯謊。」

我們最惡劣的罪行是我們曾經拿滅火器，把戴斯蒙·帕森斯噴到他的房間外，滅火器打得開，卻關不上。水很快就從頂樓順著階梯流下。最後麥克奈里出現，把他的褲子捲到膝蓋上方，口中喃喃地說：「不良少年，可惡的不良少年，」然後把消防閥關上。那是我們所犯的諸多錯誤之一，我們在晚餐後被送走，接受讀書會的毆打。

只有一回在被鞭打之後，我還能忍住忿怒。我在伊頓的第二年，曾經被選派與倫敦東端的伊頓教會的哈克尼·威克（Hackney Wick）比賽拳擊，當時我還是低年級學生。我當時正要拿茶給我的對手，雖然我們體重相當，但他可能大我兩歲。當時我被我的勞務主人朱利安·霍爾召喚，他是這間宿舍的舍長，是「市民」中最高級的組長，在波普中同樣有影響力。

他呵責我：「你為什麼沒有過來為我泡茶？」

我回答：「很抱歉，我忘記告訴你我今晚要和伊頓教會打拳擊，我正拿茶到我房間給我今晚交手的男孩。」

他說：「我要教訓你的健忘，彎下腰，」他用他的波普籐條，一根結實而且有節的竹子打了我六下。我經懷疑當我回房告訴我的客人我剛被鞭打，他的心裡會怎麼想。我永遠也無法原諒霍爾，任何人都可能會對我說：「祝你好運，一定要好好打他一頓」，對我而言，那真是悲慘的一夜，我在第二回合被擊倒，那也是我在伊頓或在牛津唯一被擊倒的一次。

在伊頓的冬夜裡，我記憶最深刻的事便是：在一團炭火前和朋友一起談天和抱怨所有的事情，我坐在我有扶手的椅子上蹺著腳，閱讀吉卜林或康拉德的書，或是讀我已搜集到某一位非洲大型獵物的獵人所寫的一些書。那是一種我在這些冬夜裡所獲得的文明的舒適，和白天的苦難呈強烈對比。

許多人都以為伊頓是一所奢華的學校，但是我在那裡的時候，它是全英國紀律最嚴苛的學校之一。泰晤士河谷經常酷寒而潮濕，教室在冬天都有暖氣，但在宿舍裡卻沒有半點暖氣設備，除非到了晚上六點鐘在我們的房間裡生火。我們的空閒時間被分配了一堆工作，我還記得我在寫一篇文章或與拉丁作文拼戰時，當時是大白天，我還穿著大衣外套和圍巾以便保暖。在一場嚴重霜降之後，走廊的牆壁開始冒汗，水滴在走廊上。麥克奈里宿舍沒有更衣室或淋浴間，只有站立的浴室可供我們在運動後盥洗，而宿舍只有兩間浴室和五間廁所，供我們四十七人使用。除了讀書會的人可以隨時洗澡，每個男孩一星期只被分配洗兩次澡。我們從來就不曾抱怨這樣的待遇，我們把它視為伊頓生活的一部分，就像我們身上穿戴的燕尾服與高頂絲質禮帽。

阿奇．麥克奈里，男孩子都知道他是個倔強而正直的人，有一張小心謹慎而充滿智慧的臉。他本身沒有讀過伊頓，但是當他代表舍監在操場上運動——也就是玩伊頓式足球賽，他讓舍監們見識到他的截擊，讓人永難忘懷。根據一位與他同年紀的人說，他讀牛津大學時，曾經在英國學院教育後考試中得到第一名，他的努力就像他正要參加一項特定的會計師資格考試。他在伊頓教數學。數年後，我發現他曾經是一位才華洋溢的音樂家，然而他不曾透露這件事，即使對他宿舍裡熱愛音樂的男孩子也一樣保密。誠懇、謹言慎行而自制，他一直與其他舍監伙伴保持距離，而他的冷漠無情與譏諷智慧，還有他無法放下身段，使他無法與他宿舍裡的男孩子建立一種熱情的關係。我視此為理所當然；當時我不曾想過一名舍監也能夠變成一個朋友。

當一名男孩到達伊頓，會分配一名所謂的「古典指導老師」（Classical Tutor），負責監督他的工作並給予特別的指導。伊頓諸多舍監中，像是C. H. K. 馬汀是一位歷史學家，他後來曾指導伊莉莎白公主和瑪格麗特公主，特別的是喬治．萊特頓（George Lyttelton），他所出版的給魯柏特．哈特戴維斯（Rupert Hart-Davis）的信札曾為許多人帶來歡樂，有一學期我曾受教於萊特頓。他有一回曾來到我的房間，他說：「放下你的書本」，然後他朗讀布肯⑤所寫的《蘭恩人》（*The Lemnian*），那是有關溫泉關⑥的故事。他所讀的東西並沒有激起男孩子們的興趣。然而我的不幸是麥克奈里挑選C. O. 畢凡（Bevan）擔任我的古典指導老師，他是個愚鈍而紅臉的牧師，既沒有智慧也缺乏幽默感，他刻意讓每一門學科變得枯燥無味。我對歷史有興趣，樂於寫作，我的寫作風格刻意模擬布肯。畢凡卻讓我對拉丁文產生厭倦，他所指導的拉丁文詩句依舊讓我不解其意。他的死板讓我無聊，使我無法專注：有三次因為我的懶惰，他用樺木條鞭笞我以做為懲罰，但這些想讓拉丁文塞進我腦子裡的努力，出發點是錯誤的，結果證明根本就是徒勞無功。

當年我還是低年級男孩，曾經找過低年級級長。蘭姆西是個傲慢、紅臉而且一頭白髮，他戴上學士帽，就好像他要宣判刑罰，接著穿上他的袍子，穿進隔壁的房間裡，房間磚塊上還標示日期大約是兩百多年前，我跟著他穿過遠廊，門房輕聲告訴我：「快把你的吊帶解下來，先生，別讓他久等。」

在這棟建築的另一端，站著一名六年級的級長，來監視整個執刑過程是否正確，並下達執行命令。低年級的級長鞠躬並將樺木條交給高年級級長，他再行鞠躬禮，把樺木條交給低年級舍監。這整個過程充滿復古風，就像是在倫敦塔山丘（Tower Hill）上執行示眾斬首。在鞭笞之後，受罰者得付十二先令六辨士，做為「學校醫藥費」，據說已記在學校帳上，我想那是用來買一根新的樺木條，但是我從未證實這件事。

雖然生活是那麼枯燥繁瑣，但因為我對運動在行，在一間不起眼的宿舍裡當上足球隊長，這意味我可以加入讀書會。我從來就不是受歡迎的人，我只結交少數朋友，但是這樣建立的友誼多半都很持久。無論如何，伊頓對我的意義遠不如我和他人建立的友誼、我所獲得的知識和我所參與的比賽。我很清楚我心所植根的社會，是在英國史上一個遙遠而不顯眼的地方。

每天我都會經過那暴露在校園中央的亨利六世雕像。他是在中世紀建立這所學院的人，年代比哥倫布發現新大陸還早。他創辦這所學校所賦予的權威象徵，是代表聖母馬利亞的三朵蓮花圖案，加了法國的鳶尾花圖案與英國皇家的獅子圖，它們出現在伊頓校旗上，印在學校的公文上。

校園的一邊主建築是學院教堂，亨利六世曾試圖讓這棟建築變成這塊國土上最大的教堂。當他在玫瑰戰爭中遇害時，教堂只完成聖詩班的部分，後來才加上教堂大殿，而構成學院教堂。此地的低年級學院正好在教堂的對面，站在橡樹透出來的光芒與圍拱，我在裡頭的教堂受教育，教室從一四四三年起啟用，高年級學院每一吋方格磚上都被歷屆男孩留下記號，許多人後來功成名就，例如舉世聞名的威靈頓（Wellington），也有少數變成惡名昭彰之徒，如法蘭西斯・威尼爵士

（Sir Francis Verney），變成一名北非巴巴里（Barbary）海盜，格林霍爾（Greenhall）成了一名公路強盜。

沿著高年級學院的走廊，注記著一千一百五十七名在一次世界大戰中遇難的老伊頓人的名字（另有七百四十八人，包括我的弟弟德蒙，是在二次世界大戰後追加上去的），在那些教人難忘的年代裡，這些鑲嵌的名字讓我擁有對傳統不斷的關注，以及對往日先人的崇敬。在這裡，我同樣從舍監和男孩子身上學到責任、生活禮儀與文明行為的標準。

布萊恩在我之後一年來見麥克奈里：我很高興他能來此與我做伴。當我在一九二八年十二月離校後，他接替我成為體育隊隊長。他在橄欖球的表現得到校內的獎章，可惜的是他並沒有在田徑運動和壁球方面有所表現，那是伊頓特定的另一類學校運動，德蒙和羅德里克同樣也住過麥克奈里宿舍：我們之間差了一年半，而無法一起共處。

我在伊頓有許多的回憶：在學院教堂裡的禮拜，特別是冬天，教堂的燈光點亮，我聽著窸窣的歌唱，唱著一種我所愛的旋律；神態威嚴、穿著紅袍的校長阿靈頓博士（Dr Alington），站在教堂階梯上，找出那些「心不在焉」的人；對伊頓來說，六月四日是個重大的節慶，河上施放煙火，冬日午後運動場的地面迷霧瀰漫；還有高街（High Street）上的街燈，以及成群結隊趕在「閉館」前回宿舍的男孩子。

麥爾布魯克家居生活

我們在麥爾布魯克歡度假期，我還記得第一次離開聖奧賓學院抵達當地的興奮之情。那是優美環境中的一間爬滿藤蔓而迷人的房子，夏天，在山丘上，石楠樹伸向天際，高過橡樹林，展現出它們紫色的林葉。這間房子對我們而言，大小剛好，樓下有一個玄關、四個房間、一間廚房、一間傭人房，樓上有六間臥室和一間閣樓。

我的臥室窗台下是花園，我的母親多年來打理得十分美麗，再遠處是果園、馬槽，還有爛泥的田野，春天裡，那兒有田鳧的呼喚和沙鷸的振翅聲，接著是遠方的森林。晨間，太陽爬上我的窗台，將我喚醒。我總是想起麥爾布魯克這個歡樂和充滿陽光的家，在美麗的房間窗外，樹欉之間有蝴蝶展翅飛舞。

我們在這個緊密而自給自足的家長大，我們家不常有其他男孩來過夜，更不用說有女孩子，我們很少出遊拜訪。我們往返學校會經過倫敦，但是除非是伊頓半學年的「長假」，我們很少在那裡過夜。麥爾布魯克的近鄰不多，只有幾戶當地的農家，而在那裡的最初四年，我們只有腳踏車和一輛小馬車而沒有其他交通工具。後來到了一九二四年，我們的祖母徹門司福夫人（Lady Chelmsford）過世，我母親繼承的錢財讓我們的生活大獲改善。她買了一輛汽車，擴大我們的活動範圍，但是對我們這些男孩子來說，那並沒有太大差別。多年來，我們沒有電話；在我們那個年代，屋子內的照明靠的是乙炔瓦斯燈，讓我們在髒亂的屋子裡度過每個夜晚。

起初那幾年的冬天假期裡，我曾駕著我們的小馬車到提密河谷（Teme Valley），當地一群群獵犬隊，在威爾斯邊界那粗獷而多丘陵的原野中打獵。這匹小馬雖跑得快而且是優秀的跳躍者，但牠幾乎難以駕馭。除了這一點，我還是樂在其中。直到後來我母親拿另一匹布萊恩無法駕馭小馬取代牠，不過我也放棄了打獵活動。我不曾分享我的家人對馬匹的熱情，然而住在麥爾布魯克期間，我熱愛我擁有的三條狗。第一隻狗是金色長耳朵的山犬，他死於犬熱病，當時我不在家而住在聖奧賓學院，聽到這噩耗，童真的哀傷擊潰了我。第二條是一隻黑色的小獵犬，第三隻是一條跳跳狗，我曾經訓練牠撿回東西，每當我離家返校時，總是把牠帶在我身邊。每一條狗都曾睡在我的房間裡。

我十五歲那年，我們在史托丘陵（Stowe Hill）租了一塊原始獵場，它屬於史丹納吉莊園的一部分；蓋．羅傑士讓我們花五英鎊租下它。我們在那裡獵捕雷鳥、鷓鴣、松雞，還有定期飛來的野雁、鷸鳥和小山鷸，以及數之不盡的野兔，我們的收穫不只是我們射殺的獵物，更重要的是狩獵所消耗的運動量。史丹納吉是英國最好的松雞獵場，以高地鳥類而著稱。我在伊頓公學的最後兩年，以及待在牛津大學的期間，蓋．羅傑士曾邀請我到他改造過的獵場，我是個射擊好手，在他的賓客中，只有我使用自己的槍枝，雖然我的弟弟們也喜歡射擊，但是他們比較偏愛狩獵，而我的母親在她到阿比西尼亞之前，曾在愛爾蘭狩獵過，如今重拾往日的歡樂。我們所有兄弟都從事定點式的騎馬活動，而德蒙則騎著他的馬參加在切爾滕納姆的國家盃狩獵賽，而他的野心是參加全國盃狩獵大獎比賽。

回想起那段日子，我才明白是母親的建議，讓我在倫敦郊外的房子裡長大成人，而使我今天如此與眾不同。當時我毫不遲疑地接受麥爾布魯克所提供的一切，只不過後來我感激母親的犧牲而給予我們這一切，當我們離家返校時，她必定經常孤寂無助，因為在我們的父親去世之後，她全心全意地奉獻給我們。

她是個擅長社交的人，對於交朋友有傑出的天賦，而且能夠快速察顏觀色，特別是對年輕人。在阿比西尼亞那有限的社交生活，並沒讓她感到困擾，因為有她的丈夫為伴。但是當他過世之後，經過長期海外的生活，她在英格蘭的朋友所剩無幾。起初，對她而言，在麥爾布魯克要結交朋友並不容易。她只有一匹小馬和一輛馬車，而她最近的鄰居至少都住在兩三哩或四五哩之外。

雖不是學識豐富，但是我的母親卻很有智慧，而此刻她得到許多新的嗜好。她喜愛麥爾布魯克周遭的鄉野，當她在山陵上騎乘，她從來就不曾如此快樂過。她天性慷慨大方，有愛爾蘭人的熱忱，並融合一種帶著高標準與絕對忠貞的高度自尊心。她有相當特殊的品味，特別是她的衣著，不管怎麼穿，她總是看起來恰當得體。最重要的是，她很容易相處。

我在伊頓公學取得畢業證書，卻沒有修得進牛津大學不可或缺的拉丁文學分，因此我進了一間補修班，補修必修學分，而被馬格達倫學院（Magdalen College）所接受。

在上牛津之前，一九二九年夏天那三個月我在法國度過，以便增進我的法語能力。前兩個月我住在楓丹白露的一個法國家庭裡，受教於一位拉托爾將軍（Commandant Lettaure），他同時指導其他十五位年輕的英國學生。我曾造訪巴黎和凡爾賽，而拉托爾曾帶我參加奧爾良的聖女貞德節慶。我愛好楓丹白露的日子，特別是到林間漫步，總盼望能看到一頭野豬。

第三個月，我在布列塔尼半島⑦的黑貂丘陵（Sable d'Or）度過，在那裡我結識了一位忘年之交，一位年長而滿嘴鬍鬚的老漁夫皮爾斯。他和其他的布列塔尼漁民一樣，也是捕龍蝦者。每天清晨，在天光大亮之前，我會穿過一哩長的沙灘，來到漁夫們泊船的港灣，我的接近驚嚇到麻鷸鳥，在黑暗中，牠們在我四周發出叫聲。我抵達時，天光漸亮。有些漁夫已經上船，其他漁夫從村子沿著斜陡的小徑走下來。皮爾斯和他的十三歲助手跟我會合，皮爾斯穿戴航海雨靴、夾克和小帽，而那位助手則是光著頭、打著赤腳，穿著一件破爛的毛衣，褲管捲到膝蓋之上。我們把船推出海，揚起船帆，拋出龍蝦桶和釣海鰻的繩索。我們拉起龍蝦桶，把龍蝦和螃蟹倒出來，再把桶子拋回海裡。海鰻是一種長像難看的凶暴魚類，有些長達三呎以上，皮爾斯警告我，牠們能咬穿航海雨靴。

我們沿著海岸來回航行，用繩子釣鯖魚，有時我們會衝進魚群中，在我們還能控制狀況時，會盡快將牠們釣上來，有時候卻一條也找不到。接著我們放下帆，坐在陽光下，吃著皮爾斯帶來的食物，喝他自製的蘋果汁，聽他述說他和他那些天生漁夫的諸多故事、在海上作業那幾週的日子、海上的風暴、豐盛的漁獲，還有布列塔尼漁民生涯的艱辛與成就。

注釋：

①布來頓（Brighton）：英格蘭東南部東索塞克斯郡布來頓區旅遊城市，位於倫敦以南七十七公里英吉利海峽岸上。一七八二年威爾斯親王（後來的喬治四世）居此。市內名勝建築有會議中心、遊艇碼頭、納許（J. Nash）設計的皇家宮室（一八一一）。

②波伊斯郡（Powys）：英國威爾斯東部一多山郡，轄三區，首府蘭德林多德韋爾斯。一九七四年置郡，東鄰英格蘭。波伊斯郡經濟以農、林、旅遊業爲主。境內闢有布雷肯比肯斯山國家公園。

③沙諾普郡（Shropshire）：英格蘭中西部一郡，轄六區。西與威爾斯的波伊斯郡和克盧伊德郡相鄰。首府什魯斯伯里。塞文河流經郡境。

④亞尼拿撒（Ananias）：亞尼拿撒是新約聖經中在神前撒謊而暴斃的人。

⑤布肯（Buchan）：全名John Buchan，一八七五～一九四〇，爲英國政治家及著名的冒險小說家。

⑥溫泉關（Thermopylae）：希臘中部山與海之間一條狹窄通道。西元前四八〇年希臘人在此阻擊波斯軍，但未能守

住，結果波斯軍侵入阿提卡，攻陷雅典，洗劫了衛城。

⑦布列塔尼半島（Britanny）：法國西北部地區和舊省，包括北濱海區、非尼斯泰爾區、伊勒—維萊訥區和莫爾比昂區。布列塔尼是法國領土向西北伸出的半島，北瀕英吉利海峽，南臨比斯開灣，海岸線曲折不平。

【第6章】

牛津求學生涯

我在一九二九年秋天進入牛津大學的馬格達倫學院，在那裡度過四年時光。我在伊頓公學的同儕也來到牛津大學，大多數都進了基督神學院（Christ Church）、三一學院（Trinity）、貝列爾學院（Balliol）或新學院（New College），我大多數時間跟他們共度。儘管如此，我總是感激我能待在馬格達倫學院，它或許是牛津大學最美麗的學院。雖然校區不大，卻很寬敞，它有鹿園和沿著徹瓦爾（Cherwell）河岸的艾迪生步道（Addison Walk）。和我對伊頓的記憶不同，我對牛津的都是夏日印象：高街在繁忙交通之前的清晨寧靜之美、五月的清晨和馬格達倫樓塔裡少年聖詩班的歌聲、在垂柳下坐在河上的方頭船上讀書；在帕森歡樂牌（Parson's Pleasure）的煙草味和秧雞叫聲之外的水岸草地；和羅賓．坎貝爾（Robin Campbell）一起在草地碼頭（Port Meadow）乘船，接著到鱒魚旅店①喝茶；在我的宿舍房間裡舉辦的晚宴，有窗外那些學院建築的燈火，以及校長花園裡的桂竹香（wallflower）傳來的香氣。

喬治．戈頓（George Gordon）是馬格達倫學院的院長，他是個高貴而有魅力的自由派人士，總是和善待人，而且對我所做的研究很感興趣。他於一九四二年去逝，離開牛津之後我再也沒有見過他，那是讓我一直感到遺憾的事；我還保存著我在蘇丹時，他所寫給我的信。

在擔任當印度總督時和我們曾經同住的叔叔佛瑞德，他是全靈學院（All Souls）的成員，那是唯一沒有大學部的學院。在一九三三年過世之前，他曾在那個學校擔任兩學期的院長。當我還在馬格達倫學院時，他曾經多次邀請我到全靈學院和他的同僚一起共進晚餐。他有豐富多樣而卓越的生涯。他曾是溫徹斯特學院與馬格達倫學院的學者，他在那裡取得法學最高學位，也贏得板球的藍徽獎章。後來他當上瑪麗勒本板球俱樂部②的會長。他曾任昆士蘭和新南威爾斯省長、印度總督、海事法庭的最高庭長、馬格達倫學院的榮譽會員、溫徹斯特學院校長，最後是全靈學院的院長。佛瑞德叔叔是個嚴謹和教人印象深刻的人物，有些人以為他難以相處。直到我十七歲那年，偶爾有機會與他短暫見面，我把他視為這家庭成員中相當教人戒慎恐懼的長輩，但是出乎意料的，他邀請布萊恩和我到北恩布蘭③過夜，他在那裡擁有一座獵鳥的牧場，在他過世之前，我們每一年都會去那裡，我們先到奧特本（Otternum），接著到瓦克（Wark）。他對我們好得不能再好，讓我們自得其樂而不會找我們麻煩。他是個熱情的釣魚好手，教我如何釣魚，我永遠也忘不了當我釣到一條鱒魚時，他的那種興奮。在獵場裡的天氣多雨，但那天下午天氣放晴。當時他已經六十四歲，無疑的已經疲倦，不過當我們喝完下午茶，他說：「我們到河邊去，你可以試試釣鮭魚。」獵場管理員順從地說：「不管怎麼樣，這是讓你練拋竿的好機會。」一條快速流動的河，顯然是沒有什麼希望。

我覺得釣線緊繃時，我已經釣了半小時。

我心想：「糟了，我被纏住了。」接著難以置信的是我看到釣魚線向河流上游移動。

管理員尖叫：「我的上帝，你釣到一條。」我叔叔沒命地重覆說：「把竿子向上提！把竿子向上提！」

那是一條十五磅重的淡水鮭魚，也是那一年那裡被釣起的第一條魚。我生命中的興奮都不能與我和那條魚接觸那緊張的十五分鐘相比。

我總是期待在北恩布蘭度過兩個星期。我喜歡射擊和釣魚，但是我很快就更期待和我的叔叔待在一塊兒。我一直很仰慕他，因為我還是小孩時，曾經在印度看過他穿官服。我把他當做羅馬傳統下的貴族，有文化、飽讀詩書、開明通達，尤其是有責任感。而此時明瞭他比我預料中更平易近人、善解人意，每次和他見面，我對他的情感就更增加許多。他的長子在第一次世界大戰中於美索不達米亞喪生，而他的幼子與他沒有什麼共同點。我想，他希望我最後能為他深深引以為傲的族姓增加榮耀，而他最初對我的興趣也演變成一種情感。不過他的要求是高標準，身為一名古典學者，他對我無力應付拉丁文而感到懊惱。

大學拳擊生涯

我很少參與馬格達倫學院的社交生活。我不喝酒，對象是在河上舉行的三戰兩勝帆船賽慶功宴（Bump Suppers）的節慶活動，我也沒有興趣。在伊頓公學時，我喜歡田徑比賽，但是討厭板球，打從我在預備學校開始，我就不踢足球或橄欖球。結果我沒有參與任何有組織的學院運動；不過，我為牛津大學打了四年拳擊，曾經三次贏過劍橋大學，這讓我在這所學院裡擁有某種地位。

我在伊頓當拳擊手十分成功，在牛津的第一學期，被選拔與陸軍進行拳擊賽。我的對手是格林霍華學院（Green Howards）的布萊克少尉。當我進入拳擊場中央，我幸運地並不知道我的對手正是三軍的冠軍。我並不是技術絕佳的拳擊手，但我的確有擊倒對手的實力，藉此讓我早在第一回合就贏得這場比賽。

我發現很難進入中量級的隊伍，因此，我決定在這所大學的選拔賽中打輕量級，我贏得比賽，並獲得選拔，代表牛津對抗劍橋，我的對手和我的身高、體型與性格差不多。我記得當時我在想：「這傢伙撐不下去了。」我很幸運能在第一回合內就將他擊倒。

布萊恩在隔年來到牛津新學院，他沒有我那種擊倒的力道，但他是個更有技巧的拳擊手。看他打拳總是激發我的靈感；從第一聲鐘聲響起，他便無情地發動攻擊，完全不理會被警告。不幸地，直到最後一學年，他才被選入校隊，於是他很輕易地就取得地位。

在我最後一學年，當時我是隊長，我們贏了醫院隊和大學錦標賽，打敗陸軍，並以四比三的比數打敗劍橋大學。在那些賽事中，我碰上我拳擊生涯中最艱困的比賽，在我贏得分數之前，我那凸出的鼻子被重創打裂。

拳擊是我唯一擅長的運動，但是我經常懷疑從戴上手套等待拳賽到結束，我到底為什麼要打拳擊。然而一旦開打，我覺得在拳賽中得到一種滿足感。我從來就不覺得疼，甚至是一隻耳朵被撕裂、鼻子被打斷和嘴唇被打裂，但是我卻記得賽事中的那種極度疲倦，以及我如何努力把手抬高或者站穩步。

亞瑟．班亭克是我父親在阿迪斯阿貝巴的同僚，經常來看我打拳。他在法國受重傷之後，曾於一九一七年被任命為陸軍駐大使館職員，配屬我的父親。有一天在大使館，他製作拳擊手套，並教導布萊恩和我如何戴上手套。他總是堅信我們後來的勝利都是因為他早期的指導。他就像對孩子般警告我們：他的態度凶暴，有一條殘廢的腿和一隻明顯的假眼。他後來成為我們家族親近的朋友，而我對他是既嫉妒又羨慕，因為他去過一個又一個遙遠而有趣的地方，像是索馬利蘭、阿比西尼亞、庫德斯坦、緬甸和中國。

我在牛津大學讀歷史，有幸碰到法國大革命權威的湯普生（J.M. Thompson）在馬格達倫學院擔任我的歷史指導老師。他的指導總是激起我的興趣，並且涉及不同的主題。但是有關「學校課程」的指定閱讀，我則是興趣缺缺：我對於憲政發展、政治理論或經濟成長沒什麼興趣，對於引導當代潮流的工業革命和各種產業與科技的成就更是完全沒興趣。我自有一套浪漫而非目的性的歷史學觀點。亞歷山大大帝是我心目中最偉大的英雄，蒙特羅斯④是我願意追隨的領袖，約翰·諾克斯⑤則是我最討厭的人。

孩提時代，我目睹了歷史如何創造。我曾經看過封建制度下的大軍列隊前進，勝利的一方凱旋歸來，被俘的王公雙腳被加上腳鐐跟在後頭走。在麥爾布魯克的家中，有我的祖父於一八七九年在烏倫地⑥擊潰祖魯族大軍之後帶回來的南非土著用的長矛與各種標本，我從來就不會羨慕這些先前曾在伊山德瓦納（Isandhlwana）緩坡上殲滅一支英國軍隊而贏得勝利的戰士。我曾經被里德·哈加德⑦所寫有關祖魯族的故事震撼，特別是《納達蓮花》（*Nada the Lily*）一書所提到的一位瞎眼的巫醫姆布波（Mbopo），述說他曾經協助進行暗殺的夏卡王⑧的崛起與衰亡。

在伊頓公學，我曾經讀過所有能夠有關祖魯人、阿比西尼亞和蘇丹的德佛士王朝興衰的書籍。在牛津，我對於從有知識記錄的文明之初開始，以致曾經蹂躪印度洋到大西洋的世界，以及對人類史上產生不可勝數影響的那些人類大規模活動，愈發感到興趣。我可以想見到中亞草原上的部落之間最初無止息的活動，接著是那些不知名的游牧民族部落教人恐懼的崛起，他們蹣跚行進、武器發出轆軋聲，還有不經修飾打扮的婦女與孩童，蹲踞而瞇著細眼的男人穿著縫縫補補的衣服，還有數之不盡的牲口、毛氈帳篷、配備弓箭而隨時整裝待發的軍隊。我將他們視之為一支心靈與肉體皆飽受風霜烈陽的民族，打從孩提時代，就已熟悉艱困，具有高度機動力和對戰爭的天賦。

先是阿提拉族（Atilla），接著是成吉斯汗和跛子帖木兒⑨，他們所指揮的大軍硬生生地把善戰的多種族部族融合在一起，以空前無比的廣大征戰範圍和殘暴的手段，在一瞬間橫掃全亞洲。隨著他們的逼進，一個部落傾軋另一個部落之上，一國欺壓另一國，每一次遠離恐懼的嘗試，會被另一次極廣泛的摧殘所包圍。一回它遙遠的餘波盪漾，還迫使撒克遜人⑩渡過北海到不列顛群島。

其他的游牧民族在十七世紀從阿拉伯沙漠上興起，在一百年間，他們的軍隊曾經抵達大西洋岸和中國邊界，但是和匈奴人及蒙古人相較而產生一種奇妙的對比，阿拉伯人創造一種新穎而持久的文明，並建立一套信徒總數達到六億人之多的信仰。接下來在伊斯蘭教的旗幟下，土耳其游牧部落的後代席捲君士坦丁堡，兵臨維也納城下，征服巴爾幹人，支配了漢志⑪、埃及和北非的阿爾及耳。

這些地方我曾經漫遊過，但不幸的是，它們全都不在牛津的歷史學之中。我想把十字軍東征當做我的研究專題，但是我不及格的拉丁文使我受阻。取而代之的是研讀軍事史，在艾金森（C.T. Atkinson）指導下，我獲得一種有價值的體驗。他是個不修邊幅的人，他的背心上經常有蛋渣，他總是隨身帶著他那頭體味濃厚的小狗，並且能容忍他的班級裡沒有大學部女學生。

暑假之旅

我曾看過的英格蘭和法國城市，並未令我感動；我對這些城市的人群不感興趣：因為他們缺乏一種我所渴望的色彩與多樣性。我對德里、齋浦，以及巨大的城堡、蒙兀兒古墓群和充斥戴無邊帽、牛車緩緩行進而且聞得到香料氣息的街道，還留存著記憶。我記得在清晨的寂靜中，聽到穆安津⑫對祈禱者的喚拜聲。我曾讀過《日昇之處》⑬，以及其他有關東方旅遊的傳奇故事，而我對東方神奇世界的想像全都借助君士坦丁堡。因為撒馬爾干、梅爾夫⑭、布哈拉⑮是我無法前往的，而君士坦丁堡則在我可及之處。我在牛津第一學期的暑假期間到過那裡，在不定期載貨的汽船上打工，一面前往黑海，以完成我的橫越之旅。

一九三〇年六月二十八日，我在東印度碼頭登上索倫托號（Sorrento）的舷梯，駐足在她生鏽的鐵甲板上。我對我前方的遠景感到激動，但因要加入一個我全然陌生的團體而感到缺乏自信和窘迫。我並不需要擔心；船上的官員和船員熱情歡迎與表達友善。船務人員包括船長、大副、二副、三副、輪機長、副輪機長、無線電報員、無水手長、木工和十八位助手。甲板上有一名馬爾他的甲板層旅客，吹噓他曾經在英國的九座監獄待過；在我們開航後，我們看到他的一位朋友躲在上了鍊條的櫥櫃裡打算偷渡被人發現。

我發現我擁有兩個不同世界的精華。我每天固定時刻工作，就像是船上水手中的一員，不過是和船上的軍官一起用餐；食物豐富而且可口。他們提供水手長的寢室供我睡，我為此向他致歉，但是他說：「我很樂意離開那房間。等一等你就會看到蟑螂。」這些蟑螂也是索倫托號上唯一讓我感到失望的事；夜裡，它們從各個裂縫與罅隙衝出來，躡手躡腳地爬在我雙腳的皮膚上。我從來就沒有這麼討厭過蟑螂。

我上船後不久，我們就已完成載貨工作。兩個小時之後，我們開始起錨，拖離骯髒而滿布油漬的河流，沿著倫敦擁簇的水岸，緩緩向著下游移動，經過其他的船隻、碼頭、倉庫、起重機和貨車與馬車，以及所有靠海吃飯來來往往的人。我們航行到泰晤士河的盡頭，站在船頭，我以作家康拉德著作《黑暗之心》中的主角人物馬洛（Marlow）的眼光看著這條河，它如同一條水道，通往地球的彼端……這條河的記憶充斥著它曾經推動的人們，以及那些到別人的家或一個發生戰事的海上的船舶。

第二天我們經過比奇海岬⑯和威特島⑰，夜裡我們看到一艘拖網漁船，大副哈波先生（Mr. Harper）看到那艘船張滿帆而破浪經過我們身邊，他回頭對我說：「你真的很幸運能看到她。這種帆船只剩少數。她真的很美，不是嗎？」對我而言，她象徵著我曾經想像過往歲月中的航海生涯。兩天後，我們在比斯開灣⑱看到一頭鯨魚噴著水柱半天高，讓我想起了莫比．迪克⑲。

接下來的四週，我們從一個港航行到另一個港，裝卸各種不同的貨物。我四點鐘工作，八點鐘休息，擔任臨時雜工，被分派各種不同的工作。大多數的時間我是在燃料艙工作，試著讓鍋爐裡有充足的煤炭，以便爐子燃燒；如果我的動作慢了，那麼艙口的鏟子就會震動不已。其他時間，我要刮甲板上的鏽，為這艘船上漆，在港口，幫忙刷塗船腰或檢查卸下的貨物。有時在大副的監視之下，我會掌舵，學習如何操控舟向。起初幾回，他會高聲叫道：「我的老天，讓她保持穩定。你讓她偏離航向。」等我比較熟練之後，他就會倚著船舷，抽著他那支陶質菸斗，回憶他當年航海的日子，或者他從亞丁港航行到香港的航海經驗。他塊頭大、白髮蒼蒼、年紀大，從還是孩子開始，他就一直待在船上，他不想過其他的生活。

船長傑克遜先生個子矮且瘦，相當吹毛求疵，而且是個離群索居的人，他獨自在自己的船艙內用餐。在某個港口，我想是派里烏斯⑳，那裡的海象相當惡劣，他禁止船員洗澡，不過廚子的小助手滑落到船舷側外。當他爬回到甲板上來時，船長站在那裡等待。他交給那個男孩一只馬克杯，裡頭盛滿「髒水」，那是一種氣味惡劣而且效力強大的瀉藥。「小伙子，拿去，喝光它，全部喝光！」然後他對我說：「那可以讓他茅房來回跑個不停。」

我們進港口時，他讓我休工，允許我到岸上，隨我的意思要停留多久就多久：「畢竟你是來見識這些地方。別擔心，我們不會跟著你，不過如果你晚回來，我們就會開航。」我總是睡在甲板上，喜歡和船員們在薄暮中，坐在船口上，聽他們說一些褻瀆神明和感性交錯的話語。他們是一群正派人士，儘管我在船上的身分特殊，但他們還是接受我。他們當中有個人在一次世界大戰期間擔任掃雷任務而被炸過四次，結果讓他得到一種慢性痙攣。他曾待過拖網漁船，當他知道我有興趣，便告訴我許多有關在冰島和史匹茲柏根群島（Spitzbergen）外海捕魚的事情。

他建議我：「如果你想上一艘拖網漁船，夏天再上去，冬天別去，冬天那真的是人間地獄。」

我們在直布羅陀短暫停留，我在那裡有時間能爬上著名的直布羅陀山㉑，看看那裡的無尾猴。我們接著沿著非洲海岸航行，里夫山脈（Rif Mountains）清晰可見，就在那山中某處，阿布達卡林㉒曾經帶著他的部眾，於一九二山年殲滅了一支一萬六千人的西班牙部隊。他們後來入侵法屬摩洛哥，接著在激戰之後威脅到菲茲㉓。我在伊頓公學每天都會去史波帝伍迪書店（Spottiswoode's Bookshop），讀《泰晤士報》上關於這場戰役的發展過程。我還記得，一九二六年阿布達卡林被迫向法軍投降時，我當時的失望之情。

在馬爾他的一艘戰鬥艦上，一艘航空母艦和三艘驅逐艦停靠在內港區。我們在那裡只停泊二十四小時，從早到晚在工作。我們的下個港口叫做派里烏斯，我認為它是個骯髒而無趣的地方。在某個距離之外，我看到被岩石圍繞著的雅典衛城，頂端是傾頹的帕德嫩神廟。我對造訪希臘並沒有多少熱情。當時天氣悶熱，我在神廟遺跡裡覺得興致缺缺，不過帕德嫩神廟之美證明的確無與倫比，超乎我的想像。

我們在派里烏斯待了四天，我每天都會回到雅典衛城。當時，夏天到希臘的觀光客很少；有些山羊在傾倒的石柱之間散步，羊群在涼蔭下打瞌睡，而我自己也找到安身之處。那裡實在寧靜祥和，坐在太陽下，聞著我四周百里香的氣味，看著遠方聳立在衛城貼瓷磚的瓦頂上方的伊米托斯山（Hymettos）。唯有我腳下的小鎮傳來窸窣的聲音。兩隻稀有而且是我第一次見到的茶隼，在我頭頂上飛來飛去。

我們在六月十七日前往薩羅尼加㉔，第二天早晨抵達，停留兩天，讓我有機會探訪這個城鎮的古城部分。從它的城垛，我可以遠眺海灣，看到綠色的沼澤地，更遠處之上，有一朵卷雲，還有極遙遠處那皓雪覆頂的奧林帕斯山。

我們行過愛琴海到伊茲密爾㉕，到不久前這裡都被稱為西米納（Smyrna）。船長告訴我，幾年前他進入這個港口時，他駕駛他的船如何穿過那些被土耳其人屠殺而漂浮在水上的希臘人屍體。這個城鎮大半遭到焚燬而重建；它看起來沒什麼趣味，而船上還有許多工作有待完成，所以我並沒有上岸。

我們的下一個港口是君士坦丁堡，因為它才剛改名，也可以叫它伊斯坦堡。我們經過萊茲波斯（Lesbos）、利姆諾斯（Lemnos）和其他漂浮在這平靜海上薄霧之間的希臘島嶼，每個島都比前一個島更美麗。接著我們行經達達尼爾海峽，經過海灘和滿布矮灌木叢的岩石丘陵，再度看到許多勇氣與犧牲的景象。某一處的丘陵上，有道提威利上校的墓。

在海峽的另一側是亞洲和特洛伊城遺址。當我們要下錨登上君士坦丁堡時，太陽已經下山；在星光中，一彎新月低垂，掛在圓頂與尖塔的輪廓之上。我迫不急待地想要上岸。清晨我和船長搭一艘小船上岸，與各式各樣橫渡海峽、來來去去的小船交會。在船務辦公室裡，我收到英國大使喬治．克拉克爵士（Sir George Clerk）的口信，要我一到岸就去大使館拜訪他。我知道他曾是我父親的同事；我懷疑他怎麼知道我在索倫托號上。即將見到他反而讓我覺得不好意思，我是個保守的人，不喜歡衣著不當地出現在任何地方，但此時我穿一件襯衫和一件粗糙的老舊灰長褲；雖然它們都很乾淨，因為我曾經洗過，但是要拜訪一位大使，這些衣著顯然不合時宜。不過我在甲板上已經沒有更好的衣服，而且也不能不理會他的召喚前去。

我要獲准進入大使館碰到一些困難，因為要通過一位穿著猩紅制服的衛兵。一位秘書帶我進入一間裝飾華麗、家具齊備的房間裡，幾分鐘後，喬治爵士進來。他有一種與眾不同的氣質，穿著正式的燕尾禮服，正是我心目中想像一位大使應有的形象。他接受我因為穿著不得體而表達的歉意，接著他叫我放輕鬆，說他曾經是我父親的親密好友，很高興能見到他的孩子。

我告訴他自從聽過我父親對君士坦丁堡生動的描述之後，我一直想到這個城市拜訪，但是在我前來大使館的路上，我的幻夢遭土耳其人嚴重破壞；他們穿著歐洲的中古舊衣，看起來很不協調。喬治爵士同意我的說法，這地方和我父親的那個年代已有顯著的不同。自從蘇丹王遜位之後，卡里發政權被推翻，德佛士人建立的秩序受到鎮壓，大多數的傳統祭典與盛會都被廢除。雖然有這些改變，不過君士坦丁堡依然是個迷人的城市，有華麗的古蹟，充滿著趣味，而值得一遊的便是聖索菲亞教堂㉖。

索倫托號在君士坦丁堡停留四天。在那段時間，我曾沿著廣大的城牆行進，這城牆在土耳其人強力猛攻使之傾倒之前，歷經數個世紀，曾受到許多的攻擊而能夠殘存。我漫步在這座伊斯蘭教墓園的無修邊的墓碑之間，在金角灣（Golden Horn）上的加拉塔橋（Galata Bridge）混雜在人群之中，在水岸碼頭邊樸實無華的食堂吃著土耳其食物。我造訪地下水池，在有遮頂的市集度過幾個小時，花了一個上午時間觀看後宮（The Seraglio）珍藏。不過我大多數時間都花在為數眾多而且型式不同的清真寺裡，每天我都回聖索菲亞教堂，有時會待上好幾個小時。這座寺院是由拜占庭帝國的查士丁尼一世所建，做為基督教的信仰中心，這座將時間具象化的神奇建築，後來被戰勝的土耳其人以少許的修飾改造成他們最早的一座清真寺，做為以後其他清真寺建造時的藍本。然而沒有一座能與之匹敵。從外觀來看，藍色清真寺和蘇萊曼大清真寺（Mosque of Suleiman the Magnificent）比較迷人，但是一進入內部，我便了解到它們的限制。

某個星期五，我目睹了聖索菲亞教堂的正午祈禱（晌禮）。現在宗教的儀式受到官方的阻礙，只有數百名信徒出席。幾年前，參與儀式的人達到數千人之多。這是我第一次親眼看到伊斯蘭教儀式，信徒們不疾不徐、整齊劃一的動作，以及祈禱儀式那嘹亮的聲韻，讓我印象深刻。

同樣的，我懷著高度期待抵達，一樣感到失望。我發現君士坦丁堡因為單調的人群、被廢棄的清真寺和那些被保留下來做為過去滅亡史展示作品的宮殿，使這城市顯得沮喪而無精打采。六年之後，我重新造訪聖索菲亞教堂，必須買門票才能進入。那雄偉的壁畫因為伊斯蘭教的成見而被隱藏起來有五百多年之久，如今重現眼前，但是仍無法彌補那種褻瀆神明的強烈感受。因為一千五百年來，聖索菲亞教堂曾是祈禱的地方，如今卻被貶抑成一座古代的紀念物，對外開放收費供人參觀。

一九三〇年六月二十八日，我在黑海的康斯坦薩（Constanza）從索倫托號登岸。當我上岸時，船員們的祝福讓我深深感動。我歡度過去幾個月時光的每一刻。繞行地中海的任何一艘豪華郵輪的價值都不及它所給我的一半。我在海上的收穫豐盛，卻在陸地上感到窘迫，因為我明白我看到的景象，正是因我們國家的入侵所造成的。我從康斯坦薩回英國，搭三等艙火車橫越歐洲大陸到布加勒斯特和布達佩斯，再搭船溯行多瑙河到維也納，接著搭火車到布拉格、柏林和奧斯坦。

回到麥爾布魯克，我有兩封信。一封是塔法利拉斯王寫來的，邀請我參加他加冕為海爾・塞拉西皇帝的大典；另一封是外交部的通知，格魯徹斯特公爵閣下代表他的父親英王喬治五世參加那項加冕大典，我被任命為榮譽隨員。

注釋：

①鱒魚旅店（Trout Inn）：牛津出名的小酒館，有九百多年歷史。

②瑪麗勒本板球俱樂部（MCC）：全名Marylebone Cricket Club，總部設在倫敦北部貴族板球場。一七八七年由溫奇爾西伯爵、倫諾克斯勛爵、約克公爵和多塞特公爵等貴族所創立。一九六九年以前，它一直保有制定板球比賽規則的職責。

③北恩布蘭（Northumberland）：位於英格蘭東北部，是英格蘭最北邊的一郡，以其原始風光著稱，境內半數地區爲高山與沼澤地。

④蒙特羅斯（Montrose）：James Graham Montrose，一六一二～一六五〇，蘇格蘭將軍。他發動誓約派軍隊支持蘇格蘭長老派，一六四〇年在誓約派軍隊中作戰，但不久又效忠查理一世。一六四四年領導保王軍在蒂帕摩一役獲勝。一六四五年保王軍在納斯比潰敗後，他的軍隊土崩瓦解，殘軍也在菲利普奧被消滅。他逃往歐洲，在查理被處死後回到蘇格蘭欲爲查理報仇。但他的少數士兵因船沉遇難，殘部也於一六五〇年在因弗恰隆被擊潰，他本人被俘，在愛丁堡市場被處絞刑。

⑤約翰・諾克斯（John Knox）：一五一三～一五七二，蘇格蘭宗教改革家。原爲天主教司鐸，一五四〇～四三年在哈

丁頓當公證人，一五四四年在威沙特（G. Wishart）影響下參加路德派的宗教改革。一五四六年威沙特受火刑後，諾克斯參加保衛聖安德魯斯城堡的改革者行列，成爲牧師。城堡被法軍攻陷後被俘，直至一五四九年獲釋。此後成爲愛德華六世宮內教堂牧師和《公禱書》第二卷的編輯顧問。一五五三年瑪麗一世即位後逃往迪耶普，後轉往日內瓦，在那裡深受喀爾文的影響。一五五五年回蘇格蘭佈道，一五五九年再次回蘇格蘭，爭取到一大批有力的擁護改革的群眾，並於一五六〇年創立蘇格蘭長老會。

⑥烏倫地（Ulundi）：位於南非，原意爲「高地」。

⑦里德·哈加德（Rider Haggard）：一八五六～一九二五，英國小說家。他爲政府事務廣泛遊歷南非，直到一八八一年在英國開始文學生涯。以《所羅門王的寶藏》（*King Solomon's Mines*, 1885）一書初露頭角，之後又寫出了《她》（*She*, 1887）和其他幾部小說。一九一二年被封爲爵士。

⑧夏卡王（Chaka）：又拼爲Shaka，約一七八七～一九二八，祖魯族領袖（一八一六～二八），建立了南非祖魯帝國。

⑨跛子帖木兒（Timur Leng）：一三三六～一四〇五，韃靼征服者。一三六九年登撒馬爾干王位，幾乎征服整個波斯、喬治亞和韃靼帝國，並且征服了印度河與恆河下游之間的所有各邦（一三九八）。他從埃及的馬穆魯克（Mameluke）統治集團手中奪得大馬士革和敘利亞，然後在安哥拉（一四〇二）打敗土耳其人，俘其蘇丹巴耶塞特（Bajazet）。卒於征服中國的進軍途中。

⑩撒克遜人（Saxons）：原住在德意志北部的日耳曼系民族。西元四〇九年羅馬人從不列顛撤走後，撒克遜人與盎格魯人及其他一些民族在二百年間陸續進入不列顛，其中撒克遜人和盎格魯人占多數，他們征服了今英格蘭大部分，使之成爲其殖民地。

⑪漢志（Hejaz）：在今中東沙烏地阿拉伯境內。

⑫穆安津（muezzin）：伊斯蘭教清眞寺中負責呼喚信徒作禱告的人。

⑬《日昇之處》（*Eothen*）：十九世紀英國作家金雷克（Alexander William Kinglake, 1809-1891）的遊記，內容在敘述他於一八三四年中斷學業，前往中東的旅行經過。

⑭梅爾夫（Merv）：中亞古城，位於土庫曼馬雷州現代城鎮馬雷附近。在古波斯文獻中稱爲馬魯（Mouru），是波斯阿契美尼德王朝地方總督駐地。七世紀阿拉伯統治時期建爲呼羅珊的都城，爲穆斯林向中亞細亞並向中國擴張的基地。在阿拔斯王朝時期，爲研習伊斯蘭教義的主要中心，塞爾柱蘇丹桑賈爾（Sanjar，一一一八～一一五七）及其繼位者定都於此，使該城達於極盛時期。一二二一年爲蒙古人所毀，一八八四年俄國人占領該地爲土庫曼族帖金人所統治。

⑮布哈拉（Bokhara）：烏茲別克布哈拉州首府，臨澤拉夫尚河三角洲上的沙赫庫德運河，位於布哈拉三角洲的中央。建於一世紀以前，九至十世紀時爲薩曼王朝首都，一二二〇年爲成吉思汗占領，一三七〇年又落入帖木兒之手。十六世紀中葉，烏茲別克的謝巴尼德人建都於此，史稱布哈拉汗國。

⑯比奇海岬（Beachy Head）：英吉利海峽上的有名岬角，位於東索塞克斯郡。

⑰威特島（Isle of Wight）：英格蘭南部海岸外的島郡。位於南安普敦灣口，隔索倫特海峽和斯皮特黑德海峽與漢普郡相望。

⑱比斯開灣（Bay of Biscay）：大西洋海灣，東至法國，南至西班牙。海岸曲折多港口，海流急而常有暴風雨，爲重要漁區。

⑲莫比．迪克（Moby Dick）：梅爾維爾著名小說《白鯨記》中的主角大白鯨之名。

⑳派里烏斯（Piraeus）：希臘阿提卡州主要港口，位於多山的半島上，在雅典西南八公里。

㉑直布羅陀山（Gibraltar Rock）：直布羅陀山是石灰岩構成的地塊，高四二六公尺，位於直布羅陀半島上。直布羅陀半島與西班牙本土相連，中間爲沙質平原，半島上多石灰石質洞穴，爲歐洲僅有的叟猴（無尾猴）產地。

㉒阿布達卡林（Abd al Karim）：全名Mohammed Abd al Karim，一八八二～一九六三，柏柏（Barber）部落首領。他在一九二一年和一九二四年領導了反對西班牙和法國的暴動。一九二六年向兩國聯軍投降，被放逐留尼旺島，於一九四七年獲赦。後來前往埃及，組織北非解放委員會。卒於開羅。

㉓菲茲（Fez）：舊名菲斯（Fes），摩洛哥四個古皇城中最古老的一個，位於菲斯河谷（Wadi Fes）流入塞巴河（Sebou River）入口處。

㉔薩羅尼加（Salonika）：希臘薩羅尼加區首府和海港，希臘第二大城市。

㉕伊茲密爾（Izmir）：位於土耳其西部，是土耳其第四大城，也是大港。

㉖聖索菲亞教堂（Hagia Sophia）：五三二～五三七年建於君士坦丁堡的拜占庭風格建築傑作。教堂長方形、圓頂，裝飾華麗，是拜占廷帝國皇帝查士丁尼一世委託安提米烏斯（Anthemius of Tralles）和伊西多爾（Isidore of Miletus）所設計。鄂圖曼土耳其人於一四五三年攻陷君士坦丁堡，將教堂改爲清眞寺。自一九五三年起已闢爲博物館。

【第7章】

海爾・塞拉西的加冕

一九二四年，當塔法利拉斯王以元首身分造訪倫敦之時，他帶了許多重要的酋長隨行，其中包括戈占省的海陸拉斯王（Ras Hailu）和提格雷省的塞雲拉斯王（Ras Seyum），也就是約翰皇帝的孫子，這些人都是被他懷疑一旦把他們留下就會出亂子的人。兩年之後，年邁而且缺乏妥協性的哈布塔．喬治司令和阿布納省的馬特圖斯（Mattewos）兩人都過世。他們的死意味著兩個強大而且反動的傢伙已經去除，但是塔法利拉斯王還是得和其他許多人物交手。

一九二八年，塔法利拉斯王先命令巴爾查將軍，以及繼任的西達摩（Sidamo）省長，到阿迪斯阿貝巴向他報告。巴爾查忽視這項召集令。但他接受了另一個比較強硬的命令，最後帶了一萬人來到阿迪斯阿貝巴。他在距離皇城數哩之外紮營，並留滯在那裡，決定和塔法利拉斯王──也就是那個被他貶抑為聰明但實力虛弱的人──翻臉。

塔法利拉斯王邀請他到皇宮赴宴，並保證他個人的安全。在塔法利提議他可以隨自己高興，要帶多少人就帶多少人之後，他才接受邀宴。他帶著六百人抵達。等他晚上回到營區，發現營區被棄置：原來他在赴宴時，塔法利的官員說服他的軍隊返回老家。巴爾查此時別無選擇，只能向塔法利拉斯王投降，塔法利有寬宏大量的性格，饒他不死。他命令巴爾查選擇要進修道院，或是被放逐回到他在古拉格的莊園。但是七年後，也就是一九三五年，在義大利入侵的前夕，皇宮外的戰鼓隆隆，正號召全國備戰，一名老人來到皇帝面前表明心意：「我是巴爾查。我曾經在阿都瓦和義大利人作戰。現在我再度來此對抗他們。」義大利攻占阿迪斯巴貝巴之後，他終究遭到殺害，但奮戰不懈。

一九二八年九月，受到頑強之士的鼓動，女皇涉嫌參與另一次推翻塔法利拉斯王的行動，她的士兵領命前去逮捕他，而當時他在宮廷內。他嚇阻他們，並且平靜地走出宮門。他與他的軍隊會合，堅持女皇必須宣布他為國王（Negus）。他一接受加冕，她就必須順從：當皇冠加諸他頭上，他的侍從拔出刀劍和鐵鏟——全朝著一個人——在空中揮舞。身為國王，塔法利此時備感權威，滿腦子想推動他內心所設定的改革，但是當他如此做，反對人士的動作反而變得激烈。

一九三〇年初，古薩瓦勒拉斯王——也就是女皇的前夫——揮兵南進，號召全國起而推翻那位想改變他們的信仰、以現代化發明來摧毀他們歷史傳統的人。海陸拉斯王和塞雲拉斯王似乎有可能加入他的陣營，而提格雷、貝格蒙德、戈占和渥洛等省份可能加入這場叛變。塔法利毫不畏懼，從哈拉爾、西達摩和其他南方省份號召他的部隊，在嚴厲的老戰士穆魯吉塔拉斯王（Ras Mulugeta）的帶領下，揮軍北上。

三月三十日，在貝格蒙德省邊境的柴比特（Zebit），南北兩軍再度會戰，古薩拉斯王被殺，他的部隊被瓦解。皇后重病，隨即死於糖尿病。

四月三日，塔法利被宣布為萬王之王（Negusa Nagast），英國、法國、義大利、美國、日本、土耳其和其他國家受邀，派代表在十一月參加他當上海爾·塞拉西皇帝的加冕大典。

加冕典禮

格魯徹斯特公爵、艾里伯爵和他的五名官員，包括我在內，在一九三〇年十月十六日搭船離開維多利亞港。我很高興在那個年代，沒有空中旅遊在數小時之內把我們帶到阿迪斯阿貝巴，然後待了短短幾天之後就帶我們回來。我們在馬賽搭上東印度公司的蘭普拉號（Rampura）航向亞丁港。

陪伴我們的是蘇丹的特遣團，由總督將軍約翰．麥飛爵士（Sir John Maffey）帶隊；他身高六呎三吋，外貌讓人印象深刻，有與生俱來的魅力，以及那種天生能夠激起他人興趣的本事。當我叔叔還是總督時，他擔任他的私人機要秘書，在他回印度之前，被任命為駐印度的西北邊境地區最高指揮官。我最近一直和他在蘇格蘭：認識他對我而言是一大助益，因為我覺得我對周遭環境陌生。艾里伯爵也特地來協助我適應環境。另一位顯要之人，他在阿迪斯阿貝巴的國宴中，穿著高原酋長的盛裝，看起來十分雄偉。

公爵自然流露的善意對我幫助最大。他是個熱愛橋牌的人，不過我懷疑橋牌對他可有可無。當他問我打不打橋牌，我坦承我會，但是堅稱我真的打得很差。他說：「沒關係。我們會讓你四盤。」因此每天晚上我都被困在牌桌上打牌。哈諾德．麥克麥可（Harlord MacMicheal）是蘇丹的文職秘書，我確信他是個聰明的玩家；不過他也是個長期的輸家。有一次，他真的抗議說：「你為什麼還能贏過我的王牌？」這些遊戲顯然有助於打破僵局。

我們從亞丁港搭艾芬漢女王號（HMS Effingham）到吉布地，艾芬漢女王號是東印度支隊的旗艦，艦隊司令富勒頓（Fullerton）和他的旗艦上校及另一位軍官加入我們的行列。我們在吉布地和來自阿迪斯阿貝巴的英國官員席尼．巴頓爵士（Sir Sydney Barton）、來自亞丁港的史都華爵士（Sir Stewart）和來自英屬索馬利蘭的哈諾德．基特曼斯特爵士（Sir Harlord Kittermaster）會面，我們一起搭乘一班特別列車，旅行前往阿迪斯阿貝巴。

這趟旅行只花了一天兩夜；以前至少總得花上三天時間，因為火車在狄瑞達瓦和阿瓦許車站會停靠過夜。即將回到阿比西尼亞讓我覺得顫慄，我迷惑的盯著丹納吉爾沙漠乾燥不毛的景觀，偶爾看到丹納吉爾人帶著他們的駱駝和羊群。還是那些禿鷹教我著迷。我忘了牠們有多大；牠們似乎很巨大且數量眾多，在我們頭頂上盤旋，總在一棵樹上棲息或在某一個有腐肉的地方爭吵不休。

我們在十月二十八日中午抵達阿迪斯阿貝巴，在火車站受到皇帝的迎接。格魯徹斯特公爵和他的四名職員被帶到一座皇宮，我們其他人則住在大使館庭園內寬敞的帳篷裡。這個小鎮還是我記憶裡一九一九年時的那種模樣。道路必然曾經拓寬和改善；沿著主要的街道有更多搖搖欲墜的歐式設計建築，而四處有更多的鐵皮屋頂的房子；不過在城郊的那些被尤加利樹所圍繞著的土庫爾茅屋依然是主要的建築。

這些樹木的數量增加，尺寸變大，是這個城鎮外貌改變最強烈的地方。一八八九年曼尼里克建立阿迪斯阿貝巴城之時，曾大量種植杜松和野橄欖，但這些樹木很快就被砍掉，拿來當做薪材與建材，因此曼尼里克宣布他將三度遷移首都。新建的領事館表示反對，並且引進能快速生長的尤加利樹，以消弭遷城的必要。至了一九三〇年，阿迪斯阿貝巴在恩托托丘陵緩坡上的廣大林地上擴張。

隨後幾天，該國的每一位拉斯王和酋長都必定會在阿迪斯阿貝巴城內和城外四周紮營。他們曾經長途跋涉，許多人花了數週的時間，從這個帝國的各個角落旅行前來，有的來自提格雷省和貝格蒙德省、有的來自戈占省、渥洛省、哈拉爾省和瓦勒加省（Walega），還有來自與肯亞和蘇丹交界的南方或西方最偏遠的省份，只為出席皇帝的加冕大典。每個人競相比較他們隨從人數的多寡、他們的袍子與穿戴行頭的華麗。

這是阿比西尼古老月久遠的王國風華最後一次展現在世人眼前。抄襲西方世界的各種發明已經讓它的氛圍略顯晦暗：貼身侍衛穿著卡其裝，有些皇宮的官員穿燕尾服和高頂禮帽，街道上有汽車，那些來去匆匆而吵雜不休的記者圍繞著旅館的酒吧，競相找著各種駭人聽聞的故事，拿來填充他們的報紙版面。在某些祭典的場合中，他們會拿著相機奮不顧身衝向前去。

然而受到我童年回憶的景象所感動，我忽略了我所不想看到的事物。每天皇宮裡舉行生肉大餐時，我聽到並且受到迷惑的是皇宮裡那戰鼓緩緩而規律的震動聲。我的父母親也曾經參加過這樣的宴會，數千人魚貫而入，用支架撐起來一頭頭血淋淋的牛屍輪流傳送到一排排吵雜的人們面前，讓他們砍下生肉，狼吞虎嚥。而如今，由於他們的敏感，歐洲人已經不再受邀，而且明顯被禁止參加。

我對伊夫林．渥①一直有種同情，他是個有寫作天賦的人，但是對這種場合的歷史意義總有盲點，對這樣的阿比西尼亞人傳統盛會的最後見證毫無感覺。他曾經到阿迪斯阿貝巴擔任《繪圖》（Graphic）的特派員，他後來利用這樣的場合，嘲弄他所見到的事物，把它們寫進他的著作《黑色惡作劇》（*Black Mischief*）和其他作品中。在《遙遠地方的人們》（*Remote People*）一書中，他把焦點專注在「偉大跳蚤的醜聞」，寫皇帝的歐洲裔管家穿的內衣，以及加冕大典中一名美國教授的評論，排除了更有意義的觀察。他用完美無瑕的散文嘲諷這樣的儀式，誹謗沒有邀他參加午宴的英國首相和他的家人。

先前我沒有聽過渥這號人物，也沒有讀過讓他成名的那些小說，諸如《衰落與瓦解》和《邪惡的肉體》。而此時我卻在這樣一個大型的晚宴中見到他。我對他穿戴小羊皮靴子、鬆散的領帶和他那件寬得過頭的褲子，感到不以為然；他的散慢與傲慢，讓我感到震驚，我一看到他就不喜歡他。後來在非正式場合中，他問我是否能陪同我到我計畫前去旅行的丹納吉爾荒野，我拒絕了。如果他來了，我懷疑我們當中的一個人是不是應該回去。

海爾·塞拉西於十一月二日在聖喬治天主教堂接受加冕。太陽升起時，我們離開領事館，我們的車子不時被困在擁擠的街道上動彈不得。至少有一萬人圍著天主教堂，在那裡所有的酋長衣著光鮮，依階級一排排聚集。在教堂裡聚集著許多戴著無邊帽的教士，手持銀質的十字架，副主教穿著五彩的祭袍，頭戴銀色的冠冕。從許多煙霧瀰漫的香爐傳來的香氣，使空氣變得沉悶。

在聖殿裡，皇帝與皇后徹夜不眠地持續頌讚，教堂內的鼓聲也終夜不息。與教堂相連的是一座大型帳篷，連接著阿比西尼亞和外國王公貴族的寢帳，那裡正是加冕大典舉行的地方。

由阿布納、亞歷山大大主教，以及全國排行第二的主教、並在衣索匹亞教會中，地位僅次於阿布納的艾區吉（Etchege）主教等三人的陪同下，皇帝在七點半從教堂走出來現身。海爾·塞拉西坐在緋紅的王座上，接著皇后也坐上一張比較小一點的皇座。

跟著冗長的典禮展開，採用衣索匹亞教會的傑茲語（Ge'ez）進行，伴隨著來自亞歷山卓港的古埃及語聖詩班合唱團。典禮持續三個小時多。之後許多人抱怨典禮非常漫長。我並沒有注意到這點——我想的是，希望典禮時間能夠再延長兩倍。艾區吉將皇袍、寶劍、權杖、皇戒和兩把長矛獻給皇帝，每一件物品都經過阿布納的祈福。接著阿布納靠近皇座，為海爾·塞拉西以聖油進行油膏之禮，再把皇冠加諸他的頭上。

即使在孩提時代，海爾·塞拉西就相信他身繫皇命，將近二十年來，他能在密謀反叛、戰爭和革命中倖存下來，他的決心從不曾退縮。皇冠緊貼著他的眉頭。這是最重要的一刻；然而他優雅的容顏和憂鬱的雙眼依然不為所動；完全不流露任何情緒。當禮炮射出時，那些偉大的拉斯王和酋長由皇帝的兒子阿斯法·伍森帶領，前來進行效忠宣誓，包括了他最信賴的宗親卡薩拉斯王、提格雷省的塞雲拉斯王、戈占省的海陸拉斯王、伊穆魯拉斯王（Ras Imru）、穆魯吉塔拉斯王和其他拉斯王。皇后接受加冕，皇帝和皇后進入教堂內領聖餐。最後他們走出來，海爾．塞拉西在一座緋紅的天篷遮掩下，走向他的人民去致意。

那一夜有國宴。國宴結束後，我們起身前往皇宮的陽台觀賞煙火，這是這個國家首次引進的東西；但是在發射兩發火箭之後，出了一點問題：其他煙火炸毀。對海爾．塞拉西來說，這必定是難堪的一刻，但是他再度表現出他的不為所動。他佇立片刻，看著下方花園因為煙火帶來的混亂，接著緩緩地回到宴會廳裡。

兩天之後，他允准我一項私人的會面，在那段諸事紛擾的日子裡，這是他對最年輕而且最不重要的賓客，所表達的一種非凡的敬意。他以極慎重的禮儀接見我，並探詢我的家人。我為他邀請我來參加他的加冕大典而得到的榮幸，表示我的感謝之意。他回答說因為我是他最信賴而虧欠甚多的朋友的長子，我來此盛會是應該的。

我告訴他我能回到他的國家而感到多麼的高興。他的回答是：「這是你的國家。你在這裡出生，你的大半生都在這裡居住。我希望你能多花幾年時間陪伴我們。」當他說話時，我很清楚看見在那總是沒有表情的臉上所顯露的微笑。在他結束這次會晤之前，時間長達二十分鐘。那天晚上，我收到兩根象牙，還有一件沉重且鑲金的菸盒、一件巨大而五彩繽紛的地毯，以及衣索匹亞之星的三等勳章。

在丹納吉爾狩獵

我買了一把步槍隨身帶到阿比西尼亞，決定完成我參加大狩獵的夢想。我曾一讀再讀賽盧斯

②、戈頓・康寧③、鮑德溫（Baldwin）、紐曼（Newman）、鮑威爾—康頓和其他非洲獵人所寫的書籍。不論何時，我到了倫敦，我一定會造訪自然史博物館和位於皮卡迪里（Piccadilly）的羅蘭・瓦德（Rowland Ward）標本店，那裡有頭顱、皮革和裝置好的標本等吸引人的收藏品。我曾熟讀羅蘭・瓦德所著的《大型獵物全紀錄》（*Records of Big Game*）。

此時我決定在回牛津之前，花一個月的時間待在丹納吉爾。利用阿瓦許鐵路車站出發，很容易就進入那裡，那也是阿比西尼亞少數野生動物還能殘存、維持一定數量的少數地區。丹納吉爾人並不打獵，阿比西尼亞人狩獵、橫掃其他地區，卻不敢冒然在自己的國度內肆虐，因為在丹納吉爾，男人要立足，就看他殺了多少人、讓多少人被去勢。

多數丹納吉爾荒野仍未經開發，包括著名的阿瓦許河發源的邊遠的奧薩蘇丹領地（Aussa Sultanate）。這條相當巨大的河流在靠近阿迪斯阿貝巴的高原地區，流到丹納吉爾沙漠，但從來就不曾流到大海去。不過我的打算並非去探險，而是去打獵，而且我並不想深入丹納吉爾鄉野。儘管如此，對一名事前都沒有經驗的二十歲年輕人來說，那真的是一種具挑戰性的承諾。

席尼・巴頓爵士十分關切我的安危，他建議我加入他和艾里伯爵在阿瓦許火車站附近的一趟短程狩獵之行。我解釋我想要擁有自己從事探險的經驗，經過幾番討論，他收回他的反對意見，但是警告我最遠不要超過比連（Bilen）。

我和山佛德上校（Colonel Sandford）討論我的計畫；他在一九〇七年曾經橫越阿比西尼亞到蘇丹，一九一三年他在大使館我父親的麾下做事，一次世界大戰他曾為了榮譽而戰，戰後他帶著他的妻子克莉斯汀回到阿比西尼亞，此後，他一直在距離阿迪斯阿貝巴十五哩外的穆魯（Mullu）從事耕作。他給予我各種勇氣，借給我露營器具，提供我一個名叫艾里的索馬利人來當我的嚮導，幫助我集合我所需要的僕人。

接下來的一個月在我一生中具有決定性的意義。我身處在一群野蠻而相貌姣好卻惡名昭彰的族群之間。我騎著駱駝在酷熱而處處考驗的鄉野中旅行，在那裡如果稍有差錯，我將求助無援，我的手下在那裡得完全靠自己判斷而得以存活。

我在比連的沼澤地獵捕水牛；穿過稠密的野草堆去追捕牠們是一件教人興奮的事。有了更多成功經驗，我獵捕到體型較大、數量較稀少的條紋羚羊、非洲羚羊、非洲大羚羊和瞪羚。我的目標是要取得每一種羚羊完好的頭顱，因而除非我需要吃肉，否則我開槍是有選擇性而且次數不多。

我跟著阿瓦許人遠到比連，然後回頭往東，搭火車穿越阿富坦（Afdam）。比連周圍的丹納吉爾人很友善，不過他們很恐懼他們可怕的鄰人巴度（Bahdu）人，這些鄰居最近突襲他們，造成可觀的傷亡。

接近阿富坦時，我在灌木叢零星分布的阿富杜布（Afdub）周遭荒野間獵捕比較大型的條紋羚羊，那是個海拔高度達到兩千呎的火山山脈。有一天，我看到一頭公牛站在山脊上，背對著陽光，構成壯觀的剪影，牠有優雅的身軀和一對曲度極佳的角，但是我被三頭離群的公牛干擾，令我大感挫折。那是簡單的一擊，但是當我聽到子彈擊中的聲響，卻只見到牠縱身奔逃。我沮喪地想著：「我只打傷牠，現在我在黑暗中永遠都找不到牠了。」我爬上山脊，看到牠躺在大約十二碼外死去。牠有絕美的頭形，是標本中的極品，也是這趟旅行完美的休止符。

在這個月裡，我引領著我的生命追尋我經常渴望的事，也就是在非洲的荒野中完成我獨有的大狩獵；但此時我明白，這樣的探險，它的意義遠勝於狩獵的刺激。我曾經到達一個幾乎不曾被探索，而且居住著危險且未開化部落的邊陲之地。在我返回比連之前，看到阿瓦許河流向它那不為人知的終點。我感受到那未經開發之地的誘惑，驅使我前去別人所不曾到過的地方。

我從阿富坦搭火車到狄瑞達瓦，從那裡騎馬到哈拉爾，穿過下過經常性陣雨而翠綠美麗的山脈，循著我父母親在一九〇九年所走過的路徑。自從我父親會晤巴爾查將軍之後，哈拉爾就一直沒什麼改變，那五座城門依舊護衛著穿過泥牆的唯一通道，城牆內盡是窄巷和平頂泥造民居的人口稠密區，巴爾查的士兵在一九一六年曾經屠殺那裡的伊斯蘭教居民。

我一直想看看哈拉爾，那曾是柏頓在一八五五年所到達的目的地。除了少數鐵皮屋頂，那裡還是如同柏頓以前到達時的模樣讓我著迷。這個小鎮缺乏建築特色，不過那裡的婦女穿著色彩以紅色和橙色為主，教人難忘，尤其當她們大批聚集在井邊或在市集時。她們大半是淺膚色，許多人相貌姣好。

我和領事普羅曼（Plowman）及他的妻子同住。他們曾經參加阿迪斯阿貝巴的加冕大典，並邀請我到哈拉爾拜訪他們。我和他們共度一週的時光，他們對我十分親切。我尋訪這個城鎮，並且騎馬到附近的鄉野，經常騎上那平頂的屏障山脈康多羅山（Kondoro）。我還記得它依然如同過去某一夜我所見過的情景，落日被一大朵逼近的雲彩所遮掩，映照著這座山上。我也記得土狼，牠們在夜裡群聚在城鎮四周，然後逼近我在領事館官邸紮設的營帳，我向來不討厭土狼，牠們不時發出的狂嚎，以及牠們陰森的嗥嗚，一直存在我早年的記憶裡。牠們的咆哮聲比任何聲音，甚至是獅子低沉的吼聲，更能喚起我對非洲之夜的回憶。

我騎馬回到狄瑞達瓦，途中經過我父母親曾經紮營的哈拉馬雅湖，再轉搭火車到吉布地，接著登上前往馬賽港的海軍郵電船，和一支外籍兵團同坐在三等艙，這和我先前和外交部代表團同行，搭乘東印度公司郵輪並有預訂的甲板頭等艙，兩者形成有趣的對比。

注釋：

①伊夫林．渥（Evelyn Waugh）：一九〇三～一九六六，英國作家。他以寫作社會諷刺小說而迅速成名。代表作有《衰落與瓦解》（*Decline and Fall*,1928）、《邪惡的肉體》（*Vile Bodies*, 1930）和《獨家新聞》（*Scoop*, 1938）。一九三〇年成爲天主教徒，此後的作品態度比較嚴肅，如描寫宗教的《舊地重遊》（*Brideshead Revisited*, 1945）和以《武裝者》（*Men at Arms*, 1952）爲首的戰爭三部曲。台灣曾出版他的作品《一抔黃土》和《夢斷白莊》。

②賽盧斯（Selous）：全名Frederick Courteney Selous，一八五一～一九一七，英國狩獵家與探險家。他的非洲中南部之行增加了對後來稱爲羅德西亞的國家的了解。一八七二年他從開普敦到馬塔貝萊蘭，並獲准在那裡任意狩獵。十八年內在南非德蘭士瓦和剛果盆地之間探險、狩獵，爲博物館和私人收藏家收集博物標本，並做了十分珍貴的人種調查。

③戈頓．康寧（Gordan Cumming）：一八二〇～一八六六，蘇格蘭大型獵物狩獵家。

【第8章】

牛津與麥爾布魯克

我於一九三一年及時趕回英格蘭過復活節，並且重拾我的大學生涯，但是在接下來的三年裡，我不停地想起那條緩緩流動的泥河，那荒蕪乾燥、被灌木叢所覆蓋的平原和火山山脈，還有成群的大羚羊與瞪羚，以及茅草覆頂的野營、瘦長優雅而穿著束腰服裝、儀態迷人且全副武裝，行動出人意表的人物。我決定一旦拿到學位，就立刻回去那裡，沿著阿瓦許河進入肥沃的奧薩蘇丹領地，探索這條河的盡頭為何。心裡有了這個念頭，我要做的第一件事便是加入牛津探險俱樂部（Oxford Exploration Club）．約翰．布肯是會長，我寫信向他求教。

多年以來，我一直在閱讀和重讀他的小說，甚至打從我在預備學校遇見《祭司王約翰》（Prester John）開始。有關祖魯領袖拉布塔（Laputa），他在試圖解放他的子民同時，蒙受悲劇性和戲劇性死亡的故事，讓我有難以磨滅的印象。布肯住在靠近牛津大學的艾斯菲爾德（Elsfield）別墅，曾邀請我前去探望他，沒有人能夠比他對我更有助益和更能鼓舞我。我到那裡許多次，我認識他至今，仍能夠記得他的樣貌、他的敏感，以及他那鏤刻著痛苦線條，卻又流露那種親切光芒的苦行者臉龐，他在閒適的鄉野中瘦弱的身軀。雖然他是擁有多樣成就的人，但在他的內心世界裡依然懷有同胞之情，對蘇格蘭低地有著持久不變的熱愛。

T.E.勞倫斯①是布肯的朋友，有一回他閒暇出訪期間，我在艾斯菲爾德有許多機會與他碰面。我在伊頓公學時，曾經讀過他的《沙漠叛變記》（*Revolt in the Desert*），後來還讀過在他死後旋即出版的《智慧七柱》（*Seven Pillars of Wisdom*）。今天人們流行用這本書來貶抑勞倫斯和他的成就，不過邱吉爾、艾倫比②、韋維爾③這些認識他的行動派之士、有文采的人和卑微的空軍小兵，都在《友人眼中的T.E. 勞倫斯》（*T. E. Lawrence by His Friends*）這本書中，對他推崇備至。

上拖網漁船度暑假

因為我出拳的力道，使我獲選進入文生俱樂部（Vincent's），那是一個由藍徽動章得獎者和傑出運動員組成的俱樂部，我很少去那裡；反而經常上格里狄倫俱樂部，因為我大多數的朋友都屬於那個社團。我已逐漸克服在聖賓奧賓學院時的那種逐步滲透我內心的被排斥感，是它讓我變得具有攻擊性，剝奪了伊頓公學應該給我的許多東西。在牛津大學，我發現，只要給他們機會，大多數人都想表達友善。

我被選拔進入洛利俱樂部（Raleigh Club），他們定期在羅德宿舍聚會，它的好處是難以比擬的，它的演講者總是一些很有特色的人物，像是內閣成員、殖民地總督之類的人，藍姆西・麥克唐納（Ramsy McDonald）當年任首相時，就曾在年度晚宴中發表演說。而甘地在一九三三年赴英格蘭參加圓桌會議時，也曾受邀與會。我懷著對甘地的成見參加這次的聚會。他包著白色棉質床單，坐在一張長椅上，透過他那副鐵框眼鏡看著我們，他看起來身形單薄而且不協調，對我來說，那是相當特別的事，因為他在封建制度下的印度，擁有無比的權威性，然而沒有人會懷疑他的偉大。我並不記得當時的任何問題與答覆，但我為他的人格特質而著迷，我驚訝於他所散發出來那種教人喜愛的特質，一種無法預料的幽默感與魅力。

在一九三一年夏天，我牛津大學第二學期的長假，我登上一艘前往冰島外海捕魚的赫爾④拖網漁船。年少時，我曾經讀過許多海洋故事，一直嚮往迷戀搭小帆船到南美洲著名的尖角海岬，我們在布列塔尼半島捕魚時，我和皮爾斯交談，讓我對拖網漁船上的工作有一些概念。

船員在甲板上以帶著詼諧口吻的評語歡迎我登船，其中有一句話是：「任何人上拖網漁船如果只是為了好玩，那麼他就該被送到地獄被消遣一下。」我隨即被分配到輪機房下方的船長寢室。船長是個中等身材、孔武有力的人，有一張方形而且飽經風霜的臉，因為是赫爾港出海作業技術最好的船長而出名。我們前往冰島外海海域捕魚途中，經過法羅群島（Faroes），那兒有令人激賞的景觀，海上的波濤洶湧，撲打著巨大的黑色峭壁，撞出片片浪花，打在高聳的崖壁表面，在那樣狂亂的景象之上，有一大群發出尖叫聲的海鳥凌空盤旋，映著峭壁，展露出牠們白色的身影。我們在冰島南岸捕魚，但一直都沒有見過陸地；我們所看到的陸地，只有被稱之為「鯨背」的胡瓦斯巴庫爾島（Hvalsbakur），是一塊高十六呎而無法接近的礁岩，天晴時，在十哩之外也能看得見。

我們被分組負責監視，不過這麼做多半是無意義的。這艘拖網漁船每三或四小時將魚網絞起到船舷邊，我們奮力拉起一條繞著用來網魚的「魚囊尾」繩索，藉著船身的晃動借力使力。魚囊尾接著被拉高到甲板之上，漁囊打開之後，魚獲傾洩在利用格板分成一格格的甲板上。接著的幾個小時，我們從那些鮮活、不停拍動的魚身上取出內臟，丟進一個籃子，拿到甲板下，並且覆上冰塊。那是一件教人背脊疼痛的工作。漁獲有鱈魚、黑線鱈、綠青鱈和其他各種魚類，其中有些體型相當大。我們把牠們的肝拋進一只綁在桅桿上的大木桶，這些肝將拿去出售，製成鱈魚肝油，所得算是給船員們的額外津貼。

逐漸地，成堆的魚變少了；我們幾乎清光所有的格欄。我極度希望能有個喘息的機會，然而時間短暫，拖網再度被接到船舷邊，那些格欄再度被填滿。就這樣日復一日，一夜過一夜；我們出海已經一個月。我記得在午夜時分那短暫的黑暗，那般不輕鬆的差事讓人累得說不出話來，還有快速的用餐，以及當我們從一個漁場移到另一個漁場時，那中間奢侈的睡眠。

那是夏季，很難相信，天氣居然像冬季。無盡的黑暗，刺骨冰寒，當海水打到夾板上結冰，在船舷形成大塊的冰塊，還有咆哮的強風和做不完的工作；接著我們在港口停泊幾天，再度出海，如此週復一週，月復一月。雖然他們看起來生活都很規律，卻很少談起他們的家人、他們的女朋友、他們支持哪一支足球勁旅和他們曾經看過的電影，但是這些人表現出他們是英國最無可比擬的水手。

當我們穿過潘特蘭河口灣⑤，要打道回赫爾港的時候，海上有濃霧。我坐在船長艙房內和他交談，當時我們聽到方向舵轉動艱難的聲音。他立刻從椅子起身，一下子就彈到階梯半中央；我則緊隨在後。就在船舷邊有一艘大船的船舷；那艘大船似乎很龐大而且十分靠近，以致我認為船底的污水會濺到我們甲板上來。有個人喃喃地說：「耶穌基督，」接著那艘船離去。「那些要命的混蛋。他們就這樣衝向我們，甚至不知道他們就要撞上我們。」

我們在晚間進入船塢。船員們各自回他們的家。我找了一間大旅館，期待能有一頓豐盛的晚餐。我失望了；我在船上可能吃得比這裡好。第二天我回麥爾布魯克。

我的家人

一九三一年，我的母親五十一歲，她嫁給雷吉．艾斯特里（Reggie Astley），他是鰥夫，沒有孩子，年紀比她大很多，他們相互依賴。我盼望我的母親能有個幸福的晚年，我知道總有一天我們四個孩子終究要離開麥爾布魯克，各奔前程，她的心中有多害怕那種孤寂重現。

雷吉是個慈祥而親切的人，過著鄉下紳士閒適而沒有風險的生活。他年紀太大而無法參戰，戰爭期間，曾擔任特派的巡警。而此時雖然他已經七十歲，卻依然身體健康而有活力，他所喜好的事就是白天射擊。我還記得某個燠熱的夏季白晝，他不厭其煩地割草皮。儘管他沒有什麼知識方面的嗜好，但是對一些歷史久遠的家族族譜，像是他自己的家族，特別著迷，即使那些家族已因長期衰敗而沒沒無聞。我們把這件事當做笑話，但是他的關注卻具有學術性質，而非媚世凌下。他對一些有歷史性的家宅熟稔有餘，其中許多都是他曾住過的，他把這種興趣和羅德里克分享，即使羅德里克還是個孩子，就已經對肖像畫和建築十分著迷。

雷吉在亞瑞斯佛德（Aresford）擁有一間河堰家屋（Weir House），那是個迷人的地方，鱒魚繁殖狀況良好的溪流經草地上的杉木林。他有些名貴的家具和資產，當他搬到麥爾布魯克時，他把它們隨著房子一起變賣。我們當時並不明白，離開河堰家屋對他來說，是一件多麼傷痛的事，也不知道面對四個他很難了解而且各有主見的繼子，他所要做的自我調適有多麼困難。

我的兄弟們和我在不同的興趣和抱負中成長，我們各自發展截然不同的生活方式。我總是期盼回到阿比西尼亞。孩提時代在領事館裡，我見過來自蘇丹、肯亞和索馬利蘭的官員，他們在阿比西尼亞的邊界地區擔任領事。我曾經為他們在野蠻部落、邊界的襲擊行動和獵獅的故事所著迷；我覺得這才是我要的生活。為達到這個目的，就在我進入伊頓公學之前，我就已經下定決心要加入蘇丹政治局（Sudan Political Service）。

布萊恩曾經和我一起在阿比西尼亞分享我的生命經驗，但是他並不想回到那裡。他的天性比較保守，一直打算加入陸軍，當他從牛津畢業之後，便被分派到皇家威爾斯步槍隊，也就是他教父的聯隊，並且使用道提威利的名字。道提威利女士在她的丈夫於加利波利遇害之後，被指定為他的教母，她勸他改名，並加入這個聯隊。戰爭期間，他在義大利參加戰役，於安其奧（Anzio）

一役得到軍事勳章，而戰爭結束時，他人在緬甸。

德蒙在我讀牛津的大四那年進馬格達倫學院和我會合；羅德里克直到我離開的那年才進牛津大學。德蒙和我曾經一起就讀伊頓公學，不過那時德蒙是當我呼喚「男孩子」時，就會應召前來的低年級生。現在我們都已長大，年齡上的差異已無實質意義。我可以把我打算到丹納吉爾荒野探險的計畫和他一起討論，帶著他參加洛利俱樂部的聚會或到艾斯菲爾德跟約翰·布肯一起喝茶。

德蒙獻身給英格蘭，而且一直堅持，如果可以避免，他絕不到海外去。他很聰明、有企圖心，也很有理想性格，他的野心是競選議員，而他的夢想是當上首相。他從牛津畢業之後，加入司法界，他在那裡和大學航空聯隊學習飛行，然而戰爭爆發時，最初因為英國皇家空軍拒絕他，派他到野戰醫院，使他陷入失望中。他身高超過六呎，沒有半塊贅肉，但他看起來真的很憔悴。後來他被空軍接受後，派到南非接受訓練，接著被派駐到海防指揮部擔任飛行士官。他對數學的不靈光延遲了他的任官令，使得他在戰鬥飛行中遇難的那一天，才得到飛行官的任命。然而他在隊伍中是個歡樂的人物，在那裡，他那種擅長交際與謙虛的特質與能力，使他能和各色人物打成一片，能夠輕鬆贏取友誼。當他遇難時，駐加拿大最高指揮官文生·馬賽（Vincent Massey）和曾隸屬的最高法院法官勞倫斯先生，曾在《泰晤士報》為文悼念他，表彰一位無名的年輕人在這個戰爭時刻裡所做的傑出貢獻。

決定探險行

雷吉在義大利柯摩湖畔（Lake Como）擁有賽普瑞奇別墅（Villa Cipressi），一九三二年夏天，我在那裡和七位牛津的朋友度過難忘的兩個星期，裡頭包括哈利．菲利摩爾和羅賓．坎貝爾。這棟美麗的別墅寬敞，有舒適的家具，還有一間收藏豐富的圖書室；大花園一路延伸到湖畔，那裡有一艘動力小船和一艘帆船。我們在湖中游泳，在木蘭花盛開的草地上曬太陽。我們駕乘帆船，攀爬別墅後面的斷崖，在山上緩坡的櫟樹林內散步，回來吃那位負責看管別墅、喋喋不休的鄉村老婦烹煮的可口義大利菜。

晚餐後，我們坐下來向外眺望湖畔三面的風光，然後交談，其間我們在太陽下假寐、游泳、吃東西、喝酒，直到我們上床睡覺。先前我從未聽過夜鶯的叫聲，而在此地，牠們在我們的窗台下徹夜歌唱。我想不到義大利竟是如此出乎我意料的美麗，喜歡我在瓦瑞納（Varenna）所見到的義大利人，那是從賽普瑞奇出來的馬路可以直通的一個安靜詳和的小鎮。我從未想過，三年內居然會有義大利人讓我深惡痛絕。

在牛津的最後一年，我申請加入蘇丹政治局。英屬埃及蘇丹是個廣大的國度，從北到南約一千三百哩，東到西九百哩，住著相當多的部落與種族，從北方騎駱駝的游牧民族到南方赤道沼澤區赤裸的無神論者，還有與剛果交界的森林區內的前食人族。但是從我的觀點來看，真正特別的是它與阿比西尼亞的交界，那是我希望有一天能派駐的地方。在讀過山繆．貝克⑥的著作之後，我也開始對蘇丹產生興趣，不過我最初的興趣多半在於野生動物，以及蘇丹南部的大型獵物。接著在伊頓公學，我碰巧讀到《河流戰爭》（*The River War*）這本書，那是溫斯頓．邱吉爾成名之作，他有聲有色地敘述了基欽納⑦從卡里發手中重新奪回蘇丹。在此之後，我讀遍每一本我能找到有關德佛士帝國興衰的書籍。

我在倫敦與蘇丹派駐人員會面，他請我到他的俱樂部吃午飯，並告訴我當我牛津大學畢業後，將被召喚來與一個選拔委員會面談。我解釋，牛津一畢業之後，我計畫前往阿比西尼亞待一年，以便探索丹納吉爾鄉野。他說那不成問題，我回來後，我的年紀仍在加入政治局的限制內。

幾個月之前，我曾寫信給席尼·巴頓爵士，對我來說，幸運的是他還是英國駐阿迪斯阿貝巴的公使，我請求他取得皇帝的同意，准許我沿著阿瓦許河穿過丹納吉爾鄉野，去探索那條河流的終點所在，以及是如何結束的。我最近曾經聽到外交部的消息指出，皇帝已經同意我從事這趟旅行。我立刻寫信給山德佛上校，請他協助集合我的車隊，他答應盡他所能。而我現在正忙著籌集必需的旅費，皇家地理學會同意我的計畫，提供我經費補助，還有「林奈學會」⑧的珀西·史拉登信託基金（Percy Sladen Trust）也提供補助。自然史博物館則準備收購我帶回來的任何適用的標本，我所接觸的單位大多數都同意提供糧食、彈藥、底片、藥品和其他探險活動必需品，不是免費，就是打了折扣。

我經常和我叔叔討論我的計畫，因為他是院長，此時住在全靈學院的院長宿舍，他和他的妻子鼓勵我去拜訪他們，總是讓我受到歡迎款待。接著很突然而難以預料地，在一九三三年的春天，我叔叔在朋友家的花園裡散步時突然中風癱瘓過世。他的死留給我一種孤寂感。數月之後，叔母告訴我他曾經打算贊助我探險之行的費用，她堅持我一定要收下他生前曾表示遺產中要留給我的部分。

我已為這趟單獨的旅程做好充分準備，我的母親雖然已了解我要從事的探險的危險性，而且原本已經給予我所有的鼓勵，不過她卻堅持我必須帶個伴。讓我驚訝的是，原本我很難尋得一個同伴，直到我找到大衛·海格—湯瑪斯（David Haig-Thomas），一個我在伊頓認識不深的人，他願意與我同行。他讀過劍橋大學，因為划獨木舟得到他的藍色勳章。

在學期最後一天，我見到校長，向他道別，我很清楚我對他們那種強迫式的協助虧欠太多。他們之中有許多人是我的朋友。我在馬格達倫學院過得很快樂，而這是個令人興奮的機會，校長為我的探險祝福，接著相當令人意外的是，校長宣布學院將負擔我的探險部分經費。將近五十年之後，馬格達倫學院給予我一項象徵性的殊榮，選我為榮譽研究員。

注釋：

①T.E.勞倫斯（T. E. Lawrence）：一八八八～一九三五，綽號「阿拉伯的勞倫斯」，英國軍人、作家。第一次世界大戰前赴中東，考察十字軍東征時的堡壘遺蹟，還參加過卡爾基米什遺址的發掘工作。一九一四年參加英國軍事情報工作，爲阿拉伯局成員。一九一六年參加的謝里夫之子費瑟發動阿拉伯大起義，勞倫斯任英軍聯絡官。在一九一七年攻占阿卡巴戰役中他親臨現場，一九一八年又攻占大馬士革。一九二一年巴黎和會上他是費瑟的顧問，又任殖民部中東部門成員。他所著《智慧七柱》敘述了阿拉伯大起義的經過，他還將其改寫成《沙漠叛變記》，成爲戰爭文學的經典之作。他的冒險經歷被人廣爲報導，使他成爲傳奇人物。後爲了避免張揚，他於一九二二化名羅斯（J.H. Ross）加入皇家空軍，一九二三年化名蕭（T.E. Shaw）參加皇家坦克師團，一九二五年再回皇家空軍。一九三五年退役，在家鄉多塞特居處附近死於摩托車禍。

②艾倫比（Allenby）：全名Edmund Henry Hynman Allenby，一八六一～一九三六，英國陸軍元帥。一九一七年在阿拉斯戰役中任第三軍司令官，幾乎攻破德軍防線。以後他指揮埃及遠征軍，在巴勒斯坦和敘利亞對土耳其人進行一場巧妙的作戰，攻克耶路撒冷（一九一七）、大馬士革和阿勒坡（一九一八），簽訂了停戰協定。一九一九年受封爲子

爵。

③韋維爾（Wavell）：全名Archibald Percival Wavell，一八八三～一九五〇，英國陸軍元帥。在南非、印度服役，曾在巴勒斯坦任艾倫比的參謀長。一九三九年任中東英軍司令。他在北非打敗義大利軍隊，但未能制止隆美爾的攻勢，一九四一年調往印度。一九四三年任印度總督，同年晉升陸軍元帥，封子爵，一九四七年封伯爵。一九四八年任警察廳長，一九四九年任倫敦首席治安官，翌年卒於倫敦。

④赫爾（Hull）：英格蘭東北部恆伯河岸郡海港城市，位於倫敦以北三百三十公里赫爾河與恆伯河匯合處，距北海三十五公里。

⑤潘特蘭河口灣（Pentland Firth）：位於蘇格蘭東北部外海的海峽，奧克尼群島隔此海峽與蘇格蘭陸地相望。

⑥山繆・貝克（Samuel Baker）：一八二一～一八九三，英國探險家。與斯皮克（John Hanning Speke）一起找出尼羅河的源頭。他著有：《錫蘭的步槍與獵犬》（*The Rifle and the Hound in Ceylon*, 1854）與《阿比西尼亞的尼羅河支流》（*The Nile Tributaries of Abyssinia*, 1867）

⑦基欽納（Kitchener）：全名（Horatio）Herbert Kitchener，一八五〇～一九一六，英國陸軍元帥和政治家。一八七一年在皇家工程兵學院畢業，後到巴勒斯坦（一八七四）、賽普勒斯（一八七八）、蘇丹（一八八三）服役。一八九八，在恩圖曼戰役粉碎蘇丹軍，爲埃及收復蘇丹，封爲爵士。一九〇〇～〇二年先後任南非英軍參謀長、總司令；結束波耳戰爭，封子爵。一九〇二～〇九年任駐印度英軍總司令，一九一一年任駐埃及總領事。一九一四年任陸軍大臣，徵召大批兵力組成龐大的「基欽納軍」。他乘「漢普郡號」巡洋艦在奧克尼群島觸水雷，巡洋艦炸沉，他本人溺斃。

⑧林奈學會（Linnean Society）：位於倫敦，設立於一七八八年，是以瑞典自然學家林奈（Carl Linnaeus, 1707-1778）之名設立。

【第二篇】

丹納吉爾：1933～1934

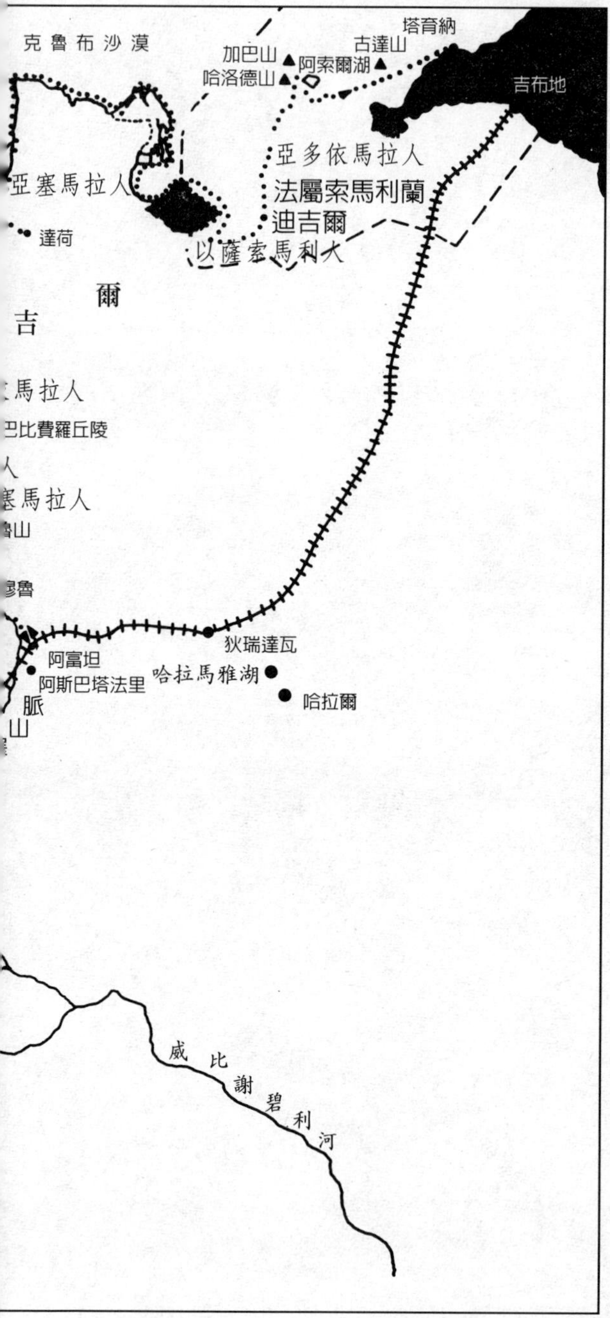
克魯布沙漠
塔育納
古達山
加巴山
阿索爾湖
哈洛德山
吉布地
亞多依馬拉人
法屬索馬利蘭
迪吉爾
以薩索馬利人
達荷
爾
吉
狄瑞達瓦
阿富坦
阿斯巴塔法里
哈拉馬雅湖
哈拉爾
威比謝碧利河

丹納吉爾地區：一九六〇～三四年

【第9章】

阿魯西高地

海格—湯瑪斯和我在一九三三年九月抵達阿迪斯阿貝巴，住在穆魯鎮的但恩與克里斯·山德佛（Dan and Chris Sandford）的農莊裡。屋子俯瞰穆格爾河（River Muger）兩千呎尖峭的河谷，而且有極壯觀的視野能夠俯瞰遠處的藍尼羅河峽谷。他們的屋子當然很簡單，有土質的地板、泥牆、茅草屋頂和簡陋的家具；然而這兩個傑出而教人喜愛的人，懷有一種極少數人才能與之相同的熱情。山德佛兄弟對於從阿迪斯阿貝巴騎乘十五哩遠道而來的人一律敞開大門歡迎，和他們同住是一種有價值的體驗，因為他們對這個國家和人民的知識相當豐富。

他們告訴我們前一年在他們屋子下方的河谷曾發生刺激的事件，那是因為戈占省世襲的君主海陸拉斯王發動一次有預謀的行動所引發的結果，他專橫獨裁而且威權，他一直妒嫉皇帝，自己渴望成為一名內古斯王。這與海爾·塞拉西打算取消世襲拉斯王權力，並進行中央集權化的計畫相衝突，受到自己準親王的地位可能被剝奪的威脅，海陸拉斯王決定反叛，並扶植他的女婿里茲·亞蘇當皇帝。

過去十四年中，里茲·亞蘇一直被卡薩拉斯王軟禁在費契（Fiche），海陸拉斯王計畫讓他取得自由，在北方打著他的名號另立門戶。因為里茲·亞蘇所犯的那些錯，許多人都記得他是一個比海爾·塞拉西更容易理解的人，而海爾·塞拉西則不符合阿比西尼亞元首的大眾形象。不過這項陰謀失敗了。里茲·亞蘇臨陣脫逃，海陸拉斯王在他策動叛亂之前被捕。

除了海爾·塞拉西之外，幾乎任何一位君王都會確認高等法院的判決，因他叛國而判他死刑，但這位皇帝只給予他重罰，並將他監禁就滿意了。里茲·亞蘇四天之後在山德佛農場附近被捕。他曾帶著少數隨從在穆格爾河谷地流浪，飢餓且驚恐。他想念他的女人和他的榮華安逸，他已經別無選擇，只有投降一途。他被監禁在哈拉爾附近，三年後死於身體虛竭，年僅三十七歲。

旅行開始

但恩．山德佛到火車站和我碰面，隨行帶來我們那位高瞻遠矚的隊長奧瑪（Omar），前來幫助我們處理行李通關和其他繁文褥節。奧瑪不像一般索馬利人，長得高大結實且和氣。他立刻讓我印象深刻，因為他顯然有權威又有效率，他從童年時代就和山德佛家人同住，能說流利的英語。在那個年代，許多歐洲人，特別是肯亞的歐洲人，依賴索馬利人來當他們的隊長。相對地，這些索馬利人也認定他們的主子，付出他們真誠的服務以為回報。奧瑪也依循這樣的傳統。不過如今他們都已經凋零而後繼無人。

在接下來的九個月裡，奧瑪的表現超乎山德佛強力推薦的理由。感謝他，才讓我那些手下不出亂子，他們有阿姆哈拉人、加拉人、古拉格人、索馬利人和丹納吉爾人。不論他們是基督教徒或伊斯蘭教徒，他們全都毫無疑問地接受奧瑪的權威號令。奧瑪是個虔誠的穆斯林，就像最優秀的索馬利人，他驕傲且無所畏懼，不過不論何時只要我生氣或不耐，他就會展現出他過人的機智與寬容，即使我做了一項錯誤的決定，他總是讓我保住我的權威。後來的幾個月裡，大多數時候因為有他，我才能成功地與當地政府和部落酋長進行交涉。

在我們抵達之前，山德佛曾經派奧瑪前往丹納吉爾邊陲的阿瓦許車站為我們買十八頭駱駝。這些駱駝和奧瑪所雇來的六名擔任駱駝馬夫的索馬利人，正在那裡等著我們。然而山德佛力勸我們至少延緩兩個月出發，因為大雨最近剛結束，雨季結束後，惡性瘧疾總在阿瓦許河谷內流行。他建議，我們可以在相同時間造訪阿魯西山脈；這樣做讓我們能夠評估我們的人手，如有必要，在我們進入丹納吉爾之前，可以撤換一些人。奧瑪向我們保證，他雇用的索馬利人會安分地帶著駱駝等待，直到我們開始行動。

我們為倫敦的自然史博物館搜集鳥類和哺乳動物標本，我們很快地就在山德佛的農莊附近採集到數隻藍翼塘鵝的樣本；博物館方面曾要求我們特地尋找這種鳥類，因為他們只有一隻標本，是一八六八年納皮爾在馬格達拉探險時找到的。我們期待在阿魯西高地能找到其他各種不同而有趣的標本，因為艾佛．布克斯頓（Ivor Buxton）一九一〇年曾在這裡發現條紋羚；這種大型羚羊與一頭體型較大的旋角羚羊相似，就人們所知，牠們僅產於阿魯西和巴勒（Bale）高地。我父親曾經射殺過一頭，格魯徹斯特公爵在參加海爾．塞拉西加冕大典之後，前往阿魯西山脈的徹拉羅（Chelalo）進行狩獵期間，也射殺過一頭；不過，僅有少數歐洲人曾見過山羚羊。所以對海格—湯瑪斯和我來說，那是一件讓我們感激涕零的禮物。我們也希望取得一種名叫 cuberow 的標本，也就是所謂的阿比西尼亞狼，是一種像大型狐狸的動物，僅產於阿比西尼亞某些比較高的山區。了解愈多，我就愈想看看這個鮮為人知的山區；我很想深入山區，希望至少可以遠到威比謝碧利河（Webi Shebeli river）。

我們要做的第一件事就是挑選隨行的人。山德佛兄弟提供我們那位年長的阿姆哈拉人哈布塔．馬里安（Habta Mariam）充當我們的廚子，我一見到他就喜歡他，在後來幾個月甚至感覺更好。起初我對採用他感到遲疑，因為他看起來不夠強壯，不過山德佛兄弟向我們保證，他曾經多次和他們一起走過長途的徒步之旅，即使在最惡劣的條件下，他一定能煮出美好的飯菜，而且他從來都不會影響到別人，並且隨時都能提供支援做各種事情。

奧瑪找了兩名索馬利人當槍枝背負者。阿布杜拉希（Abdullahi）是個矮小纖瘦而工作不懈的人，有一對銳利而機警的眼睛，還有醜得嚇人的臉。塞德蒙格（Said Munge）很矮小結實，總是面無表情，但他就像所有的索馬利人，能夠適時地完成工作。他們兩人都得到奧瑪的強力推薦。

我們很幸運地能找到一位名叫卡西米（Kassimi）的中年阿姆哈拉人當我們的馬夫頭子（syce）。他滿臉鬍子，有天生的威嚴與沉著冷靜，這位沉默寡言的人很快就贏得副隊長的位置。儘管種族與宗教各自分歧，他和奧瑪卻能緊密地分工合作，打理這個車隊。我們也很幸運地能找到古塔馬（Goutama），當我還是孩子的時候，我記得在領事館馬槽見過年輕時當馬夫頭子的他；他在一九一四年曾經陪著我父親長途遠行到奈洛比。他出身奴隸家庭，長得非常黑，個性愉快且不屈不撓，對應付動物很在行。他就像卡西米，是個虔誠的基督徒。我們聘用的第三位馬夫叫馬孔能（Makonnen）；他很愛爭吵而善於心計，最後我們還是將他剔除。我們有比魯（Birru）和塞德（Said）擔任貼身僕役，比魯是一名信基督教的加拉人，塞德，大家稱他「塞德男孩」，是古拉格族的伊斯蘭教徒。他們倆年紀才二十出頭，非常有效率，一起把工作做得很好。

由於需要有人來為我們採集到的標本剝皮與看管，我們最後雇用一名纖瘦的年輕人，名叫約瑟夫哲曼（Yusuf German），他曾在鎮上為一名希臘標本剝製商人工作，能說一點法語，是適合的人選，不過他看起來似乎不太可靠，事實證明他的確如此。奧瑪有個年輕的僕役叫德米士（Demise），還有一位十五歲大的男僮名叫約瑟夫尼可（Yusuf Nico），奧瑪說要訓練他做一些雜役。我們也雇用了三名當地人當侍衛（zabanias）。

海格—湯瑪斯和我各買了一匹小馬和一頭騎乘用的驢子，還為奧瑪、卡西米和哈布塔．馬里安買三頭更能跑的驢子，奧瑪曾安排名叫貝因（Beyyene）的騾夫在莫約車站（Mojo Station）和我們碰面，貝因來自六十哩外的邊界，帶著他的人手和二十匹驢子，我們派卡西米、古塔馬和馬孔能帶著牲口先去跟他會合。我們其他人則在一九三三年十月一日早晨搭火車離開阿迪斯阿貝巴，三小時後抵達由一些棚子和小木屋組成的莫約車站。

我們離開車站，兩小時後在一處沼澤地紮營，我們打下一些野鴨當晚餐，還射殺了兩隻非洲大鴇行鳥（Lilly-throtter）當標本。海格—湯瑪斯和我回到營地，當時遠處阿魯西山的山巔在落日最後的餘暉下被染得火紅。營帳已架起，營火也升起，每個人聽起來很愉快而高興。星子已出現，土狼在營地四周發出咆嘯。最後比魯把哈布塔・馬里安已經煮好的鴨子端給我們。鴨肉嘗起來鮮美可口，那是未來幾餐的吉兆。我最後十分滿足地上床；前方是未來幾週將在偏遠的山區裡狩獵和旅行，之後則是探索丹納吉爾沙漠的興奮。

狩獵條紋羚

隔天的行進中，我們落後的車隊出現一陣騷動。一名土匪（shifta）從樹叢中跳出來，以棍棒毆打我們人員中的一人，搶走他的步槍。我和阿布杜拉希前去追趕，最後看到那傢伙站在山丘上。我開了一槍，逼近他腦袋，他蹲下身來尋找掩護。

我們十分小心翼翼地警戒，在濃密的樹叢中追尋。幸運的是他的槍裡沒有子彈，最後他向奧瑪投降，奧瑪將他帶到我們面前，在他頭頂上方再開了兩槍。我們將他雙手反綁在背後，把他交給我們稍後到達的村子的酋長處置。幾天後，我們經過小徑旁一座絞刑台，上面吊著另一個土匪已經枯乾的屍體，他的雙腿已經被土狼咬掉。

離開莫約三天後，我們從一座搖搖欲墜的橋越過阿瓦許河；一隻大鱷魚盤踞河岸，那裡有許多河馬的足跡。當天剩下的時間我們貼著沼澤邊緣走；夜裡的蚊子特別兇惡。過了阿瓦許河，我們經過許多阿魯西墓群，有些墳墓上豎立的石碑粗略地刻著銘文。

我們在十月五日下午抵達阿魯西山脈的徹拉羅；我們期待在這裡發現條紋羚。那天清晨我們趁早出發，經過一陣著實艱難的攀爬，爬上一座光禿的丘陵，進入一座長著野橄欖樹和大批像得像香柏的杜松屬樹木的森林，許多樹上垂掛著地衣，我從未到過這樣的森林，我發現那森林真是奇幻瑰麗。我們在沼澤邊緣紮營，身處壯觀而結紅穗的哈吉尼亞（hagenia）樹，以及金絲桃（St. John's wort）的黃色花叢間；我們上方的山脈覆蓋著高達十呎以上的石南木。唯獨那海拔一萬三千呎高的山頂是光禿的，叢狀的野草、成塊的長青植物和散落的巨大半邊蓮，分布在飽經風霜的岩石峭壁之間。

夜間天氣變得很冷，山巔上定時被迷霧籠罩，但是太陽一出來，我們看到的是另一種壯觀景象：我們看得到茲瓦湖（Lake Zwai）和更遠端的東非大裂谷①那成排如壁的山脈。

每天早上，黎明之後，我們便出發前去打獵。天氣總是晴朗，但最初幾個小時十分寒冷，接著那迷霧開始沉降，而午後總是有陣雨，有時還有雷擊。我帶著阿布杜拉希，而塞德陪著海格—湯瑪斯。我們雇用當地的阿魯西人當小徑嚮導，他們有些人技巧嫻熟，而全部都不怕累。在徹拉羅的每一天，海格—湯瑪斯或是我，都能看到東非條紋羚，通常都是一小群雌羚羊和少數發育未成熟的雄羚羊；我曾經清點，一群大約有十二隻。有幾回我曾看到一頭大型的雄羚羊，有時候會同時看到兩頭。在一定距離內，只要牠們在山區空曠之處，我們很容易就偵察到牠們，不過當阿布杜拉希和我要穿過我們頭頂前方高聳而糾結的巨大石南木時，就十分難偵察到。有時我看到東非條紋羚在光禿的山稜線上，但從未在森林裡看過牠們。夜裡回營地，我偶爾能夠在森林裡獵到樹叢羚羊。在樹叢間各種感官皆保持高度警戒而靜靜地移動，在動物被驚嚇而消失之前，試圖標定動物位置，那真是一種技巧的考驗。雄羚羊體色深而幾近黑色，在陰影中很難辨識清楚。

第四天我們移動營地向東數哩，我們的嚮導堅持在那裡才找得到數量更多的條紋羚。但那是個位於溪畔的淺水谷地，寒冷而潮濕。那裡沒有樹木，只有石南木可以焚燒，所以我們懷念起前一個營地那大型的營火。

在獵捕東非條紋羚的時候，我們看到一些阿比西尼亞狼，牠們大半是成雙成對。牠們是外型迷人的動物，經常容許我們走得很靠近。有一次我聽到兩頭阿比西尼亞狼隔著河谷互相呼喚，那是一種奇怪的聲音，怪得像是一頭狒狒的咆哮聲。從排遺判斷，牠們的數量頗多。我為博物館射殺了一頭。山羚羊在這座山脈頂端的懸崖邊相當多，就在那一千呎以上的斷崖，我發現大量滾落的岩石，以及豹新鮮的足跡。

海格—湯瑪斯曾經射過兩隻東非條紋羚，教人失望的是兩隻的角都很小。我打定主意要射殺頭形絕佳的東非條紋羚羊，決定在靠近山頂的地方待一夜，以便在牠們於白天躲藏起來之前，能在清晨獵捕牠們。我隨行帶著侍衛中一名叫做艾爾蓋（Ergay）的人，我在一塊岩石垂掛在上頭的地方找到就寢的地方後，差遣他回營地，讓他把比魯和一頭驢子、毯子和食物帶過來。

即使有毯子還是很寒冷。早晨地面上還因為結著霜而泛白。阿布杜拉希很快就找到一頭母羚羊和三頭年輕的公羚羊，在石南樹林線之上的開闊地吃草。沒多久，我們看到另一頭母羚羊，接著透過我的望遠鏡，我看到一頭公羚羊躺在近距離處。當我們正在監視時，牠站起身來，我發覺到牠的角相當壯觀，遠比我看過的大得多。牠就站在開闊地上，而風正吹向我們。

我們腹部貼地匍匐前進，利用任何的廢棄物或窪地做掩護，不過無論何時，只要牠朝我們的方向看，我們就放輕動作並保持靜止。其他的動物依然自在，而我走近到一百碼的距離。牠隨著槍擊應聲倒地。依照曲線，那對角估計有四十九吋長，比羅蘭．瓦德的《大型獵物全紀錄》一書所記載的任何羚羊角都還長。因為過去幾週艱難的工作，使我的勝利之情備增；那些阿魯西嚮導也已經坦承他們精疲力盡。

我相信每個人都有熱愛狩獵和殺戮的天性，即使到今天，這種原始的衝動只有在人類極少數的族群中被根絕。今天許多人咒罵狩獵大型野生動物，情形正是如此，他們看著電視裡野生動物正遭到滅絕的威脅。但五十年前的清況並非如此；除了少數種類，任何野生動物並沒有任何明顯的威脅。我童年時代就一直期待狩獵大型獵物，從一九三〇年到一九四〇年，一有機會我就會這麼做。我為此而無怨無悔。不可避免地，為了餵飽自己和隨從，我曾射殺許多動物，而某些難忘的情況只是在我從事危險的狩獵或捕捉某種稀有或難以捕捉的動物，就像這裡的東非條紋羚，以便取得真正完好的頭部的時候。我經常被問到是否為動物拍照不如射殺牠們能讓我滿足。對我而言，子彈命中和一槍擊斃的聲音，隨著動物從站立到倒下，那才是狩獵的高潮，尤其是在數日、甚至幾個星期的嘗試與吃力的狩獵，或者十分困難的潛行之後，那是一件更有價值的事。如果只是攝影，照片拍攝是否成功有不確定性，所以不可能有獵殺的那種高潮。

我們第二天拔營，下山前往威比謝碧利河。那是十月十二日。我們背負行李的驢子在夜裡死掉，其他多頭驢子也病倒。接下來的幾天內，我們損失了我的小馬，還有兩頭騎乘的驢子和另外五頭載行李的驢子。牠們在倒下之前的幾天，通常是懶洋洋的，甚至會呼吸困難，少數驢子的鼻子會流出一種白色帶泡的液體，五十隻驢子死了四十隻。雖然我們的馱獸持續死亡，不過我們設法向阿魯西人買小馬來替代。其中有一次，我們向一名牙齒掉光的老人買了兩匹，他的家人宣稱他已經一百二十歲了，而且誇口說他當年曾經殺了一百四十人。在我們和他交涉的中間過程，他還曾經尖聲高唱他的戰歌和戰鬥口號。奧瑪很有耐性地拿著一把把鹽、糖和空的馬口鐵罐子，和他一起應合。

起初，我們穿過廣大的林地，在那裡偶爾看過叢林水牛和黑白相間的非洲疣猴。再向較低處走，我們來到一個草地覆蓋著丘陵地，更為開闊的鄉野，沿著許多溪流的岸邊，盛開著飛燕草、劍蘭和其他各種花卉。在那幾天，午後有短暫的暴風雨，夜裡則有更持續不斷的雨。我們離開森林之後，燃燒的薪材更不易取得，我們抵達這塊綿延直達威利謝比利河的平原時，已經必須燒乾牛糞。儘管缺乏薪材，天候大半是潮濕且有間歇的熱氣，哈布塔·馬里安還是蹲在他的營火旁，把他的鍋子放在石塊上，每天晚上為我們烹調美好的晚餐。

我們遇到一些赤裸身子的男孩趕著大群的牛群，不時碰到成群結隊、全帶著矛的山居阿魯西人，他們的婦女穿著黃褐色毛皮，珠串編織在頭髮上。我對這些野性不羈的人印象深刻。他們曾經被曼里尼克皇帝所征服，但是他們之中，阿比西尼亞人加諸他們身上的印記仍勉強可以辨識。我總是討厭外來文化加諸這些原住民身上，不管那是歐洲的或其他的文化。我們曾經過一根電話線，虛弱地在一根電線桿上晃盪，那是連結阿迪斯阿貝巴和其他一些政府驛站的電話線，我還記得看到這般微弱的外來干預的證據時，我當時的怨恨之情。

同行者因病無法繼續旅行

我們在十月十七日涉水抵達威比謝碧利，在鄰近阿魯西人的一個村落附近紮營，在威比的這一側，起伏的草地一路延伸到遠處的山丘，一道道的林地圍拱著數之不盡的溪流。我們並不清楚自己已經穿過威比，此時已身在巴勒。我們的通行證只限定到阿魯西；因此，當我們抵達哈羅（Haro），我們被阿比西尼亞的官員和當地民眾所阻攔。當時正值慶典之日，他們全都喝醉了，一如喝醉的阿比西尼亞人，他們有攻擊性又不愉快。他們將我們扣留，甚至拒絕我們再次渡河繼續行程，回到河的另一岸。我派卡西米帶著信送給駐在戈巴（Goba）的省長，幾天後，我們接到一封為我們受到的待遇而致意的道歉函，還有繼續我們行程的許可。

在此同時，我們也派了另一名侍衛穆罕默德・丹卡里（Muhammad Dankali）前去告訴負責看管駱駝的索馬利人阿馬德（Ahmad），帶著他們來到懸崖下方的達羅河（Daro river）。奧瑪相信在這個低地鄉野，駱駝會比驢子來得有用。

接下來的一週，我們旅行穿越起伏不平、已完全耕種開發但被陡峭的河谷切割交錯的鄉野，河谷就在高原旁邊發展成壯觀的峽谷地形。波荷葦羚（Bohor reedbuck）在這些山地上大量繁衍，牠們通常是四到七隻為一群；我還曾經看過八十隻散布在一座丘陵上。接著到了十一月六日，我們沿著陡坡和艱險的懸崖下降，來到達羅河，我們在那裡找到一塊長著一些大型刺槐樹的絕佳營地。

這條河流動快速、清澈明亮、充滿了鯰魚和白魚，我們有許多的魚鉤和魚線，一天之內就釣起六十條魚。在駱駝到來之前，我們在此地待了六天，後來是從一些經過我們營地，朝向著名聖地胡笙教長（Sheikh Husain）聖祠的朝聖團得到他們的消息而得以確認；朝聖團所有人帶著剝掉樹皮的魚叉形竿子，那就像是他們朝聖的徽章。

我們第二天離開達羅河，十四天之後抵達阿瓦許。奧瑪的情報指稱這個鄉野在懸崖下，地點很適合駱駝，不會再迷路。起初我們在懸崖底下旅行，那段行程裡還包括了要穿過主山脈的支脈。在大多數地方，小徑越過這些山脈，對於馱著貨物的駱駝來說，很難通過，除非我們把小徑弄寬並夷平。奧瑪表現傑出，不屈不撓地工作，身上汗如雨下，而卡西米、比魯、兩個塞德、阿布杜拉希、哈布塔．馬里安和其他人，也是不停地工作。

老天爺並沒有幫忙。幾乎每天都有傾盆大雨，而且經常徹夜滴漏，使得地面十分濕滑，以致駱駝站不住腳跟；我則因為壯盛的景色而得到補償。我們四周圍都是山脈，它們經常被雲層半掩，但是到了傍晚，這些雲層上升後，山巔隨後在我們頭頂上朦朧地浮現，因為雨水沖刷，輪廓鮮明而華麗壯觀。

海格—湯瑪斯喉嚨發炎，腿上有多處嚴重的潰爛。我們離開達羅四天之後，他決定和卡西米騎著我們兩頭狀況最好的驢子超前行程，以便能趕上從阿瓦許開到阿迪斯阿貝巴的火車，前去就醫。就在海格—湯瑪斯離開我們之後，我們經過紀念胡笙教長的聖祠：那雪白的圓頂有四座塔樓，這是為了紀念這位聖人曾經在此地獨居多年，用以祈禱和齋戒的地方。就在這座寺院之後，我們克服了一條十分困難的路徑，第二天抵達馬納河（Mana river）。這個低地完全被厚厚的叢林所覆蓋，小溪和河流被大樹所圍拱。我們在十一月二十五日抵達阿瓦許火車站。

海格—湯瑪斯在火車站的休息室裡。兩天前，他就從阿迪斯阿貝巴趕回來，顯然已經治癒，但是他的喉疾再度復發，當我到達時，他幾乎無法開口說話。他搭下一班火車回阿迪斯阿貝巴，第二天發了一封電報給我，內容是：「不克前去。」

我則因為能夠自己做主而感到心滿意足，很高興自己不需再去順應我的同胞，未來幾天完全可以自己做決定。海格—湯瑪斯一直都是令人愉快而且本質善良的人，我們之間不曾有過爭吵。顯然沒有人比他更好相處；不過從我們離開英格蘭共處的四個月期間，我們一直沒有共同的論點或是太多共同的發現。他很少讀書，這局限了他的興趣方向，以及他談話內容的範圍。我不覺得我會懷念他的陪伴，事實上我等於沒有同胞需要照顧。如果我生病或受傷，也不必擔心，因為我對奧瑪非常有信心。在過去五十多年的旅行生涯中，我不曾想過會生病。事實上，我只有一次身體不適，那一回我遭到瘧疾嚴重侵害。

我在阿魯西剛完成的旅行是我第一次在阿比西尼亞從事的旅行。我曾在邊遠而壯觀的鄉野旅行，走在教人興奮而無人看管的部落之中，並且曾經留下苦心搜尋而如獲至寶的動物頭形標本紀錄。我十分享受過去那兩個月的時光，雖然這趟旅行十分艱辛，但並沒有多少危險。我知道一旦我們越過鐵道，進入丹納吉爾的鄉野，情況必定大不相同。

注釋：

①東非大裂谷（Rift Valley）：由中東的南部至非洲東南的巨大連續地質特徵，從敘利亞到莫三比克，覆蓋地球一周的六分之一。一些窪地被高原和山峰所阻斷，一部分被海洋和湖泊所充填。東非大裂谷包含加利利海、死海、阿卡巴灣和紅海，在衣索匹亞高地和索馬利亞平原之間伸展。裂谷匯合後繞尼亞薩湖，繼而沿尚比西河谷延伸，其終端在莫三比克海岸低地。

【第10章】

進入丹納吉爾地區

阿迪斯阿貝巴的官方曾經承諾，我在丹納吉爾期間，將提供我由十名士兵組成的護衛隊。等我抵達阿瓦許車站，卻發現有十五人正等著我，前方的遠景完全教人不愉快。

丹納吉爾人

我明白此行的風險性相當高：否則丹納吉爾鄉野可能早就已經完全被探索過，我曾在一九三〇年的旅程中得知丹納吉爾或者是他們所稱的阿法省（Afa）已經分裂成所謂由貴族部落後裔所組成，被稱為「紅種人」的亞塞馬拉人（Asaimara）和所謂「白種人」的亞多依馬拉人（Adoimara）。有人曾經告訴我亞塞馬拉人居住在巴度和奧薩，而亞多依馬拉人則占領剩餘的地方。旅行期間，我曾經走在亞多依馬拉人之間，在比連鎮上，人們曾經警告我巴度的亞塞馬拉人的殘暴。丹納吉爾兩方人馬都有殺人傾向，但是亞塞馬拉人顯然更可怕些。

在比連鎮，我經常問人阿瓦許河到底是怎麼回事，好奇地想找出為何這條大河永遠無法流到海裡。有人告訴我它的終點是一個大湖，位在奧薩省的古馬力（Goumarri）山脈山腳下一個巨大的湖泊，顯然那裡有許多湖泊、廣大的森林和一些農耕地。我的情報提供者對蘇丹王──也就是眾所周知、統治奧薩省的阿莫伊塔（Amoita），懷著極大的畏懼，他堅稱蘇丹王痛恨所有的歐洲人。多年後，二次世界大戰期間，我和山德佛同住，他告訴我，阿迪斯阿貝巴的人表示，如果我進入奧薩，活下來的機會有只十分之一。

然而我個人覺得，我們在巴度將可能會冒最大的風險。奧瑪傾身表示同意。他說丹納吉爾人在前一年曾經殺害一些在巴度探險的希臘商人。一九三一年初，我從阿比西尼亞回到牛津大學之後，讀過奈斯比特（Nesbitt）在一九三〇年十月為《地理雜誌》（Geographic Journal）撰寫，有關他的旅行的文章。根據他的描述，巴度是他所到過最危險的地方。

奈斯比特和他的兩名義大利籍同伴顯然運氣很好，能夠從巴度逃出來；他們的第一名僕役就是在那裡被殺害，另外兩名僕人在旅程中被殺害。這個團體比起先前的團體幸運得多。我在皇家地理學會的圖書館中做研究期間得知，一八七五年，一支埃及的軍隊在穆辛格（Munzinger）——曾在厄瓜多戈頓將軍麾下服役的瑞士籍傭兵——指揮下，從塔育納（Tajuna）出發攻打阿比西尼亞，在他們抵達奧薩之前，遭到丹納吉爾人殲滅。接著在一八八一年，一支由丹傑里帝（Giulietti）率領的探險隊，伴隨著十三名義大利人，在前往奧薩北部某處時也遭到暗殺，而三年後，另一支由畢安其（Bianchi）帶領的探險隊差點在同一個區域遭到同樣的命運。

奈斯比特曾經在奧薩的邊陲地區見過蘇丹王，並得到許可繼續向北前行穿過火山岩沙漠到厄立特里亞，但是被禁止進入奧薩，那裡還是未開化之地。然而他曾經確認阿瓦許河會流到奧薩。

我立即產生的焦慮是官方可能禁止我的旅行，因為巴度的亞塞馬拉人最近重申他們效忠政府，但是拒絕進貢給阿斯巴塔法里（Asba Tafari）。

十二月一日，當我們正準備啟程，某位官員從阿斯巴塔法里打電話來，那裡正是澤澤省（Chercher）的首府，該省也涵括了巴度。他說鄰近巴度的地方發生殘酷的戰事，他堅持如果我要到那裡，我至少需要帶一百名士兵。如果我只帶十五人前往，他拒絕負起放行之責，並且打算召回他的人馬。

我告訴他，我已經有二十二人，配備十四把步槍，而我自己還有三把步槍和霰彈槍，我想我們陣容夠堅強，不會招致攻擊，但是也不會強大到驚動並招惹那裡的部落。他並不同意，因此我提醒他皇帝已經授權我的旅行，並且告訴他不管他的士兵是否跟著我，我那天下午一定要離開。他很不情願地命令他的士兵跟著我。此時情況十萬火急，我想要在任何人，或許是來自阿迪斯阿貝巴的人，打電話來禁制我的離去之前，趕著出發。奧瑪曾經買通電話接線生，要他離開辦公室，但是我不相信接線生會袖手旁觀。我們最後在傍晚時分出發。我的十八頭駱駝全部負荷滿載，因為可以預料到奧薩之前，除了肉和乳品，丹納吉爾不會供應我們其他物資。

士兵們有四頭駱駝，但是牠們的能力太差，根本就不能指望牠們負載物資，而我對行程的延誤愈來愈感到光火。唯獨火車站建築消失在我眼線之外，才讓我覺得免於受到進一步的干預而感到安心。此刻，不管是好是壞，我們一切靠自己。我就是希望如此。

當時是滿月，我們向前推進直到半夜，駱駝每三到四頭，頭尾綁在一起。那天晚上許多土狼在我們營地四周狂吠。我們第二天抵達塞德馬卡（Sade Malka）的湧泉區，那裡被圓頂的棕櫚樹和長相怪異並結成一束束堅果的叉狀樹木所包圍。我知道一九一五年我和父母親回阿迪斯阿貝巴的路上，我們曾在這裡紮營，但是這個地方並沒為我帶回任何的回憶。

我們從阿瓦許車站帶了一名丹納吉爾人，不只是要他當嚮導，同時也是當人質，直到他從下個部落找到替代人選之後，我們才會釋放他。每天晚上，每隔一段時間，他就會發出警告的吶喊，表示任何人接近就會遭到被射殺。此時每當開始紮營，我們就預做演練，利用貨物和駱駝圍成一個圓圈，而如果有可資利用的樹叢，我們就增設一個刺籬（zariba）。甚至如果情況許可，我總是會派出兩名步哨，而奧瑪或我每隔一段時間就會去查哨，以確定他們是否清醒著。

三天後，我們抵達比連，一路旅行穿越被乾河床切割、有顯著的低矮多岩石山脈的廣大平原。那是貧瘠而滿布刺槐的平原，中間或有濃密的虎尾蘭（sansevieria），長著一種難以接近、如刺刀般的葉子。我在此地看到許多群比莎大羚羊（beisa oryx）、索莫林瞪羚，偶爾看到少數的條紋羚羊和非洲瞪羚。我在阿瓦許車站見過一小群史懷恩種狷羚，是我此行唯一見到的狷羚。

沿著阿瓦許河岸，間斷地長著檉柳樹叢，在這樹叢中我看到幾群非洲大羚羊，還有一些疣豬和偶爾見到的南非羚羊，我在比連待了四天，一九三〇年，我在此地曾經試著射殺水牛，如今我又再度嘗試這件事。一小群水牛棲息在一個大水池滿溢的池水所形成的葦蘆草地上，入夜後牠們會離開這塊掩蔽地，天亮之前才再回來。每天我追循著牠們的足跡，在牠們發出鼻息並且快速奔逃之前，多次逼近牠們，然而蘆葦長得太密，使我一直無法窺視牠們。

一群群丹納吉爾人帶著他們的駱駝和牛群在池水溢過的地方飲水。他們大多數人的膚色是微暗的棕色，在一揪揪插著駝鳥羽毛或一把木梳的髮髻之下，他們有著優雅的相貌。許多人帶著佛塞格拉斯步槍（Fusil Gras rifles），通常斜掛在肩膀一側，手握著槍管，或者水平吊在頸背上，用雙臂托著。這些單發步槍製造年分為十九世紀中期，可以發射一種鉛彈頭，造成很可怕的傷口，曾經由法國人大量外銷到阿比西尼亞。每個人腰際都掛著一把彎曲而可怕的短劍（jile），它兩側有十六吋的刀刃。這些短劍幾乎都有釘銅的刀鞘，上頭有晃動的皮穗，每一條皮穗代表它殺過一個人。

我認為丹納吉爾是樣貌迷人的人種，儘管有嗜殺之名，他們似乎表現出一種真誠的友善。我已經有心理準備要接受一項事實，那就是他們殺一名成年人或小孩，多少都受一點良心上的譴責，就像我射殺一頭羚羊的時候。他們的動機也許就像英國戶外運動熱愛者造訪非洲，射殺一頭獅子一樣，他們偏好出其不意地對追尋的目標下手。

丹納吉爾人絕對會肢解他們殺害或弄傷的成人或小孩，割去他們的陰莖和睪丸，那是一種顯著的戰利品，是一種無可辯駁的證據，證明受害者是男性，取得這樣的戰利品等於是讓屍首受辱，而讓他們得額外的滿足。奈斯比特在《沙漠與森林》（*Desert and Forest*）一書中提到：「丹納吉爾人把他們受害者的睪丸戴在腰間……」我從未見到這樣的例子，雖然遇見過殺過人的人，包括鄰近比連那位沾沾自喜的四十多歲男人。男孩子的頭髮塗滿奶酪或純奶油，那是一種足以代表他成就的表徵。

人們所談的都是這些人殺人的事，至於他們如何殺人則不重要。奈斯比特描述他的一名僕人由一名丹納吉爾嚮導陪伴到河裡洗澡，他把步槍放下，走進水裡。那位嚮導拿起那把步槍朝他射殺，並將他去勢，再趕快離開。對丹納吉爾人來說，他們依賴這種習俗的程度就像他們依照一個男人殺了多少人來衡量他的英勇，是非常的重要。許多襲擊之所以發生，正是為了這個目的。一項襲擊之後回來，任何沒有殺過人者，經常會被他能有力的對手弄得全身破爛，他們的衣服骯髒，牛糞取代奶油塗布在他們的頭髮上。

如果一個男人一再失手，就會來到河邊，潛到河底，帶起一坨黏土，用來塗在額頭上，然後小心翼翼不被人看到，否則這樣的魔法就會失去效力。我留意到孩子們在遊戲中經常這麼做記號。大多數年輕人或是男孩都會在他們的腰際或腳踝戴上一截皮革，這種皮革是經過一種特定的祈福加持之後才交給他們，當他們變成戰士的時候，能為他們帶來成就。

我及時匆匆一瞥，便能從一個男人所戴的裝飾得知他多久殺一個人，就好像我可以從一名英國士兵他身上的勳章，判斷他服役的地點。插在頭髮上的一支駝鳥羽毛或一把木梳、刺耳、一條七彩奪目的束腰布、一條獅牙或象牙的手鐲、一把裝飾著銅或銀的短劍，這些東西和其他的裝飾，每一件都有它特殊的意義。當一名著名的戰士死了，他會獲得一種紀念碑（das），這是一排排豎起的石塊，用以注明遭他毒手的人有多少。

被迫離開巴度

我們在十二月九日早上離開比連，五小時後在一座沼澤地邊緣的濃密樹叢裡紮營，那沼澤沿著河流伸展到視線以外。我們此時身處一個危險的邊界地區，我們的營地實際上毫無防禦的餘地，但是我們找不到更好的地點。不需我們多說，士兵們便圍繞著我們的營地，築出一個圓形工事。此地的蚊子十分兇悍，幾乎讓所有人徹夜難眠。

隔天傍晚，經過九小時的遲緩行進，越過火山岩丘陵帶起一陣陣熱浪，讓我變得急躁，我們所有人都感到疲倦和口渴。我們拚命爬上另一個山坡，突然看到赫泰爾湖（Lake Hertale）就在我們的腳下。在這個與世隔絕的地景上，那真是教人難以置信的景象：一片澄藍的湖水，被綠油油的蘆葦所圍繞著。

我們在湖畔的一塊台地上紮營，在清澈的湖水中，洗一場痛快的澡、游游泳、打水花。日落時分，成群的蝙蝠在我們營地上空出現，整個夜裡，河馬就像豬一般，每隔一段時間就會哼哼地吐出鼻息。我們在比連抓來的丹納吉爾嚮導在行進途中曾試圖逃脫，因此，我向兩名衛兵詳細交待好好看住他，一直到天亮。我知道如果他溜走，我們就會陷入麻煩之中。

晨間，我們費力地把駱駝弄到湖邊，接著沿著湖溢出的河流走，經過一段短暫的前進，我們在距離亞多依馬拉人的村落不遠處紮營。就在距離我們紮營不到兩百碼處，先前幾天這村子有四個人遭到前來巴度的亞塞馬拉人的襲擊而被殺害。有人帶我們去看那個地方，那裡的岩石和砂地上還有乾涸的血跡。喪禮的宴席正在進行中，而我們得到豐盛的肉品。這些亞多依馬拉的丹納吉爾人很高興有我們陪著他們，因為他們預期亞塞馬拉人還會發動另一次襲擊。很顯然那些希臘商人前一年就在這附近遇害，而不是在巴度。

第二天我必須待在營地，因為我想外出打獵射擊，遭到強烈的反對。我在日記裡寫到：「不斷地談論亞塞馬拉人的事。很難判斷做這件事的危險性到底有多高。」那天傍晚我買了兩隻索馬利人宰殺虐待的綿羊，他們接著拿血給一些駱駝喝。

第二天我們抵達亞塞馬拉人的邊界。附近村子的一位酋長曾經因為拯救一名希臘人的性命而接受政府的褒獎。我們現在需要他護衛我們進入巴度。他顯然不願意，要求一筆不合理的報酬才能照辦。最後奧瑪給他一個合理的數目才敲定此事。他接著送給我三頭羊，然後為他的家人和親戚向我們要回禮。接下來就要看這名酋長是不是能夠把我們平安地交到巴度另一個酋長的手上。兩個半月以前，阿巴遜將軍（Dedjazmatch Abashum）曾帶著大批部隊來此搜括貢品，亞塞馬拉人將貢品扣壓不放；而他不敢進入巴度，最後只得撤兵。亞塞馬拉人於是相信他們能夠成功地抗拒政府。當然這件事讓我們所要面對的危險性增加。

從我們的營地望過去，亞耶魯山（Mount Ayelu）高聳在遠處，這是巴度平原上五千呎高的一座帽型山頂，有一串小丘陵向西南延伸，並與阿瓦許河平行；在這些小丘陵的下緣，貼著一塊沼澤地。進入巴度的唯一小徑是向南邊走，比較適合載貨物的駱駝。第二天早上，我們花了一個小時的時間才通過這些小徑，那是一個適合突襲而惡名昭彰的地方。我們在下方通行時，我的一些手下會爬上高地設哨監視，經常得趕著酋長和他的手下前進，以防他們走散。

我們最後進入開闊地時，發現自己已在一塊大平原上，平原大約有一哩寬，橫陳在丘陵與河流之間。這是我在丹納吉爾所見過最肥沃的土地，平原上點綴著茅草覆頂的小村落。大批的牛群、一群群的綿羊與山羊，還有數量眾多的小馬和驢子，在一小塊淺水塘四周茂盛的青草地上吃草，而一欉欉高大的刺槐樹叢沿著河岸生長。

大約有兩百名戰士正在這些樹下交談，還有更多的人趕著前去加入他們。我們靠近時，讓駱駝停下來，而奧瑪、亞多依馬拉人的酋長和我走過去。我們向他們打招呼，但是沒有人回應；相反地，當我們走近時，他們支支吾吾，轉過身去背對著我們。我回到我的人馬那裡，告訴他們在陡峭河岸的某些刺槐樹下卸下行李。在此同時，我們那位亞多依馬拉酋長正試著向他的當地死對頭表明身分，一再重覆說明我們這些人為何而來，他成功地讓那位陰森又不合作的傢伙就範。

圍繞著我們營地四周的丹納吉爾人數量增加。我們已經架構起一個圓形工事，此時想在不招惹他們的情況下，讓他們離開我們的地方。我覺得他們正在找尋藉口以開啟戰端，他們有些人聽到我的駱駝夫懂得說索馬利語，而變得愈來愈有威脅性。他們硬說駱駝夫是一直跟他們交戰的來自以薩（Issa）的索馬利人部落。懂得他們語言的艾爾蓋警告奧瑪，他們正計畫天黑之後攻擊我們。為了勸阻他們，我們假裝步槍已經上膛，其中包括一把機關槍，那是他們相當害怕的武器，他們在與政府軍交戰時，偶爾會接觸這種武器。

然而這種緊張情勢在奧瑪設法掌握一些年長者之後而得到紓解。喝了幾杯茶之後，他成功地說服了他們當中的一些人，說我是英國旅客，一路來拜訪奧薩省的阿莫伊塔。他說服他們，我並非受雇於政府，向他們解釋我是受皇帝個人保護的人，那也正解釋我何以有這些護衛的士兵跟隨。毫無疑問地，我確定那些年長者一定能夠阻止那些頑強的戰士，不會在入夜之後攻擊我們。我們度過憂慮的一晚。每隔一段時間，我就去巡視營地，打亮我的強力手電筒，照向黑暗。我懷疑是否有人睡著了。

第二天早上，我們被帶到鄰近的一個小村子，村子位在一個濕地中央的乾地上。這個看來了無生趣的地方，有一位名叫阿富羅汗（Afleoham）、年老而專橫殘暴的酋長，他指揮我們紮營。聽說他在這些地區頗受尊崇，且有強大的影響力，我覺得我們最好聽命行事。奧瑪知道他和蘇丹王有關係，而我們希望能說服他提供我們一名嚮導前往奧薩。

奧瑪和我與他有一場冗長的討論，當時一群群蒼蠅圍繞在我們身邊。阿富羅汗近乎耳聾，我們必須一再重覆我們的話，爭辯周而復始，而且同時使用三種語言。最後他同意提供我們一名護衛前往奧薩。雖然勝利但我精疲力竭，回到我的營帳躺下休息。

就在日落前，我聽到外面一陣吵鬧聲，有一群人正在集結。從阿斯巴塔法里來了一封給我的護衛長的信。那封信是經由一位酋長到另一位酋長手上才傳送過來。信裡命令我立刻折返，任何情況下都不能試圖進入巴度。在向丹納吉爾人宣布官方不再保證我的人身安全之後，如果我執意拒絕接受，士兵們將返回。士兵們按捺不住他們的歡樂。

我回我的營帳和奧瑪討論現狀。他說如果我決定繼續前進，我的人馬中有些人願意跟著我。不過我明白，我的步槍少了一半，而且少了政府提供的安全保護，幾乎可能招致必然的殺戮。四年來我一直計畫著這趟旅行，想要探索奧薩，找出阿瓦許河的流向，這個念頭一直都在我腦子裡。我曾經希望我們此時已經到達政府影響力所及的範圍之外。我們曾試圖進入巴度，也已經獲准，而前往奧薩的道路是開放的。但現在一切都擱淺了。

我決定北上到阿迪斯阿貝巴，試著取得許可，以便重新再來，但是成功的機會渺茫。為節省時間，我決定抄捷徑穿過沙漠前往阿富坦，不再走我們來時所走的那條比較遠的路回去。那天晚上，我的人馬由卡西米帶領，來到我的營帳，對我們被召回表達他們的難過，我覺得他們都是真心誠意的。

第二天上午我們在搬行李時，奧瑪帶了一個看似很可靠的年輕人前來見我，他剛從阿斯巴塔法里來。他的名字叫艾里瓦里（Ali Wali），他是巴度人的精神領袖杭加達拉（Hangadaala）米里安・穆罕默德（Miriam Muhammad）的侄子及養子。他和他的叔叔曾到阿斯巴塔法里面見省長，他們在那裡遭到拘留當人質，以便亞塞馬拉人能安分守己，這讓我想起了他的叔叔曾拒絕保證我在巴度的安全。我對艾里瓦里印象深刻，我告訴他我希望能取得許可回去。奧瑪焦慮地表示我們在撤離巴度的時候，可能會遭到攻擊。不過艾里瓦里保證我們的安全。

兩天後，我們抵達穆魯河乾河床上的一口井，晨間，我們曾經過一個月前才被亞塞馬拉人消滅的亞多依馬拉人村落的廢墟。他們殺了六十一人，包括婦女和小孩。事件發生的原因是，這些亞塞馬拉人曾派七名年長者到這個村落和他們討論爭奪一塊終年長青的牧場草地，亞多依馬拉人宴請這個代表團，但趁著他們睡著時，將他們全部殺光，只有一人逃離，不過他帶著一隻斷臂和一身的傷。

我們在十二月十九日，也就是離開巴度後四天，到達阿富坦車站。接著，我從那裡搭火車上行到阿迪斯阿貝巴。

【第11章】

巴度與阿瓦許河

我在阿迪斯阿貝巴待了一個月。就在我抵達不久後，席尼．巴頓爵士休假歸來，那對我來說真是幸運：他曾經同意我的計畫，並為我進行這趟旅程取得初步許可，而此時因為他的堅持，最後我獲得重新出發的許可。他主張澤澤省的省長馬汀大夫應該被召來阿迪斯阿貝巴討論此事。

馬汀大夫是阿比西尼亞人，有著與眾不同的出身。當他還是孩子的時候，曾經依附一位參加馬格達拉探險隊的軍官，探險隊在一八六八年回到海岸地區。那位軍官帶他回印度，教育他並且讓他接受一項醫療訓練。後來回到故鄉之前，馬汀有一段時間曾經在緬甸北部當醫生，因為他的歐洲化背景，使他到故鄉比大多數阿比西尼亞人更容易與外國人打交道。

在和馬汀大夫會面時，席尼爵士為了我而對他施壓，讓他同意我重新展開旅程；他同時建議我的護衛人數應該要增加，但是我不同意，我依然認為太龐大的兵力可能招致敵意。馬汀大夫最後同意核示我捲土重來，但是堅持我先給他以下那封信：

一九三四年一月二十日

阿迪斯阿貝巴

親愛的馬汀：

根據衣索匹亞政府給我的許可證，讓我沿著阿瓦許河旅行，前往它在奧薩蘇丹領地境內消失的地區，我同意提供十五名護衛陪同，直到我回到阿瓦許車站或離開法屬邊境的衣索匹亞領土，並且帶著給沿途遇到的酋長的信函，衣索匹亞政府對我的探險活動個人人身安全，依此信負有執行合理評估的責任。

誠摯的，

威福瑞·塞西格

致馬汀大夫閣下
澤澤省長
阿迪斯阿貝巴

我在一月二十二日回到阿富坦，我的手下為我舉行了一場盛大的迎接儀式，夜裡他們表演一種戰舞。包括奧瑪在內，雖然他們幾乎每個人都染上瘧疾，有的人甚至尚未痊癒，但是奧瑪約束他們，以免他們混亂失控，這教我深受感動。不幸的是，那些染病的人當中還包括了哈布塔·馬里安；雖然他抗議我送他回阿迪斯阿貝巴，但他看起來相當虛弱，我還是得送他回去。我聘雇一個叫亞當的加拉人，他宣稱他能烹調，但很快就證明他根本不行，因此由比魯來接手。駱駝隊的頭子阿馬德依舊發高燒，我因而資遣他，調升巴迪來接替他的位置，他是其他駱駝夫中最可靠的一位。依照奧瑪的建議，我把其他六人換掉兩個；穆罕默德·丹凱利因為老是惹麻煩，已經被解雇。不過大多數年長的護衛像是卡西米、古塔馬、阿布杜拉希、比魯和兩個塞德還是陪著我。

我人還在阿迪斯阿貝巴的時候，艾里瓦里從巴度回來，出現在阿富坦，奧瑪明白未來他將有大用，於是找他回來。艾里瓦里此時建議，我應該向馬汀大夫請求釋放他被拘留在阿斯巴塔法里的叔叔米里安·穆罕默德；他堅稱，他的叔叔跟我們一起回到巴度，必定會受到友善的歡迎。我打電話給馬汀大夫，他同意這件事。馬汀也告訴我，他已經派遣另一位重要的酋長名叫阿哈馬杜（Ahamado），跟著我們的士兵；阿哈馬杜和艾里瓦里奉命伴隨我前往奧薩。

這支護衛隊伍預定二月一日抵達，但是一如預料，他們到了五日才到達，而且沒有帶駱駝。而同一時間內，米里安．穆罕默德帶了十二名隨從抵達。他是一位年長而體弱的老人，個子比起大多數的丹納吉爾人矮小很多。我注意到他能同時十分細心地指揮他的隨從和當地土著。他原本預期將被無限期地拘留在阿斯巴塔法里，抵達之後，他便來到我的營帳，因為我而使他獲得釋放，他很慎重而感性地為我祈福。我第一眼就喜歡他，也信賴他，我也同意奧瑪所說，當我們回到巴度的時候，屆時我手上應該已擁有上好的人手。

我們的糧食配給幾乎已耗盡，我訂了十三袋的玉米粉、七袋小麥麵粉、兩袋米，還有給我騎乘的騾子食用的兩袋大麥，利用火車從阿迪斯阿貝巴送出，另外買了一桶當地的奶油。奧瑪推算這些糧秣將足夠我們二十四人抵達奧薩。依他的建議，我也買了一大袋咖啡豆，做為送給蘇丹王的禮物。到了此時，我們的駱駝也已休息充分、狀況良好，但為減輕牠們的負擔，我多買了一頭駱駝。

待在阿富坦期間，我不曾感到無聊。我訓練一名腦子靈光的索馬利年輕人阿布迪（Abdi）做鳥類標本剝皮工作，以取代讓人不滿意的約瑟夫哲曼，他曾為避免回巴度而逃離，我們兩人曾在營地四周採集到許多鳥類和一些小型齧齒類動物。

晨間或午後，我在阿富杜布山區周獵捕一些體型較大的條紋羚羊，一九三〇年我曾在那裡射殺一頭精美的標本。我從來就不確定我是否偏愛在黎明的清新中、陽光剛照上山丘、四周盡是各類醒來的鳥類鳴叫時候去狩獵，或在比較喜歡在黃昏影斜中、野生動物在白晝酷熱之後開始行動的時候；不過任何時候我都能心滿意足地跟隨阿布杜拉希穿過靜寂的叢林，為狩獵的原始熱情而全神貫注。

我的護衛終於從阿斯巴搭法里搭火車抵達，但我並未被感動。除了其中一位，其他全是新人。他們全都配備不全，而且配給不足，沒有帶水袋；後者是由我為他們購買的。更糟的是他們的彈藥不足，有些人只有十五發子彈。他們的隊長阿托·索納（Ato Shona）的無能讓我震驚，事實證明他的確是如此；打從一開始，他手下一名身材高大、具攻擊性而且曾是奴隸的士兵，因為可能製造麻煩而令他變得畏畏縮縮。他們的駱駝和另外兩名武裝的士兵兩天後才抵達，讓他們的總人數達到十七人。將陪我前往奧薩的那位丹納吉爾酋長阿哈馬杜和他們一起前來，他是個削瘦且不擅與人溝通的中年人。

我們在二月八日離開阿富坦，隔日在穆魯河乾河床上的一個水洞紮營，陪同米里安·穆罕默德的婦女中有一人發高燒，因此我們在那裡停留到隔日。十二月間，我曾在這裡紮營。接著我坐在我的營帳內，因為太過沮喪而提不起興趣做事。那是同樣的營地，塵土飛揚、蒼蠅亂舞，不過我倒是樂於跟阿布迪去捕捉一些鳥類，或看著丹納吉爾人帶著他們的牲口在十呎外的水井飲水。

從穆魯河前進八個半小時後，我們越過一片偶有荊棘樹叢的石礫平原。阿富杜布山脈已在我們身後，而眼前主導整個地景的是雄偉的聖山亞耶魯。接著我們再次前進，到達巴度，在鄰近村落處紮營，十二月十五日我們曾經從那裡折返。對我而言，一切已轉變為最佳狀況，此時在米里安·穆罕默德的奧援之下，我們抵達奧薩的機會比起十二月的那次好，而且還會得到蘇丹王的接待。

第二天我們抵達巴度，亞塞馬拉人正進行一項特殊的慶典，慶祝他們的杭加達拉歸來。大約二十人肩並肩組成隊伍，接著鼓掌吟唱，向著坐在附近的一名占卜者（jamli）訴願。他站起身來，走進圓圈內，站在一塊羊皮上，雙眼蒙著一塊布。吟唱聲音愈來愈大，擊掌聲也變快，雖然所有人的身子向前彎的幅度更大，但是沒有人移動腳步。突然，那位占卜者開口說話。其他人立刻挺直身子並且傾聽，接著跟著他低吟。接下來由他們提出問題，每個人專注地聽著答案，因為他們對他的神力深信不疑。

我曾經看過這樣的慶典三回，最難忘的一次是在一個滿月的夜裡，當時的占卜者是女性，在丹納吉爾人之中，占卜者並沒有特定的身分，而只是一個具有預言天分的個人而已。十二年後在南阿拉伯，我曾見過十分相似的演出，當時有一名年輕人毫無預期地被神靈附身。

我發現艾里瓦里相當合作，隨時志願提供我所感興趣的資訊。舉例來說，當米里安·穆罕默德被推為杭加達拉的時候，他就為我為說明這項儀式。他身穿紅袍與白衣，塗上奶油，被安排入席，坐在一張特別的椅子上，接著向著日出的方向被抬行大約兩百碼，然後抬回來。他一坐定之後，雙腳就不再落地，直到儀式結束為止。穿上杭加達拉的袍子和坐在椅子上被抬行，這些都是世代相傳的特權。

取自亞耶魯峰山巔的土拿在手裡揉搓，他的腳上塗上取自一株大型無花果樹底下的泥土，額頭上塗著阿瓦許河床的黏土。更多的奶油倒在他身上，一頭紅山羊、一頭白山羊，還有兩頭公牛，一紅一白，被帶到他面前。艾里瓦里描述馬沙拉（Masara）家族如何把公牛舉到他的頭頂之上，然後割牠的喉嚨，讓血流到他全身。我質疑這是否可能，不過艾里瓦里堅稱如果牛被高高舉起，就會被割喉。那一定是頭小牛。有些阿索達人也做類似的事，拿血塗在自己身上。艾里瓦里是米里安·穆罕默德最親近的男性親戚，所以負責鞭打那紅牛與白羊。當上杭加達拉，有一個禮拜不能喝水或洗澡。在這項儀式之後是餐宴，有大量的肉類和乳品，而丹納吉爾人精心地將奶油混入牛奶裡，並添加黑胡椒以增添香味。

杭加達拉被賦予造雨的神力。艾里瓦里告訴我，他的叔叔受封的那一天真的下過雨。杭加達拉的權責之中，還負責亞耶魯峰的年度祭典、統轄部落尋找牧場的行動，另外還有統御大規模的襲擊，不過這件事有一位公認的戰場領袖負責指揮。

我在艾里瓦里和我多名手下的陪同下，爬上亞耶魯峰。晨間出發，走在局部地面被乾草遮掩的碎裂火山岩上的一條粗略小徑，我在較低的緩坡上看到少許的非洲羚羊，以及在靠近山巔的一些孤立的刺槐樹叢看到三頭大型雌條紋羚羊。經過五個小時的奮戰，我們抵達山脈的最頂端，我發現一道矩形的圍牆，大小約二十碼乘十碼。那兩呎高的圍牆大部分已經傾倒。雨一結束後，艾里瓦里告訴我，遠自奧薩前來的丹納吉爾人會來這座山巔朝聖，他們在這圍牆內獻上羊隻，祈求健康、財富、牲口繁盛、戰爭勝利。他說奧薩西北方還有另一座聖山，丹納吉爾人也會到那裡朝聖。

巴度印象

我們在巴度停留了十四天，每兩到三天就會往河流下游做短距離的移動，總在河畔陡坡的無花果樹叢附近紮營。這個鄉野人口稠密，村落雖小，但是數量頗多。製作圓形小屋是利用草蓆固定在樹枝搭成的結構體之上，整個民居可以很容易拉倒，移到他地；雨季的時候，所有人都會遷移到亞耶魯峰的緩坡上。

我對巴度的富饒比以往更加感到印象深刻。牛隻、綿羊和山羊，以及突襲行動使用的馬匹，數量似乎變得更多，比我初次造訪時所了解的還多很多；那些牧場上點綴著一些開闊的水澤，覆蓋水面的蓮花似乎開得更茂盛。

丹納吉爾人整天聚集在我們營區四周，我們發現很難趕走他們。我只能在我的營帳內保持一點隱私，而他們甚至經常推開營帳來窺視我。即使經常被惹惱，但我還接受這樣的騷擾，當做是我來這裡所應支付的報償。婦女們各自形成一個小圈圈，當我接近她們並為她們拍照時，她們並沒有表示反對；她們依舊泰然自若，不曾表現出害羞、膽怯或窘迫。大抵上，她們相貌優雅，有些年長的婦女看起來極為高貴，不過年輕一點的特別教我著迷。她們許多人長得很可愛，有一種教人驚訝的溫和表情。她們穿著利用刺槐樹汁染成棕色的長裙，腰際以上全部赤裸，雖然年長者並沒有那麼迷人，但是這些半裸的人突顯出年輕胴體的柔美。她們全都戴著多彩的珠串，映著她們黑色的皮膚而更為明顯。已婚婦女會使用一種叫做莎煦（shash）的發亮黑布蓋住她們的頭。

根據艾里瓦里所說，通姦並不是什麼重罪。受委屈的丈夫會讓犯罪者頸子圍著婦女使用的莎煦，將他帶到酋長面前，酋長會判他罰金，如果他是累犯，就懲罰他浸到河流裡。在通姦的那種案例中，嫌疑犯會被捆綁，丟進一個水塘中，直到他被淹了個半死才拉上來：他一定會以為他成了鱷魚的大餐。相反地，如果讓未婚女子懷孕生子，就是一件很嚴重的罪行：犯罪者會變成被放逐的人，如果女孩死於生育，那麼他就得被處死：而那孩子也會被活埋。我曾行經一堆石塊，那是一個孩子被活埋的地方。每個跟隨我的丹納吉爾人都會丟一顆石頭到那石堆上，口中並且呼喊：「哈斯！哈斯！」在某個眾人皆知的案例中，有個被遺棄的孩子是兄妹通姦所產下的。

丹納吉爾人之中有一種風俗，一個男人可以娶他的表姊妹或堂姊妹。這樣的近親混血似乎並沒有不良的後遺症，也或許只有健康的孩子才能活過童年。而在亞塞馬拉人中，如果一個女孩子打算嫁的男人還太年輕而不適合結婚，她可能會暫時先託付給別的男人；當婚禮最後要舉行時，那位丈夫每當一次父親，那位暫時被託付的男人就得付給那名丈夫幾頭牛。

有一天晚上，艾里瓦里向我敘述，他曾在靠近海岸地區的亞多依馬拉人中見證過一場婚禮，求婚者付了三枚瑪麗亞銀幣①給女方的父親，她父親接著告訴他，他的女兒在何處牧羊。他跑到那裡去，她事前受到警告，糾集她的女伴們，占據某個山頂，她們拿著棍子和石頭來防禦。那個男人被打傷和割傷，最後還是把她帶回他的小屋，關了七天才讓她回到她父親身邊。接著那名求婚者被要求送一頭駱駝去，然後口語傳開來，說那女孩子已經收到一頭駱駝。這隻駱駝一定要留下足跡，不然人們相信這場婚禮後所生下的孩子，一定會虛弱而沒有本事。

眾人聚集起來，那女孩穿戴光鮮亮麗，被綁在那隻駱駝背上，繞了她父親的小木屋三圈，為了要讓那隻駱駝留下足跡而幾乎失控，那女孩被搖晃得厲害，接下來她躺在一塊草蓆上，由四名婦女將她前後搖晃，邊搖還邊唱歌。接著把她蓋住，這樣就沒有人能看到她的臉，然後由兩名婦女把她帶到離村子有一段距離的小木屋裡，那正是太陽升起的方向，她在那裡和她的丈夫與世隔絕，共處一室，超過七天，而年輕的男士則在小木屋外跳舞慶祝。幾天之後，由她的丈夫將她請出來，送回到她父親的家。

艱困的環境，樂天的人們

我在巴度的每個晚上都會由一群土著陪同，沿著河畔漫步。這裡沒有獵物，但是鱷魚十分常見。我不喜歡這些長相惡毒的爬蟲類，總是拿牠們當槍靶子，我的槍法讓那些丹納吉爾人大開眼界。在過去五十年間，我從未聽過鱷魚在整個非洲大多數地區即將到滅絕的消息。

在某個營地，我的同伴們特別期待我能射殺一隻曾經奪走他們多條人命的鱷魚。我們看不到那頭鱷魚的行蹤，不過有個人發出一種哼哼唧唧的鼻音，接著便出現一頭大鱷魚，穿過河流朝著我們游來，我於是朝牠射擊。那條鱷魚大約有十二呎長。每個人都歡欣鼓舞，相信那就是兇手。這些鱷魚大多靠吃河裡數量豐盛的鯰魚維生；有許多次，我曾看到一條鱷魚口中咬著牠的獵物爬上岸。

河馬在這條河裡的數量繁多，在礁石區數量更多，我曾經數過，其中一處的數量達到三十四隻。丹納吉爾人拖走一頭我前一天所射殺的河馬，此時那頭河馬漂到河畔的水面上。他們將牠吊起來切割，剝皮取肉。我的索馬利手下宗教信仰比較保守，不同意這麼做，因為那頭動物尚未被割喉，而且還活著。我也主張他們這麼做會帶來麻煩。

在我們到達米里安．穆罕默德位於加瓦尼（Gawani）的村子前一晚，這位老人走出他所睡的奧瑪的帳篷，從一個深池池畔跌落水中。幸運的是哨兵正好聽到水花濺起聲，使力將他拖上岸。如果他被一隻鱷魚咬走，那麼他那種難以解釋的失蹤，將為我們營地帶來大禍。

我們緊臨著加瓦尼紮營，在那裡待了四天。自從我們抵達巴度，村內的酋長就提供我們羊隻和一袋袋裝滿的牛奶。米里安．穆罕默德此時給我們九隻羊，隔天再多給十二隻羊。這讓我可以減少麵粉的配給，因為有些索馬利人抱怨奧瑪跟他們耍花招。阿比西尼亞人從不抱怨，只是歡樂而工作勤奮，對丹納吉爾人並沒有顯示出害怕。相反地，阿比西尼亞士兵則是誇大其詞又愛爭辯。那位前奴隸就是個麻煩製造者，阿托．索納告訴他輪到他接哨兵，他拒絕接受。經過其他士兵的同意，我威脅他除非他改過向善，否則我將鞭打他，此後，他給我們惹的麻煩就少了很多。

在加瓦尼，有個年輕的酋長叫哈姆杜・奧加（Hamdo Ouga）前來拜訪我們的營地。他看起來大約十八歲，帶著一種有備而來且友善的笑容，以及相當迷人的特質。他的父親是個著名的戰士和有影響力的酋長，一兩個月以前才過世。有些部落的人反對哈姆杜・奧加繼承他父親，因為他只殺過一個人。為了激勵族人，哈姆杜・奧加和幾個朋友下山到以薩領地。他才剛回來，帶回四個戰利品；沒有人會再質疑他繼承酋長之位的權力。此時他穿著便裝，頭髮上插著一把木梳，塗上大量的油膏，他的短劍有五條皮穗不斷晃動。他讓我感到驚訝，他優雅而相當自信，如同剛贏得學校板球徽章的伊頓公學學生。當我們抵達時，他的村子正在慶祝他的成就，他帶給我們許多肉類和五頭羊做為見面禮。我們待在加瓦尼期間，他花了許多時間在我們的營地，受到大家的歡迎。

當我們離開他的村子時，米里安・穆罕默德陪著我們。過了村子後，那片廣的草原變成廣闊的濕地，四周被刺槐樹林所包圍，這裡在一年之中有部分時間是被洪水氾濫。顯然高原地區下過雨，因為阿瓦許河河水帶著厚泥而混濁，河流上有點點的水生植物，因為暴漲的河水而移動著。我們在卡達巴杜（Kadabahdu）過夜，那是波加族（Bogale）酋長阿哈馬杜的村子，以丹納吉爾人來說，阿哈馬杜體型壯碩，相貌不好看且帶一種猥褻特質，他和奧薩的蘇丹王有姻親關係，所以有相當的影響力。他的父親是前一任的杭加達拉。阿哈馬杜顯然很妒嫉艾里瓦里，希望讓奧瑪對他有成見，我很不喜歡這個人，很高興離開他的村子。我們下個營地是在一個淺塘邊，池水因為大群的牛隻到那裡飲水而漂浮著糞便。不過即使假裝視而不見，茶喝起來還是異常難喝。

我們在二月二十四日抵達阿賽西巴比費羅（Asassibabifero）山。這個砂岩的山脈，呈現的岩理有淡紫色、橙色、紅棕色、黃色與白色，十分迷人。它的西側緩坡有許多小村落，全部都有石牆圍繞，而在不同峽谷地形上還有粗略的矮牆，因為這些丘陵地，形成巴度的亞塞馬拉人，以及波哈拉馬拉（Borharamala）的亞多依馬拉人之間的疆界。

那天晚上，我們聽說哈姆杜．奧加因為抗拒亞多依馬拉人越過阿瓦許河的一項突擊，兩天前被殺。他的死讓我們明白這些丹納吉爾人的生活是多麼的不平靜。然而儘管有這種持續不斷的殺戮，他們依然樂天歡笑，而且肯定不受這裡的無聊所影響，那種無聊在我們今天的都市文明中，會被視為十分嚴重的事，會驅使年輕人走到像是部落這樣的團體裡，會讓他們加入如同部落戰爭一般的活動，以便證明他們自己就像足球比賽中的不良少年。

米里安．穆罕默德隔天回加瓦尼。我已經變得十分依賴這位老人，很難過地看著他離開。他總是開心而友善，在許多方面給了我們協助；為確保我們的安全，他每天晚上都睡在我們的營地裡，並沒有和他的隨從在一起。奧瑪告訴我，米里安．穆罕默德一再向他的部族保證，我是他們的朋友，我曾經向阿迪斯阿貝巴的政府說盡他們的好話。在離去之前，他敦促我們要提高警覺，說前方邊界地區的鄉野特別危險。那些士兵接著表明除非他陪伴我們，否則他們就不再向前走。我告訴他們如果是那樣，他們就得自己找路回阿富坦，事情的結果就是如此。艾里瓦里和阿哈馬杜將陪著我們前往奧薩。我對艾里瓦里有信心，但是從那趟旅程一開始，阿哈馬杜一直像謎一般、沉默和秘不可測。

徵求蘇丹同意

接下來的九天，我們沿著阿瓦許河前進；此地濃密的森林經常讓我們難以在河岸紮營。我們只做短距離的行進，有三回整天待在營區裡，因為我並不特別急著趕路，反而急於在森林裡採集鳥類的標本。當我們離開阿賽西巴比費羅，我們手上還有餽贈的二十頭羊；此時為改變胃口，我射殺珠雞和雷鳥，因為牠們的數量相當多。

起初，波哈拉馬拉的丹納吉爾人一直遠離我們的營地，儘管他們曾經偷走我的士兵一匹駱駝，也曾經試圖偷走我的一頭駱駝，因為我的駱駝夫開槍，他們才放棄牠。依循米里安·穆罕默德的建議，我們在行進時隊伍緊緊保持在一起，如果有某隻駱駝需要卸貨，殿後的守衛就會吹一聲號響。最後艾里瓦里和當地的亞多依馬拉人接頭之後，告訴他們如果有人生病，我將會治療他們。我在巴度曾經醫治過許多人，他們大多數是得到熱病、沙眼或受傷，有些人是被富塞爾格拉斯人的大型鉛彈所傷，傷口令人毛骨悚然，當時我以為那是受到一種叫做 bajal 的疾病所感染，那是一種會傳染的非性交梅毒。

最後，一連串的河谷地形迫使我們離開河流，向東進入沙漠，也就是丹納吉爾人所說的阿杜（Adou），意思是「口渴之地」。此地低矮的卵石丘陵覆蓋著一種叫做「多等一會兒」的刺槐樹。五天之後我們在阿巴卡波羅（Abakaboro）與阿瓦許河交會。事實上，除了某個地點，我們每天都選在井邊紮營，這些井大多數都有十呎左右的深度，井裡的水清澈而甘甜，走過泥濘的阿瓦許河再喝這些水，真是教人心怡不已。在這些水井中的最後一口井邊，我們遇到一支有三十頭駱駝的車隊，從奧薩以外的地方載鹽而來。鹽棒用草蓆包裹著，有兩呎長、四吋寬。

到了阿巴卡波羅，我們在河畔的樹下紮營，那是在一座孤立在了無明顯植物跡象的黑色丘陵地形中，唯一讓人能夠接受的綠蔭之地。我們營地對面的這座陡峭的丘陵，有胸牆構成一個要塞。四年前就在這裡，一支由奧薩蘇丹王所派遣的部隊被一大群的瓦格拉特人（Wagerat）所殲滅。瓦格拉特人就是加拉族，居住在懸崖邊緣遙遠的提格雷省。他們是教人敬畏的戰士，經常對低地的部落發動襲擊。他們發動攻擊最遠的一次，曾到達法屬索馬利蘭邊界的鐵道附近。有人告訴我們，他們正在襲擊我們正北方的一些亞多依馬拉人；不過等我們到達那裡時，他們已經撤兵。

從我們的營地可以看到一座連續的山脈，稱為馬金塔（Magenta），向東北方綿延約三十哩。山脈下方是奧薩。我決定派艾里瓦里和另外兩名丹納吉爾人帶著公文去面見蘇丹王，我們在阿巴卡波羅等待他們的歸來，阿哈馬杜拒絕與他們同行，表示他和當地的亞多依馬拉人是世仇。我也注意到他一直不曾離開我們的營地。

這個營地的唯一缺點就是蚊子，天色變暗，它們就從沿著河流生長的蔓草成群結隊地飛出來。我每天發給每個人十顆奎寧丸，因此，我們離開阿富坦之後，還沒有發生任何進一步的瘧疾病例。此地唯一能供狩獵的動物僅有少許的瞪羚，起初我還無法辨識牠們，我希望能從中找到一些新品種。我射殺一些，藉著里達克（Lydaker）所著的《非洲獵獸》（*Game Animals of Africa*）一書，我最後從牠們奇特而鼓脹的鼻子，辨認出牠們是史比克種羚羊。我搜尋其他的動物，尤其是斑馬，牠們棲息在巴度南方的平原，我曾在那裡看到牠們的足跡；然而在此地卻沒有牠們的蹤影。不過人們告訴我在某個稱為泰荷（Teho）的溫泉區有一些野生驢子。在大約十二哩外的泰荷，有一些池水沸騰的小水池和一塊塊冒泡的泥沼。在前去那裡的路上，我們看到六隻野生驢子，那是一種身材勻稱的動物，小心謹慎而且動作快速，外貌和人們豢養的驢子有一點相似。

天黑之後，我們回到阿巴卡波羅。奧瑪告訴我曾有三名丹納吉爾人曾來探視我們的營地，並問了阿哈馬杜一些問題，特別是我們有一挺機槍。他們在日落之後就已經離開。奧瑪認為他們是蘇丹王派來調查我們的人。

第二天艾里瓦里從奧薩回來，他已經離開了八天。他曾面見蘇丹王，大多數時間都和他在一起，那段期間，蘇丹王曾經問過我這趟旅行的天數有多長。他告訴艾里瓦里，七天前他在奧薩省邊陲的加勒法吉（Gallefage）才接見過三名歐洲人，並且核准他們繼續他們的行程，穿過沙漠向北方前進。不過他後來要求阿比西尼亞政府不要再授權給任何歐洲人前來造訪他的領地。他說他只能同意我沿著奧薩南方邊緣前往法屬領地。艾里瓦里最後說服他，同意我沿著阿瓦許河走，最遠走到加勒法吉，不過蘇丹王堅持，不管如何，我只能進入奧薩省。

我知道，這位蘇丹王就像他的父親，對所有的歐洲人感到害怕而厭惡，不管如何，歐洲人都被他視為異教徒。在六十多年前，穆辛格所帶領的埃及大軍曾經席捲奧薩南方邊界。因為法國人和義大利人已占領所有富庶的海岸線。這說法並非不合常理，蘇丹王懷疑歐洲人對他的蘇丹領地圖謀不軌。他相信如果讓他們看到他領地的富饒，更會加重他的企圖。他的恐懼是可以了解的，因為兩年前，他們與阿比西尼亞交戰時，義大利人利用奈斯比特和他兩名同僚提供的情報，侵入奧薩省。

第二天日出之後，我們便離開阿巴卡波羅，踏上五小時漫長的旅程，穿過一個塵土飛揚、寸草不生的平原。即使天氣陰暗，陽光依舊刺眼。與我們前進方向平行的地方，我們僅能看到一排樹，標示出河道的所在。我們曾經被一種海市蜃樓的幻影所矇騙；我們經常看到幻影，但這次看到的格外真實，那景象就像一個小湖，湖水上有樹的倒影。我們所看到唯一活的東西只有五隻昂首闊步的駝鳥。

我們最後在緊鄰一個丹納吉爾村子的河邊紮營。那個村子是由一些以大量樹枝集束而建成的房子所構成，和我們曾經過東方光禿平原上的三座紀念碑，形成有趣的對比。這些紀念碑是以數哩之外帶過來的大木頭精心建造而成，也是我所見過唯一非石造的紀念碑。每一座紀念碑都是由落部中人或某個家族所豎立，立在某個顯著的地點，通常都是在一些人們經常使用的小徑旁，用以紀念某位名人。豎立的地點經常與那個人亡故或埋葬的地方無關，重點是盡量讓更多的人可以看到它。

我所見過的所有紀念碑都是圓形的，它們用石塊堆成環形，直徑從十到十五呎不等。兩堆石頭用以標明它的入口，石造圓周建造得十分細緻，高十呎、寬十五呎，並以樓塔做為裝飾。這些建築的牆面通常是用石塊砌成，很仔細地砌合，以便讓它們的表面看來光滑平整。一排直立的石柱豎立在入口前方，象徵被紀念的人本身，其他石柱則代表他曾經殺過的人，一塊被平放的石柱則代表一頭獅子或象。在同一場戰役中，兩、三個兄弟遇害或是某個著名的戰士陣亡，也會以同個紀念碑加以紀念。那裡也有家族的紀念碑，每個接續建造的紀念碑，都會和最原始的紀念碑相連。

在某個名人死去之後的五個月或一年，人們就會開始建造紀念碑。接著宰殺牛隻，它們的肉在被拿來放在一堆加熱的石塊上烹煮之前，會先放在紀念碑裡的一個平台上。為紀念前一任巴度的杭加達拉，曾經宰殺了兩百二十頭牛。

最後一段旅程

在我們前往奧薩的旅程最後一段，我們再度踏上亞塞馬拉人的領地，第二天早晨碰上兩名蘇丹王派來的長者時，我們只走了一小段路。

他們說他們已盡快趕來，而且是從遙遠的地方過來的，他們都已疲倦不堪。他們強迫我們在附近地方紮營，我們於是在某些激流旁的蔭涼地方紮營，這是我唯一一次看到阿瓦許河的激流。其中一名使者拿著一根裝飾著銀帶的枴杖。那是一種眾所周知的徽章，是無可抗辯的證據，證明我們正受蘇丹王的保護。有它在我們的營地，我們就不必冒著不時被那些獵人頭的丹納吉爾人暗殺的風險。那兩人此時試圖說服我，前往法屬索馬利蘭唯一可行的路線就是從奧薩南方，穿過加拉圖隘口（Galatu Pass）。他們認為那些馱重的駱駝不可能沿著河流走。不過我堅持走到加勒法吉，爭論因為喝了幾杯茶、吃了一盒甜餅而得到紓解，並讓彼此維持友善的關係。

我們此時的行進路線正沿著阿瓦許河，但是黎明時分，在無預警情況下，河水溢流下來，像六呎高的牆，幾乎淹沒一名索馬利人，當時他在河岸邊不住地做他的晨禱。當洪水退去，我們在駱駝的抗議吼聲中橫渡河流。兩頭負重的駱駝被泡在水裡，所幸牠們載的是營帳和床具，而不是我們的糧食配給，更不是我們搜集的鳥皮標本。

接下來的三天，我們沿著向北流的河流往坦達荷（Tendaho）走，穿過一個黑岩區。這條小徑走來輕鬆，但是岩石散發的熱氣卻十分嚴酷，有一頭生病的駱駝終於倒下，我必須將牠射殺。三月二十三日早晨我們到達坦達荷，河流在那裡朝東南流向奧薩之前，流穿一個峽谷。河谷兩岸乾焦的丘陵地，有葉默拉斯王所建的矮牆碉堡，他是米凱爾王手下教人臣服的大將。他曾經重挫瓦格拉特人，征服當地丹納吉爾人，甚至和奧薩的蘇丹王交戰。

當蘇丹王死後，他的兒子們相互征戰，直到亞依歐（Yaio）征服其他所有兒子。亞依歐後來在坦達荷攻擊葉默拉斯王的部隊，並加以重創，不過他終究遭到背叛而被捕，被遞解到狄西，後來被放逐到吉馬。他待在那裡，直到政府讓他在奧薩重新復辟，他的兒子默漢姆德·亞依歐（Mohammed Yaio）目前繼承大統，擔任蘇丹王。

我們在坦達荷外的克魯布（Kurub）平原的邊緣紮營，這個平原閃爍著幻影，向北綿亙直到地平線的那端。南邊是貧瘠的馬金塔山脈，我向東模糊地看到另一座山脈，不過熱氣、黃塵和沙土使我的視線模糊，所幸天氣昏暗，不然天氣將會十分嚴熱。

奈斯比特逃離巴度之後，最後在接近坦達荷附近再度與阿瓦許河相遇，接著在加勒法吉與蘇丹王會面，我就希望第二天能抵達那裡。我們預料會有一段長征，而且日出之前就得動身，不過一兩個小時後，一名當地土著酋長把我們擋下來，帶著蘇丹王的命令要我們在那裡紮營。那天我希望在加勒法吉能買一些物資，因為士兵的糧食已用罄，而我們的配給量也少，而此地又沒有什麼可以獵殺的。我告訴那位帶著銀器的使者，要他命令當地的酋長拿出兩頭牛和三頭羊。那些士兵如常地發出抱怨，說他們想要的是麵粉而不是肉。

第二天我們沿著一座沿河分布的森林邊緣走。在我們前方的是庫齊古馬山（Kulzikuma），它的底部和它後方的山脈因為一場燎原之火所產生的黑煙而有部分被遮住；我們北面是平坦空曠的沙漠。經過五個小時，我們轉進森林裡紮營。那裡的樹木高大，青草碧綠，是個很詩情畫意的據點。

古塔馬和比魯在我的營帳前砍出一道小徑，讓我能俯瞰那條河流。我心滿意足地坐在那裡，看著東非洲小猴在水邊嬉戲，看著翠鳥一閃而過，而我更高興的是能待到第二天的忠孝節②慶典，那是麥加朝聖的最極致紀念。

索馬利人穿上他們最好的衣服，而許多丹納吉爾人已經集結，發射他們的步槍以示慶祝。丹納吉爾人要求奧瑪來帶領正午的祈禱，這讓他感到十分愉悅。他們也送給我的伊斯蘭教伙伴一頭公牛做為宴饗之用。

下午他們玩起一種叫做「科薩」（kossa）的遊戲。有個人向著群眾丟出顆硬皮球，每個人會奮力搶奪它，然後逃得遠遠地將球猛力一丟，然後用他的手背將球接起，追逐他的人大聲鼓噪，發出顫抖的叫聲。那種遊戲相當粗糙但很溫和，而玩球的人身體的動作很優雅。有些男孩玩一種類似的遊戲，但是很小心翼翼地讓路給大人們。在此同時，婦女們在空地的邊緣跳舞，她們成二排面對面，一起同步跳上跳下，拍著手掌，唱一種單調的歌曲。這個活動持續數小時，看起來極其無聊。

我從那裡派出一名蘇丹王的信差，到他的官邸傳達我的敬意，並報告我已經抵達加勒法吉，後來才知道這地名不是特指某個地方，而是那個區域的統稱。蘇丹王差遣那個人回來，宣布他的大臣（wazir）和其他重要的官員，第二天將帶著禮物來到。

到了第二天將近日落時，我已經放棄等待那位大臣。等他騎著一頭上等的驢子，帶著三十人抵達時，我正在營地附找尋鱷魚。他們其中有些人在他前頭趕著三頭公牛和六隻羊，其他人則跟在他後頭，成二路縱隊前進。他的貼身侍衛最教我印象深刻；他們全都配帶步槍，肩上掛著彈帶，配著典型的短刀。他們的束腰布和披掛在肩上的布，都是純白而無斑點。那位大臣的名字也叫亞依歐，是蘇丹王的近親，在奧薩的重要性僅次於蘇丹王。阿比西尼亞政府曾授予他實權指揮官（Kenyazmatch）的頭銜，而蘇丹王是唯一的資深指揮官（Dedjazmatch）。

我們喝過茶之後，檢查蘇丹王所送來的牛隻和羊群。亞依歐接著說他和他的人馬將睡在附近的一個村子裡，第二天再過來帶領我前往富爾茲（Furzi）。他建議我們當天下午離開，這樣子第二天才能獵殺和烹煮一些動物。他知道我們食物短缺，帶著微笑說，我們經過長途跋涉，應該好好飽餐一頓。他是個身材瘦弱的中年人，有一張誠懇而開朗的臉孔，以及一雙觀察敏銳的眼睛，我第一眼就喜歡上他。

那一夜，土狼被食物的香味所引來，在阿比西尼亞和索馬利人的營地周圍，發出狂哮和咯咯的笑聲，他們分組帶開，補充營火，燒烤一大塊一大塊的肉，喋喋不休地吵鬧到快天亮。

當我進入我的營帳，奧瑪說；「我認為亞依歐將能協助我們；他似乎很友善。而現在奉神明之意，蘇丹王也將同意我們穿越奧薩省。」

注釋：

①瑪麗亞銀幣（Maria Theresa dollars）：一七八〇年在奥地利發行的硬幣，幣面鑄有匈牙利和波希米亞女王瑪麗亞·泰麗莎的肖像，曾作爲貿易貨幣在中東各國使用。

②忠孝節（Id al Adha）：又稱犧牲節，是在回曆十二月的第十天舉行，人們宰殺動物來紀念伊布拉謙聖人爲安拉而犧牲他的兒子。

【第12章】

探訪奧薩蘇丹領地

第二天早上，我和亞依歐有一番討論，我明顯發現他很友善，而且很容易交談。他告訴我打從我十一月離開阿瓦許車站，蘇丹王就被詳細告知有關我的行蹤，他也向我保證我在巴度和其他地區已經贏得好名聲。

另一方面，據他所說，蘇丹王對來自法屬索馬利蘭的法國人最近占領他們部分領土，感到十分痛苦。我在阿迪斯阿貝巴聽說，當法國軍隊進駐目前的非占領區時，宣稱那是屬於他們疆界內的領土，曾與蘇丹王的部隊發生衝突；就在這事件發生不久，他們在從巴度發動的一支突襲部隊，遭受嚴重的損失。這兩次的突發事件更加深了蘇丹王及其子民對他們的仇視與憤怒。不幸的是丹納吉爾人無法區分法國人和其他的歐洲人。亞依歐也提到，就在前一晚，在離鐵道不遠處的法屬索馬利蘭邊界，一名為阿比西尼亞政府工作的德國人遭到以薩人殺害。

那天下午，我們只走了五哩路，在一個滿布「瓦德拉斯」（waidellas）的岩石丘陵下紮營，那是丹納吉爾人埋葬亡者的墓塚。坦達荷南部的「瓦德拉斯」是以石塊覆蓋在屍穴上的石堆所構成，這些墳墓有許多是被刻意安置在顯眼的地點。在奧薩，「瓦德拉斯」數量特多而顯著，甚至更為精緻且設計多樣化。其中有些具有光滑的圓形平台，大約三呎半之高，而其他的，其中有一個圓錐體是被豎立在平台上，達到三、四呎高；我認為這種墓塚的源由，是把岩板經常放置在一個墳堆上，用來嚇跑土狼。有個人為報復他的兄弟遭到殺害，在「瓦德拉斯」上放了兩塊石頭，以表其心意，我看到一些圓錐體頂端裝飾這樣的石塊。婦女和小孩也會埋葬在「瓦德拉斯」裡面，而同一個「瓦德拉斯」會被一再重覆使用。

晉見蘇丹

隔天，三月二十九日，我們順著河流下游再走六哩路，在森林裡空地上，一個叫做古魯穆德里（Gurumudli）的地方紮營，這裡的地面覆蓋一種像苜蓿草且帶著濃厚香氣的植物，這地方讓我很高興，看到我的駱駝和三頭驢子在上頭吃草。近晚時分，一名信差抵達，通知我阿莫伊塔正要來拜訪我。

我們準備營帳以便接待他，到了日落，我們聽到遠方的號角聲。當第二名信差到達時，士兵和我的人馬已經列隊排成護駕的陣勢，他讓我明白阿莫伊塔帶了太多人，無法進入我的營帳，相反地，他邀請我到附近和他碰面。我留了兩個人在營區，帶著奧瑪、亞依歐和其他所有人跟隨著那名信差進入森林裡。

微微的星光幾乎已經消失，而一輪滿月已經升起，在樹林之間，提供明滅不定的光線。我們走了一段相當的距離，比我預期的更遠時，我意識到而非看到，小徑兩邊的森林充滿了人群。再走一小段路，我們進入一塊大空地。我大感驚訝，看到大約四百多人全副武裝排成一列，一動也不動，安靜無聲，他們穿的束腰布映著漆黑的森林，在月光下變得非常白。在他們的前方，蘇丹王坐在一張椅子上，他的家僕群集在他身後，全都帶著步槍，以緋紅的絲布罩著。

他站起身來迎接我，除了奧瑪之外，我的人馬屈身退出；蘇丹王接著命令，除了亞依歐和他自己的翻譯員外，所有人站在聽力所及的範圍之外。他不斷地注意四周，以確定沒有人接近，並且向著已經退到相當距外的人群，再揮兩、三次手。奧瑪曾經想到要為我帶一張椅子過來；我應該是比較吃虧地站著。

蘇丹王禿頭，全身裝束雪白，穿著狹窄的阿比西尼亞式褲子、長衫和精織的夏瑪，他配帶一把精緻的銀柄短劍，那可能曾經是他的父親或祖父所有，拄著一枝黑色銀頭的枴杖。雖然他比較黑，但他立即讓我想起了海爾・塞拉西：就像他一樣，蘇丹王個子小但身材勻稱，有一張長著髭鬚的橢圓形面孔。他的表情敏感而驕傲。我明白他的權威的絕對性，即使他發出最輕柔的話語，就算是法律。因為那些膽戰心驚的囚犯說過有關他的故事，我可以確定他可能是凶殘無道的人——有人說與其閉著嘴站在那裡，還不如死的好；然而他並沒有給我任何刻意的兇殘印象。

我環視那些簇擁的士兵和我那一小撮被孤立的人馬所在的空地，我知道在陌生的非洲和一個厭惡歐洲人的暴君，進行一項月光下的會面，正是我童年夢想的實現。我已經來到這裡探險：地圖搜尋、採集動物與鳥類的標本，都只不過是附帶發生的事。我知道就在鄰近某個地方，先前有三個探險活動已遭到禁止，也知道我們身在偏遠而無奧援的地方，甚至知道我們對所在地一無所知，我因此而得到全然的滿足。

蘇丹王例行性地問候我的健康，以阿拉伯語對奧瑪說，再翻譯給我聽。他接著詢問我這次旅程有多長，我曾走過的路線，到我們碰面總共花了多少時間，也提到許多人的名字。我明白他根本就知道這些問題的答案。當他很專注地看著我，撂一撂他的鬍鬚，撥動他的念珠，使對話經常產生停頓。雖然我們周圍有為數眾多的人聚集在一起，但那個夜晚仍呈現一片死寂，如果他們說話，那也一定是低聲耳語。我記得我當時聽到遠方的土狼叫聲，或許就在我們營區附近，也聽到飛過我們頭頂上方的夜鷹叫囂。

蘇丹王最後終於問我想去哪裡。我告訴他。他看起來陷入沉思，又是另一次漫長的停頓。接著，他突然說，我們那一天的早上應該在同一個地點再碰一次面。亞依歐和一大群丹納吉爾人護送我回到我的營區，亞依歐在營區指著十二大袋的牛奶和兩袋濾過的奶油，是蘇丹王加贈的禮物。

奧瑪似乎認為事情已經發展得很順利，我希望真是如此。一切的事情，以致我們的生命，端視我讓蘇丹王留下什麼樣的印象。

獲得許可

第二天早上，我派奧瑪和我的一些人手，帶著一具單邊開口的帳篷、椅子和毯子，以備會面之用。九點鐘，我跟著他們走。

我發現蘇丹王正坐在一棵樹下，他的部隊似乎比前一晚更多，形成一個三邊的矩形隊伍，我陪同他進入帳篷，奧瑪在裡頭準備咖啡、茶和糕餅，這些都是我第一次嘗到的。亞依歐拒絕坐下，他和那位翻譯員塔拉混（Talahun），在我們吃吃喝喝的時候，用他們衣服遮掩著看我們，我知道塔拉混是蘇丹王親信的顧問，不過他不像亞依歐，他根本無法讓我產生對他的信任。

蘇丹王的第一個問題是我是否曾為阿比西尼亞政府工作。如果沒有，為什麼會有政府的部隊伴隨我？被以薩人殺掉的德國人，是不是政府雇用的？我認識他嗎？我懂法文嗎？除非我是為政府工作，不然我為何要來奧薩？我這趟旅行的目的是什麼？為什麼我在巴度要冒著生命危險，目的只不過是了追尋一條河流？我有什麼理由要來追查阿瓦許河？就算抵達它的源頭，又能帶給我什麼好處？在阿比西尼亞其他地方也有許多動物可以獵捕、可以射殺，我在那些地方應該很安全，而我為什麼要來奧薩？

在對談停頓間，他轉頭看奧瑪，並詢問他，問題總是很冗長，無疑地，他是想對我的答案尋求確認。我向他保證我並沒有為政府工作，也不關心邊界的事情，除了我必須越界一路走到海邊的塔育納。皇帝是我的私人好友，三年前他邀請我從英格蘭前來參加他的加冕典禮，他派遣士兵跟著我來，是為確保我一路能平安走到奧薩。我是個年輕人，想要探險，熱愛在一個人們所知不多的土地上旅行。沒有半個歐洲人知道阿瓦許河終點在哪裡、如何結束。我已經啟程來發掘這條河。對我來說，能夠獲得成功是很重要的事。而他已經知道我冒著生命危險來到此地。我告訴他如果我成功了，我在我的國家就能功成名就。

最後他問我希望循著哪一條路線到塔育納。我告訴他我有法國核發進入他們在阿布赫湖（Lake Abhe）北面領地的許可，丹納吉爾人稱那裡為阿布赫巴德（Abhebad），而且要求我要向他們位在迪吉爾（Dikil）的要塞報告我已經抵達。

蘇丹反駁說法國邊界非常遙遠，他也不知道有什麼湖叫做阿布赫巴德。他此時假意差遣亞依歐到外頭打聽；當亞依歐回來時，他確認沒有人聽過阿布赫巴德。蘇丹說他會進一步打探這件事；但是他至少已同意送我到塔育納。

接下來，我送上一袋咖啡豆，那袋咖啡豆太重而無法讓一個人背著，另外還有四個大罐子裝的果漿。我表示他那樣大方，而我實在不好意思送給他這樣寒酸的禮物，只是我遠離故鄉而不方便。我每一罐果漿都嘗了一口，碰翻了一罐，蘇丹說這代表好運。到那個時候，他只喝了一口咖啡，而現在他喝了兩杯咖啡，把糕餅吃完。亞依歐、塔拉渾和奧瑪接著喝茶。要送回我營地的四頭牛，此時被驅趕經過我面前。

蘇丹向我辭別，在他的士兵簇擁下，動身出發。這些兵卒的身軀讓人印象深刻，他們全都配備新式的步槍，許多人戴著飾物，代表他們是英勇的戰士。

在我的營帳裡，有一名要我為他治療的蘇丹王奴隸，因為他的手指被蛇咬傷，整隻手臂腫脹而且化膿。這名奴隸經過證實他曾經跟隨里茲．亞蘇，一九一六年，里茲．亞蘇因米凱爾王在塞加勒戰敗後而被囚禁。他是許多前來向我求藥的人之一。我盡我所能，而且希望我能做得更多一點，因為他們對我的治療能力懷有一點可憐的信念，即使那是已經無藥可救的個案。我特別記得一個還活著且骨瘦如柴的人被抬進營區，放在我的營帳前。

那天下午蘇丹王差人把奧瑪、阿托．索納、艾里瓦里和阿哈馬杜找去。雖然他位於富爾茲的官邸不遠，就在越過阿瓦許河的開闊田野上，但他並非打算讓奧瑪或阿托．索納見識富爾茲，就像對我，他一樣不相信他們，他留滯他們一段相當長的時間，問了許多試探試性的問題，以確認我曾經告訴他的話，顯然他還在懷疑我是為阿比西尼亞政府工作。然而那天晚上當亞依歐來拜訪我的時候，他告訴我蘇丹王已經核發許可，讓我可以沿著阿瓦許河直到它的終點，而離終點不遠處有個湖泊。

我和亞依歐討論，在抵達河流終點時，應該走哪一條路線。他敦促我直接走到海岸邊的塔育納。然而，位於吉布地的法國官方只核發給我穿過邊界的許可，只能到迪吉爾，而尚未發給我到塔育納的許可，雖然我希望一到達迪吉爾，他們就會發許可證給我。亞依歐堅持到迪吉爾的路線不可行。迪吉爾路途遙遠，要越過一座難以翻越的山脈，而且一路上的水源不多。他說服我，我們的駱駝已經精疲力盡，如果牠們倒了，我們也將會死於口渴。只有一些小團體曾經帶著年輕駱駝走過那條路，而到塔育納的路卻很輕鬆，而且有充足的水源和牧草。

我懷疑真正的理由是，蘇丹王根本就不希望我調查靠近迪吉爾的那片具有爭議性的土地。我現在生死操在他手裡，但是我無法預見如果我直接進入塔育納，我和那些法國人將會發生什麼樣的麻煩事；他們可能對十八名阿比西尼亞士兵未經授權而通過他們的領地，會感到格外忿怒。我也明白這些士兵在穿越邊界時出現，可能會招致其他部落的敵意。我不可能將他們留在奧薩；他們也決不可能獨力回到阿富坦，尤其是此時他們之間已經起了內鬨。

第三種代替方案也是我從來不曾慎重思考過的，那就是穿過沙漠到靠近邊界的鐵道。這讓我得穿過以薩人的領地，他們始終與丹納吉爾人交戰。我們將沒有導遊，以及與他們交善的方法跟他們接觸。我確定政府曾經提供嚮導，以及他們認為數量足夠的護衛給那位德國人，但是這並沒有讓他脫逃以薩人之手而保住性命。

我們在古魯穆德里又待了兩天，我希望在那裡多採集一些鳥類，有一些可能是我先前沒有看過的。艾里射中一隻禿鷹，就在墜落河流時，被一頭鱷魚咬中。這條河流再次出現，但河水變得很髒。在我們離開古魯穆德里之前，蘇丹王送給我兩大袋玉米，其中一袋我給了那些士兵。

由於森林就在前方，騎駱駝無法通過，我們被迫繞過這個開闊的鄉野，跨過阿瓦許河。我們繞過庫茲古馬山腳下，那是一條路途短但在卵石堆之間困難行進的路線。這條路徑不明確的小徑穿過兩個小湖之間；較大的那個湖叫做加勒法吉巴德湖（Gallefagibad），湖裡有許多河馬。我在營地附近發現一頭豹的新足跡，那天晚上，我為那頭豹攻擊一頭山羊而坐起身來。然而最後來的卻一頭土狼，我拿了一把卵石把牠趕走。蚊子則教人感到膽戰心驚。

早上，亞依歐、阿布杜拉希和我，爬上那較小的湖泊後方山脈其中一個山巔之上。我在那裡眺望一片富饒的平原，平原約莫是方形，對角線大約二十哩長，被光禿禿的山脈所環繞。我感覺到震懾，因為到目前為止，就我所知，沒有其他歐洲人曾經見過這塊充滿傳奇性的土地。這裡就是奧薩，蘇丹王領地的心臟地帶。在我腳下，我能夠看到阿瓦許河，它被蒼鬱的森林所包圍，我就是在那裡會晤蘇丹王，並進入馬金塔和庫茲古馬山之間的一道峽谷。這條河接著分流，較小的支流將奧薩一分為二，主流在庫茲古馬山脈下方緊貼著東北方，流向古馬力山，那正是丹納吉爾人所歌詠，阻擋阿瓦許河的偉大山脈。

在古馬力峭壁的下方，這條河注入被人稱為「白水」的阿多巴達湖（Adobada），那是一座狹長的湖泊，在這座峭壁之下，它向南伸展，延伸到奧薩的東南角；我注意到這條河在阿多巴達湖南端再度出現，一直向西流向這些山脈的一個缺口。奧薩的南半邊看起來像是個滿布青草的平原，相反地，北邊則被森林所覆蓋。

在三哩外的森林裡有一塊廣大的空地，我可以用我的野戰望遠鏡看清楚蘇丹王位於富爾茲的官邸。看起來，那官邸像是三間大型草蓆覆頂的屋子組合在一起。亞依歐能說阿姆哈拉語，我還殘存一點童年記憶，他解釋在雨季時，當奧薩大部分地區被淹沒，丹納吉爾人會帶著他們的牲口遷移到山區。當我們爬上這些山脈時，我們經過許多營地和營地的遺跡。這些避難所有些是以草蓆覆在一個樹枝架成的結構上，有些則是利用岩石建造的；中午，這些屋子裡的熱氣必定教人難以呼吸。

在森林和庫茲古馬山脈之間，是一塊開展而怡人的草地，在較低的緩坡上，很明顯地有相當多的「瓦德拉斯」。第二天早上，我們穿過這個平原，直到山脈逼臨河流之處。我們涉水而過，接著沿著一條路徑清晰的小徑穿過濃密的森林；在偶爾經過的林間空地上，青草高達六呎。最後我們來到一處開闊的空間紮營。夜裡亞依歐和我出去找尋叢林羚羊，不過我很快就放棄，因為除非匍匐前進，否則不可能離開這條小徑。

第二天我們到達開闊的原野，上面有許多村落，以及一大群長著肉瘤的牛隻，牠們大多是黑色的，有半月形的角，向後及向裡彎曲。不像巴度，我在奧薩看不到半匹馬。在某個地方，我們很難讓駱駝穿過一道火山岩泥河，它有隆起的稜線，稜線之間有深邃的縫隙。過了這裡，這條河流過長著高而呈尖簇狀蘆葦的河床，穿過一片開闊的平原。我們在河邊的一個大村落附近紮營。

這個村子的酋長是相當重要的人物，他受到現任蘇丹王的信任，曾是蘇丹王父親的一位老友。他盛大地招待我們，送給我兩頭公牛，三隻肥羊、三頭山羊和九袋混合奶油，以及混合乳酪與黑胡椒的牛奶。亞依歐拿了一袋牛奶給奧瑪，另一袋給那些阿比西尼亞士兵，在分食的時候，他們發生很不得體的爭吵。此時，他們分裂成三個互相敵對的小圈圈。阿托．索納已經無法控制他們，為了安全起見，夜裡他睡在奧瑪的帳篷裡。

我們在清晨涉水渡過這條河流較深的淺灘區，這為我們的駱駝帶來一些麻煩，接著越過一個沒有樹木的平原直到古馬力懸崖的北端，接著在那裡紮營。在這個懸崖下方的岩層之間，有許多小小的村落。這塊完整的岩壁大約二哩，極為引人入勝，尤其是落日照耀的時候。早上我們把能找到的木材裝上行李，向南前往阿多巴達湖。企圖沿著它的西岸走。不過最後證實是不可能辦到的，因為阿瓦許河穿過一大塊軟泥地後，才注入這座湖泊，因此我決定改走它的東邊。我只帶著卡西米、阿布杜拉希和塞德蒙格隨行。奧瑪則在阿瓦許河岸為其他人找到一塊營地。

我在黎明時分出發，由亞依歐陪伴，帶著蘇丹的幕僚和他的兩名隨從，另外帶著兩頭驢子載食物、烹調用的鍋子和毯子。我們很快就抵達湖邊。大多數地方，湖水已淹沒掉落下來的石頭，在這座懸崖上留下的水痕，顯示過去這座湖泊可能有十二呎之深。它後來曾經造成奧薩洪水氾濫。即使最近，湖水水位的漲落依然十分激烈。亞依歐記得有一年，阿瓦許河在流到加勒法吉之前就已經乾涸；阿多巴達湖接著縮小成兩個獨立的小湖，而其他湖泊則已經乾掉。

水邊漂浮著一些鯰魚的屍體，並且有數量不少的白色小貝殼。到處都是河馬的足跡。我還能聽到遠處湖中發出咕嚕咕嚕的聲音，但是我沒看到半隻河馬。另一方面，我卻看到為數頗多的鱷魚，不是在水裡游蕩，就是在岸邊曬太陽，而我不經意地發現自己身處在一條大鱷魚和湖水之間。牠張開大嘴向我衝來，我毫不遲疑地立刻逃開。那是我見過最大的鱷魚，大約十二呎長。亞依歐說牠們具有危險性，而對鱷魚來說，這湖裡有相當豐盛的魚類。當我們接近水邊時，有些鱷魚故意朝著我們游過來。

我們花了六小時才抵達這座湖的南端，我們在那裡停下來過夜。亞依歐堅稱阿瓦許河在這裡結束，而且已經不復存在。在我從庫茲古馬山上看過奧薩之後，特別是這個湖的湖水如此清澈，我對此說抱持懷疑；因此，第二天早上，我不顧他強烈的抗議，爬上一座小山丘來釐清這個疑點。如我所料，阿瓦許河流出阿多巴達湖；隨後流過三個小湖，注入一個大沼澤地。我無法看到這條河是否繼續流出這個大沼澤區，不過在山區之中，我可以看到有個看起來像是河道的山溝。

我在啟程折返之前洗了個澡。我穿上褲子時，裡頭有一隻蠍子，在我再把褲子脫掉之前，它咬了我兩次。於是我們第二天才回去主營地。

奧瑪在靠近阿瓦許河的幾棵樹下，找到一個不錯的營地。當我離開時，他做了詳細的調查，知道阿瓦許河流到以薩人領地的邊界，它在那裡最後注入一個大型的鹹水湖。我因而告訴亞依歐，我打算帶一隊人馬到湖泊西岸去證實是否它真的在我所看到的那個沼澤地結束。這讓他非常憤慨，他說我已經看到我所要求看到的一切，他警告我丹納吉爾人對我延長停滯在他們地區上的時間，已經變得非常憤怒，他們預期我將在第二天離去，如果我待得時間更長，或者啟程走另一個方向，他們很可能會帶來麻煩。

我注意到連阿里瓦里也刻意避開我，而不希望妥協。不過我告訴亞依歐我準備冒險承擔麻煩。我千里迢迢而來，必須到達這條河的終點，不然我的旅行將徒勞無功。我如果向我的同胞坦承失敗，我將感到羞恥。在蘇丹王提供的所有協助與熱忱之後，此時也必然不會阻止我。亞依歐最後說他將派個人去向蘇丹王請求指示。

接下來的兩天，當我在等待消息的時候，我和阿布迪採集更多的鳥類標本。我們在河畔的蘆葦草堆裡發現許多的蟒蛇，我射殺其中一條，並加以剝皮，它的長度達到六呎。接著那位翻譯員塔拉渾帶著一封信抵達。我所有的抉擇是，立刻離開，前往塔育納，或者帶著我所有的人馬沿著這條河到達它的終點，接著直接前往迪吉爾。

亞依歐、塔拉渾和其他蘇丹王的人員要求我第二天前往塔育納。他們向我保證他們把我視為朋友，一再重述往迪吉爾之路的艱難，並且說他們不希望我冒著生命危險走那條路。

我不可否認地警覺到他們對這條路線的描述。然而因為他們不同意我從這條河的終點返回此地，來走比較輕鬆的路到塔育納，所以我告訴他們我將前往迪吉爾。

他們之間展開另一次爭論。當他們回來時，他們告訴我因為我堅持要走到這條河的終點，他們將帶著我到那裡。他們此時也承認阿瓦許河確實在一個大型而且湖水難喝的阿布赫巴德湖結束，從迪吉爾前進只要一天的時間。困難在於前往阿布赫巴德的路，之後就很輕鬆。

當我建議沿著阿多巴達湖西岸旅行，他們堅持我必須沿著我原定的路線前進，也就是沿著湖的東岸走。我對此毫無異議地表示同意，這比取得前往「惡臭」的阿布赫巴德湖的許可，更教人感到滿意。它聽起來像是個鹹水湖，讓我相信阿瓦許河確實在那裡結束。亞依歐接著前去報告蘇丹王我的決定，不過他答應在阿多巴達湖的遠端和我碰面。

第二天，四月十三日，我們在塔拉渾和他的人員護衛之下，拔營出發。駱駝在滿布石塊的湖岸行走困難，因此，我們在近湖岸的一處湧泉停下來三個小時。湖水出奇的髒，但是這泉水卻是清澈甘美；我們進入丹納吉爾荒野之後，就不曾喝過這樣的水。就我個人而言，只要能喝到乾淨的水，什麼樣的舒適安逸都可以拋棄。

我們又花了兩天時間才到達這座湖的終點，亞依歐一如他所承諾的，在那裡等待我們。他從蘇丹王那裡帶來另外五頭牛和十二袋牛奶。我對這樣的慷慨感到五體投地。在巴度和其他地方，任何一個地方的丹納吉爾人都曾經大方地以肉類和牛奶當做贈禮。他們可能是有殘暴傾向的民族，但是沒有人會說他們不親切熱忱。我們此時對路線有了比較友善的討論，同時一場壯觀的雷雨正在庫茲古馬山上方進行。亞依歐警告我前進唯一的方式就是爬上我們紮營地點上方的那座山，接著再從同一側走下來，不過得再向更遠處前進。他說，從山頂上，我們將能夠看到阿布赫巴德湖。

隔天下午，我們爬上山頂，推拉那些千萬個不情願的駱駝，直到我們到達一個高原上，找到一塊我們能清理足夠的卵石，讓牠們跪下並卸貨的空地。這些岩石區寸草不生，只偶爾有一株沒有葉子的刺槐，但這裡的視野的確是廣大無邊。在我們下方，比我想像的更近一些，那裡有一個無垠無涯的火山岩形成的荒野，躺著一池廣闊的湖水，在逼近的風暴雲層下顯得暗沉。

那裡就是阿瓦許河的終點，我遠道而來，冒著無數的風險，就是為了看到這個荒蕪的景象，一種與奧薩的濕地、草地和森林呈強烈對比的景象。我坐在一塊岩石上檢視我所製作的手繪地圖，標示更多周遭的山丘與凸出的山峰。在某一距離之中，我正好辨識出環繞坦達荷的那些黑色丘陵。

那天早上，我們很費力地讓那些駱駝走下山來，回到阿布巴達湖之上的三個小湖中的第一個湖泊。這個湖被青綠的蘆葦草皮所圍繞，呈湛藍色，湖水清澈透明。一連串的岩灣因為經常被湖水淹沒和許多蒼鷺與鵜鶘的排泄物呈現白色斑痕，岩灣最後伸入湖裡。那是個迷人的地方，我決定多待一兩天。當亞依歐和塔拉渾建議我們那天下午重新整裝出發，我堅持應該讓駱駝休息，最後那幾天對牠們是極嚴苛的考驗，而亞依歐也警告過我，前方的路途艱難。

只要我們反對，亞依歐從來就不曾埋怨，那天傍晚他和我一起出去。到落日之前，大群的野鴨從沼澤地飛向阿布赫巴德湖，我射殺一些棕樹鴨，這是大受歡迎的伙食變化。隔天我愉快地在營地裡度過，在湖裡洗澡，到蘆葦草地上漫步。我的索馬利人、阿比西尼亞人和士兵們各自宰了一頭牛。不管是基督教徒或伊斯蘭教徒，都不會吃被其他宗教教徒割喉的動物的肉。但是當我們只有一頭動物時，這就有了一些麻煩。數量頗多的禿鷹和長相笨拙的鸛，在營上方盤旋，拙劣地搶食被拋棄的碎屑。

在這一天，三名酋長帶著十五名隨從抵達，他們銜蘇丹王之命前來護送我到迪吉爾。亞依歐和塔拉渾將回到富爾茲。這些酋長在名義上負責為蘇丹王統治前方的鄉野，不過亞依歐警告我，奧薩邊界的丹納吉爾人野蠻殘暴且很難控制。他說我們已進入一塊無人的土地，那是介於奧薩、巴度和阿迪法老馬它爾的領地，這是一位偉大的以薩酋長，他不承認阿比西尼亞人或法國政府。他住在阿布赫德湖遙遠的一側，而亞依歐建議我遠離他的勢力範圍。

我們同意我應該帶著我少數的人馬和兩位酋長及他們的一些隨從，沿著阿瓦許河的河道走，而奧瑪則帶著其他車隊直接前往阿布赫巴德，在那裡等待。

晨間，亞依歐把那支銀棒交給那三位酋長中最資深的那位，我對於和亞依歐分開而感到難過，因為我喜歡他、尊重他，也很清楚他為我所做的一切。沒有他的幫助，我將永遠不可能獲得許可到奧薩旅行。我送給他一把步槍，並且再度向他保證我不會做出任何傷害蘇丹王和他的子民的事。他說他已經明白這件事，那也是為什麼他會幫助我的理由。

阿瓦許河終點所在

在亞依歐和塔拉渾離開之後，我和卡西米、阿布杜拉希、塞德，還有這些將陪伴我的丹納吉爾人，一起出發。我們貼著沼澤地一路穿過火山岩地帶，那是吉拉斷層帶上的幾個連續火山口所流下來的融岩形成的原野。有些地方的裂縫相當深，我們花了很多的時間才讓我們的驢子找到路，繞過這些裂縫。最後我們到達三個小湖中的最後一個，那是阿瓦許河離開阿多巴達湖之後所流經的湖泊；我們沿著它的湖岸到河流浮現的地方，在河流下游三哩處紮營。

一群狒狒在我們前方狂奔，跳進一處屯墾區以岩石打造的避難所裡。從這個營地出去，在蘆葦之間有一道溝讓我們可以接近那條寬闊、水深且流速緩慢的河流，河水十分清澈。有些丹納吉爾人正在使用一種蘆葦做的透水小船；那些不會游泳的人坐在船上，其他人則推著小船渡河。他們的樣貌和他們在巴度的親戚一樣粗野；他們大多數戴著一些飾物，用來顯示他們總共殺過多少人。

這一天的天氣十分酷熱，我的步槍槍管幾乎不堪碰觸。由於我們已經進入奧薩，我的溫度計在蔭涼處顯示溫度在華氏九十八到一百零三度之間。這兩樣東西現在都已經喪失功能，那是我的錯，我把它們放在一個金屬盒子裡，在太陽底下過熱。我們在夜裡飽受那些蚊蚋的侵擾。

第二天我們循著這條河的河道走，它向南繞經吉拉的西邊，那個地方的蘆葦長到火山岩層邊。我們在最熱的時刻停下腳步，試圖在一些岩石下方躲避太陽。我們紮營時，距離阿布赫巴德大約一兩哩之間。在逃避蚊子無效之後，我們選擇離這條河一段距離的某個定點紮營。那時是四月二十日，離我與蘇丹王在加勒法吉會面的日子已經過了二十三天。

阿瓦許河穿過一塊廣大而不平穩的黑泥地，注入阿布赫巴德湖，那裡的沙洲被一層白色而堅硬的沉積泥所覆蓋，沒入湖裡。許多枯死的樹木，有些在湖裡，同樣被覆蓋，那就如同先前所看到岩石洪水淹沒的景象，數量之多，向著湖岸延伸大約一哩長。

到達奧瑪在乾淨湧泉安排紮營的地方之前，我們曾沿著湖岸走大約十五哩路。此地有少許的樹木、一些枯死的樹幹，還有數量多到足夠驢子吃的草皮，以及足夠駱駝吃的嫩葉。這地方顯然是個小綠洲。唯一的缺點是有成群的硬殼蠔蟲①，在靠近清泉區特別多。我的手下利用燈芯草做屋頂搭建一個掩蔽所，但蘇丹王的手下卻偏好爬到我們營地後方的山脊上，成日蹲坐在那裡，偶爾會移到另一個山脊上。

從這個營地看去，那個湖看起來有一種迷人的湛藍色，但是它的湖水摸起來滑滑的，而且其實它的水是骯髒的綠色，有些湖面還覆蓋著一大塊一大塊的紅色藻類。一群群火鶴在淺灘處來回信步，用牠們造型奇怪的喙甩掉水藻。那裡還有許多其他鳥類：像是埃及及塘鵝、各種不同的水鴨、蒼鷺、長腳鵜、鸛和一群群的水禽。我很訝異在這個湖裡能看到鱷魚，雖然數量少而且都很小。有許多狐狼在營地四周徘徊，我們也發現到土狼的足跡；此外，我也發現了一些豪豬的毛。

我們待了四天。有一天傍晚，我們碰上一場大風暴。我們看著它越過湖泊朝我們而來，一道黃色的雲一個接著一個吸住水中浮出的陸塊。風暴持續了二十分鐘，相當教人難受，但是當它消失，空氣變得清涼舒爽。隔天有另一場風暴，甚至更為猛烈。雖然它持續時間短，而且我們死命地將帳篷扶正，還是被它吹倒。兩位酋長從附近的一個村落前來；他們帶著最典型的丹納吉爾人熱情而來，為我們帶來由奧薩運來的一頭羊和四十塊玉米麵包。同樣很典型的這個鄉野的行為是，一次偷襲的消息：以薩人剛在附近殺死兩名丹納吉爾人。

四月二十五日，我們向阿布赫巴德湖移動營地十哩，蘇丹王的護衛指給我們看，當年他們父親殲滅一支土耳其人部隊，把他們的大炮丟入湖裡的地方。這裡必定曾是丹納吉爾人掃蕩穆辛格部隊的地方。

穆辛格在一八七五年對奧薩發動的攻擊，只是埃及人對阿比西尼亞慘烈的三叉戟式入侵行動的一部分。此地除了苦澀的湖水，黑色的岩石在炙熱的太陽下閃閃發亮，很容易讓人勾勒出當年丹納吉爾人包圍那些被強迫徵召的士兵時的混亂、驚慌和屠殺場面。丹納吉爾人想要他們的戰利品，沒有人能倖存，也無處可躲，沒有人能逃離。

從我們的營地，我能看到沿著這個湖的南岸，豎立著一批批造形奇異的尖峰。我因為它們有溫泉而心嚮往之，決定前去探訪；此時，我相信如果這個湖泊有個出口，那一定是在那個角落。我在第一道天光剛亮時，和阿布杜拉希、塞德及古塔馬，以及一些心不甘情不願的丹納吉爾人一起出發。沿著湖邊有一些熱水滲出。蘇丹王的人馬很快就議論紛紛，表示反對，抱怨這是一條漫漫長路，我將找不到乾淨的水源，等我們找到了，他們又抱怨他們沒有帶食物。而其他人總是樂在其中，熱情不減。

我們花了六小時抵達那些尖峰，那裡被湖灣和流沙所包圍。這些融岩地形相當多樣化，有些在水中，有些在陸地上，沿著湖邊延伸大約三哩長。最高的達三十呎之高，外表有精細的圖案。我們在落日時分回到營地。我沒有找到這個湖泊的任何出水口，讓我滿意的是，我確定阿瓦許河的確是在阿布赫巴德湖結束。

注釋：

①硬殼蠓蟲（midge）：專吸血的水生昆蟲。

【第13章】

海岸之旅

我們的嚮導堅稱如果我們當天下午再前進三小時，隔天早晨就可以到達戈巴德平原（Gobad）上阿塞拉（Aseila）的法國人哨站。有了那樣的認知，我們當天下午隨即出發。這段路程一路上幾乎都是上坡路，而且路面散布著大塊的碎石，對人類的雙腳來說，實在是舉步維艱，對負重的駱駝更是行不得也。然而，那天晚上我們找到某個地方卸貨與紮營時，嚮導才告訴我，我們第二天不可能到達阿塞拉。

因為相信我們在早晨能到達阿塞拉，所以為了減輕負荷，我們只帶了一點的水。此時，經過極度的酷熱之後，每個人都感到口渴。丹納吉爾人向我們保證第二天一定可以找到水。但我堅持他們得立刻出發，並且帶滿滿一袋的水回來以資證明，不然我就要回到先前的營地。爭辯到十點鐘，那時我要的不只是喝一點湯而已，於是他們出發，在天亮之前，他們帶回來一些水。第二天，他們領著我們到一個雨水積存而成的水塘，那裡有些刺槐樹，提供我們的駱駝一些食物。然而要抵達阿塞拉顯然還要走一兩天。當時幾近滿月，路程已經有所改善，我決定夜裡行進。

我們在午夜出發，不幸的是此時烏雲已形成，因此能見度很差。不過我們還是設法穿越另一座山脈，下坡路雖然有些許危險，但在日出之後，我們又走了兩、三個小時。我們紮營時，身處戈巴德平原，在紅色的河床上，僅在地表層下有水；這個河谷有青草的芳香和香草灌木的強烈氣息。零落分布的樹木生長著綠葉。不幸的是，駱駝在前一天使盡氣力之後，無法再前進，我們的兩隻駱駝已經倒下來；牠們只要能走到這裡，我就能讓牠們留下來休養復元，否則我只好射殺牠們。到了夜裡，一陣狂風吹起，接著夾帶著厚重的雨水，帶來一道短暫的激流，在乾乾的河床上奔流。在過去幾週內，遠處有許多風暴，雖然雨水遲來，但終究還是降下來了。

一到達戈巴德平原，我便派人帶著一封信前去阿塞拉的法國哨站，提醒他們我已經抵達，因為我不想不告而來。早晨我們到達那裡。那哨站只在五哩外，構建在一個適合射擊的高地上；那哨站被厚厚的鐵絲網所圍繞，裡頭有六十名索馬利人，絕大多數是從英屬索馬利蘭招募而來，由一名法籍士官長指揮。他是科西嘉人，名叫安東尼亞利（Antiniali），他表現歡迎之意，顯然他很高興在這個孤寂的地方有個歐洲人能夠交談。他開闢了一座農園，鼓勵當地的亞多依馬拉人種植蔬菜。我欣賞他的蔬菜勝過他強迫我喝的紅酒。

他的廚子先前曾是亨利・狄蒙佛瑞德（Henri de Monfreid）的船艙服務生。我曾在阿迪斯阿貝巴買過狄蒙佛瑞德所著的《紅海上的秘密》（*Les Secret's de la mer rouge*）和《海上探險》（*Adventures de mer*），而且剛剛讀完它們。我發現他所闡述的一種狂野而目無法紀的生活教人著迷。他在一九一〇年來到吉布地，在一家商務公司擔任職員，很快地他發現與他同儕的法國卑微的中產階級，在精神上並沒有共通之處。然而丹納吉爾人卻深吸引他那種浪漫的本性，於是他學習他們的語言，大半的時間與他們為伍。這件事讓法國社會感到羞恥，當地省長派人把他找去，並且加以譴責。他並不在意；他拋棄他的工作，變成一名穆斯林，一個實質上的丹納吉爾人。他買了一艘單桅桿帆船，雇用一名船員，在法山群島（Farsan Islands）外海採珍珠，也經由塔育納走私槍枝到阿比西尼亞，引起那些多少得到官方認可、並且長期經營的法國槍枝走私者的憤怒。他的帆船擱淺時，他自己又另外建造一艘，命名為「牽牛星號」（Altair）。安東尼亞利的廚子是個機警而迷人的男孩，顯然對他十分仰慕。

當我問那位士官為何喜歡這裡，他說這裡勝過在阿爾及利亞、突尼西亞或塞內加爾服役，畢竟在此地挖戰壕和站哨兵才有意思。戈巴德平原擁有這塊殖民地最佳的牧場，亞塞馬拉人、亞多依馬拉人和以薩人都宣稱擁有這裡，直到最近法國人占領該地，這裡不斷地出現戰爭。前一年，他和他的部隊在巡邏時，曾經遭受來自巴度的大規模部隊攻擊，他們曾將他們擊退，並加以重創。儘管如此，他的士兵向奧瑪透露，如果那些亞塞馬拉人趁他們的機槍卡死時，繼續攻擊的話，那麼他們可能就會被殲滅。

法國人的協助

在得到適當的獎賞之後，那三名酋長和蘇丹王的勇士由阿哈馬杜及艾里瓦里陪同，高高興興地出發回去奧薩。我到任何地方都不要阿哈馬杜跟著，雖然他適時出現在我們營區，增強我們的安全性，我比較依賴艾里瓦里，非常感激他所提供給我的協助與情報。可以理解的是他在奧薩曾經看起來不太願意和我說話，但是奧瑪說他在與蘇丹王的交涉中，是相當棒的助手。我送給艾里瓦里一把步槍，給阿哈馬杜一頭驢子，並致上我對米里安．穆罕默德的問候。

前往迪吉爾之前，我在阿塞拉度過平靜的三天。接著第二天，我們在碉堡視線所及的一片刺槐樹林間紮營，因為最近的雨水，使得樹林十分翠綠。暴風雨一停，那裡又有另一場暴風雨。一紮完營帳，我便動身前往碉堡，它剛完工，看起來牢不可破，它的城牆二十呎高，每個角落各有一座樓塔，上有機槍，城牆頂上鑲有碎破璃。

色柯爾（Cercle）的指揮官是柏納德上尉（Captain Bernard），他和他的妻小住在碉堡內，還有一名無線電報員和他的助理，助理的位階相當於一名英國士官長。他的士兵是索馬利人，同樣幾乎都是來自英屬索馬利蘭，法國人顯對以薩人或丹納吉爾人的忠誠度沒有信心。我很喜歡柏納德上尉，他年輕而充滿熱情，也飽讀詩書。雖然我很快就要住進我自己的營地內，但他堅持我和他住在碉堡內，幾個月以來都在營帳內睡覺，我發現在一間小而悶熱的房間裡，實在難以入睡。

柏納德拍無線電給省長，請求他准許我由迪吉爾到塔育納，幾個小時後得到批准。我此時正安排貨車把我的阿比西尼亞士兵送到艾里塞比特（Alisabiet），那裡有個鐵路線上的車站。他們很高興能平安到達此地，並且即將啟程回阿斯巴塔法里，他們不像我自己的人馬，他們並不是自己志願而來，而且也經常惹事生非。我對阿托．索納感到抱歉，他是個親切但毫無幫助的人，不過往者已矣，我為他們送別，給他們一筆可觀的錢當做禮物，並且出了好價錢買下他們剩下的兩隻駱駝。他們離去時，不斷歌頌讚美我。

依我的路線，柏納德上尉不能提供我任何情報。就他所知，沒有歐洲人曾經從迪吉爾旅行到亞薩爾湖（Assal），我們會經過這個湖到海岸地區。艾里瓦里曾經告訴我這個湖是丹納吉爾人挖鹽棒的地方之一，鹽棒在阿比西尼亞市場中被當做貨幣流通。知道在我們前方的這個鄉野未經發掘，是個十分超乎想像的地方，我自然感到興奮。相較於在撒哈拉的法國官員所達成傑出的探險成就，法屬索馬利蘭的官員似乎意外的不具任何冒險精神。

柏納德上尉著手找尋一名可信賴的導遊，對我們行程前方的各個部落熟悉的人，他說他打算派遣他的助手東葛拉第（Dogradi）和十二名士兵陪同我們，使用他們自己的駱駝和一挺機關槍。我覺得這樣做更能確保我們的安全。我在迪吉爾短暫幾天的停留期間，正好碰上大風暴，奧瑪確定我們得一路走到塔育納，因此我們必須找到更多的水。五月九日，我向柏納德上尉和他的妻子辭行，他們一直很友善而熱情，我尤其欣賞他們絕妙的法國菜。八個月之後，柏納德前去協助一些正遭受一支亞塞馬拉部隊攻擊的以薩人，後來根據官方統計，那些亞塞馬拉人至少有一萬兩千人。一九三五年一月十八日，他那二十一名士兵組成的部隊和數量龐大的游擊隊被殲滅，所有人被殺且被肢解。

調查湖區

我回到我的營地，打包完畢，那天下午在一個大水池畔的約定地點和東葛拉第會合。從那裡出發，花了五天時間才到達亞薩爾湖。我們一路損失了多隻駱駝；並非我們曾經進行一次長征，其實牠們也並未忙著前進，只是因為我們很難找到任何牧草。在更大的河道上，只有在零落的棕櫚樹林間偶爾有一棵刺槐樹，但在殘破的丘陵地的黑色岩石之間，可說是一無所有。

第三天我們沿著庫里（Kuri）河河床前往卡卡達（Gagada）平原，嚮導向我們保證在那裡應該就可以找到充裕的牧草。事實上，我們根本就一無所獲，儘管這個平原有部分地區是在水面下；所有的亞多依馬拉人通常都住在這裡，但現在已遷移到別處。嚮導此時警告我們，接下來的三天，前往亞薩爾湖和更遠的地方時，我們將很難再找到薪柴生火，更不用說有什麼可以留給駱駝吃的。我沮喪地懷疑有多少人能倖存下來，因為他們生活在這樣一個悲慘的省分中。不過我們依然幸運地有雨水可用，每天我們靠近水域紮營，通常在岩石之間有大型的水塘，我記得有一個池塘直徑達到二十五呎。

很快地我們就離開卡卡達平原，進入阿魯利（Aluli）河谷，四小時後，我們碰到兩棵有樹葉的刺槐樹。我們砍下來給駱駝吃；不過牠們幾乎已經精疲力竭而無法進食。我們在高懸的岩石下方，找到一些可以遮陽的蔭涼地，但是找不到半個可以躲避灼熱的風與狂沙的地方。

傍晚，我們又沿著河谷前進了兩小時，河谷逐漸變得更為驚人。起初，河床上有一串小池塘，池水是來自地表下的水，還有一些圓頂棕櫚樹叢。接著山脈逼近，河谷變成連續的兩側山壁陡峭的峽谷地形。河谷兩側的山壁相隔，有時僅僅只有十二碼，層層疊疊達到數百呎高。每段峽谷彎彎曲曲，每數百碼就呈現出不同的景象。這裡的岩石是砂岩，色彩奪目迷人。紅色是展露出來的色階，但是還有交錯變化的橙色、紫色、綠色、灰藍、赭色和肉桂色的彩影。

我們在一個水深的池塘邊紮營，那是進入另一個峽谷的入口，在落日餘暉中，兩側的山脈高聳，映著漸暗的天空，看起來十分邪惡。阿布杜拉希在這裡找到土狼的足跡。在這個禁忌之地，這是一種必然存在的動物。我們藉著蒼白的月光收拾行李，在黎明時分出發，經過一些近乎滾燙的溫泉。我很急著離開這些峽谷，我知道如果我們後方下雨，我們一定會被一道高達三十呎的水牆沖走。

一小時之後，我們從最後一個陰暗的峽谷中出來，望著亞薩爾窪地。這個湖在海平面下五百呎，在日出的照耀下呈湖面寶石藍，它位在一個閃閃發亮的廣闊鹽場中央，一個對角線兩哩長的平坦平原上，白如皓雪、硬似堅石。從黑色丘陵和碎裂火山岩上升起的是凹凸不平的山脈，環繞在四周，最高的是戈巴和哈諾德峰。沒有一個地方有生命的跡象，沒有灌木、沒有小小的植物，天空沒有小鳥，甚至岩石之間也沒有一隻蜥蜴。

我們穿過一塊污泥及膝、深達有四、五吋深的鹽場，進入遠方的山丘，穿過殘破的地形，到達有一連串小池塘的地方紮營。這裡有少許刺槐樹叢，有一些邊緣如刀刃般的野草，那也是我那天所看到的第一種植物。我希望量足夠我的駱駝吃。我們在早上曾經讓一頭駱駝掉隊，但是後來他們又把牠帶回隊伍來，而我現在很安慰地看著牠吃東西；就像其他駱駝，牠並不是生病，而是因為飢餓和虛弱而倒下。我們決定在此地留到第二天下午，而奧瑪那天晚上差人去割所有能夠找到的草給駱駝吃。

東葛拉第一如平常，在分派人馬就定位，以防衛我們的營地之後，在稍微與我們分隔的地方紮營，我明白他或許想主導一切，但是他毫無疑問地接受一個事實：這是我的探險，雖然他幫助頗大，但是當我尋求他的建議時，他總是交給我決定。我對他的認識很少，因為他偏好自己一個人進食，大多數時間都與他的士兵相處，那些士兵顯然十分尊敬他。他是個黝黑、堅定而且喜怒不形於色的科西嘉人，他承認他已經厭煩這個殖民地，希望短期內能移防到阿爾及利亞。他曾經為了來自吉布地那些從不離開城鎮探險的官員，對在迪吉爾駐防地經常性的干預，而感到忿怒。

早上我去調查這個湖區。環湖的一側是一面砂岩峭壁，峭壁頂有火山融岩，而底下有許多的溫泉傾瀉到湖水中。從覆在岩石表層的沉積，我估計這座湖的深度曾經達到二十呎以上。而現在是夏季，此地遠低於海平面，午後的熱氣十分強烈。我再度為我的溫度計失效而感到懊惱。因為亞薩爾窪地可能是地球上最炎熱的地方，能測量它的溫度應該很有意思。

在我們傍晚離開之前，我拋棄我的床、桌子和椅子，以及任何一切不必要的東西。很幸運的是我收集的鳥類皮毛（最後計算有八百七十二隻，共有一百九十二種及其亞種），重量極輕。東葛拉第用他的駱駝協助我們載水。

前方有更多的懸崖峭壁。奧瑪總是不屈不撓，事實上他們全都一樣，索馬利人和阿比西尼亞人一樣堅忍不拔。食物短缺、滾燙的熱氣而讓人口乾舌燥，當他們為駱駝卸下行李時，自己卻背負著行李越過最惡劣地形，他們從不抱怨。有一次當我建議他們休息一下時，阿布杜拉希反駁說：「我們是男人！我們不累！」那天晚上，東葛拉第對他們表達他的欽佩之意。

隔天我們發現，在一個長年有水稱為達法萊（Dafarai）的水洞上，有一處丹納吉爾人的屯墾地，我們說服他們租給我們兩頭駱駝。由此前去，路途變得比較輕鬆，但即使是如此，我們剩下的駱駝大部分都已經不堪遠行而倒下。雖然我們每天試著幫助牠們，但是牠們的數量從我們離開迪吉爾之後，一天天減少。到了終點，我們從阿富坦出發時的十九隻，到抵達塔育納時只剩下四隻。那真是教人心碎，我非常熟悉牠們；剩下的駱駝有小小的法魯爾、艾爾米、漢西亞和雄心勃勃、總是走在車隊前帶頭的納加德拉斯。

第二天早上，我們看到遠方的海洋，那是一道狹窄而幾乎被陸地封鎖的水面，形成塔育納灣最西端的狹長水域，稱為古巴特艾爾卡里布（Gubat al Karib），也就是著稱的「群魔之王」的根據地。

那天我們在另一個含鹽而且水量貧乏的水洞停下來，這裡的丹納吉爾人粗暴野蠻，他們是屬於蘇加古達族（Sugha Guda），是一支長期與法國人抗爭的部落，多年以前，他們曾經擊敗一位試圖前往亞薩爾湖的法國軍官，並殺了三名索馬利士兵。還有一次，他們對來自塔育納的官員開火，當時他正打算造訪古達山（Mount Guda）。我在奧薩時，曾聽說過這座山。丹納吉爾人曾形容它的森林和終年流水不絕的河流。從那裡，因為介於其間的凸出山丘，我們無法好好端詳它。直到我們五月二十日抵達塔育納，才能從那裡看到它主宰的整個地景。

旅程結束

前一天晚上，我曾經開玩笑向卡西米、阿布杜拉希和其他人建議，我們不走海邊到吉布地，改往北走，穿過火山岩沙漠到馬薩瓦。他們有的人還真的慎重考慮，其中有個人說：「那麼，先讓我們在塔育納待三天吧！」我只是希望有可能這樣，實際上我並沒有想回文明世界的欲念。自從我們離開阿瓦許車站來探索丹納吉爾荒野，迄今已過了六個月。此時，我是很樂意重新再一次走完這趟旅程。

我還年輕，有著極度的敏感，以及無可救藥的浪漫情愫，塔育納正是我這趟旅行的一個奇妙的終點。對我來說，它是屬於康拉德筆下所描寫的真實的東方世界，一個偏遠、瑰麗而且野性不羈的世界。它那手掌形的海灘和青碧湛藍、閃爍不定的海洋；跨著海灣的山脈昏暗的輪廓；海岸外停泊的三角帆船，還有來來往往的獨木舟；在擁擠的茅草屋頂民宅之間的狹窄通道；索馬利和阿拉伯商人穿著長及腳踝的袍子、鑲邊的無袖外套和多彩的無邊帽；來自沙漠的丹納吉爾人頭髮蓬鬆、半裸著身子、帶著武器而且意圖難以捉摸；一群群婦女穿著五彩服裝，我經過她們身邊，只能看到她們的雙眼。有粗魯刺耳的索馬利語；還有一種絃樂器的聲音和隆隆的鼓聲；聲音幽長而且響亮的祈禱聲、從清真寺的某一座尖塔傳到另一座尖塔，遠方在水井旁，有駱駝頑固的吼叫聲；海濱的陣陣浪濤聲；乾鯊魚肉、濾過的奶油、木頭燃燒與香料的種種氣味。

法國人在一八六二年曾到達此地，先在歐波克①屯墾；後來在一座鹽場上建立吉布地市，有行政機關、泛黃的旅館、咖啡館、酒吧和妓院，在現代化的城鎮周圍，形成一個髒亂的原住民區。吉布地是在缺乏城市魅力的地景上，一個毫不浪漫的海港。

塔育納在海灣另一頭不遠處，並未完全受到西方世界的商品與影響力感染，我懷疑是否就在遠方，在愛琴海探險的希臘水手曾行經此地，並在此登岸；葡萄牙人在找尋約翰祭司王時，是否曾經上岸取水，或者曾經把他們的輕帆船斜倚在這個海灘上；當年穆辛格完成他針對奧薩命運多舛的探險行動時，土耳其的步兵當時正要前去支援阿馬德·格蘭茲的路上，他們是否曾經由這裡出發；直到最近，奴隸販子曾經使用三角帆船在這裡載「人貨」，準備航行前往阿拉伯；在這個某位法國行政官員曾象徵性地出現，但很少前來征服的地方，我懷疑奴隸販子是否依然走這條路前去交貨。

當我抵達時，一名法國籍士官從小鎮邊緣的平頂山丘走來，指揮官把自己關在有倒鉤的鐵絲網後面。他以安全為由，要求我在山丘下方紮營。我藉口說那裡的地面很髒——事實也是如此，然後在鎮外的平原上幾棵樹下紮營。我被邀請第二天和指揮官共進午餐，他是個矮胖的美食家，帶著一種教人為難的沒自信與獨斷的態度。他最近才到，討厭塔育納，期待吉布地的那種咖啡館生活。他向我確定塔育納是危險的，警告我除非有他的士兵護衛，不要進入城市當我說我想拜訪古達山，他變得十分激動並勸阻我不要離開塔育納。我接著建議乘三角帆船造訪歐波克，不過他說那裡的海岸有海盜，情勢更危險。東葛拉第曾經與他共事，整個餐宴中，一直保持沉默，不過有一兩回我與他的目光交會。那天晚上，他將帶著他的士兵搭三角帆船回吉布地。我希望他能如願調防阿爾及利亞。

我在塔育納的最後一夜，我們在營地裡舉辦一場晚宴，接著是部落的舞蹈。許多鎮民前來觀看，少數人加入我們。這些舞蹈有些十分壯觀，一直持續到凌晨時分。我曾經請求指揮官同意我們拿步槍開火，讓我意外的是他竟然核准了；不過等我們真的這麼做，他派了一名索馬利士官長趕來制止我們。

我租了一艘三角帆船，載我們前往吉布地，我們在五月二十三日晚上離開。一場風暴正逼近，不過幸運的是它經過的是陸地，而我們身在一個沒有遮攔的開放甲板上。塔育納消失在遠方，太陽也落在古達山的後方。夜幕低垂，月亮照亮海上，小小的波浪打在船舷上，這艘船被輕輕地搖晃著，在滿是補丁的船帆之上，那長長的、用來瞭望的帆桁映著繁星，時起時落。我的人馬躺在甲板上，有些人已經暈船。

奧瑪和那些水手交談，其中一人來自巴貝拉。一名年輕的丹納吉爾人一口白牙，正在爐火上煮東西，稍後他為我們拿來烤魚、一盤盤沒有發酵的麵包和有薑汁口味的茶。像狄蒙佛瑞德曾經獨力從事這樣橫渡海洋般的旅行，我感到十分滿足。我可以很容易想像他經歷過那種無法律約束的生涯，我明白他激起我對自由與探險的渴望，還有他與他的水手生死相繫所建立的情誼。

我們第二天早上抵達吉布地，在原住民船隻之間，看到狄蒙佛瑞德的「牽牛星號」，他本人此時在法國，這艘船正在託售。我後來登船，和他的一些水手碰面，我從他的書已經知道水手的名字，有意買下這艘船，看看我是不是能夠靠在紅海買賣和採珍珠謀生。狄蒙佛瑞德把自己與他的水手們視為同等，進而變成他們的一部分，而在自己和他們間搭起橋梁。他被他們接受而且得到讚揚，我羨慕他的成就。然而要我也變成一名伊斯蘭教徒，那是我永遠辦不到的事，並不是因為宗教的信念，而是我家族背景中的驕傲，不允許我這麼做。

在我的旅程中，我與我的隨從共度艱難危險，但是我與他們有一些隔閡，部分原因是因為無法溝通。我的阿姆哈拉語非常有限，曾經學過的阿拉伯語也只是基礎而已，我依靠奧瑪為我翻譯重要的事情。然而即使是對奧瑪，我也沒有多少真實友誼的感覺，只能把他視為一個值得信賴的部屬。他反而希望我與我的隨從保持距離，他認為對一個英國人來說，這麼做是恰如其分的事。舉例來說，如果我與那些駱駝夫一起用餐，他便覺得懊惱。

童年我在領事館中，我從來就不知道要和女傭及挑夫們建立密友關係，許多在印度的孩子卻曾經有過這樣的經驗。我一路成長，依膚色、風俗和行為的差異，把我們的僕役視為我們的附屬。我無疑地曾有過優越感，因為我父親是英國的大臣，而我是他的孩子。不過我的這種優越感肯定沒有膚色的歧視，那是我不曾感受到的。以審美觀點，我認為白皮膚是最不吸引人的膚色。

在吉布地，我花了三天等候前往馬賽的一艘船，而我在這個城鎮又找不到一個可以意氣相投的人。省長查邦拜沙克（Chapon Baisac）召喚我前去和他會面。等了好一段時間，我才被引進他的辦公室，他讓我坐立難安，他突其來地質問我為何帶領阿比西尼亞士兵進入法屬領地，為何我要離開迪吉爾前往塔育納，卻沒有將我的武器交出來，他根本就不太聽我的解釋，我對我的解釋相當有自信，我和他共處的半小時時間裡，他沒有說過一句親切的話。這個肥胖、傲慢而沒有耐性的矮子，肯定不是我期待那種能在他麾下與之共事的傢伙。

我的人馬急著回家與家人相會，第二天晚上，除了奧瑪和他的手下，其他人都搭火車離開，我到火車站為他們送行，和他們分手加重我的心情低沉。卡西米、古塔馬、比魯、塞德、阿布杜拉希、塞德蒙格、阿布迪、貝迪和他手下的駱駝夫，還有其他人，一共二十二人，有些人自從八個月前我和海格—湯瑪斯離開阿迪斯阿貝巴，前往阿魯西開始，就一直和我共處。即使是在艱難危險的情況下，他們全都還是我絕對信賴的人。沒有人質疑過我的決定，雖然看起來風險很大，而我也不曾懷疑過他們的忠誠。儘管他們有阿姆哈拉人、加拉人和索馬利人，有宗教與種族上的基本差異，但是他們之間不曾爭吵和相互設計，從頭到尾都是肩並肩地一起工作。

我很高興第二天將離開吉布地，即使是搭一艘從法屬支那印度返航的送信貨船，乘坐三等艙前往馬賽。奧瑪陪著我登船，我們在那裡分手。我看著他走下登船梯，我比以往更清楚我的成就都要歸因於他。是他確保我的手下對我效忠、提供我正確的情報，並且和部落的酋長及蘇丹王交涉，獲得完美的結果，他的沉著冷靜，提供我有時需要的自信。就是他這樣的人，才能讓我那看起來難以達成的目標變成可能。

注釋：

①歐波克（Obock）：位於阿法省海岸。

【第三篇】

蘇丹北部：

1935～1937

英屬埃及蘇丹；一九三五～四〇年

【第14章】

蘇丹

雖然很高興回到麥爾布魯克與家人共處，但我不免因為一種從高潮跌落下來的感覺而感傷。過去四年我一直在計畫，接著實現我的丹納吉爾探險。但旅程已結束，未來似乎不可能再讓我有能與之相提並論的經驗。

一九三四年夏天，我從阿比西尼亞回來之後，我奉命出席蘇丹政治局的選拔委員會。那是針對想到這個政治局服務的人的一場沒有筆試的甄選；許多事前接受過選拔的申請者接受六名來自蘇丹的資深官員面試，評定他們在大學的學習紀錄和體育技能、他們的大學校長、大學教務長和學院院長的推薦函，以及他們在面試中的表現。

我自己獲得選拔有一部分原因是我那四篇剛在《泰晤士報》上發表的文章，那是描述我在丹納吉爾荒野探險。因為獲選，所以我被派到倫敦的東方與非洲研究學校接受為期四個月的阿拉伯語課程訓練。不幸的是我受邀到皇家地理學會演講，講述我的探險歷程，時間剛好落在這個課程中間。毫無意外的，我把大半時間都用在地圖研究和報告的準備上，反而沒有辦法專心在我的語文學習上。我一直很後悔錯過這個能夠成為一名古典阿拉伯文專家的機會。

在那段日子裡，在皇家地理學會的演講是一種正式的場合，理事長、委員會成員和演說者，都會打著白領結，穿著燕尾服，聽眾全都穿著晚禮服。演說之後是學會的晚宴。現任理事長皮爾斯·考克斯爵士（Sir Percy Cox）以能說十幾種語言而技驚全座，他是個教人敬畏激賞的人物，我坐在他身邊。在和我探討幾件時事之後，他陷入沉默，我則忙著吃那一整盤的磨菇，而前兩次吃磨菇的經驗，讓我覺得十分噁心。我從來就不曾公開演講，而且不管如何我因為心裡害怕而感到噁心；而此時，我想我在演講的過程中間，我真的覺得很噁心。然而一切進行得很順利，當皮爾斯爵士結束這場宴會，他向我讚許我的這次旅行。

蘇丹派駐開羅的官員約翰．漢彌爾頓（John Hamilton）在英國度假，他讀過我在《泰晤士報》發表的文章，邀請我和他共進午餐。我很樂意接受他的邀請，十二月我在前往喀土木的途中，到開羅和他同住，我從那裡上行到尼羅河，取代走海路到蘇丹港。幾天後，他邀請我去劇院看戲，他的其他賓客都是蘇丹政府的官員和他們的妻子。他們之中有一位紀蘭夫人，是安古斯爵士的妻子，安古斯爵士是民政大臣兼蘇丹政治局局長，不過他本人並不在場。戲劇結束後，我們被送到一間知名的夜總會「四〇〇」。其他人都起身跳舞，而我則留在位子上，和紀蘭夫人在一起。她讓我感到害怕，我因為沒有邀她共舞而向她道歉，我解釋我不會跳舞。

她說：「胡說，你當然會跳舞。來吧！」然後站起身來。

我們繞著那狹小而擁擠的地板跳舞，然後再度回到我們桌子前方，她身子後退說：「我想你說的對！」她坐了下來。我發現她是個能讓人很輕鬆跟她交談的人。

開羅印象

一九三四年五月，我在報紙上看到，義大利與阿比西尼亞的部隊在義屬索馬利蘭邊界瓦瓦爾（Walwal）的水井爆發衝突，當時我人在麥爾布魯克。我的母親讀這則新聞給我聽的時候說：「我希望這個事件不會導致另一次的世界大戰。」她間接的預言後來全都應驗。這個在瓦瓦爾發生的小規模衝突讓墨索里尼有昭然若揭的理由可以入侵與併吞阿比西尼亞；他的成功比起任何事件，更鼓舞了希特勒侵占他國領土的致命詛咒。

好些年來，很明顯地，墨索里尼一直在找理由入侵阿比西尼亞，把它與厄立特里亞和義屬索馬利蘭兼併，成為他的新羅馬帝國的一部分。他相信在阿比西尼亞交戰能夠激起義大利人民情緒，為他們在一八九六年於阿都瓦戰敗的屈辱尋求報復。瓦瓦爾給了他藉口。他知道阿比西尼亞皇帝不會同意，於是他立刻要求阿比西尼亞政府卑下的道歉，還有大額的賠款與割地租借。海爾·塞拉西於是尋求國際聯盟（League of Nations）的協助。

我那個世代，許多人都熱心關切西班牙內戰。我則沒有那般投入，我厭惡站在政府那邊的那些無政府主義者與共產黨徒，痛恨和佛朗哥結盟的那些義大利人。而因為我與阿比西尼亞人的關係，我完全投入自己，為那必然發生的悲劇而流露我的情感。

我在一九三四年底前往蘇丹的途中到開羅去，和約翰·漢彌爾頓在他那間位於查馬列克（Zamalek）舒適的公寓共度兩個星期的時光，它位在尼羅河上的一個大又時髦的島上。我們下午前往就在附近的戈齊拉運動俱樂部（Gezira Sporting Club），他那廣大而且維護良好的草地上，包含了一座馬球場、一座高爾夫球場和網球場。

由於漢彌爾頓在大型英國人團體中頗孚人望，在埃及貴族社會中也有許多朋友，因此我們大多數晚上都在外頭用餐，和許多有趣的人碰面。他擔任蘇丹的行政區官員備受禮遇，但是現在主要負責的事務是：阿比西尼亞受義大利人威脅，以及猶太人移民巴勒斯坦而激起阿拉伯世界逐漸升高的仇恨情緒。

在那段日子裡，現代化的開羅仍是個迷人的城鎮，並沒有因為重新翻修的高聳建築而破壞它的外貌。相較於今天，那時候汽車車流量小，驢車的數量幾乎和汽車的數量相當，讓我迷醉的是那條偉大的河流流經眼前，它依然因為阿比西尼亞高原被雨水沖刷而下的淤泥而呈黃褐色，看著三桅桿帆船緩緩移動，以及在三角帆影下那靜靜的上游河水。許多帆船沿著河岸停靠，快樂而光著身子的小男孩在河岸階梯上洗澡而沒有警察的阻攔。

漢彌爾頓每天早上都派遣一名本地職員陪同我去看風景，我則善盡我的責任去看那些金字塔，那是我曾經看過許多照片而預期會讓我感到無聊的東西，不過事實上，這些巨大的墓穴的體積與對稱性，讓我印象極為深刻，那些年代，這些金字塔獨自兀立在沙漠的場景中。我有一天早晨是在博物館裡度過，看著圖唐卡門①特展，展覽的許多內容都極具美感，但是最讓我感動的莫過於圖唐卡門年輕的面孔所展現寧靜的完美。我也被帶去看一些清真寺、市集和大城堡，那城堡當年曾由榴彈兵防衛兵團駐防。許多年輕的軍官是我在伊頓公學時同年齡的人。

大城堡下方展開的景物是中古世紀的開羅，一個偉大的東方城市。尖塔、清真寺圓頂和墓塚，驛車隊旅館的屋頂、還有在拼拼湊湊的平地上所豎立的一些大型城牆與拱形走廊的遺跡，東方式的屋頂、庭院和小巷。在清新的空氣和明亮陽光下，所有的細節都十分凸出醒目。縷縷的青煙、遠方一個在扭動、另一個在俯衝的風箏，一名婦女在屋頂上晾著剛洗的衣物。在此起彼落、難以分辨的噪音中，我可以區別出人聲、呼喊和驢子的嘶鳴，還有鐵槌敲打的聲音、音樂提示的聲響。

數個世紀以來，開羅曾經在沒有雨的氣候中傾圮，它的建築破碎支離，而新的建築重建。這個城市倒塌毀損，塵土飛揚，滿布蒼蠅和散發著糞尿的臭味，城市裡擠滿了人，許多人窮困而且居住在髒亂的地方。此地的現況融入了歷史，到處揭露的都是永續的場景。這個城市是挖掘伊斯蘭教建築真正的寶藏：像是艾爾阿查爾大學（Al Azhar University）是全世界最古老的大學之一，它的圓頂、庭院和柱廊，還有戴無邊帽的毛拉，傳授他們的知識給來自各地的學生；而著名的清真寺矗立在其他很少有外國人造訪的寺院之間；而在「死城」（The City of the Dead）之中，更有許多的墓穴。此地的一切是我在君士坦丁堡所找不到的，我剩下來的幾天都用在探索這裡的「古城」，一個遠離摩登大道、謝柏大飯店（Shepheard's Hotel）、洲際大飯店（the Continental）、葛洛比茶室（Groppi's teashop）和戈齊拉運動俱樂部的世界。

我一路沿著尼羅河上行到蘇丹，我有三天待在勒克索②。那裡一如埃及其他地方，教我特別感到震撼的是沙漠上播種耕種所造成的突變，在這塊缺雨的土地上，展露出一條堅固的水管，沿著被灌溉的田野邊緣伸展。

在勒克索的某個早晨，我造訪卡納克（Karnak），在這地方我靠我自己：那些喧嚷的導遊則在冬宮飯店收取他們的費用，領著他們越過河流到國王河谷。在卡納克，我因為廢墟的廣闊和巨大而步履蹣跚，為城牆上那人形雕像而迷戀。在它們安詳的臉孔上，我察覺不到殘暴的跡象，也忽略了為建這些金字塔建築和巨大的神廟曾經造成的傷痛。第二天我前往國王河谷，不過沒什麼趣味，我樂於重新造訪卡納克。我對勒克索持續不斷的記憶，是落日的光芒照在河對岸那無生命的山丘上。我從勒克索搭火車到亞斯文③。

我在亞斯文搭乘過輪槳式汽船到哈法谷地（Wadi Halfa），迄今已過了五十年。將近四十年前，基欽納在征服蘇丹期間，也曾使用相似的船舶。這艘船十分寬敞，我的船艙很舒適，服務一流，食物也算合理。那顆巨輪在船尾搖動，我們朝著上游旅行兩天兩夜。這是欣賞尼羅河最理想的方式，也是前往蘇丹最恰當的方法。

我們在阿布辛拜勒④繫纜繩泊岸。四尊拉美西斯二世的坐像高七十呎，守護著前往神廟的入口，與神廟相比則相形見絀。它們雕刻在懸崖表面，凝視著尼羅河流向遠處的沙漠。我走進裡面，進入三座巨大的殿堂，殿堂向著岩壁內伸展六十碼。此地，在幽暗的光線中，還有其他偉大的法老王雕像，不過我腦子裡所想的則是外頭的那些巨大的座像。

我們向南方航行，景致變得愈來愈荒涼：偶爾可見的村落、緊貼在河流與光禿的丘陵之間，徒增其孤寂之感。我們可以看到一個聚落，有平頂屋、一間清真寺；棕櫚樹、水車、一些農田和少許的男女、怪異的駱駝或驢子，以及山丘上的一群山羊，接著我們經過這些景物之後，沙漠再次逼近這條河。這些景物曾經是我讀過的蘇丹會戰中的主題，它們是如此鮮明，讓我感覺彷彿曾經看過。我們必定曾在夜裡經過在哈法谷地下方某處的托斯基古戰場，英勇的德佛士國王瓦德·艾爾·尼祖米（Wad al Nijumi）在此遇害。

我在哈法谷地進入蘇丹境內，從那裡搭上基欽納公司工程師所建的鐵路，橫越努比亞沙漠⑤。坐在十分舒適火車上的頭等艙內，一小時一小時地過去，我一直看著這個沙漠，它那種充滿挑戰意味的壯闊。

蘇丹政治局由來

一九三五年一月十三日，我到達喀土木，我在車站和代表埃及灌溉局的華特·派里（Walter Perry）的妻子眉·派里（May Perry）碰面。我不曾聽過派里夫婦，但是眉告訴我她是我母親這邊的堂姐妹。接下來的五年中，不論何時我到那裡，她和華特都會熱情歡迎我，讓我在喀土木有個家；我也變得十分依賴他們。華特曾在蘇丹南部長途旅行，做過許多的射擊活動，他告訴過我的事都讓我感興趣。

自一八三〇年起，統治埃及的穆罕默德·阿里（Muhammad Ali）入侵及占領蘇丹北部之後，喀土木就成了蘇丹的行政中心。他曾經大規模地搜捕奴隸，而奴隸交易很快就發展成蘇丹的主要產業。再偏南方一點，祖拜爾．拉瑪（Zubair Rahmah）和阿瑪德．艾爾．阿卡德（Ahmad al Aggad），是眾多奴隸販子中最有勢力的兩個，他們變成實質上的獨立統治者。無能、殘暴和貪婪是埃及政權的正字標記。

一八七七年，穆罕默德．阿里的孫子哈蒂夫．伊斯邁爾（Khedive Ismail）⑥為了改善朝政，聘請查爾斯．戈登⑦擔任全蘇丹的總督，戈登曾經應聘治理厄瓜多利亞⑧，他招募了一批優秀的歐洲人前來協助他，戈登減少奴隸交易，壓制叛變，重組政府組織、抑制貪污和虐待。當伊斯邁爾於一八七九年被土耳其蘇丹王免除總督之職時，戈登便掛冠離去。他的位置由一名埃及人接替，奴隸交易死灰復燃，蘇丹國內的情況再度變得讓人膽戰心驚。這國家如此的狀況一直持續到一八九八年的恩圖曼之役⑨和英軍占領，才得以結束。

距離喀土木上游六十哩的阿巴島（Abba Island），一名造船工人的兒子穆罕默德．阿瑪德（Muhammad Ahmad）在這裡展開傳教，傳播信仰真主、今生無常、來生喜樂。他確信窮困是一種美德，奢侈與縱慾是罪惡，他獻身於祈禱、冥想與齋戒、觀想幻影、聆聽天籟。他追求聖潔的聲譽，名聞遐邇，蘇丹各地的人都前來投靠他。

最初來的人有來自台艾夏（Taiaisha）的阿布杜拉希．伊賓．艾爾．塞伊德．穆罕默德（Abdullahi ibn al Sayyid Muhammad），台艾夏是巴加拉部落（Baggara）的一支，是南方哥多芳（Kordofan）與達富爾（Darfur）的牧牛阿拉伯人。阿布杜拉希是個行動派和現實主義者，穆罕默德．阿瑪德是個幻想家與理想主義者；然而他們感受到一種親和力。當穆罕默德宣稱自己是馬赫迪（Mahdi），也就是「引導者」——讓伊斯蘭教恢復最原始純潔的人，他指定阿布杜拉希為他的加里法（Khalifa），也就是繼承者。

位於喀土木的政府受到阿巴島動盪不安的謠言所困擾，派了兩個連的士兵前來逮捕滋事者。當他們從汽船登島時，他們遭到攻擊且被擊退。馬赫迪和他的追隨者接著遷移到哥多芳南部努巴（Nuba）山區的加迪爾（Gedir），他們在那裡消滅了另一支派遣前來對付他們但能力不足的部隊。此時，追隨者蜂擁加入馬赫迪的總部。他的追隨著，即眾所周知的安薩爾（Ansar），在他們的棉袍（jibbas）上縫上補丁，當做他們貧窮的標記；這種棉袍補丁色彩鮮明，後來演變成馬赫迪部隊特有的制服。

那位來自埃及的哈蒂夫此時充分警戒，派遣一支為數六千人的部隊前去對付馬赫迪，但他們的軍營在抵達加迪爾之前，於黎明時分遭到入侵。士兵絕大部分都還在半夢半醒間，便遭到屠殺；他們的武器和存糧被馬赫迪據為己用。他們此時包圍艾爾歐貝德（El Obeid），也就是蘇丹的第二大城。在一八八三年一月投降之前，數百人死於飢餓。

在此同時，因為英法不干預該國的運作，大眾反英與反法的仇恨導致反抗行動。哈蒂夫・伊斯邁爾向英國求援，叛變的埃及部隊在一八八二年九月十三日的台拉克比爾（Tel el Kebir）之役被沃爾斯利將軍⑩所擊敗。英國發現自己非自願地占領了埃及，接著又介入蘇丹。總督決定重新奪回哥多芳，並消滅馬赫迪。希克斯・巴薩上校（Colonel Hicks Pasha）因此被授權指揮在蘇丹境內的埃及大軍，下令重新奪回艾爾歐貝德。《泰晤士報》派駐喀土木的特派員法蘭克・包爾（Frank Power）曾這麼寫到希克斯・巴薩的軍隊：「我們在此地有九千名步兵，十分鐘內就會有五十人開始逃亡，雖有一千名騎兵，但從來不曾學過騎馬，只有少數的諾登費爾特火炮，要打敗馬赫迪已經匯聚的六萬九千名兵馬。」

結局正如先前的預言，在一八八三年十一月五日，瓦德．艾爾．尼祖米帶了兩萬人在靠近艾爾歐貝德的地方，殲滅了希克斯．巴薩的烏合之眾。埃及的部隊在達富爾很快就投降，整個蘇丹西半部落入馬赫迪之手。在東蘇丹，哈登多瓦人（Hadendoa）在歐斯曼．迪格納（Osman Digna）卓越的領導下，於叛變中崛起，而埃及的部隊碰上更進一步的災難。

當開羅的官方聽到希克斯．巴薩的部隊遭到殲滅，在格萊斯頓⑪政府的鼓動下，決定從蘇丹撤離剩餘的埃及軍隊。戈登在倫敦被選派執行這項任務，不過對於選擇這位英勇、忠誠但深不可測的人，當時身兼英國代表及總領事並實質統轄埃及的艾佛林．巴林爵士（Sir Evelyn Baring），卻抱著憂心的不同看法。

戈登在史都華上校的陪同下，於一八八四年二月十八日抵達喀土木。城市裡有七千名素質不良的部隊和一大堆百姓，戈登立刻撤換市政官員和任何老弱殘兵，但是他先前的成就使得他被誤導，以為「相當容易就能摧毀馬赫迪的部隊」。不過到了三月中旬，部落的人順流而下加入反抗行動，德佛士部隊包圍這個城市。喀土木被隔絕封鎖，長期的圍城剛剛開始。

由於英國大眾愈來愈關心戈登的個人安全。格萊斯頓決定不要介入蘇丹的戰事。到了一八八四年八月，為解救他的官員免於城陷，他同意派出一支由沃爾斯利將軍帶領的救援部隊。到了九月，戈登明白這樣的情勢發展，於是派史都華上校、法蘭克．包爾，以及駐喀土木的法國領事搭汽船前去求援，但是他們的船被沖上岸邊，史都華和他的同行者遭到殺害。

在他們離開喀土木之後，戈登身邊沒有半個可信賴的人，也沒有半個能與他共享希望與分擔焦慮的人。圍繞他的只有冷漠、無能、膽小和不忠的人，他強迫自己以他的不屈不撓，依靠那些士兵和百姓，繼續堅守，月復一月。然而糧食已經短缺，沒有解決飢荒的辦法。在他的日記簿裡，他記錄了他內心最深沉的感受。讀他的日記時，我還是小男孩，我可以想像他日復一日站在皇宮屋頂上、望著那條河等待救援的樣子，而救援終究來得太遲。

沃爾斯利在一八八四年十月五日到達哈法谷地，正好馬赫迪和他們大批的隨從抵達尼羅河岸、喀土木對面的恩圖曼。沃爾斯利不清楚喀土木守軍已縮減到危急的狀態，他有組織地籌畫一次更長遠的推進行動，派了一支一萬五千人的部隊橫渡沙漠，從柯斯提（Kosti）前往美提瑪（Metemma）。一月十四日，他們在接近阿布克里亞（Abu Klea）的水井區遭到攻擊，德佛士部隊突破英軍的陣地，只有在死命的肉搏戰之後，他們才被擊退。

這支部隊到達美提瑪附近的尼羅河，就在一月二十一日，他們在那裡碰到戈登派出的四艘汽船。這些船帶出來信件和他的日記。最後署名的日期是十二月十四日，結尾寫道：「現在我記下這件事，我要的人不超過兩千人，如果這支救援部隊不能在十天內趕到，那麼這座城市就要淪陷；我為了國家的榮耀已盡我所能。再見。」

四天之後，經過一次不可原諒的延誤，兩艘汽船載著部隊出發前往喀土木。他們在重重炮火下接近這座城市，那裡的埃及旗幟已不再飄揚在毀損的皇宮上方，德佛士人穿著他們的補丁棉袍，擠向碼頭。喀土木在兩天之前就已淪陷，戈登比他在日記上所預計的時間多支撐了一個月。兩艘汽船無功折返。

一八八五年一月二十六日，德佛士部隊攻陷守備，蜂擁而入喀土木，他們逢人必殺，戈登在等待他們，站在皇宮的石階上，穿著他的白色軍服，他們就在那裡將他殺害。他們割下他的頭，拿去給馬赫迪。

馬赫迪本人在一八八五年六月二十日猝死，時間不過是喀土木被奪取後的五個月，由他的繼承者阿布杜拉希繼任，他接下來統治蘇丹十五年，土耳其人（turks，也就是埃及人）和其他異教徒全被征服；他們的部隊被滅絕或趕出這塊土地，這是蘇丹第一次得到統一，同時得到獨立。加里法的統治專制、殘暴、蠻橫，如果不是這樣，他可能永遠無法存活下來。從一八八七年到一八八九年，他一直和阿比西尼亞交戰，當阿比西尼亞人入侵並搶奪邊界的加拉巴特城（Galabat）時，敵對狀態便已展開。加里法反擊，在恩圖曼集結了六萬名部隊，由阿布安察將軍（Amir Abu Anja）帶領，入侵阿比西尼亞。阿布安察打了一場艱苦的勝仗，逼近岡達爾，大事劫掠並焚燒這座城市，帶了一大群奴隸與牲口返回蘇丹。第二年他正準備面臨阿比西尼亞約翰皇帝御駕親征的大規模部隊發動的一次攻擊時，他就在此時去世。

加拉巴特的戰役在兩個月後開打。歷史重演，阿比西尼亞人以大無畏的勇氣突進，攻擊德佛士人的陣地，以狂怒的肉搏戰逐步攻克守軍。德佛士人困在自己架設的刺欄之內，他們也面臨了被滅絕的命運。不過阿比西尼亞軍隊之中傳播著皇帝遇害的消息，讓他們得救；接下來，阿比西尼亞的勝利轉變成潰敗。這些德佛士人的勝利結束了這場戰爭，不過加里法則賠上他最精良的部隊。

一八八九年六月，加里法派瓦德・艾爾・尼祖米帶著幾乎是素質不佳的部隊入侵埃及，他最遠達到托斯基，距離哈法谷地北方六十哩處。由法蘭西斯・格倫菲爾爵士（General Sir Francis Grenfell）所帶領的埃及部隊在那裡截斷了他們回尼羅河的退路。這支部隊此時結合了多種部隊，以訓練有素的埃及步兵營，配合炮兵和騎兵，並有一旅的英國部隊支援。瓦德・艾爾・尼祖米的戰士則有三千名駐營的追隨者，全都半飢餓，而且嚴重口渴。法蘭西斯爵士要求瓦德・艾爾・尼祖米投降。當他的部隊已準備迎戰，這位親王送回一封挑戰信函，訓斥他們，要他們準備面見他們的上帝。他們以他們擅長的豪勇來戰鬥。瓦德・艾爾・尼祖米和他的人馬大半被殺死，其餘的不是受傷就是被俘。托斯基之役消弭了德佛士人對埃及的威脅。

直到七年之後，也就是一八九六年，英國政府授權基欽納收復蘇丹，他於是有系統地著手他的軍事行動。一八九八年四月八日，他的部隊伴隨著他的樂隊演奏，席捲了馬哈穆德設在阿特巴拉河畔的刺欄陣地。他們傷亡慘重，但是馬哈穆德的部隊被摧毀，他本人也成了階下囚。基欽納繼續向著尼羅河推進，九月一日在恩圖曼下方的尼羅河岸紮營。

就在我抵達喀土木沒多久，我被帶領前去恩圖曼的戰場。那是一座砂礫平原，從尼羅河延伸到遠方的克勒里（Kereri）與蘇漢丘陵（Surgham），當德佛士人向著基欽納的碉堡進攻時，他們在地面上甚至找不到半點凹洞可以做為掩護。

這支英埃聯軍由兩萬六千名受過高度訓練的士兵所組成，有四十四門火炮、二十挺機槍，由十艘配備三十六門火炮與二十四挺機槍的戰艦支援。德佛士部隊人數有五萬到六萬人，他們可能有一萬四千人配備老式的雷明頓步槍，德佛士人如果利用黑夜攻擊，或許可能攻克基欽納的部隊，不過相反地，他們卻在第二天早上天光大亮時，橫越這座平原。

基欽納的炮兵在兩千八百碼的距離開火，步兵則是在一千兩百碼的距離，沒有一個德佛士人能接近到四百碼。史帝文斯（G. W. Stevens）當時擔任戰地記者，他在他的著作《與基欽納前往喀土木》（*With Kitchener to Khartum*）的著作中描述了那場戰役，他寫到：「沒有任何白人的部隊能夠面臨每五鐘就是一場接連不斷的死亡。那是馬赫迪信徒與最偉大的馬赫迪的末日。他們無法再逼近，但他們也不後退。……那不是一場戰役，而是一場死刑的執行。」

基欽納粉碎了這次的攻擊，再向前推進，企圖在德佛士人進城之前，占領恩圖曼。他不知道還有一支未被擊潰的三萬五千人部隊依然還在戰場上。加里法的兄弟雅庫布（Yakub）帶著德佛士的精銳部隊駐守在蘇漢丘陵後方。此時，在加里法大軍的大黑旗揮舞下，他們開始前進，步履穩健而且隊形完美，不過炮火和大量的步槍火力打散了他們的隊伍。最後三個人在已死和垂死之人的包圍下，依然高舉他們的旗幟。接著其中兩個人倒下，第三個人高呼戰鬥，對著遠處的敵人揮舞他的矛，他被子彈射穿，倒在縐褶的旗幟之下。

最後，一切為時已晚，阿里瓦德希陸（Ali Wad Hilu）和烏特曼謝克艾爾丁（Uthman Sheikh al Din）從克勒里丘陵傾巢而出，攻擊麥克唐納（MacDonald）的蘇丹旅。如果他們和雅庫布同步發動攻擊，這支蘇丹旅可能會全被殲滅。稍後，一切勝利的希望破滅時，四百名死守的部隊寧死而不願被擊敗，在數百碼的開闊地上戰鬥；只有少數沒有騎的馬匹能夠到達英軍的陣地。

走過這個戰場，我被指引觀看第二十一騎兵旅參與著名戰役的地點。這是一次因失策而付出慘痛代價的戰事，戰爭在滿是帶刀劍戰士的一個乾河道裡意外地結束；英軍在這場戰役中的傷亡，大半都是在這裡發生的。溫斯頓．邱吉爾也參加了這場戰事，他在《河流戰爭》一書中做了生動的描述。

在那天結束時，德佛士人的死傷估計有一萬一千人被殺，一萬六千人受傷，四千人被俘。史帝文斯給他們以下的評價：「戰鬥的榮耀應歸於那些戰死的人。我們的同胞是完美的，但德佛士人則是超凡的，超乎完美。就馬赫迪的軍隊來說，那是與我們交戰中，最龐大、最優秀、最勇敢的部隊。為了偉大的馬赫迪主義帝國能獲勝並維持如此長久的國勢，這支部隊死得有代價。」我在孩提時代讀史帝文斯的恩圖曼之役的報告時，當時我的那種悲劇性感受，至今依舊能夠回想起來。我直覺地偏袒德佛士人和他們那種野性的英雄主義的莊嚴。

加里法並沒有參加這場戰役，他潛逃到哥多芳，他在那裡另外募集數千名戰士。十四個月之後，就在一八九九年十一月二十四日，一支匆匆而來的勁旅，將近四千人，在溫蓋特爵士的麾下，與五千名德佛士人在阿巴島交戰，那是十八年前，加里法與馬赫迪相遇的地方。銅製的戰鼓隆隆響起，號角高聲飄揚，加里法的部隊在標示真主與先知之名的旗幟下加入戰鬥。當大屠殺結束後，溫蓋特的軍隊認出加里法的屍體，他已陣亡的貴族都還伴隨在他身旁。他們坐在從馬鞍拿下來的羊皮墊上等待死亡，那是蘇丹人戰敗時，因榮耀而不願逃脫的傳統姿態。

人們估計，蘇丹的人口在馬赫迪主義者統治十年中銳減一半。這其中部分是因為戰爭和報復性的征戰，主要原因是一八八九年致命的大飢荒，因為發生一次嚴重的乾旱，加上大規模徵召農民加入加里法的部隊，使飢荒擴大。為管理被征服的蘇丹國，基欽納建立了蘇丹政治局，雖然原來的成員都是部隊的官員，不過早先的成員基本上都是具有公民資格者。這個政治局快就獲得高度的聲望，一般人認定它和印度的內政局一樣優秀。

派駐喀屯

到達喀土木的那天，我向內政部長辦公室報到，我很高興得知我被派駐北方達富爾省的喀屯（Kutum），那是一般人所認定蘇丹北部三個最教人垂涎的行政區之一，我知道我的這項指派欠了查爾斯．杜普以斯（Charles Dupuis）一個人情，他是達富爾省長，我被選入政治局後沒多久，曾在威爾斯一個朋友家與他短暫會晤。杜普以斯纖瘦而飽經風霜，年紀四十，是個誠懇、謙恭而不擺架子的人，就我而言，我曾經和他有過一次漫長但為深深被吸引的交談，絕大多數談的是達富爾。我立刻意識到他的內心世界遺留在那個遍遠的省分。很顯然地，他在離去時曾探詢和得知我將被派到瓦德米達尼（Wad Medani），那是藍尼羅河流域一個盛產棉花的特別地區，他有意阻止我被派到那裡做例行性的辦公室業務。杜普以斯告訴紀蘭，如果我被派到那裡，我一定會辭職，他說服他改派我到達富爾。

北方達富爾省是蘇丹最大的行政區，涵括面積六萬平方哩。它和法屬撒哈拉交界，向北延伸到利比亞沙漠，住著不同的部族，包括柏柏人、準黑人和有阿拉伯血統的住民。

這個行政區的指揮官蓋・摩爾（Guy Moore）和我是這個區域僅有的兩名英國籍官員，喀屯是區域首府，沒有無線電站，信件是前一晚從該省的首府法瑟（Fasher）由信差送到的。有好心人警告我，摩爾總是在他的行政區內不間斷地旅行，利用他的駱駝走相當遠距離，從來不考慮吃飯時間，當他吃飯時，總是在一些最奇怪的時間用餐，希望我也能和他一樣。我歡迎這樣的未來，能在這個人手底下做事。

在我抵達之前，兩名僕役，一位是僕役長、一位廚子，被指派來服侍我。他們倆都來自柏柏族，是蘇丹專業僕役的大本營。我已經忘了他們的名字，因為他們都待得不久。在喀土木有一些相當不錯的商店，我可以買到我在達富爾所需的一切，因為我推斷法瑟只能提供一些最基本的必需品。

我去探望狩獵區園長邦哥・巴克（Pongo Barker），造訪他位於喀土木小小動物園內的辦公室，以取得打獵許可證。我弟弟給我一把點三五〇厘米的麥格能手槍，是約翰・里格比（John Rigby）送的，我也隨身帶了一把十二厘米的霰彈槍和一把點二二口徑的步槍。當他知道我還在打獵，並且將到北方達富爾，巴克告訴我有希望獵到曲角羚羊、白羚羊和巴巴利羊，那都是受到高度評價的動物標本。我問起獅子的事，他說這個區域裡有很多，但是我不太可能獵捕得到，還沒有人想要在喀屯打到一頭獅子。我打算一有機會就這麼做。

在離開喀土木之前，我應省主席史都華．席姆斯爵士（Sir Stewart Symes）之邀共進晚餐，我在海爾．塞拉西的加冕大典中曾與他會面，他當時是駐亞丁港的公使。我那一晚過得很愉快。出席的只有他的妻子、他那迷人的女兒和派里夫婦，那是個親切的家庭聚會，在皇宮壯觀的場景中舉行，那裡曾是戈登當年孤單守夜的地方，而後經過重建。

幾天後是英國國王的生日，在皇宮裡為文武百官及他們的妻小，以及穿著紅藍袍子像徵榮耀的蘇丹防衛部隊和派駐喀土木的國炮兵營的軍官，舉行一場招待會。馬赫迪的遺腹子塞伊德．阿布德．艾爾．拉曼也出席此一宴會，那是我唯一見過他的場合。他外貌堂堂、一表人才，住在阿巴島，擁有龐大的財富和相當多的隨從，尤其是在西蘇丹這樣的地區。不過可理解的是他的一舉一動，都會受到情報局的監視。

法瑟之旅

前往法瑟的旅行花了四天時間，先是搭火車到艾爾歐貝德，也就是鐵路在哥多芳省的終站。道格拉斯．紐博德（Douglas Newbold）是當地的省長。自從在倫敦俱樂部和他共進午餐之後，我就一直期盼能見到他，能立刻被帶去見這位碩大、幽默而且飽讀詩書的人。他曾經告訴我他利用一次休假，如何騎駱駝在利比亞沙漠探險，而且十分感懷地告訴我那段「美好的時光」。可惜的是我抵達艾爾歐貝德的時候，他已經去旅行。我造訪他的總部，被指引觀看牆壁上的彈孔，那是先前馬赫迪信徒占領這座城市長達五十年所遺留下來的痕跡。

我得在貨車上忍受三天無聊的時光。前往法瑟沒有完善的道路，這條路線有許多貨車載運必需品，他們會自己選擇想去的路，以穿越軟沙地。我們的車子引擎每隔一段時間就會過熱，我們經常必須停車等它冷卻。我的第一個晚上在納胡德（Nahud）和當地的區域指揮官共度。那天他才將一名殺死自己新生孿生子的男人處死刑，殺人在努巴部落的風俗中是一種義務。而我現在還記得當時死刑所帶給我的震撼。

過了納胡德，我生平第一次看到巴巴樹，那是一種長相奇怪的樹木，給我的印象是它把天地都顛倒過來。那裡有許多這種樹木，部落中人會掏空它鼓鼓的樹幹，在雨季之後用來儲存水分。令人意外的這樣並不會弄死這棵樹。我們利用其中一棵樹的水來加滿我們的引擎冷卻器。除此之外，我一路跌跌撞撞地走著，沒什麼值得注意的東西，我周遭的環境無趣、不舒服、也不和諧。

當我抵達法瑟，杜普以斯正外出到尼亞拉參加巴加拉部落的一場聚會，那是達富爾五個區域中最南的一個。但副省長湯尼·阿克爾（Tony Arkell）和他的妻子迎接我，並讓我留下。阿克爾是個涉獵甚廣的學者，是後來喀土木古文物部長。他於一九二〇年代初期，曾在喀土木服役。他帶我去看監獄，那裡最能讓我看到各種我可能與之打交道的人的地方。他們之中我發現最快樂的一群是查哈瓦人（Zaghawa），他們被囚禁多半是因為偷駱駝，阿克爾後來為我解釋，那是他們部落過去的傳統。我對這些部落中人的印象並不全都是好的，富爾人（Fur）看起來，比起阿比西尼亞人、索馬利人或蘇丹人，格外的不優雅。當我做這樣的論斷，阿克爾說：「不要低估富爾人。像這樣的人在那裡曾建立富爾帝國。他們的蘇丹王統治達富爾其他的部落呢！他們是一個非常強悍的部族。」

我想法瑟是個相當有吸引力的地方。這個小城鎮位在一個緩坡上的樹林間，下方有個大水池稱為富拉（fula），是婦女汲水和動物飲水的地方。城鎮對面是蘇丹王的皇宮，現由奧達斯（R.S. Audas）少校使用，他是獸醫。那是一棟寬敞平頂的建築，除了歐洲的家具，它仍保存了過去的氣氛。其他官員住在附近傳統型式的制式房屋，由公眾就業部建造。

除了杜普以斯、阿克爾和奧達斯，還有此地的指揮官及其助手，他們管理中央區，毛理斯中校（Leiutenant-Col. Maurice）是醫生，警官負責指揮派在各區的分局，另外還有一個公眾就業部。法瑟也是西阿拉伯兵團的總部，是四個營編制中的一個，包含蘇丹防衛軍以加強兵力。

注釋：

①圖唐卡門（Tutankhamun）：埃及第十八王朝法老（一三六一～一三五二），爲前王阿肯那頓之婿。他十二歲登位，以在底比斯建造華貴的圖唐卡門陵墓而出名。一九二二年經英國埃及學家卡那封（Carnarvon）與考古學家卡特（H. Carter）共同發掘，陵墓完好。

②勒克索（Luxor）：埃及中東部基納省冬季旅遊度假城鎮。位於尼羅河的東岸開羅以南六七六公里。古代以底比斯之名爲希臘人所熟知。在國王谷中有許多法老墓。有底比斯遺址、勒克索神廟（阿孟霍特普三世〔Amenhotep III〕所建）。

③亞斯文（Aswan）：埃及南部亞斯文省省會。位於開羅以南九百公里尼羅河東岸。一八九八～一九〇二年在城南建亞斯文壩；一九七一年在舊壩之南建亞斯文高壩，攔河蓄納賽爾水庫。名勝古蹟有亞斯文博物館、羅馬水位站、托勒密七世、塞提一世和拉美西斯二世廟，還有古代貴族墓穴、阿迦汗陵墓、聖西米恩科普物修道院（六世紀）、菲萊神

廟、卡拉布莎神廟（由五十五公里外原址遷至阿斯旺高壩附近重建）等。

④阿布辛拜勒（Abu Simbel）：埃及法老拉美西斯二世（約西元前一三〇四～一二七三）在尼羅河岸砂岩上雕製建造的兩座巨大神廟的遺址。遺址在亞斯文附近，一九六〇年代建亞斯文高壩時因水位升高威脅神廟遺址安全而拆遷現址。

⑤努比亞沙漠（Nubian Desert）：蘇丹東北部沙漠，面積約四十萬平方公里，爲紅海與尼羅河之間的沙岩高原。

⑥哈蒂夫（Khedive）：古代波斯的一種稱號。一八六七年鄂圖曼蘇丹授予實際上獨立的埃及總督伊斯邁爾，這一稱號一直沿用到一九一四年埃及成爲英國保護國時爲止。

⑦查爾斯．戈登（Charles Gordon）：一八三三～一八八五，英國將軍。一八五二年參加皇家工兵部隊，一八五五～五六年參加克里米亞戰爭。一八六〇年前往中國鎮壓太平軍，因而以「中國的戈登」聞名。一八七七年被任命爲蘇丹總督。一八八〇年因健康不佳辭職，但一八八四年又返回蘇丹去援救留在叛亂地區的埃及駐軍。他被馬赫迪的部隊包圍在喀土木達十個月之久，並在一支援軍到達前兩天被殺。

⑧厄瓜多利亞（Equatoria）：即今日西非的赤道幾內亞。

⑨恩圖曼之役（Battle of Omdurman）：恩圖曼是蘇丹中部大喀土木城郊鎮，經白尼羅河上的恩圖曼大橋與喀土木相通。一八九八年英軍發動越過尼羅河在喀土木外圍進行的一次戰役，使英國再度征服了蘇丹。基欽納率領的英軍的進攻計畫早在一八九五年已被批准。一八九六年由強大的英埃聯軍執行。馬赫迪的繼承人加里法集結的軍隊大敗，傷亡慘重。

⑩沃爾斯利將軍（Wolseley）：全名Garnet (Joseph) Wolseley，一八三三～一九一三，英國陸軍元帥。一八五二年入伍，曾在英緬戰爭（一八五二～五三）、克里米亞戰爭（在此役中失一目）、印度兵變（一八五七）和對華戰爭（一八六〇）中作戰。一八七〇年在加拿大鎮壓雷德河起義，一八七三年赴西非參加阿散蒂戰爭。此後數次轉戰印度、

賽普勒斯、南非、埃及，曾營救在蘇丹喀土木被圍的戈登將軍。一八八二年封男爵；蘇丹戰役（一八八四～八五）後封子爵。一八九五～一九〇一年任陸軍總司令。他對軍隊進行多項改革，並組織軍隊進行波耳戰爭（一八九九～一九〇二）。

⑪格萊斯頓（Gladstone）：全名William Ewart Gladstone，一八〇九～一八九八，英國自由黨政治家和首相（一八六八～七四、一八八〇～八五、一八八六、一八九二～九四）。

【第15章】

達富爾服役

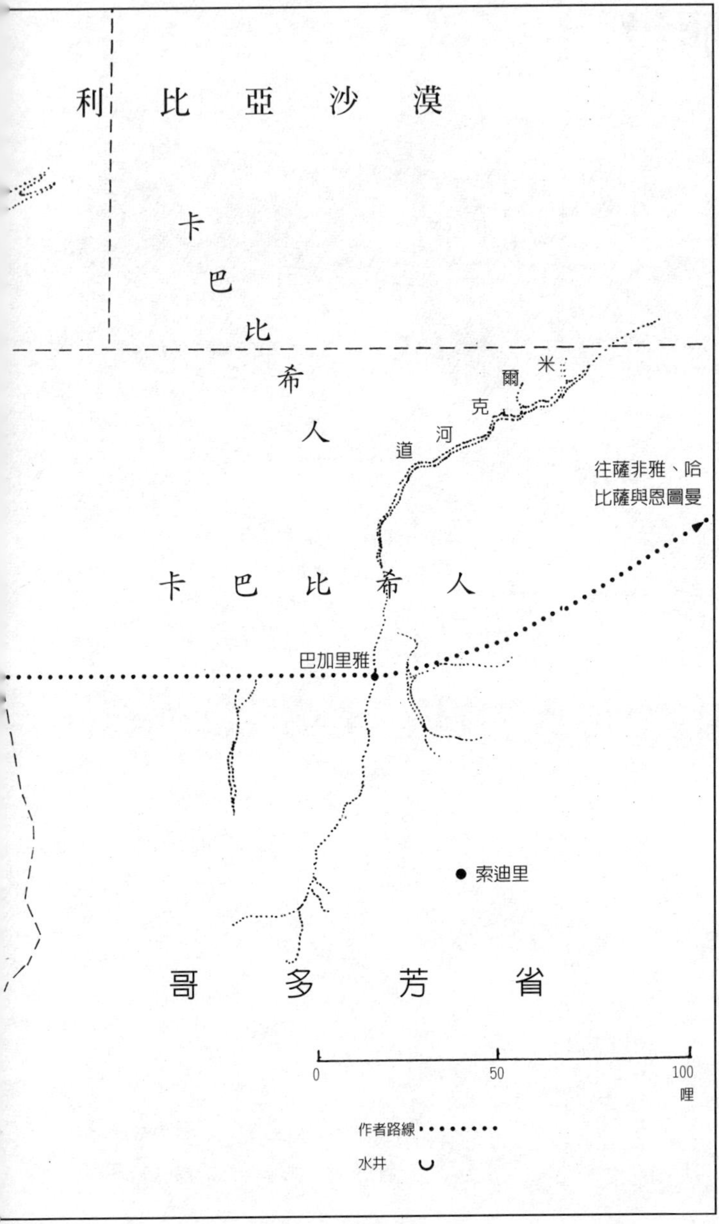

利比亞沙漠
卡巴比希人
米爾克道河
往薩非雅、哈
比薩與恩圖曼
卡巴比希人
巴加里雅
索迪里
哥多芳省
0
50
100
哩
作者路線
水井

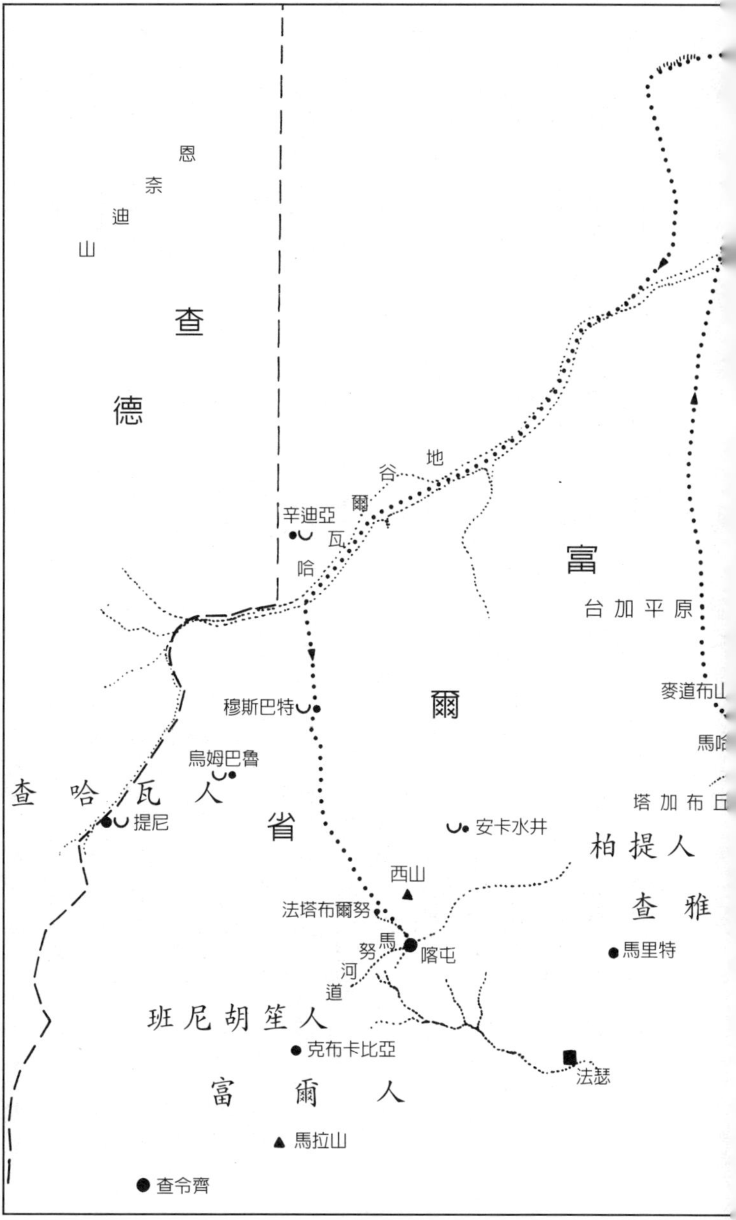

北達富爾；一九三五～一九三七年

幾天後，阿克爾用貨車送我到西北方六十哩的喀屯。當我抵達時，蓋·摩爾正外出旅行，但是將與我交接的雷吉·丁瓦爾（Reggie Dinwall）帶我到處參觀，協助我能自己打理一切。

我很快就被喀屯所吸引，我的屋子下方是沙地的乾河床（wadi），也就是所謂的河道，兩岸有長滿樹葉的哈拉茲樹（haraz），較遠的那一邊是一個被無數叢林覆蓋的鄉野，只有遠處如鋸齒般的西山（Jabal Si）群峰，打破這樣的景致。我的屋後是一大團鵝卵石，散布在刺槐樹叢間。

我那茅草覆頂的精緻屋子是以泥土建造，有水泥地板；一間大型起居室、一間餐廳、一間臥室、兩間小儲藏室和一間浴室，既沒有浴室也沒有臉盆；至於廁所，在屋外的草棚下有一個座椅，底下有個木桶。這間屋子裡沒有家具，但是我有在喀土木買的露營用具，包括一具帆布行軍浴室和臉盆，僕役在廚房利用一只煤油桶燒洗澡水。丁瓦爾賣給我幾張桌子和四張豎背式的椅子、一張有扶手的椅子、一個書架和三張行軍床。我睡在走廊上的其中一張床架上，其他兩張床架，正好用鮮艷多彩的費占尼（Fezzani）毯子和皮墊子蓋住，把它們放在起居室裡當沙發椅。我把其他毯子鋪在地上，最後再放上一些獅子皮。屋子的泥牆因為白蟻而穿孔，不過後來我拿一些矛、劍和飛刀，以及我獵捕到的獸角掛上去當裝飾。書架上，我擺了整套的康拉德和吉卜林的作品、布萊克·伍德（Black Wood）的《邊塞的故事》（*Tales from the Outposts*）、吉朋的《羅馬帝國興衰史》（*Decline and Fall of the Roman Empire*）和弗雷澤①的《金枝》（*Golden Bough*）、勞倫斯的《沙漠叛變記》；道諦②的《古沙國遊記》（*Arabia Deserta*）、邱吉爾的《河流戰爭》，還有許多其他書籍，主要都是歷史類書籍。我把這間屋子弄得舒舒服服的，雖然少了一點高雅，但我偏愛它，勝過法瑟那些沒有特色的小木屋。摩爾有間類似的屋子就在附近，我們的屋子之間還有幾間客房。乾河床靠我們這一岸，還有一條小水溝，隔著水溝是辦公室、監獄、醫療站、警察局和六名蘇丹籍官員的屋子。

因為我的職銜所獲得的津貼，我可以有一頭騎乘用的駱駝和五頭載行李用的駱駝，我買了丁瓦爾的駱駝，不過他那頭騎乘用的駱駝是匹跑得慢又有些沉悶的畜牲，所以我很快就放棄牠。我適時換了另外五頭騎乘用的駱駝，我偏愛輕裝旅行，要的是快速且走得遠的駱駝，不要那種走在裝滿帳篷、桌椅和其他例行物資的輜重車隊前頭，辛勤工作的駱駝。我對我的駱駝要求，比我剛到時所買的兩匹馬來得多。

部落會議

隔天摩爾回來，和我前往法塔布爾努（Fata Burnu），那裡正在舉行一場部落聚會，我們進入一座為我們搭建好的遮蔽所內就坐。我印象中的摩爾，是個高瘦、飽經風霜而且話很少的人。事實上，他長得粗矮、話多，而且紅臉藍眼，更有火爆的脾氣，只是他通常都能控制得住。他在一次世界大戰期間，曾待過飛行中隊，並得到勳章，戰後他在伊拉克的沙漠部落間服役，擔任情報官，他在那裡學會流利的貝都阿拉伯語。他待在喀屯迄今已五年，將再任職十一年。在合約期間，他只能晉升到行政區指揮官而不能升到更高位，不過他也無此意願。

在法塔布爾努，部落的人圍繞在我們四周紮營。那裡有三個查哈瓦人的部落，他們來自北方沙漠邊界之地，是一支頑強而目無法紀的族群，他們因為生活條件差而變得強壯刻苦，他們和住在法屬蘇丹、以至於向西最遠到提貝斯提山區的比達雅族（Bedayat）、戈蘭族（Goran）與提布族（Tebu）屬於同一族系。那裡還有麥道布族（Madob），他們遠從他們位於利比亞沙漠邊緣的火山岩根據地麥道布山（Jabal Maidob），騎乘一百五十哩路來到此地；柏提族（Berti）來自於塔加布（Tagabo）丘陵；游牧的加魯族（Jalul）和加雅迪亞族（Jayadia）是來自於哥多芳省邊境擁有駱駝的阿拉伯人；班尼胡笙族（Bani Husain）來自於此區的西南邊，是大巴加拉邦聯最北的一個部落；富爾族是來自西山和本區的其他地方。

這裡許多部落都擁有一種大型銅製戰鼓「納哈斯」（nahas），那等同於部落軍團的象徵物。有些部落在馬赫迪執政期間，已經失去他們的戰鼓，如今只有政府才能授予他們戰鼓。整個晚上，「納哈斯」戰鼓每隔一段時間就會敲擊一次，那一成不變、不急不徐、傳得遙遠的聲音，好像某個營地在回應另一個營地不斷提出的挑戰。此地只有在這樣的部落聚會時，「納哈斯」戰鼓才能拿到他們部落領土之外的地方敲打。在別的地方敲打等於是宣戰。

省長杜普以斯、他的妻子及兩位特別的朋友，獸醫奧達斯和醫生毛理斯抵達此地。這三個人在達富爾一起共事多年，獲得「政治三巨頭」的封號。第二天，各部落在省長面前列隊行進接受校閱，大約有一萬多人。他們騎在馬匹和駱駝上，揮舞著他們的劍與矛，高唱他們的戰歌，與戰鼓隆隆的聲響相互呼應。查雅迪雅人（Zayadia）在他們部落的象徵物前導下列隊前進，那是一種駱駝馱負的轎子，上頭載著酋長的女兒。我曾經讀過，在阿拉伯某地的偉大的盧瓦拉部落（Rualla），他們就是跟隨著這種神轎去打仗。

酋長們穿著燦爛奪目的袍子，他們用頭巾把臉包起來，只露出雙眼。他們許多隨從，尤其是查哈瓦人，穿著色彩亮麗的伊斯蘭教長布袍。當他們浩浩蕩蕩走過，我留意到少數穿著郵差服裝的人，那種服裝的由來可以遠溯自十字軍東征的年代，這種形式，一如他們所配戴既長且直的劍。我發現這支遊行隊伍向他們的省長致意，這般陣仗是我認識北方達富爾的一篇撼動人心的序章。

杜普以斯在法塔布爾努待了兩三天，將和「馬格敦」（Magdum）及其他酋長開會討論事情。在過去馬格敦是蘇丹王在北方的代表，但是當英國接管政權之後，這種機制就被廢除。不過為了配合間接施政的政策，最近這種機制被重新恢復，前一任「馬格敦」的兒子約瑟夫（Yusuf）被任命管理這些部落酋長，他的宮廷設在法塔布爾努。這位年長而相當傲慢的人，從默默無聞到意外地被拔擢，他並無法有效應付部落的某些貴族，像是查哈瓦族的馬里克・穆罕默德安・亞當・沙比（Malik Muhammadain Adam Sabi）。

穆罕默德安是個精力充沛、體格結實的中年人，有一張凸出而倨傲不羈的臉孔，展露出北方達富爾人的特質，他太有企圖心以致不願屈居第二。另一位查哈瓦酋長是多薩蘇丹王（Sultan Dosa），是一位仁慈而長白鬍子的人物，他在他的王國內統治一個小小的區域，大部分是位在法國人管轄的邊界那一邊。還有一位年輕的夏台・提加尼（Shartai Tigani），他曾經在法瑟的學校讀書，是這個區域內唯一能讀能寫的酋長。

穆罕默德安管轄的查哈瓦人中，有許多人最近向南遷移到尼亞拉行政區，只為了比較好過日子；那裡的巴加拉酋長發現這些人難以管理，要求他們回喀屯。這正是此次聚會探討的諸多議題中，一個突發性的議題。更嚴重的問題是烏爾迪族人（Urti），是麥道布區之中最桀驁不馴一群，他們有許多人自稱是安薩爾，會前往阿巴島朝聖。政府對這種宗教上不安的示威運動十分敏感，特別是在西蘇丹地區。一九二一年，一項宗教性的集合活動在南達富爾的尼亞拉行政區發生，那裡的行叔區指揮官和獸醫官，以及一名警察分局長遭到殺害，當時的行政區的總部也被攻陷。

此時，我和麥道布族的馬里克・沙亞（Malik Sayyah）會晤。他看起來像是二十五歲，其實已經四十。他的儀態溫和而動人，有宜人的笑容和自然的魅力，不過很快的他也顯示出他是個剛毅而負責任的人。那次聚會中教我印象最深刻的另一位酋長，是班尼胡笙族的哈米德酋長（Sheikh Hamid），他是一位白髮蒼蒼、謙遜有禮的部落領袖，他曾經在雅庫布的大黑旗麾下參與恩圖曼之役。

前一天我看到班尼胡笙族人列隊騎乘，配戴著他們特有長形、寬刃的矛。此時他們正賣馬匹給奧達斯，我也買了一匹。奧達斯的相馬之術是出了名的，而且對馬匹有相當驚人的記憶，他宣稱他所買過的數百匹馬，每一匹他都能記得。他是歡樂而不內向的人，他那寬容的幽默感總讓我感到愉快。我們從一開始就處得很好。他曾遍遊整個達富爾，我喜歡聽他經歷的故事。他對我所感興趣的大狩獵故事也聽得很滿意，他給我一些建議，教我如何在夜間坐在誘餌上頭等獅子，以及到那裡找巴巴利綿羊。

夜裡，我們坐在一處大營火旁喝酒，其他的人則談論工作，話題範圍涵蓋整個省的種種，還有對它的政治體制每一種的觀點。我傾聽他們說話，明白他們對於自己要面對的人，以及他們自己本身之間的關係有多麼清楚。我也意識到他們對於即將發生不可避免的改變所懷有的焦慮。雖然我們的年紀不同，我在蘇丹還是新手，他們讓我覺得我是他們的一分子。杜普以斯特別會用他的方法來諒解與鼓勵。他是相當有權威的人，同樣也是教人喜愛的人，他的妻子一樣十分友善。在這個男性社會中，她從來就不會突唐冒失，顯然有關這個國家的種種，她都會被告知，而且她也不想離開達富爾。杜普以斯、奧達斯和毛理斯都已屆臨退休，他們的離去將是一個紀元的結束，而這個省份也將失去它大半的獨特性。

區指揮官摩爾

回到喀屯，證實了如我所預期的，蓋．摩爾的上班和用餐時間不太傳統。他每天太陽一出來就會騎馬出去，而且不回來吃早餐，一直到十點多。他接著可能會待在辦公室，直到下午五點才回他的屋子吃午飯。我們要是同時間待在喀屯——並非經常發生，我們總會一起度過夜晚的時光。喀屯位於海拔四千呎，冬天非常冷，我們喜歡坐在爐火旁。至了最後，有時候已過了大半夜，他的僕人會來問我們是不是已準備好用晚餐。

摩爾從來就不會傲慢自大。我們服勤時他都會穿制服，那是先前的軍事政府時代所留下來的慣例。而第一次進高階長官辦公室，習慣上得行禮。有一次因為匆忙，我忘了行禮。摩爾抬起頭，簡單地說：「我想你把我這個高級軍官給遺忘了。」

我發現他也是個相當會帶動話題的交談者，總帶著一種果斷而非傳統的觀點，經常與我的觀點相吻合。但是當我們意見相左時，他總是不會專斷獨行。我記得我們經常討論柏頓、道諦、勞倫斯和李區曼（Leachman）等人的人格特質差異，希望能分析阿拉伯和阿拉伯人對某些英國人的吸引力。摩爾在阿拉伯的日子，肯定是讓他最難忘的歲月，他很感性地談起過去沙漠的歲月，把一個個部落中人，說得活靈活現，激起我到那裡旅行的持續不斷的念頭。我們總是討論這個區域的事情，我很快就明瞭，在他最真實的觀念中，他把這裡的百姓當做自己的人民看待，他對他們不只是有責任感，還有一種情感。因為他未婚，他把他們的福利視為他最關切的事務。他對任何顯然窮困或陷入困境的人，在這些樣的情況中，他總是慷慨解囊，自掏腰包。

然而，這些歡樂的日子反而讓我愈發擔心阿比西尼亞。報紙和路透社的電報新聞隨著郵件送到，我讀到國際聯盟的無能，墨索里尼誇張的軍事威脅，法國代表拉瓦爾（Laval）的口是心非，還有英國鮑德溫③政權的優柔寡斷和懦弱，霍拉─拉瓦爾協定（英法羅馬協定）協議交出阿比西尼亞廣大的土地，以安撫墨索里尼。

摩爾在那段日子裡，是個讓我得到寬慰的人。很自然地，我對他來說也是如此，儘管這裡頭並沒有私人的感情因素。不過當我告訴他阿比西尼亞遭到攻擊，我打算辭職，到那裡和他們並肩做戰。他說：「我明白你的感受。不過不要太早行動。我想我們終究要和義大利交戰，那時候你在為你的祖國而戰的同時，也可以有機會幫助阿比西尼亞。」

例行公事

我一抵達這個行政區，摩爾就用駱駝送我去拜訪位於塔加布丘陵地的柏提族。雖然我們有一輛單廂式汽車和一輛三噸的貨車，是那個區域僅有的機動車輛，但我們卻很少使用。摩爾喜歡騎駱駝，當他在騎乘的時候，他可以和別人保持接觸。我在丹納吉爾曾經利用駱駝載貨，不過這可是我第一次騎駱駝。第二天我還是很僵硬，幾乎無法前進，但是在鞍具上再騎六小時之後，我已經鬆弛，不再覺得騎駱駝時會變得僵硬。

在那次的場合中，我由柏提族的酋長陪同；他騎的是一頭體型小但長得很漂亮的純種駱駝，但他偶爾和我交換騎我向丁瓦爾買來的那頭駱駝。我給牠取名「哈比」，阿拉伯語的意思是「寵愛的」，我變得十分依賴牠。牠是我逐步獲得的一批優秀公駱駝中的第一頭駱駝。在蘇丹沒有人會騎母駱駝，在阿拉伯地區這是一種慣例；也沒有人會為他們騎乘的駱駝去勢，做法就像撒哈拉的戈蘭族人與提布族人一樣。

在我從塔加布丘陵回喀屯的兩星期後，有一天下午，我從辦公室返家，發現有一些人等在我的屋外，拿著一塊他們早上獵得的母獅子皮。獅子皮上躺著兩頭幼獅，牠們的眼睛只能勉強睜開。我成功地撫養牠們，讓牠們變成最有趣的寵物。起初我把牠們養在一間小木屋裡，但是隨著牠們長大，我讓牠們白天到處閒逛。牠們喜歡躺在我在走廊上的床架上。

幾個月後的某個晚上，我醒來覺得有些東西在我床下移動。我想：「該死的！獅子跑出去了。」我點亮手電筒，看看床下，正瞧見一頭土狼的眼睛。我發出一種「噓」的噪音，牠爬到床的另一邊，無疑的牠是來偷吃那幼獅吃剩的肉屑。第二天，那位曾經幫我把床架移到走廊上的僕人，急急忙忙地跑來告訴我有一頭獅子。我直覺地認為是那隻土狼，我拿著步槍衝出去，在月光下，丟一塊原來是我第二天晚餐用的羊肉在某個距離外，接著坐在床上等待。幾分鐘後我射中那頭土狼，那是一頭條紋土狼，是我第一次見到的。這種土狼比較小，比起斑點土狼，是相當少見的土狼。

當那些獅子愈長愈大，我面臨如何處置牠們的問題。我得經常旅行，沒有地方能長間關著牠們。我曾經希望喀土木動物園能收容牠們，但是他們已經有太多獅子。放牠們走顯然不切實際，而且可能是釋放兩頭會吃人的動物，因為一隻已經能後腿站立的獅子被當做寵物，已讓牠失去對人類本能上的戒心，且沒有牠的雙親教牠如何狩獵，這樣實在很容易讓牠殺人，把人當做最方便的獵物。我因此決定在牠們九個月大的時候，將牠們射殺，不過我痛恨這麼做，因此我一直很難過地想念牠們。

我正努力地嘗試學好當地的阿拉伯方言，那和我最初在倫敦所學的正統阿拉伯語有很大的出入。我一到的時候，摩爾就交給我一件官司，讓我試試身手，他說：「看看你如何搞懂他們的阿拉伯語。記得，在我離開的六個月當中，你得獨力負責這個行政區。」我記得這件特別的官司是有關偷雞的案子，遭竊的那名老婦人喋喋不休而難以理解，就像她那眾多的證人一樣。摩爾可能只要五分鐘就搞定一切，我卻花了一個上午的時間，我甚至懷疑我是不是真的弄懂了。

摩爾聽取大多數的案件，都是酋長法庭所上訴的案子，多數與偷駱駝有關。殺人案才會由行政治區指揮官在兩名顧問的協助下，主持一項重大法庭加以審理。我特別記得有一個案例；我當時坐在席上，由摩爾主持這件案子。被起訴者來自多薩蘇丹王的查哈瓦區。兩名證人證明，他趁著他們從喀土木北上的途中，在中午休息時襲擊他們，他當時陪著一個男人、一名婦女和一名小女孩，帶著一頭駱駝。第二天他們留意到鄰近小徑上，禿鷹在空中盤旋。他們前去查看，發現那名男人、婦女和小孩的屍體，他們全都在夜裡被一把斧頭砍死；那孩子曾經醒來而跑了一小段距離。

他們堅稱兇手的腳印正是那名被告的，他們在前一天看過。我們接受他們能夠認得出每個人腳印的事實，那幾乎就和每個人的指紋一樣有獨特性。這些人每個都有這種本事。那名兇手曾經拿了那個男人的衣服和駱駝，當這名被告穿越邊界時，被法國人逮捕，當時他手中拿著這兩樣東西。然而他堅稱他是從一個不曾謀面的人那裡買到這頭駱駝和沾有血漬的衣服。當時他曾經懷疑這些東西是偷來的，因為他用很便宜的代價買下牠們。他沒有證人可以證明那項交易，但他否認謀殺案發當時他人在達富爾。問他謀殺案發當時人在哪裡，他說他在法屬領地內找一頭走失的駱駝，但是他這麼做的時候，並沒有碰到任何人。在這個空蕩蕩的荒野中，這種場景一點也不讓人意外。

摩爾知道那兩名證人對被告的部落懷有敵意，摩爾質問他們，又採用交叉詢問，花了很長的時間，但無法動搖他們的證據。這項謀殺案的判決顯然毫無疑問，於是摩爾判了那人死刑。那名被告毫無感覺地聽取判決，接著他轉頭看著那些控告者，平靜地看著他們一會兒，靜靜地說：「你們兩個，我將在審判日和你們相遇，」用阿拉伯語就是「bi yaum ad din」。這項判決由喀土木的大法官確認，那個人在法瑟的監獄裡被吊死。跟我同年紀的許多人在不同的時間，都曾經主持過死刑，幸運的是我從來就不必這麼做。

我在摩爾主持下調查過許多主要法庭的案件，我記得一個特別教人感傷的案例，當時的被告是一名年輕而相貌姣好的胡塞尼人，他坦承殺了他的新婚妻子，因為「她羞辱我，所以我才殺了她」。她曾經接受過一項嚴酷的法老王割禮，所以留下一個很小的孔。在幾經嘗試而不得其門而入，他建議用一根營釘把她的陰門弄寬，她嘲笑他說：「等我明天告訴井邊那些女孩子，你不夠男子氣慨，無法進入我身體，你想用營釘。」他說：「你告訴她們，我就殺了你。」她真的告訴了她們，那些女人嘲笑他，他於是殺了她，摩爾判他死刑，但是他加了一條給大法官的強烈建議，改以囚禁取代，而這建議獲得採用。

摩爾決定在喀屯為酋長的兒子開一所學校，以便他們能監管那些為他們不識字的父親工作的書記，他們經常趁職務之便從中牟利。在這個區域沒有其他學校，唯有我們少數的幾個人相信教育對這些部落的好處，然而他們並不要求受教育，英國已經為他們帶來安全與正義，藉此他們已經心滿意足。我們也明白，一種外國教育全盤入侵他們的社會，必定連帶地帶來家庭生活的破裂、讓他流浪進城、失業和生活欲求不滿。這是我們能夠了解不可避免的事。我們只是懷著善念，希望盡可能延緩這些事後續發展。要爭論一個外來政權為維持它對蘇丹的控制所訂的政策，是毫無意義的，其實今天許多人正是如此。基欽納在征服蘇丹之後隨即建立的戈登學院，和克里斯多佛・考克斯及在其他領域更為傑出的人，為提升教育所做的貢獻，確實推翻了這種說法。

年長的伊斯蘭教老師（Faqih）負責學校的經營，也負責學童的宗教教育，而從法瑟來的一名經過認可的年輕蘇丹人，提供非宗教性的教育。這些男孩子來自這個行政區各地，年紀在十三到十七歲之間，他們在一起生活融洽，是快樂的一群。

我們倆或任何一人在喀屯，總是有一大堆事可以做。每個星期總有一天在早餐後舉行警察的校閱訓練，每一次總要監督他們在靶場上射擊。還有學校需要照料，醫療站到各地拜訪。我們有一流的醫師，他總是有一堆病人等待，病人來自這個區的各地方等待接受治療。我曾在丹納吉爾得到一些治病的經驗，現在我靠著視察他的業務，而能學到更多東西。我總是隨身帶著一些藥品，當我外出旅行，能夠治傷口、沙眼、瘧疾、痢疾、頭痛、酸痛和其他類似的病痛。最常見的疾病是熱帶性潰瘍，它會侵蝕皮膚上的肉，經常會感染到骨頭，即使是法瑟的醫院，對此也沒有有效的治療辦法。腦髓性骨膜炎是努巴山區的一種風土病，一九三五年在達富爾蔓延，造成該省數千人死亡。看著得這種病而垂死的病人是一件很恐怖的事；我親眼看到最糟的是因破傷風而死的人。

我們在喀屯時，每天早上去辦公室，除了星期五，因為那是伊斯蘭教的安息日，是固定假日。由於蘇丹是由英埃聯合政府主導，英國和埃及的國旗會同時在辦公室前方的旗竿上飄揚。只要摩爾出現在辦公室，或者他出差由我代理，警察守衛就會出現，在號角聲響起時，伸出手臂向我們行禮。我們的二十五名警察是由一名士官長指揮，他總是穿著得體。他們配備執勤的步槍，有他們自己的駱駝或馬匹；所有人總是整裝待發，隨時聽命行動。

我們的辦公室裡有三名職員。基德・艾芬迪（Khdir Efendi），擁有瑪木爾（mamur）的頭銜，也就是高階土著官員，在這個政區的地位排名第三，他曾在這裡服務多年，受到廣泛的尊重，摩爾說他是個值得完全信賴的人，即使他外表看來教人難以想像。阿布杜拉・艾芬迪（Abullah Efendi）是職員，年輕而教人喜愛，他能說寫流利的英語，對他的工作十分勝任，而且有關這個區域一切都會詳加報告，我初來此地時，他對我幫助頗大，讓我在這間辦公室內知道何去何從。約瑟夫・艾芬迪（Yusuf Efendi）是所謂的會計（saraf），是個胖嘟嘟的傢伙，有一個大肚子和爽朗的笑聲。他其他的職務是負責保險箱裡的錢。另外有一位「卡迪」（qadi）負責宗教事務，他來自尼羅河谷。他有自己的辦公室，我們很少有機會碰到他。每次我們見到他，他總是一成不變地表現出謙卑有禮。他戴著他那頂精織的無邊帽和祈禱召喚時的長袍，這位壯碩、莊嚴的教士出現在我們這間裝置十分鄉下的辦公室，顯得很不協調。

在辦公室裡有兩星期的郵件要處理，經常包括一些與這個行政區無關的傳閱性公文；我們有每月的月報要寫；有案件要嘗試處理；有下情要聆聽；要拜訪酋長和接見其他人；有稅要徵收或檢查他們的繳納金；保險箱裡的錢需要不定期清點；還有許多雜務有待應付。

夜間，我會騎著哈比或我的某一匹馬出去蹓一蹓。有時候我會去再拜訪乾河床下游幾哩的圖阿雷格④營區。他們是眾所周知的肯寧族（Kenin），此外，這些肯寧族人穿的是白衣，而不是比較傳統的藍衣，這些肯寧族所穿的傳統圖阿雷格服裝，包含面紗。

許多圖阿雷格人已經移居達富爾，因為阻止法國人入侵他們的土地無效，失望之餘，投身在蘇丹王的名下。在英國人占領達富爾之後，他們大多數人已遷回故土。他們很擅長皮革工藝，我從他們那裡買了一些裝飾精美的皮墊，迄今我仍保有它們。這是我唯一接觸過的圖阿雷格族。我一直後悔不曾到他們在撒哈拉的部落間旅遊。

首次接觸貝都人

我們預定在一九三五年四月底舉行一場麥道布族與卡巴比希族（Kababish）之間的會議，這兩個部落原本彼此關係惡劣。卡巴比希族是蘇丹最大的駱駝擁有者，住在北方哥多芳省，冬季下了適當雨量之後，他們就會帶著他們的牲口深入利比亞沙漠。身為阿拉伯人，他們瞧不起麥道布人，視他們為「黑人」，麥道布人一旦回到他們的山區城堡，會覺得安全有信心，他們從鄰近的沙漠偷竊卡巴比希族的駱駝，因而激怒了他們。摩爾喜歡馬里克・沙亞和他的麥道布族人，也喜歡卡巴比希族人，並尊重他們的酋長艾里・陶姆（Ali Taum），因而組織了這種年度會議。艾里・陶姆與沙亞已經會面，變成密友，他們部落之間的關係逐漸獲得改善。

在這個會議舉行前幾周，一位卡巴比希族的酋長曾到喀屯拜訪摩爾，摩爾知道我想要一頭真正一流的駱駝，於是建議我向那位酋長買一隻，帶到這個會議來。我照做了，依他的建議給他一個價錢。

摩爾正好要留在喀屯，所以我先出發，參加在麥道布山南邊、哥多芳邊界的會議地點，沙亞所辦的一場宴會。負責管理卡巴比希族的查爾斯・狄布森（Charles de Bunsen）和艾里・陶姆及四十多名卡巴比希族人第二天抵達。當他們越過沙漠向我們飛奔而來時，那景象真是優美。這些阿拉伯人戴頭巾，穿白衣，而他們的駱駝邁開步伐，展現出一種教人意外的優雅動作。讓沙亞和艾里・陶姆會合，狄布森和我一起紮營。他和我意氣相投，和他在一起，我明顯發覺他比我在蘇丹的任何一位同事更有親和力。他負責卡巴比希族的事務已經一年以上，喜歡表現他那種流浪的性格。

這是我首次與真正的貝都族接觸，也是我第一次聽到阿拉伯沙漠上獨特的語法，和阿拉伯人在達富爾使用的語彙大不相同。摩爾曾經談起艾里．陶姆，那天晚上，狄布森帶我去他的營地。他個小體輕，有一種沙漠貴族嚴肅的臉孔，一種傳承自阿拉伯祖先的謙恭有禮。我注意到他很留意地聽著每個字，當他在走路的時候，他不太顯露出他的年紀較長，儘管他那天曾經騎乘相當遠的距離。卡巴比希人在馬赫迪政權期間，曾遭到加里法的大屠殺，在英國人占領之後，由艾里．陶姆重建他們殘破的部落，以至今日能擁有昔日的優越性。

艾里．陶姆正在培育一種優秀的駱駝，並且說我所買的那隻就是他培養的，我懷疑其實那是他所擁有的一隻得獎的駱駝。要接受牠讓我良心不安，不過他堅持，並說狄布森也支持他這麼做，並說如果我拒絕就是一種侮辱。那是來自紅海丘陵的比夏林種，是全蘇丹最優秀的騎乘用駱駝的大本營，牠的名字叫法拉茲阿拉（Faraj Allah）。在達富爾肯定沒有一頭駱駝能與牠相比，在尼羅河西岸只有少數可與之比擬。從來沒有一種我擁有過的動物，對我意義如此重大。

摩爾最後兩天才來到，受到酋長們的熱烈歡迎。沙亞和艾里．陶姆到此刻已經敲定他們部落之間未決定的爭論，這項會議變成一種社交場合，跟麥道布人及卡巴比希人一起喝幾杯甜蜜的紅茶。夜裡，摩爾、狄布森和我坐下來，促膝長談有關星斗的事，而一頭沙亞送給我們的山羊正在營火上燒烤。

狄布森和卡巴比希人在清晨騎駱駝離去，而摩爾和我陪著沙亞回到山上。這座六千呎的火山岩斷層塊，在一個沙漠的邊緣，向北延伸到地中海達到千哩，是麥道布人棲息之地，那是一支非常排外的民族，混合了柏柏人和原始的黑人血統，有他們自己的語言。我們在馬哈（Malha）的沙亞家附近紮營，那是個小村落，所有的屋子都是木造，覆以茅草屋頂。沙亞的家也一樣，只是比較寬敞，蓋得比較好。

在附近，幾近乎垂直的馬哈火山口，有個小小的黑色湖泊，麥道布人會從那裡取得一種像瀝青的物質，用來當做駱駝的藥。中午時分，火山口底層塞滿了駱駝、牛隻和羊群，這些動物從三百呎高的地方沿著一條勉強可通行的小徑下降，到此地的一些小湧泉和一些帶鹽味的水井喝水。到了夜裡，有上千的沙地雷鳥群集此地喝水。牠們飛近時，我發現很難射中牠們，因為所帶的彈匣不夠，所以我等牠們站定了才開槍，每開一槍可以射死許多隻；那些跟隨我的麥道布人對我打到的這些鳥十分滿意。

杜普以斯曾經告訴我，報告指出麥道布山有巴巴利綿羊，他知道這是我喜歡的一項工作，因為我有機會可以射中一頭羊。當摩爾讓我留下來做這件事時，我前去離馬哈大約一天行程的一個小村子克茲庫（Kejku），那裡有位叫蘇萊曼（sulaiman）的白鬍子酋長。根據沙亞所說，蘇萊曼對那裡的事無所不知，應該知道在這座丘陵裡的巴巴利綿羊。他那個由小木屋構成的村子，和馬哈的村子一樣，在一座叫做烏布爾山（Jabal Ubor）的大山山腳下。第一天早上，我們爬上山，雖然山勢幾乎筆直，但蘇萊曼一路爬上來，絲毫沒有停下來喘氣。我很快地發現這名老人也是一名技巧高超的狙擊手。他為我指出許多羊，大多數是母羊，他堅稱公羊的頭部比較小，但最後他標定其中一隻，他宣稱牠非常巨大。我們達到射程範圍內，瞄準有困難，但當我們可以瞄準射擊，牠應聲而倒，滾到緩坡下。那是一頭壯觀的動物，飽和的棕色，有一撮毛垂到胸前，牠比我想像中更巨大，我們得三人合力才能抬起牠。牠那巨大後掠的角，測量起來有二十八又四分之三吋，牠的頭形十分完美。

那個星期中，我看到更多的這種綿羊，但是我沒有意願再射殺另一頭，也沒有必要再接近牠們。在這個險峻的山區搜索，我們還是很難跟得上蘇萊曼的腳步。我記得有一座崖壁可能有一千呎高、三哩長，鑲在引人注目的峽谷上，我看到那裡有綠草，我預計可以找到水源。當我寫我的報告時，我提議蘇萊曼應該做這些羊的監護人，並給他一點薪水，這個建議獲准。

沙亞曾建議我可以從馬哈翻越沙漠，到安卡水井（Anka wells），從喀屯前往大約一天行程。他也願意陪伴我，說我們可能會碰到白羚羊，甚至是曲角羚羊。我表示同意，決定只帶著一名駱駝夫卡洛（Kalol）。因此，我遣返我的兩名僕役、其他駱駝夫、三名警察，帶著我的帳篷和露營配備走正常的路線經由梅里特（Melit）回喀屯，我只隨身帶著我的毯子。在其他人離去之後，我留下來住幾天，住在沙亞的家，那屋子裡有一張行軍床、兩三凳子和一些燈芯草編的蓆子和地毯。我不需要其他的東西。

我們出發前去找尋白羚羊，花了五天的時間才到達安卡水井，但是我們已經用羊皮袋裝了足夠的水。有天在長距離射擊中，我命中一頭結實的公羚羊，牠有不錯的頭部。同一個晚上，我們行經一些草地，那是因為最近的一場大雨而長出來的，我們在那裡看到一群為數四十二隻的羚羊，當牠們跳上附近的一座山脊上，那景象真是壯觀，那一大片棕楬與白色相間的身體，頭頂上還有半月形的角。我們在那裡也看到十八隻駝鳥，多批的大型瞪羚，還看到五頭獅子的足印。我懷疑這些獅子到哪裡找水喝。沙亞堅稱獅子需要的水份是從牠們殺的動物肚子裡取得，但我還是疑惑牠們所獵殺的動物又是從那裡取得水份。因為此地貧瘠的牧草大多都已乾枯。我們沒有看到曲角羚羊，顯然比起白羚羊，牠們棲息在沙漠更深處。

除了當我射殺羚羊，能夠吃到新鮮的烤肉，我們吃的主要是一種叫「阿西達」（assida）的濃稠玉米粥，和一種叫做「穆拉」（mullah）的蔬菜醬，那是沙亞的四名廚子其中一位為我們準備的晚餐。他會在盤子裡倒一沱「阿西達」，再在它的中間挖個洞，把「穆拉」塞進去，我們七個人一起用餐，用我們的右手吃飯。清晨出發前，我們只吃一把椰棗，我發現這樣的餐點可以讓我完全飽足。

在地上或坐或躺在一塊氈子上，我只有少數的行頭放在鞍袋裡，我喜歡這種輕鬆而非正式的伙伴關係。這樣的生活和我們周遭的景物融成一片。那是我第一次體會到在真正的沙漠上那種無寬廣的空間感，還有那寧靜與涼風吹掠的清爽。當我告訴摩爾沙漠對我產生的魅力，他說：「我很高興你這樣認為。我總是把這個沙漠想做是上帝高高的聖餐台。」

等我回到喀屯，我發現摩爾已經在十天前出差旅行，在查哈瓦地區發生騷動的消息剛傳來，那是距離烏姆布魯大約一百哩的地方。據報有兩人死亡，五人受傷。我搭乘那輛廂形車帶著三名警察前去，我們抵達的同一天，它的散熱器嚴重漏水。這場戰鬥導因於與許多人有關的不同血統的長期敵對。我花了三天才搞清楚狀況。當我聽到另一項殺戮事件發生在多薩蘇丹王的村落，我已經逮捕了七個人，先派警察去監視他們，我則步行回喀屯。我的「瑪木爾」開著貨車抵達時，我正準備前往那個村子，因此，我派他前去調查，再返回喀屯。

我在那裡發現十二名「烏爾提」（Urti），也就是從麥道布山到阿巴島朝聖的宗教領袖，他們在白尼羅河省被逮捕，被遣送到喀屯。他們是引人注目的老人，我直覺上對他們產生同情。摩爾把他們遞解到馬格敦的法庭，他們在那裡手持古蘭經發誓未經許可不得再離開這個丘陵地區，也不再滋事，他們因此才得以被釋放。我為這事件如此處理而感到高興。

自從蘇丹政治局立以來，它的目的就是盡可能有效率地管理這個國家，單一的目標就是保護它的居民，改善他們的收入。這個任務已圓滿達成。達富爾的人民從來就不知道有這樣的事。這一點我認同，然而有時我懷疑這是否能平衡我們入侵蘇丹這件事，還有在恩圖曼有十萬人為捍衛他們的宗教和他們的自由而遭到屠殺。我也質疑，試圖對蘇丹人的傳統加以制壓，並把我們這種完全屬於外來的文明價值加諸他們身上，這麼做是否正確。有時我會把我的這些疑問寫在給母親的信件中。我不能不感受到其他族種能依他們自己的風俗和道德標準，定出自己的權利，而這些風俗與道德標準與我們自己的風俗與道德標準可能有相當大的差異。我曾目睹丹納吉爾人之間不斷發生殺戮，但是我把那些視為他們的生活方式，而不想看到他們被管轄和被賦予文明。

杜普以斯來向我們做道別拜訪，他的繼任者菲利浦・英格生（Philip Ingleson）和他一起來。我一見到杜普以斯，就覺得難過。這樣一個擁有非洲豐富經驗的個人主義者，實在消失得太快。他和英格生有顯著的不同。英格生從來未曾見過摩爾，就在我和杜普以斯談起麥道布山的巴巴利綿羊那晚，他則詢問摩爾有關管理這個區域的諸多細節。

注釋：

①弗雷澤（Frazer）：全名Sir James George Frazer，一八五四～一九四一，英國社會人類學家、古典文學藝術研究者和民俗學家。青年時期主要在劍橋大學三一學院任研究員。主要著作爲《金枝》（一八九〇，一九一一～一五年改寫成十二卷）。一九〇七年在利物浦大學任社會人類學教授。一九一四年封爵士。

②道諦（Doughty）：全名Charles Montagu Doughty，一八四三～一九二六，英國旅行家，被視爲西方旅遊阿拉伯者中最偉大的其中一位。

③鮑德溫（Baldwin）：指Stanley Baldwin，一八六七～一九四七，英國保守黨政治家，三次擔任首相（一九二三～二四、一九二四～二九、一九三五～三七）。曾任貿易大臣、財政大臣，在首相勞爾（B. Law）辭職後，受英王命組閣任首相。一九二六年在他執政期間，英國發生工人總罷工。後經歷兩屆少數黨組閣的工黨政府和麥克唐納（MacDonald）的聯合政府（一九三一～三五），他在聯合政府中任樞密大臣。他曾順應民意，設法使英王愛德華八世（Edward VIII）在一九三七年退位。一九三七年辭職後封爲伯爵。

④圖阿雷格（Tuareg）：非洲撒哈拉中部地區以及西非薩赫勒北部的柏柏爾系畜牧民族。他們傳統上是具有高度階層化的封建社會，過去靠商人貿易和襲擾劫掠爲生。

【第16章】

達富爾：牧人與獵人

一九三五年八月初，蓋・摩爾休假，在離去之前，他叫我去班尼胡笙族人的鄉野和保羅・桑德生（Paul Sanderson）見面，他是隔壁行政區一位助理行政區指揮官，被派來協調邊界事務。我知道那個行政區有許多獅子，我希望有機會在這次的旅行中獵到一頭獅子。

我在途中接近克布卡比亞（Kebkabia）的地方逮到機會。夜裡聽到獅子吼聲，黎明我帶著三名班尼胡笙人前去找尋牠們。他們很快就找到五頭獅子的足印，追蹤了兩個小時。我對他們的技巧感到驚訝，尤其是在石頭路上，他們看起來似乎很輕鬆地追尋足印，在某個地方注意一塊被動過的石頭，或在另一個地方看一枝被擠壓過的草莖，再起身之前，又看到幾碼之外的另一個細微的記號。他們只是偶爾停下腳步，彎下腰來檢視他們的判斷是否正確。

突然他們之中有一人指著某個方向。我隨之探望，看到大約四十碼外的一株刺槐樹下，躺著一頭接近成年的獅子。牠也看到我們，然後坐起身來，但是我希望找的是一頭完全成年的雄獅，所以我並沒有射殺牠。然而緊接著一頭母獅子跳了出來，我開槍並聽到子彈擊中的聲音。接著灌木叢又跳出幾隻雄獅。我數了數一、二，就好像在追趕松雞時清點松雞的數量，我殺了一頭母獅子，讓另一頭受創，我盡可能快速地撥動扳機，用我的里格比點三五〇口徑步槍開火。接著第一頭母獅子中彈，我打傷她的肩膀，接下來的一槍將她擊斃。

在此同時，另一頭受傷的母獅子已消失在樹叢與長草之間，留下一道血漬。在進樹叢裡搜尋她的蹤影之前，我們把我射殺的兩頭獅子剝皮，希望在這個時候她已經死亡。要追蹤一頭受傷的獅子，那裡實在不是個迷人的地方，不過當我們這麼做的時候，我們留意到她不時地躺下來，盡她所能地咬所有的東西。接著她從一棵灌木下走向我們，一開始發動攻擊時，我將她射殺。

在下個營地，我們再度聽到獅子在夜裡的吼聲，太陽一出來之後，附近村子的一些富爾族人發現一頭相當巨大的雄獅的足印。大約十五名富爾人帶著矛跟隨著我，以小跑步方式追蹤那些足印，這讓我感到呼吸困難。一有人掌握到足印，其他人就會散開到兩側，如果失去足印，他們很快就會再找到。大約一小時半之後，我們來到獅子曾經躺下的地方，不過顯然牠已經看到我們而移至他處。

此地的荒野相當開闊，只有零星散布的叢林和偶爾可見的小溝渠。獅子喜歡散步而不喜歡跑步。而這頭獅子只有在我們接近時，才會疾行快跑。逼近牠的同時，我們也希望能激怒牠，轉向我們。我能在一小撮灌木林之間瞥見牠之前，我們似乎已經追蹤牠好幾個小時，再往路面前一點有兩隻我們隨身帶來的狗，逼得牠不斷咆哮。我前進到離牠四十碼處。牠站在那裡，看起來十分巨大，左右搖晃著牠的尾巴，開始發出吼聲，一種洪亮且讓人毛骨悚然的聲音。我曾經讀過，一頭獅子的尾巴在後頭甩動，甩到直立起來，代表牠隨時都會發動攻擊。我在牠發動攻擊時，對牠的胸口開了一槍。牠步履蹣跚，我用另一發子彈將牠殺死。

我第二天預定要和桑德生會面，但是當我們把貨物裝到駱駝背上時，從某個班尼胡笙族村落來的一個人向我們報告，有一頭獅子在夜裡殺了一匹馬，他來懇求我前去殺了牠。不需要任何說服，我派遣車隊帶著我的口信給桑德生，說我將在那天晚上和他碰面，然後我跟著那個人到他的村子。在村子附近，他們指給我看那匹已被吃掉大半的馬屍。我挑了三個人跟我走，堅持其他的人——絕大多數都是全副武裝——應該留在後頭。

這個荒野四周被數之不盡的乾河床所截斷破碎，河床兩岸有厚實的樹木和高大的野草所包圍，在剛下過的降雨之後，變得蒼翠碧綠。雖然雨是在夜裡降下的，但我還是能夠毫無困難地追循到足跡；那些足跡正是一頭非常巨大的雄獅所留。我們侵入牠躺下休息的地方，我們並沒有看到牠，但是可以聽到牠察覺到我的時候所發出的低沉吼聲。

起初，牠迅速停下找掩護，接著來到比較開闊的原野，那裡的禿鷹在牠頭上盤旋，標示出牠的位置。一個多小時之後，牠往下到一塊大型的綠洲。我永遠也忘不了牠趕在我們前面，到達沙質的綠洲河床時，所留下那些被水填滿的巨大的獅鼻印，還有當牠穿過水池，從牠毛皮上滑落、掉在卵石上，依然閃閃發亮的水滴。

牠不時爬上岸邊，就像水牛一般穿過蘆葦，留下一道足跡。牠一度帶著一陣咆哮聲，從鄰近的灌木叢裡跳出來，但我在牠的對岸。經過一陣停滯，我們集合人馬再度追蹤牠的足跡，此時足跡已經亂成一團，並且改變了方向。我明白牠就在我們前面。接著我聽到喘息聲。時間漫漫已經過了正午，我們在烈日下走了幾個小時，我已精疲力竭。我的頭腦混亂，認為那聲音是一條跟隨我們而沒被發現的野狗所發出來的。緊接著，其他人低聲說「阿呼！阿呼！」（意思是「就是他，就是他」。）接著我明白就是那隻獅子。我希望這回牠不會再逃走。

野草很長，牠半藏在一些樹叢裡，在牠從六或八碼外暴露模糊的身影之前，我偷窺了幾秒鐘。牠開始因受威脅而發出吼聲，我確定牠已準備發動攻擊。我朝著我認為是獅頭的位置開槍，接著牠直撲我們而來。牠身子放低，只在最後一刻，後腿才站起來。在我被牠撞得倒退的同時，我的步槍再度開火。我想那頭獅子的肩膀一定碰到了我。在我身邊的那個人擲出他的矛，就像一把尖刃，射中那獅子的下顎；就在我跌倒的同時，我看到他倒下，獅子撲在他身上，他的兄弟前來營救他。在我站穩腳跟之前，另一個人也被拉倒在地，那頭獅子爪子刺進另一個人的肩膀。我拔起我的手槍對準那頭獅子的身體，扣下扳機。

第一個人的胸部有深深的獅爪，他的一名兄弟被抓傷大腿，另一位兄弟是從肩膀到背部。這一切幾乎在短短幾秒內發生，快到那獅子沒有再造成更多的傷害。三個人站在那裡檢視他們的傷口，其中一人說：「感謝上蒼，這野獸不會再傷害我們的牲口了。」沒有人露出痛苦的樣子。對他們來說，這都是他們白天該做的事；如果一頭獅子殺了他們的牲口，他們會獵殺牠、用矛殺牠，完全置生死於度外。

我懷疑我到底造了什麼孽。三個受傷的人在我手中，沒有交通工具，也不知道自己身在何處。幸運的是村子其他人跟蹤了我們，聽到槍聲和獅子的吼聲，趕忙奔來幫助我們。我們把傷者送上馬，協助他們坐上鞍具，先行送他們前往和桑德生約定見面的地點。我們其他人留下來剝獅皮。接著有人把血淋淋的獅子皮放在馬鞍上，我對那匹馬毫無警戒之意而感到驚訝，不過我注意到這些馬被帶靠近那頭死獅子時，一點也不在意，甚至站在離牠幾碼外吃草。

我在桑德生的營地治療那些傷者，用了一個禮拜的石碳酸療程；當我這麼做的時候，他們表現得非常堅忍，並沒有露出痛苦的樣子。在那個年代並沒有抗生素，即使是被獅子抓到的輕傷，經常會因為敗血症而致命。有相當大比例的歐洲獵人曾經被一頭獅子或豹抓傷後死亡，而非洲人似乎已獲得比較強的免疫力。然而在這次事件中，這些傷者嚴重敗血，我在二十碼外的地方都能聞到敗血的味道。胸部的傷口最嚴重，整個傷洞裡充滿膿汁，當我擠壓時，膿汁溢了出來。在慢慢把他們轉送到位於卡布卡比亞的醫療所之前，我在這裡為他們治療一個星期。三個人後來全都復原，其中一人還在我獵獅子時，再度跟隨前來。

在北方的達富爾只有沙漠地區裡，還有少許動物可供狩獵。因此，許多獅子幾乎都是靠部落土著的牲口維生。在班尼胡笙族人之間，能夠獵捕殺死他們牲口的獅子是一件光榮的事，而他們這麼做的同時，也會損失性命。在五年之間，他們曾經有一百二十人以上被殺及抓傷。查哈瓦人的情況相同。不像東非那些只會吹噓誇大的馬賽人①，這些部落沒有盾牌。結果是，當他們靠近一頭被追殺的獅子，不管是誰遭到攻擊幾乎都難逃一死，而其他人在刺死獅子之前，可能也都被抓傷或遇害。

在蘇丹，獅子和豹都是官方列管的有害動物，沒有狩獵執照就不能射殺牠們。我在喀屯的兩年中，殺了三十隻，那可能是我在此地受益最多的事，當然也是最教我感到興奮的事。我從來就不曾在設下誘餌的地方射殺獅子或在夜裡坐著等候牠們。

應村民求助而獵獅

桑德生和我在此地待了一個星期。我們舉行多次的會議。定出邊界的代表人，並且標這個區域。我發現桑德生是有趣的人。他曾經待在查令齊（Zaling）區多年，該區包括了馬拉山（Jabal Marra）和富爾族的心臟地區，他對富爾族知之甚詳，也受到這支勤奮部族的高度敬重。我曾經拜訪西山的富爾族人，那裡的人害羞而且難以捉摸，生活自給自足。

我花了幾天時間在那裡獵捕條紋羚羊，這讓我有機會和富爾族人直接建立關係。這也讓我意外發現他們是教人喜愛的族群。

回喀屯時，我正要審訊一名犯人，我注意在犯人之中的那名十五歲，名叫伊得里斯・陶德（Idris Daud）的男孩，他來自多薩蘇丹的提尼族人村落，不過很不尋常的是他具有查哈瓦人的黑種人血統特徵。伊得里斯被控殺人，酋長做了初步的審訊，告訴我那是為了爭奪一匹馬的所有權所引發的一場混亂中，伊得里斯不小心用刀子殺了一個男孩。顯然這是個應該支付撫卹金的案子。

我不喜歡看到一個這樣年紀的男孩子，和一群大人關在一起，因此，在他的一位長輩提出保證他不會逃走之後，我將他釋放，並且要他到我的屋子來幫忙。沒有多久，我就解雇那位男管家（sufragi），因為他偷盜我的收藏品，偷喝我準備用來接待客人的威士忌，稍後我把他遣送回喀土木，因為我想找當地的部落人士，而不需要來自尼羅河谷的專業僕人。我在這個村子裡找到一位名叫亞當的富拉威族人（Furawi），他會烹調，帶著一名男童協助他，我派伊得里斯掌理屋子裡的一切。他證明他可靠又聰明，總是開開心心，在那位陰森的男管家之後，他是個教人放心的人。

從此之後，伊得里斯就認定了我。我很快就發現到他是個技巧高超的追蹤者，而且有大無畏的勇氣。有一次在追蹤獅子時，我們發現一些很難辨識的足印，跟隨我的查哈瓦人宣稱那些足印是新鮮的。但伊得里斯堅持那些足印是前一天的，他的鄉長輩叫他不要插嘴。不過他是對的，後來我們發現我們追蹤那些足印，找到獅子前一晚休息的地方。

我此時開始接受經常性的求助，要我去獵殺殘害家禽的獅子。一個距離喀屯大約四十哩的村子奎拉清泉（Ain Qura），強烈抱怨幾隔幾天他們就會損失一頭牛，因此，我和伊得里斯乘坐廂型車到那裡。那天傍晚我們走到鄰近的一個水泉，直到夜幕低垂才回到那個村子。第二早上我們發現我們曾經被三頭獅子跟蹤，那三頭獅子後來在鄰近的一處阿拉伯人營地殺害一匹馬。我派人馬出去找尋牠們的位置；他們照辦之後，下午帶著消息回來。

伊得里斯和我立刻出發，帶著一批人離開村子，他們全部保持緘默和高度緊張，就像一組要發動突襲的隊伍。有些人在一座陡峭的山脊頂上向我們招手，我們爬上去跟他們會合。那些獅子在那天早上曾經躺在那裡，俯瞰那座村落和吃草的牛群。那裡有三頭獅子；牠們的足蹤沿著山脊分布，而我們只要靠一個偶爾發現的足跡，就能讓我們維持正確的路線。當我們繞著一些岩石，我們聽到隆隆的怒吼聲，並不是很響亮，但是持續不斷且聲帶威脅。我看不到獅子的蹤影，但是站在那裡，每一眼看去都帶著警戒，我知道牠們就在附近，我非常警覺，因為我上一回射中的獅子曾經將我撲倒。

似乎經過幾個小時後，其中一隻站起身，躲在四十碼外的岩石後方，牠面對著我，發出咆哮，甩動牠的尾巴。我對牠開火，牠蹣跚地逃離我視線。其他兩隻發出更響、更具威脅性的吼聲。我在岩石和樹叢之間，偶爾瞥見牠們，但是時間不夠長，無法冒然對牠們開槍，尤其我和獅子之間是個絕境。接著牠們爬上一個山坡，我短暫地看到牠們，接著牠們消失無蹤。我小心翼翼地向前，來到我曾經射殺過一頭獅子的地方，接著這麼走著，其中一頭獅子從山脊背後某個缺口穿過那裡的高原，來自下方的牧童們好像在舞動著他們的棍杖和長矛，無疑地是要我轉向。那頭獅子移動快速，跑到二百碼外。我將牠擊倒，在牠重新爬起來之前，再度擊中牠。但是還得再補一槍才將牠擊斃。獅子一旦受傷，有時候挨了第二發子彈，還是能暫時存活，所以第一發子彈就該將牠打死；就是因為這樣，所以一頭受傷的獅子發動攻擊時格外危險。我發現第一頭獅子死在我射中牠的地方十二碼外。

村子裡舉行慶祝活動直到黎明。半夜，我還被請下床來觀賞婦女們跳舞。我也曾期待不惜一切來記錄這樣的場合，我也樂於如此。但這樣的歡樂似乎有點過早。那頭倖存的獅子，大家叫牠阿布希格（Abu Higl），意思是「手銬之父」，因為牠的前腿有一圈白環，牠依舊還在殘殺他們的牲口。有多次機會，伊得里斯和我跟隨牠的足跡，但是牠有時在上風處，有時在下風處，當我們一接近，牠就逃走。吉姆．柯貝特（Jim Corbett）在他的著作《庫馬翁的食人魔》（*Maneaters of Kumaon*）和許多有趣的作品中曾提到，老虎沒什麼嗅覺，而我相信獅子一定有。牠們可能不是那麼敏銳，但是阿布希格的嗅覺一定很好才能存活下來。

有一天早上在辦公室裡，我正在處理一份公文，當時有個富拉威人進來，他是從鄰近西山的一個村裡連夜兼程趕來，那裡有一頭母獅子經常殺害他們的牲口。他說她在前一晚才殺害牲口；他問我能否前去殺死她？我立刻把案子擱下，派人去找伊得里斯和我的步槍，帶著伊得里斯及那名富拉威人一起搭乘那輛廂型車前去他的村子。我們在下午抵達，發現那頭母獅子的足跡並加以追蹤。

這次的追蹤十分困難，因為大多數時候都是在岩石地上，那天傍晚之前，我看到那頭母獅子站在濃密的叢林邊緣，但是只露出她的後腿。我明白只要她一移動，我就一定會錯過她，於是我瞄準她的脊椎骨，但是沒打中。和我一起的富爾族人很順從地說，老天並沒有宣判她死刑。我在那晚的午夜回到喀屯。幾天之後，這頭母獅子又殺了另一頭牛。村民獵捕她，並且用矛殺死她，但是造成七人傷亡，其中三人死亡。聽到這個訊息，我覺得我應該負責。

蓋・摩爾的影響

一九三五年十一月，蓋・摩爾休假回來，我可以提出報告，在這個行政區的一切狀況都很好，我曾設法從一些頑強的查哈瓦族人那裡收回可觀的稅收，那是他指派我做的其中一件事。省長英格生曾經告訴摩爾，希望我們倆人能到法瑟過耶誕節，參加一項由他和他的妻子所張羅的盛裝宴會。這對我們倆來說，都不具吸引力。

這也意味著摩爾曾經答應我到利比亞沙漠的時間縮短，我計畫到那裡從麥道布山向北旅行到納特倫井（Bir Natrun）。因為這個教人懊惱的邀宴，整裝前往納特倫井已經沒有什麼時間。我已經先把我的駱駝送到沙漠南邊的麥道布山，我在兩天後搭車前往。我必須把伊得里斯留下，因為他的血債還沒償還。摩爾在我離開時，著手處理這件事。

我一到喀屯，很快就明白我是多麼幸運能在摩爾的手底下做事；回首前塵，我知道其他行政區長官很少有人能夠忍受我。摩爾不只容忍我，他也信任我，也贏得我的信賴。我發現我能與他討論任何事情。他從來就不會制止我，即使我表達的是截然不同、違反傳統和不合理的觀點。他的一些觀點是出人意料的，有些與他的言行一致，舉例來說，雖然是一名虔誠的基督徒，他還是維持伊斯蘭齋戒月的禁食習慣；戈登是他心中的英雄，但我記得有一天深夜我說到我比較偏愛瓦德．艾爾．尼祖米時，他所表示的驚訝。

打從一開始，我就覺得摩爾認同與欣賞我對困境和冒險的渴望，以及對野蠻偏遠地方的偏愛。我無疑地把我後來的成就歸因於他無強迫性地傳授我如何當一名旅行家。沒有其他的行政區指揮官會派我前去利比亞沙漠，在各種考驗下，帶著駱駝學習有關沙漠旅行的事。

更重要的是，他傳授給我對部落中人要感同身受，他教我一些事物在我生命中具有決定性影響。從此之後，這些人與我息息相關。對壯闊的山水或運動方面的機會，我的渴望永遠都不及我期盼與這些部落人士一起共度，尤其是和某些特定的人在一起生活。十年後，空白之地②提供了機會③，讓我挑戰那未知的世界，但是我和貝都人一起旅行的那種友誼關係，讓我後來年復一年，不斷重回那塊土地；他們當中有兩個人與我關係密切，一如其他少數對我很重要的人一樣。一種類似的依存關係，使我在伊拉克的沼澤地待了八年④，更讓我在肯亞待了更長的歲月。

走過阿拉伯人小徑

十二月三日，我離開麥道布丘陵地，前往納特倫井，由卡洛、他的兄弟阿馬德和四名警察，還有兩名知道路徑的麥道布族人隨行。納特倫井距離這個丘陵超過百哩路，是「阿拉伯人小徑」（Dard al Arbain），也就是「四十日道路」（Forty Day's Road）上的三個水源區的第一個。這條「四十日道路」是古代達富爾到埃及的運奴隸路線。納特倫井有麥道布人、查哈瓦和卡巴比希人來訪，甚至還有遠自東加拉來的車隊到訪，他們到那裡採取天然碳酸鈉和鹽。近年，來自恩奈迪山區的戈蘭人在襲擊卡巴比希人之前，曾到這裡取水。這些事件讓我前去造訪有了明顯的理由。

我打算從納特倫井旅行向西到查哈瓦荒野的穆斯巴特（Musbat）水井，所以我也有一位年長的查哈瓦人加里布（Ghalib）領著我們前去那裡。加里布年輕時曾經完成這樣的旅行多次。雖然此時他的眼力已經不行，但是其他人都相信他一定能找到路。我們輕裝簡行；除了食物，我們羊皮袋的水足夠我們支持九天，我們只帶著烹調的鍋子和毯子，只不過為了我們的駱駝，包括四頭負責馱行李的駱駝，帶著穀子和一綑綑青草。我穿當地人的衣服：一種長袍，鬆鬆的褲子和一頂無邊帽；騎在駱駝背上，穿著歐洲人的服裝是很不舒服的事。

此時是齋戒月。從日出到日落，我的同伴們禁絕飲食喝水，我讓他們待在一起。我發現這樣的生活並沒有什麼痛苦。天氣涼爽，我一整天不喝半滴水也不成問題。

我們每天早上在日出之前、吃過一些點心和喝茶之後便出發；騎乘直到日落，我們煮「阿西達」和「穆拉」。接著我們坐在微小而行將熄滅的營火四周一邊談、一邊喝更多的茶。但我很快就發現在星空下很寒冷，希望能躲進我的毯子裡，躺在從我鞍具拿下來的毛皮墊上。黎明之前天氣十分酷寒。在這區域四周旅行，我經常緩緩騎乘，但在此地的沙漠中，為了保護我們的駱駝，我們絕不乘駱駝，因為即使騎著最舒服的駱駝走一步，也經常會讓騎乘者的背拉傷。

頭兩天，我們經過一些偶爾可見的樹叢和乾草地。那些麥道布人建議我盡可能蒐集我們能夠找到的薪材並且隨身攜帶。因為到哈瓦爾谷地之前，我們可能再也找不到薪材。我們曾經看到大約三百頭卡巴比希人的駱駝散布在沙漠，最後看到一名騎在駱駝背上的人。但是他掉頭而去，或許他誤以為我們是麥道布族的偷襲者。我能理會這些毫無防備的駱駝對麥道布人而言是一種多大的誘惑。今年的雨水並沒有來，否則卡巴比希人會在下雨後把他們的牲口趕到稱為「基祖」（jiju）的沙漠牧草區吃草，向北最遠可以到達納特倫井。第三天，太陽一出來，我們就登上一個低矮的隆起地方，景致讓我屏息。前方是空曠的沙漠，一片廣大的荒蕪不毛之地，紅紅的沙沒有一點植物的跡象。沙漠完整無缺地向著地平線伸展。第二天我們到達哈瓦爾谷地並且紮營。這個草原縱深半哩長，而且有充分的木材。我們放開那些半餓的駱駝讓牠們吃草，那晚我們圍坐在熊熊的營火四周。在這樣的黑暗沙漠中，能遇到這樣一個地方讓我感到驚訝。

三天後，我們抵達納特倫井，這個有鹽與天然碳酸鈉的盆地，位在一個長達七哩的窪地，被一些半露出半埋在砂丘下的岩石所包圍。許多地方清水的水面大約有七吋寬，在這個窪地西端靠近六棵圓頂棕櫚樹的地方，是水質最好的地點，其他地方的水都帶有鹽分。查哈瓦人的車隊造訪納特倫井的時候，活動總是局限在這個區域，而麥道布人和卡巴比希人則在這個窪地的東端的一個老棕櫚樹叢紮營。我們就在這裡和十五名麥道布人和五十六頭駱駝相遇，另外還有四組卡巴比希人，一些查哈瓦人在我們抵達的前兩天離開納特倫井。這裡其實沒有什麼可以給駱駝吃的，此區有相當大片直硬而且葉緣如刀刃般的野草，被最近來此的車隊牲口吃個精光，除此之外，這裡只剩少許片葉不生的灌木。

前往穆斯巴特之前，我們在此待了兩天。行程的前三個小時，我們將在部分被沙所掩蓋的岩石區裡行走，每條地平線上有一堆堆岩石可供參考。接下來的四天，直到我們再度抵達哈瓦爾谷地之前，我們都騎乘橫貫在漫無邊際、微微起伏的沙丘中。我們這一小撮人員與駱駝，被四周廣大的空曠而變得啞口無言。

我為這種空間感、這種寧靜和沙的舒爽清淨而感到振奮。沿途所經的景物，讓我感受到一種和諧，就像過去數不清多少世代的人們一樣旅行，橫越這個沙漠。他們能生存，所憑藉的是他們的駱駝堅苦卓絕和他們代代相傳的技巧。從一些駱駝排泄物的形狀，我的同伴們就可以判定是否有車隊前往或離開納特倫井。沙地混亂的足印透露出有一群曲角羚羊在四天前向南遷移的訊息；一棵凋零的植物顯示六個月前曾下過一場大雨；我行經的其他類似的跡象也能隱約提供一些收穫。卡洛因為我十分感興趣而受到鼓舞，和我並肩騎乘時，很快樂地指導大家如何駕馭駱駝。

到了第四天我們紮營之前，加里布覺得不安。他覺得我們應該再度回到哈瓦爾綠洲，那一整個下午他和我們並肩地觀望，問我們是否看到樹木。不過我們在黎明前重新出發，在第一道曙光照亮之前抵達綠洲。我明瞭我們能夠在黑暗中輕易地橫越，是因為它有許多不被人注意的窪地；而有時候隔了數百碼才能看到少許的樹木。我們沿著它的河道又走了三天，直到它轉向南方流向穆斯巴特，也就是後來花了四天時間才到達的地方。

我們來到哈瓦爾綠洲南邊的豐腴草地，幾乎是立即就遇上三群大羚羊，估計各是五十頭、四十五頭和二十一頭。我曾在麥道布山北邊，特別注意到牠們奇特的足跡，而我在哈瓦爾綠洲北邊曾看到許多新近留下的足印，但我在這鄰近納特倫井的偏遠地方，只看到三組的足跡。我找不到有任何大羚羊在那裡飲水跡象。其實邦哥．巴克曾經告訴我，在喀土木動物園裡的一頭大羚羊，從來就沒有人看過牠喝水，即使夏天也是，甚至水流到牠的籠子裡也一樣。

大羚羊的體型與非洲羚羊相當，淡灰色，幾近乎白色，有長而捲曲的角，尤其是有大而淺的鼓囊，在橫越沙地時特別管用。我射殺了兩頭。到目前為止，我們此行唯一吃到的肉類是兩隻大龜，帶殼烹煮。這實在不算是什麼好料。在長期無法吃肉之後，我總是把肉視為一種至高無上的恩典，這種肉實在多汁而味美。很奇怪的是在非洲，在愈貧瘠的環境中，獵到的動物的肉愈多汁有味。大羚羊棲息地比非洲羚羊更為乾燥，牠們的肉相對地比較好吃。

我們在接近麥道布山的地方，曾經看過一群為數四十五隻的大羚羊，但直到接近穆斯巴特之前，我們一直看不到一隻。我在那裡碰到兩百三十隻，其中一群有一百一十七隻。我們曾偶爾看到杜卡斯瞪羚，幾乎每天都看得到，甚至遠至北邊的納特倫井也有，但是大型的阿德拉瞪羚卻只看到兩小群。駝鳥的數量相當多，在某個地方，我曾經數過一哩長的地方有六十七隻駝鳥。我們在沙地上碰巧找到一顆駝鳥蛋，用來做上好的蛋捲，量足供我們所有的人吃。就在哈瓦爾谷地南邊，我們發現兩天前被一頭獅子殺死的一頭曲角羚羊；在我們抵達穆斯巴特之前，我們曾經看到七頭獅子的足跡。其他有趣的足跡則是在靠近麥道布山時，有長頸鹿和印度豹的足跡，以及在哈瓦爾谷地看到一群野狗的足印。

卡巴比希人在沙漠草原上時不需要水，而是從他們的牲口那裡取得奶來餵養自己。他們利用老式步槍射殺大羚羊，這讓他們取得肉類。大羚羊的獸皮可以用來製作極佳的繩索，用於載貨駱駝之用。牠們的角用來挖鹽和天然碳酸鈣也十分管用。我看到無數的角被丟在納特倫井的盆地上。

夏季，大羚羊向南遷移時，查哈瓦人騎馬獵殺牠們，事實上馬匹每天都得喝水，所以他們的狩獵只限於離水井有限的距離之內，即使隨身帶著水也是一樣。過去部落之間征戰，加上對戈蘭入侵者的恐懼，一直限制了狩獵團體的活動。但到了一九三五年，他們主要的阻礙則是來自於他們部落中人的競爭和動物數量的短少。然而，我從未預期非洲羚羊和曲角羚羊同時被開車的集體狩獵者一掃而空。

法瑟的耶誕節晚宴

我在耶誕節前夕到達穆斯巴特，車子等著我，所以我及時與蓋．摩爾碰面，並且親自開車前往法瑟參加耶誕節晚宴。我們穿著晚禮服，因為我們都不喜歡依規定穿著特製昂貴的服裝。為此我們遭人非議，我們說我們是在諷刺那些在叢林裡晚餐的英國人的穿著。我很高興沒有帶伊得里斯前來幫忙省長的僕人，因為我覺得十分窘迫，我懷疑不知他們對我們基督徒慶祝我們的先知誕辰的方式，心裡不知做何感想。他們看到省長穿得像囚犯，他那已過中年的老婆穿得像中學女生，其他人的妻子穿得像男人，他們的先生穿得像酋長、孕婦、鬥牛士，還有老天爺才知道的樣子，他們所有人邊喝酒邊跳舞，變得愈來愈吵鬧。

我有意和休．布斯達特上校（Colonel Hugh Boustead）碰面，他最近剛從陸軍退休，被任命為西達富爾查令齊的約聘區域長官，我在開羅時，與他失之交臂，他在那裡與約翰．漢彌爾頓共事，而漢彌爾頓曾告訴我許多有關他的事。布斯達特終其一生都在尋求探險，樂在艱苦與危險之中。一次世界大戰之初，他是北非哨站的英國海軍少尉軍官，他擔心看不到戰事，於是他放棄海軍，加入特蘭斯瓦蘇格蘭軍團（Transvaal Scottish），戰後他被併入丹尼金將軍（General Denikin）的白俄羅斯軍團；後來他加入蘇丹駱駝軍團，而且被拔擢指揮該軍團。參加了一項成就顯著的喜馬拉雅山之旅後，他也參加一九三三年的聖母峰探險。

他是個矮小怪異、滿臉皺紋而且飽經風霜、滿頭銀髮的人，他的精力相當充沛，對於體育健身有極大的愛好，在一九二〇年於安特衛普舉行的奧運會中，他曾帶領大不列顛的五項全能運動隊。他很有智慧，不用多說，他的閱讀主題相當廣，有一種可親而且戲謔的幽默感。

在查令齊，布斯達特得到滿足，他在那裡工作試圖改善在他管轄區域內的一群富爾族屯墾者的生活。他相信，他們的幸福得靠著提升他們的生活水準，他從來不對西方教育和科技的產生的反作用表示懷疑。相對於他的多才多藝，他的本質上其實很傳統，對英國的生活方式堅持不變，他從來就不穿土著的衣服。在旅行時，他和土著們聚集在空地上，他總是坐在一張椅子上，而土著們坐在地上。他不和他們一起進餐，然而他們的福利是他最關心的事，多年之後，他們仍然對他十分感念。

這次我首次碰面的另一個教人難忘的人物叫做克里福·德魯（Clifford Drew），一個體型壯碩、紅臉、而結實的人，他的朋友都叫他娘娘腔德魯，他從模里西斯來接任醫官毛理斯的位置。他是個優秀的外科醫師；六年後，在阿比西尼亞戰事中，因為他能在原始條件下作手術的熟稔醫技，許多人才得以活命。

摩爾和我在法瑟的時候，一位負責指揮西阿拉伯兵團、不受歡迎的傢伙雷諾夫（Ranouf），舉行一項晚宴，在宴會進行中間，他提到義大利人顯然已經占領納特倫井。前一年，就在蘇丹內陸越過利比亞邊界處，義大利人擅自在烏萬納特（Uwaniat）的沙漠水井設哨站，此時有些阿拉伯人提出報告指出有些白種人正在納特倫井，可能是義大利人。

我坐在桌子最尾端，突然開口說：「不過三個星期前，我就在納特倫井，那裡根本就沒有一個義大利人，只有一些麥道布人和卡巴比希人。」每個人都看著我，經過一段詭異的停頓之後，雷諾夫或英格生都說：「那麼我猜那就是你。嗯！我想你已經挑起事端。倫敦的各部會首長已經注意到，在蘇丹的軍隊已經開始戒備。我甚至認為特遣飛機已經起飛。我立刻發一封電報。」我幾乎可以想像得到，電報裡寫的是：「納特倫井沒有義大利人，只有塞西格。」

兩個月後，我接到英格生後續的訊息：「我受命通知你，總督已經很感興趣地讀了你的『馬哈─納特倫井─穆斯巴特運鹽路線』報告，要我告知你，他對你的報告讚許有加。」

摩爾和我在耶誕節慶典活動結束後迅速趕回喀屯，以籌備在溫布魯（Umm Buru）的馬里克・穆罕默德安的村子裡，舉行的一項查哈瓦人的部落聚會，英格生將會出席。到最後一刻，英格生送口信來表示取消聚會，因為髓膜炎正在蔓延。由於當地的查哈瓦人之間並沒有案件要處理，所以摩爾開車進法瑟，說服他允許這項聚會能舉行。義大利已經在十月間入侵阿比西尼亞，到目前為止入侵只有少許奏效，由於利比亞的義大利人情況類似，所以北方達富爾謠言四起。摩爾覺得沒有重大理由而在最後一刻取消聚會，只會引起更大的焦慮，因此聚會在一月底舉行，那是一項傑出的成就。校閱列隊多采多姿且壯觀，穆罕默德安總是個具震撼力的人物，尤其是在這樣的場合中，穿著他華麗而修長的袍子，主導整個場景。

二月，我回到英格蘭時，蓋・摩爾告訴我，他已經取得喀土木方面的許可，讓我能夠沿著麥道布人的牧羊路線到恩圖曼，並且提出報告。他知道我會多麼感謝他安排這趟旅行。騎駱駝前往恩圖曼，這對我的經驗助長有相當大助益。

我在耶誕節很高興聽到蓋·摩爾當時曾造訪提尼，他已經安排償付伊得里斯的撫卹金，因此他便可以和我一起前往恩圖曼。我很難過地想起幾個月才發生的一場意外，我們才騎駱駝離開喀屯，伊得里斯已經用羊皮裝滿麵粉，裡頭放茶葉玻璃罐。我們歇腳吃午餐時，他向我們坦承玻璃罐破了，因此此時麵粉裡充滿玻璃屑，我明白麵粉一定得丟棄。我大為光火，咒罵伊得里斯是真正的笨蛋。稍後當我留意到他並沒有和我們在一起，卡洛說：「他在那裡，在那棵樹下。」我走過去，發現他在啜泣。我告訴他忘了那件事，回來加入我們行列。他看著我說：「我知道我是個笨蛋，把玻璃瓶放在那裡。當時我認為那是個好主意。我知道是我的錯，把一切事都搞砸了，我們沒有食物了。我已經明瞭那件事，可是你事後還詛咒我。那實在傷透我的心。我寧可你拿槍打死我。」我把手放在他肩上，我說：「請原諒我。」

在喀屯，我總期盼我的廚子能做出還可以的歐洲菜，讓伊得里斯在餐桌上為我服務，但在旅途中，我總是一成不變地吃著當地的食物，就看誰跟我同行。根據摩爾所說，在阿拉伯和隨從一起吃飯是一種基本的禮儀。但是在蘇丹，那無疑是一件不尋常的事。我同時也待在地位如沙亞或穆罕默德安同等重要的酋長家中，當他們拜訪喀屯時，我也會把他們安置在我家宅一個空出的角落，並招待他們做為回敬。

我記得我和一位同僚曾有過一次激辯，他說我的行為對政府的特權不利，他堅持英國官員應該保持高姿態，不可以和那些被他們統治的人交往。如果我這樣做，我將會錯失太多，這些也是我在達富爾的日子受益最大的事情。我拒絕相信我和查哈瓦人在一起會失面子。畢竟他們並不是野蠻人而是屬於有古老文明的穆斯林。儘管我在那裡統治他們，但是我看不出為什麼這樣就要阻止我把他們當做朋友看待。

橫越蘇丹之旅

我期待騎乘一匹駱駝從麥道布山橫越蘇丹到恩圖曼。沙亞曾經告訴我，麥道布人帶著他們的羊，得花二十三天到二十四天的時間。因於一頭好羊可以換得一英鎊，在那個年頭是相當龐大的金額，麥道布人非常依賴這種交易。然而當他們到他們的井取水，他們經常碰到來自卡巴比希人的騷擾，摩爾希望我能調查這件事。

我在二月中和伊得里斯、卡洛及一名警察、兩名麥道布族護衛，離開麥道布山。恩圖曼在四百五十哩之外，但取道麥道布人取水的巴加里雅（Bagariya）、薩非雅（Safiya）和哈比薩（Habisa），其距離更遠。我們在十一天後抵達恩圖曼，有兩天在巴加里雅和薩非雅進行調查。

我們花了數小時漫長的騎乘，有時一天要花十七八個小時，這並不是因為我有責任要趕抵恩圖曼而沒有耐性，其實我很高興能看到蘇丹的這塊領土；不過我無法抗拒這個考驗我耐力的機會。這趟旅行並沒有必要捐棄我們的駱駝而採用步行，因為每兩、三天就可以讓我們的駱駝喝到水，而且我們也為牠們帶了穀子。這裡也有豐盛的哈斯卡尼（haskanit），這種討人厭的野草有附著性和具滲透性的種子，我們的路線沿途許多地方都有長，高而粗如同一片麥田，讓駱駝能夠慢條斯理地一邊走，一邊大口大口吃。這樣的行進通常都是在沙地上走，雖然偶爾有散布的尖銳石塊，特別是在薩非雅和哈比薩，有一連串的火山岩山脈，對駱駝的腳來說實在堅硬。

整體來說，這個荒野平坦而且無趣，缺乏樹木或叢林，較大的綠洲多半有豐茂的樹木。我們在此地碰到為數不少的碉堡，我們在那裡碰到老人家、婦女和小孩帶著羊群和牛群。有體力的男人都帶著駱駝群出外到沙漠去。

離開山區之後，巴加里雅是麥道布人第一個抵達的水源地。此地由於水量對卡巴比希人來說，勉強夠用，但是麥道布人帶著數千頭羊，自然會招致怨恨。同樣地，經過七天沒有水的日子，麥道布人也已沒有耐性而急著讓他們的羊喝水，如果卡巴比希人有一大群駱駝在等水喝，那更會讓他們失去耐性。巴加里雅是個偏遠，而且是唯一有人長期居住的地方，有兩、三名守衛看守水井。我在傍晚抵達時，很幸運地碰到一位地位重要酋長的兩名兒子，我第二天和他有一場冗長的面談。不過，在薩非雅有個永久的小村子有豐盛的水源，在哈比薩省境內也是如此。

最後一天，我們漫無目的地騎乘駱駝，穿越這個格外單調的荒野。我逐漸感到疲倦，發現這路程漫長艱困。我們起初在半夜趕路，只在日出時停一回用餐。我曾預期大約中午時可以抵達恩圖曼；我們終於在即將日落前看到城鎮，就在城外大約一哩的平原上紮營。

我能看到散落在馬赫迪陵墓圓頂四周那一大排矮平的屋頂。清晨我向區長官報告我已抵達，接著為卡洛和其他人安排住在這個城鎮的麥道布族人區，伊得里斯和我搭車過橋到喀土木去找派里夫婦，他們說我很可惜沒能騎我的駱駝前來。我在他們屋子裡享受文明帶來的舒適、吃可口的食物，在熱騰騰的澡缸裡泡有浴鹽味道的熱水澡，那樣的舒暢真是教人愉快。在經由尼羅河谷前往開羅和英格蘭之前，我在喀木土待了一個禮拜。這次我歡享社交生活、晚宴和看馬球配對賽，但我知道要我做什麼都可以，就是不要駐守在喀土木。

一天早上，當時是內政部次長，地位僅次於蘇丹世襲的總督的安古斯．紀蘭爵士，召喚我前去。我曾經見過他一次面，就在我第一次造訪喀土木時，當時我和另外兩名見習生曾經和他及他的夫人共進晚餐。他是個壯碩而顯眼的人，曾經是成就非凡的牛津划船藍色徽章選手，在那次的場合中，他讓我們很快就放鬆心情。而此時，我心中帶著些許惶恐進入他的辦公室，我明白我未經許可造訪納特倫井已經為他造成困擾。

他問我在喀屯過得如何，問了一些有關麥道布族和我騎駱駝前往恩圖曼的問題。接著他說：「儘管再度確認在納特倫井沒有義大利人，你該明白你的出現已經引起此地和其他地方相當程度的警戒。我們明瞭當初我們選擇你的時候，你實在是額外追加的，但是我們覺得你對我可能有用處，而我確定你將會是如此。全看你是否打理好。杜普以斯說了你許多好話。不過記得，在沒有得到地區長官允許之前，你不能到其他地區旅行，最重要的是，沒有我同意不能前往其他省分。我在你休假回英國之前將你召來此地，祝你休假愉快。」

我確實期待在麥爾布魯克度過我的假期，然而我同時又想回到喀屯。我記得我在那裡的房子，遠瞧草原向著西山的那般景致，夜裡與蓋·摩爾共度的時光。我想再次騎乘法拉茲阿拉，再度造訪麥道布山的沙亞，和伊得里斯一起在查哈瓦族人間旅行，與班尼胡笙人一起獵獅子。我在喀屯過得很快樂，不管如何，歡樂的背後還有陰影，日夜教我難忘懷的是，阿比西尼亞正受到威脅。

注釋：

①馬賽人（Masai）：非洲肯亞和坦尚尼亞境內大裂谷地區操尼羅語的民族。馬賽人飼養牛群，過游牧或半游牧生活。

②空白之地（empty quarter）：即魯布卡利大沙漠（Rub al-Khali），阿拉伯東南部內陸大沙漠，占地約二十五萬平方哩。

③塞西格挑戰「空白之地」的經驗，詳見《阿拉伯沙地》（*Arabian Sands*）。

④塞西格在伊拉克沼澤生活的經驗，詳見《沼地阿拉伯人》（*The Marsh Arabs*）。

【第17章】

義大利人占領阿比西尼亞

我在一九三六年三月離開蘇丹時，阿比西尼亞的軍隊似已經能夠掌握狀況，我甚至聽說官員們正在討論蘇丹人對阿比西尼亞人獲得的一項勝利有可能會產生反彈；但到了我抵達英格蘭，情況丕變。我還可以回想起當時每天早上等待報紙送到麥爾布魯克，我那種強烈的焦慮感；還有當我在讀到阿比西尼亞軍隊遭到令人驚悚的慘禍，以及阿迪斯阿貝巴發生的大屠殺時，我那種極度的絕望。

早從一九三四年開始，在我回蘇丹之前，義大利人就已經在厄立特里亞和阿比西尼亞邊界建立了軍事基地、機場和公路。那年春天，在義大利演習期間，墨索里尼就已警告他的部隊：「是該準備作戰的時候……不是明日而是今時」。一九三四年十二月五日在瓦瓦爾爆發的衝突，並不足以做為入侵的藉口，他還得另尋他途，因為他已經決定把阿比西尼亞併入他的新羅馬帝國版圖內。

就在瓦瓦爾之役後，義大利人立刻發出一道實質的最後通牒給阿比西尼亞，因為他們對義屬索馬利蘭無預警的攻擊，要求阿比西尼亞道歉和賠款。當阿比西尼亞人在阿都瓦勝利之後，兩國就在一八九七年訂定疆界。不幸的是依義大利人的說法，他們在一九二五年所頒布的官方殖民地地圖，顯示瓦瓦爾是在阿比西尼亞境內至少六十哩處。墨索里尼故意忽視這項事實。

阿比西尼亞是國際聯盟的會員國，一九三四年十二月十四日，當墨索里尼拒絕同意海爾・塞拉西向國聯提出控訴的仲裁結果。美國不屬於國聯，羅斯福總統也不顧阿比西尼亞皇帝私人的請求，一貫地拒絕讓他的國家捲入這場爭端中。

在英國，約翰・賽蒙爵士（Sir John Simonds）是當時的外交部長，而安東尼・伊登（Anthony Eden）是他派到日內瓦國聯大會的代表。賽蒙在和義大利的爭辯中，一點也沒有幫助阿比西尼亞

入侵阿比西尼亞：一九三六年

皇帝，在阻止他向國聯申訴之後，他接著試圖說服皇帝要他讓步。一九三五年六月七日，山繆．霍拉（Samuel Horae）繼任為外交部長，伊登擔任駐國聯的國際事務部長，但還是隸屬於他。如果阿比西尼亞皇帝期待霍拉能比賽蒙更有助益，那麼他的夢想可能要破滅。霍拉宣布他是義大利的盟友，而他在公職的表現上也是如此。

鮑德溫在六月七日擔任首相，很單純地對國際事務沒什麼興趣；至於霍拉，因為得到外交部永久地下部長羅伯特．凡希達特爵士①的首肯，行事搖擺不定，說話支吾其詞，為的是不要冒犯墨索里尼。凡希達特準備凡事退讓，而不願把義大利趕到希特勒的懷抱裡，希特勒已經在三月重新攻占萊茵蘭②。至於法國總理拉瓦爾，外交部也發現他是個陰險且不擇手段的共犯。

一九三五年七月二十五日，霍拉在下議院陳述，為了一種鼓勵和平的殖民，英國政府將不會授權輸出武器給義大利或是阿比西尼亞；這罔顧一九三〇年八月三日的合約，依此合約，英國可以著手協助阿比西尼亞皇帝取得「所有用來防衛他的領土及抵禦外侮的必要武器」。英國和法國此時禁制所有經過他們領土輸出武器到阿比西尼亞的管道；而比利時、捷克和丹麥取消所有阿比西尼亞政府的武器訂購合約。英國控制蘇伊士運河，義大利的軍隊和武器卻經常經由這條通路前往馬薩瓦和莫加狄修（Mogadishu）。為了公平對待阿比西尼亞，英國應該對義大利軍事方關閉這條運河使用權，但是他們並沒有這麼做。

一九三五年九月十一日，霍拉向國聯信誓旦旦地保證「英王陛下的政府……排除萬難……將不落人後，盡其所能，用各種方法，也要實踐國際聯盟盟約所賦予的責任……我們相信蕞爾小國也有他們生存的權利，而這樣的保護可以聯合起來提供他們這種權利」。儘管海爾．塞拉西先前感到失望，但他仍為此而受到極大的鼓舞，他起初並不明白這樣的聲明其實是何等的虛偽。

一九三五年十月三日，義大利人位在厄立特里亞的軍隊在狄波諾將軍（General de Bono）的指揮下，以三路縱隊，每一縱隊由一個團的兵力組成，在毫無阻攔的情況下穿越馬里布河，入侵阿比西尼亞。阿比西尼亞皇帝在協商期間為避免橫生枝節，曾經把他的部隊撤離邊界地區。戰爭爆發時，北方僅有的阿比西尼亞部隊是位於阿都瓦的約翰國王之孫塞雲拉斯王、駐守馬卡勒的皇帝女婿海爾·塞拉西·古薩將軍。義大利人曾經以各種手段試圖誘降這兩位酋長；他們對海爾·塞拉西·古薩的誘降得逞；而塞雲雖然接受他的賄賂，卻依然效忠阿比西尼亞皇帝。

塞雲從阿都瓦撤兵之後，向西南進入山區，義大利人在他們進兵之後的第二天進入城內，那裡距離邊界只有二十哩。這個原始的小鎮曾遭到轟炸，有些居民被炸死。走在義大利士兵前方的樂隊奏著樂，浩浩蕩蕩進入完全空盪盪的城鎮。那是厄立特里亞土著部隊進城進行偵察。狄波諾後來立了一個紀念碑，上面寫著：「致阿都瓦死難者，此仇終報」。就在同一天，距離邊界十五哩的艾迪格拉特（Adigrat）在沒有抵抗的情況下被占領。狄波諾接著休兵一個月。

皇帝一聽到入侵的消息，立刻下令宮中敲打戰鼓擬定總動員的詔書，那是在墨索里尼動員後的九個月。十月十九日，穆魯吉塔拉斯王的六萬名部隊在開拔前往狄西之前，接受他的校閱。這支皇帝的禁衛軍此時穿著卡其制服，曾接受瑞典軍官的訓練；其餘的軍隊穿著與三十九年前在阿都瓦作戰的部隊只有少許的差異。

此刻愈顯示出英國和法國的武器出口禁制是何其無能。阿比西尼亞的軍隊配備各種不同來源的步槍，有的製造日期是上個世紀；他們的彈帶裡經常是空的。沒有子彈，卻只配備了劍和矛。面對一支現代的部隊，阿比西尼亞人什麼都缺，唯獨不缺勇氣。皇帝一貫地強調游擊戰術，用於藏匿、埋伏、伏擊和攻擊設施等的必要性；但穆魯吉塔這位頑固的老戰士曾在曼尼里克麾下參與阿都瓦的作戰，他依然相信那種已經日薄西山的傳統徒手作戰。

狄波諾在持續收到來自墨索里尼強悍的電文後，受到指使再向前推進四十五哩。那位背信忘義的海爾·塞拉西·古薩在戰爭爆發的第一天，就急著從馬卡勒北上要和義大利人會合。他曾經允諾帶來兩萬名部隊，但是他抵達狄波諾的指揮部時，只有一千兩百人，其他人明瞭他在做什麼時，他們背棄了他。

第一次艱困的戰鬥直到一九三五年十一月十二日才發生，當時一支為數一萬兩千人的義大利部隊在馬里奧第（Maroitti）將軍的帶領下，負責防衛狄波諾的左翼，在一個有雄壯的斷崖足以俯視整個海岸平原的峽谷中遭到伏擊。這支部隊死傷慘重，只要阿比西尼亞人第二天重新發動攻擊，就可將他們全部掃平。十一月十四日，狄波諾被撤換，由巴達格里歐（Badaglio）將軍接替，這位後繼者表現得並沒有比他的前任主動積極。

義大利人的遲緩給了阿比西尼亞部隊抵達的時間，到了十一月中旬，穆魯吉塔拉斯王的部隊在馬卡勒南方十二哩的一座山脈阿拉東山（Amba Aradom）環山完成部署定位。卡薩拉斯王此時在坦比安（Tembien）山區和塞雲拉斯王會師，他們在那裡組成的兵力總合達到四萬人。在此同時，伊穆魯拉斯王在比較北方，帶了兩萬人，駐守在塔卡茲河（Takazze）南岸；艾雅留·比魯將軍（Dedjazmatch Ayalew Birru）帶了一萬多人和他會師，但這位將軍的忠誠度可疑。伊穆魯到目前證實是阿比西尼亞指揮官方中最有能力的一位。不過皇帝卻貶抑他，塞雲也一樣，即使人稱「長矛使者」或「戰爭大使」的穆魯吉塔也是，相對於卡薩，他們同是拉斯王，但卡薩的地位卻高於他們。

十二月十五日黎明，伊穆魯拉斯王越過塔卡茲河，帶了五千人瓦解位於麥丁克（Mai Timket）

淺灘的義大利人要塞，把殘餘的部隊驅趕到登博吉納（Demberguina）道路；他曾經派了另外的五千人翻過那看似無法越過的山脈，以切斷登博吉納和阿都瓦之間的道路。義利人在登博吉納有五輛輕型坦克，但阿比西尼亞人將它們團團包圍，利用矛刺穿縫隙，破壞它們的履帶。義大利人的土著部隊表現優異，最後突破重圍比較後方的據點，不過第二天被伊穆魯攻下來。他曾經造成四百人死傷，奪取二十八挺機槍、數百枝步槍和大批的彈藥。他此時離阿克蘇不過十哩，他的據點可以攻擊阿都瓦軍團的通信設施，甚至可以進攻厄立特里亞。

兩個月前，十月十日，也就是義大利人入侵阿比西尼亞後的一周，國聯以五十票對四票投票表決，判定義大利為入侵者。委員會十八個成員國在同一天集會討論執行特定的制裁行動，而在十月十九日生效。當伊登前往日內瓦參加這次會議的途中，曾到巴黎拜會拉瓦爾，拿了一份為終止戰爭所草擬的計畫給他看，內容是把阿比西尼亞國土除了阿姆哈拉人原本居住的地方之外，設定託管給墨索里尼當做獎賞，藉此來收買他。位於倫敦的外交部曾經擬定類似的建議案，但此時，這些計畫還是密而未宣，英國政府還是繼續公開宣誓信守國聯的基本公約。

而最突顯的問題就在於是否要實施石油禁運。國聯大多數成員國傾向禁運，因為這類的禁運到目前為止只會使義大利人背著墨索里尼團結起來。後來墨索里尼曾向希特勒招認，如果國聯禁止石油進口，那麼這場戰爭可能在一個星期內就會結束。同時，他以恐嚇性和威脅性的戰爭對付英格蘭，他充分地警告鮑德溫和他的內閣。在英格蘭的一項大選已經迫近，鮑德溫向他的選民保證實施軍事制裁絕絕無疑問。十一月十四日，他贏得大選，多數黨席次大幅增加，只因他明白支持國聯。

十二月八日，霍拉和拉瓦爾正式起草一份計畫，把提格雷省大部分土地送給墨索里尼，當時義大利的軍隊在那裡正一籌莫展，而丹納吉爾鄉野南到奧薩，再加上歐加登，是阿迪斯阿貝巴以南鄉野的一個獨立經濟體。相對地，阿比西尼亞人只得到一個尚未開發的阿薩布港（Assab），但是他們知道那裡並沒有建造鐵路，如果有，將可以和吉布地出發的法國人鐵路相抗衡。拉瓦爾極力主張這項計畫在給阿比西尼亞皇帝看之前，必須得到墨索里尼的首肯。他希望墨索里尼會同意，如果阿比西尼亞拒絕，那麼法國就有藉口可以避開進一步的行動。

英國內閣看這項計畫沒有不妥之處，但堅持海爾・塞拉西要和墨索里尼同時被告知。在英國同意撤掉他們對石油禁運制裁表示支持的這個條件下，拉瓦爾才會同意這樣做。然而有人將霍拉—拉瓦爾計畫露留給法國新聞媒體；一分精確的版本第二天登在法文報紙和《紐約時報》上。

在英格蘭立即引起群眾嘩然。國會的議員收到如洪水般的信件，而在下議院，即使當時的政府擁有過半數席次，也同樣受到威脅。霍拉因為凡希達特的同意而草擬這項計畫，雖然得到內閣的支持，但最後他被迫辭職下台。許多人預期伊登也會辭職，不過鮑德溫任命他為外交部長，取代霍拉的位置。

十二月十二日，霍拉在國聯會議上處境難堪，因為大部分會議代表都對霍拉—拉瓦爾計畫感到憤慨。十八人會議中的十個人已經同意石油禁運，他們也希望霍拉支持他們。而霍拉解釋，他的政府不願意加諸更多的制裁，因為和平提議已經在討論中了。由於遭到英國背棄，於是其他人便撤回了石油禁運的支持。

戰爭持續

海爾・塞拉西已經前往狄西以便更接近邊界。就在他抵達之後不久，十八架義大利戰機才轟炸過這個小城鎮，造成人員傷亡。雖然皇帝的幕僚勸阻他，但那一天的整個攻擊行動中，他一直操作一挺奧立崗機槍。在狄西，伊穆魯在登博吉納告捷的那天，海爾・塞拉西還不知道那一次的勝利，還在研究霍拉—拉瓦爾計畫。

雖然他一再對那些聚集在一起的媒體記者表達他願意協助尋求這場戰爭的和平解決辦法，但他斷然拒絕分割他的帝國，以及剝奪他的人民長久以來的獨立地位。他堅持否定國聯已經達成的所有原則；一旦接受，等同於同時背叛他的人民與國聯，而且也背棄了那些表現對集體安全制度信心的國家。對他來說，阿比西尼亞人的利益優先於其他一切，但他也明白，如果把租借權讓給一個已被公告為侵略者的國家，而犧牲受害國，這樣做會讓其他弱國的安全受到威脅。

在勝利之後的六個禮拜，伊穆魯部隊的突襲最遠到達馬里布河，他們攻擊公路的護航部隊，有一回曾經虜獲一輛滿載十萬個彈匣的卡車。阿比西尼亞的部隊擁有越野的機動力，既不需要公路，也不需要擔心他們天然的通信方式。不過他們的部隊之間因為缺乏無線通信設備而有障礙。

聽到伊穆魯勝利的消息，塞雲帶了四千人前進到阿比阿迪（Abbi Addi）。這個坦比安的重要城鎮，在馬卡勒西方三十哩處，被八個營的人馬占據，大多數都是厄立特里亞土著部隊。塞雲的部隊在前進阿比阿迪時，整天遭到來自空中的轟炸和機槍掃射，但還是在十二月十八日黎明發動攻擊。

艱苦的戰鬥大半是用劍、矛和盾來對抗步槍、刺刀和手榴彈，一直持續到夜幕低垂，阿比西尼亞人撤退之時。四天之後，他們重新發動攻擊，占領這個城市，將殘餘的敵人趕走到數哩外另一個碉堡據點。此時阿比西尼亞人更有握，似乎他們可能已經贏得這場戰爭。

稍早，就在一九三五年十月戰爭爆發的第五天之後，納希布將軍（Nasibu），即歐加登的阿比西尼亞指揮官，曾經指控指揮義索馬利蘭的指揮官格拉齊安尼（Graziani）將軍使用毒氣。皇帝拒絕相信此事。他曾經說過：「讓我們用坦白與真誠，以及在應該信任的地方給予我們的敵人信任，來緩和戰爭所帶來接連不斷的恐懼。即使沒有用這樣的恐懼加諸在戰爭上，戰爭本身難道還不夠可怕嗎？」然而，就在那個月，墨索里尼的確發了一封秘密電報給格拉齊安尼，內容是：「授權你使用毒氣當做最後的手段，以便擊敗敵人的抗拒和可能的反擊。」

此時，十二月二十三日，巴達格里歐下令戰機對橫渡塔卡茲河去增援伊穆魯拉斯王據守登博吉納部隊的阿比西尼亞部隊，投擲芥子毒氣的瓦斯桶。這種毒氣的效果十分駭人，任何人被液體濺到或吸入毒煙，會在極度的痛苦中扭曲與吶喊。那是絕對的混亂，因為沒有人知道他們到底發生什麼事。那些飛行員實際發現噴灑毒氣比丟瓦斯彈更有效。十二月二十八日，墨索里尼發給巴達格里歐一封電報說：「讓敵人嘗嘗各種武器系統，答覆你第六三〇號急件，我授權你優先使用，甚至大規模使用各種毒氣和火焰噴射器。」不過巴達格里歐的建議是反對使用這種方式。

在南方前線，格拉齊安尼儘管是在開闊的沙漠荒野中戰鬥，卻表現得不如狄波諾和巴達格里歐主動，最後才準備對德斯塔拉斯王（Ras Detsa）發動攻擊，那是阿比西尼亞皇帝的另一名女婿，守在鄰近肯亞邊界加納勒（Ganale）河畔的多羅。他不希望他的作戰方式受到國際觀察家注意，在一九三五年十二月三十日，他故意轟炸位在德斯塔陣地後方五十哩的瑞典紅字會的營區，即使所有營帳都標示著紅十字會的標記。他大約投下一百枚炸彈，包括一名瑞典傳令兵，共有四十人被炸死。海蘭德醫生（Dr Hylander）負責那個單位，他和另外五十人受傷，所有的交通工具和營帳都遭到摧毀。格拉齊安尼辯稱，那個營區收容阿比西尼亞軍隊。

德斯塔拉斯王是個受過教育、前進而教人喜愛的人，他能說流利的英語，曾經擔任西達摩省省長多年。戰爭爆發時，皇帝賦予他南方軍隊的指揮權。現在雖然是在他所熟悉的域裡作戰，卻證明他絲毫無法勝任。當格拉齊安尼在一九三六年一月於多羅攻擊他的部隊時，他的兵力少到只剩五千人，再加上飢荒，使得他們遭到殲滅和屠殺。德斯塔逃脫，但後來被逮捕，在格拉齊安尼的命令下，他遭到槍決。

墨索里尼此時可以宣布獲得一次區域的勝利，但他對巴達格里歐在北方的進展很不滿意，繼續命令他摧毀穆魯吉塔的部隊，並前進阿迪斯阿貝巴。然而巴達格里歐決定按兵不動，直到他能確保他位於馬卡勒的右翼。一月二十日，他派了一支堅強的厄立特里亞部隊對付鄰近阿比阿迪的卡薩右翼部隊。

巴達格里歐的厄立特里亞部隊是受過訓練的士兵，和阿比西尼亞人一樣英勇；他有可能運用這支部隊的地方，會優先使用他們，然後才用他的白人部隊。他們此時占領一些原本卡薩所據守的據點。為了支援他們，巴達格里歐下令義大利的黑衫軍占據瓦里奧隘口（Warlieu Pass），以防衛卡薩的左翼。他們第二天採取這套策略，但被擊潰，被趕回他們設在隘口上的碉堡，到了傍晚，幾乎全部棄械投降。

取得瓦里奧隘口是義大利人的當急要務。一旦失手將使他們位於阿都瓦的步兵軍團陷於孤立，並且暴露出他們和厄立特里亞之間的通信設施。一旦攻克，就會使大禍降臨，甚至結束這場戰爭。在這次危機中，巴達格里歐號召他的空軍。墨索里尼曾經授權他使用「所有的戰爭手段，我說的所有，包括從空中和陸地雙路管齊下」，巴達格里歐集中一百架戰機，在坦比安的第一場戰役的四天之中，傾巢攻擊，對著阿比西尼亞的部隊轟炸，並且使他們的後翼滿布芥子毒氣，那裡的村民、營地平民和載貨的牲口全都痛苦而死。

儘管無法應付空中攻擊，卡薩的部隊還是競相衝上前去，奮不顧身，攻向義大利人的防禦陣地。敵人的機槍造成恐怖的傷害，但是他們依然衝上前來，踏著屍首把義大利人驅趕到另一個替代的陣地。在這次阿比西尼亞人熟知而擅長的肉搏戰中，他們造成巴達格里歐部隊至少一千人以上的傷亡。

到了一月二十三日黃昏，一支義大利的救援縱隊一直無法突破包圍的守軍，但第二天他們辦到了。為重新發動攻擊，卡薩需要增援，他已經有八萬人死傷，幾乎是他的兵力的三分之一。伊穆魯無法聯絡上，穆魯吉塔雖然聯絡到，但他藉假託詞而不願出協助，因為他怨恨自己地位屈居於卡薩之下。相對地，彈藥短缺又無奧援，卡薩的部隊已經無法再威脅巴達格里歐位於馬卡勒的後翼部隊。巴達格里歐因此決定攻擊阿拉東山的穆魯吉塔部隊。

這場戰役於二月十二日展開，當時烏達傑將軍（Dedjazmatch Wodaje）帶著兩萬人，試圖阻擋阿拉東山的第一軍團前進，它有兩個軍團支援，總兵力有九個師。由於穆魯吉塔在十二月占據山區，義大利轟炸那個山頭，而此時他們的一百七十架戰機在四天之中，對阿比西尼亞的部隊投下三百八十噸的炸彈，而他們的砲兵則發射大約兩萬三千發砲彈。在這場突擊中，穆魯吉塔擁有的少數野戰砲，是在四十年前在阿都瓦虜獲的，卻不曾發出一砲一彈。

穆魯吉塔曾經相信這個山脈是無法攻克的。而此時，這名老人受到持續不斷的轟炸，躲在他的指揮洞穴中，完全與這場戰役失連。如果不是來自瓦勒加的酋長比特·伍德·馬孔能，帶了他的四千人拖延兩個義大利師團的時間夠長，讓他的大軍得以逃脫，他的整個部隊可能怕投降而被殲滅。在這場戰役中，阿比西尼亞人損失了六萬人，在接下來的三天裡，至少有一萬人在轟炸、機槍掃射和空中的毒氣散布中被消滅。一般來說，阿比西尼亞人打赤腳，讓他們擁有機動性，但此時，在山中被芥子氣污染的小徑上卻悲慘無比。皇帝最龐大的部隊就這樣被殲滅。殘餘的部隊在更遠的南方，遭到一支殘暴的土著部隊拉亞加拉人的攻擊，他們曾受到義大利人的叫唆；在他們的一次伏擊中，穆魯吉塔被殺害。

二月十九日，皇帝在他位於阿拉東山南部一百五十哩的新指揮總部聽到這個慘劇。他立刻派信差給卡薩和伊穆魯要他們撤退，並占領阿拉齊山，但巴達格里歐先他們一步在二月二十五日，無對手的情況下占領那裡。

在阿拉齊山獲得第一場勝利後，巴達格里歐接著集中他的兩萬人部隊對付卡薩和塞雲，此時，他們一起集合起來的兵力 僅僅三萬人左右。塞雲占領一個強勢的據點，能俯視整個瓦里奧隘口，但巴達格里歐知道阿比西尼亞人傳統上在白天戰鬥，所以利用夜間派他們的阿爾卑斯精銳部隊發動突襲。熟睡的阿比西尼亞人大吃一驚，被驅離山頂。在其他地方，第二天義大利戰機雖然轟炸他們，但塞雲的部隊依然能自力固守陣地。然而到了那天晚上，他們受損慘重，實際上他們彈藥用罄，因此塞雲決定避免包圍方式而撤退渡過塔卡茲河。第二天他的殘餘部隊號群聚在山谷中，這給了義大利飛行員一種難以置信的明顯目標。很快的，塞雲的部隊被炸彈和散布的芥子氣所粉碎，就像穆魯吉塔的部隊，難逃一死。

卡薩鄰近阿比阿迪，二月二十七日得知塞雲的撤退，看到自己此刻陷入義大利第一和第三軍團之間的危機。他的部隊受制於不斷的空中攻擊，於是下令撤退。兩星期之後，卡薩和塞雲在郭蘭（Qoram）與皇帝會合，他們手上只剩下數百人；任何在轟炸中倖存下來的人已經逃回家去。

伊穆魯的部隊此時被孤立在厄立特里亞的邊界，皇帝已經差人指示他撤退；這些人到了二月底才到達。伊穆魯並不知道穆魯吉塔的慘敗或發生在坦比安的戰事。此時他帶了一支部隊前往阿克蘇，以便掩護他的撤退。

二月二十九日，巴達格里歐的第二軍團在馬拉維格納將軍（General Maravigna）的指揮下前進，攻打位於登博吉納的伊穆魯；而第四軍團急行軍穿過山脈威脅他的後翼。第二軍團布署在森林的鄉野，沒有適當的防護而遭到伏擊。阿比西尼亞人有一些從一項突襲義大利人補給線的行動中虜獲而來的數挺機槍和充足的彈藥，此時他們帶來破壞性的火力。而帶頭的義大利師團死命地想要脫身，並且把砲兵派上用場，馬拉維格納害怕碰上伊穆魯的整個大軍，於是停止前進，下令他的部隊建立防禦據點。阿比西尼亞人不斷重覆攻擊，戰鬥持續一整天。一位義大利軍官的說法是：「他們奮不顧身衝向槍砲使之無聲無息。他們的勇氣教人難以置信。他們具有高度的危險性。」停滯在據點又過一天之後，馬拉維格納重新向前推進，他再度遭到埋伏，他的整個軍團再度停滯下來。伊穆魯的後衛軍只有數千人，成功地拖延三個師將近三天。在此同時，第四軍團發動近五十哩的推進穿過艱難而不曾被探勘過的鄉野前往伊穆魯的後翼，飽受到更嚴重的拖延。

由於伊穆魯曾經成功將他的部隊分散在地面上，此時卻看到他們被義大利的空軍摧毀。塔卡茲河上方峽谷再度證明它是個死亡的陷阱，穿越這條河後，伊穆魯只剩下一萬人。他本人則是毫無畏懼，計畫在瑟門山脈繼續戰鬥。但此時他的部隊已經受夠了苦頭，沒多久，留在他身邊的只剩下三百多名他私人的貼身侍衛。唯獨在郭蘭，由皇帝親自帶領的部隊此時屹立在巴達格里歐和阿比阿迪之間。

一九三六年三月四日，一個在郭蘭附近的英國紅十字會營地，由約翰．梅利醫師所指揮，遭一架義大利戰機轟炸投擲高爆彈和燃燒彈，五人遇害，其他人受傷，並且摧毀了營帳與器材。這個地點是在一個空曠的平原上，明明白白標示著紅十字會的大型地面旗幟。義大利人承認這個事件，但宣稱那架戰機是在營區的火砲下飛過來的。

十天後，紅十會的瑞士籍代表馬歇爾・朱諾醫師（Dr Marcel Junod）拜訪郭蘭。在前往皇帝所在的洞穴時，到處躺著人，身上滿是芥子氣造成的灼傷，痛苦地呻吟著「Abeit-Abeit!」，讓他感到驚駭。這是他們傳統的求助呼叫聲，一種叫人心碎的吟唱，一種反反覆覆和緩而持續的旋律。荷蘭人和受創的英國紅十字會單位盡他們所能，但能做的少得可憐。朱諾醫師估計傷者至少數千人。

英國紅十字會的約翰・麥克飛醫師（Dr John Macfie）寫道：「這些病患是一種讓駭人的景象。我檢查的第一個病患是個老人，坐在地上呻吟，身體前後搖晃，全身包裹著布。當我走近，他緩緩站起身來，掀開他的斗篷。他看起來就像被人粗魯地剝過皮；他曾經被芥子氣嚴重灼傷整張臉、背部和手臂。還有許多人和他類似，或多或少受到嚴厲的折磨。有些人是剛被灼傷的，有些是舊傷，潰瘍已經結成厚厚的棕色疤痕。男女老少都嚴重毀容。許多人眼睛被有毒質弄瞎了，用骯髒血紅的布遮眼。我可以用更多的頁數來敘述這些恐怖，但這又有何用處？」

三月十、九二十二、二十四日三天，《泰晤士報》刊出報導，描述阿比西尼亞人因為使用芥子氣而受到的傷害。英國總理席尼・巴頓爵士曾發出一份有多位醫師口供的官方報告給外交部，包括麥克飛在內，證實他們曾經治療過被芥子毒氣所造成的灼傷。然而三月三十日，在答覆上議院議員休・塞席爾（Hugh Cecil）的一項質詢時，代表政府發言的哈里・法克斯議員表示：「如此草率判斷一個事件，指義大利人在阿比西尼亞使用毒氣，對一個偉大的國家造成嚴重的影響，那是一件極嚴重的錯誤……第一步應該是取得義大利政府的觀察報造與評論。」

阿比西尼亞皇帝曾經重覆地向國聯申訴，譴責義大利人「使用毒氣」。義大利人反而控訴阿比西尼亞人使用達姆彈並且殺害戰犯，儘管他們能引用的例子只有一個，那是一名被俘的飛行員，他的腦袋被砍下來。四月十八日，當毒氣的問題最後一次在國聯被提出來，法國外交部佛蘭丁（Flandin）說服委員會的十三個會員國放下這個議題。在一項私人談話中，他向伊登批評義大利人使用毒氣是很愚蠢的事。

皇帝明白他在最後一役必須冒一切危險，由他個人來指揮他的部隊。假如他能把他的部隊撤到狄西或更遠的地方，他將可以拉長義大利人的通信線；接著使用他一貫主張的游擊戰術，他就可以拖延他們的前進速度直到雨季來臨。但他知道如果他試圖這麼做，他的部隊將在不斷的轟炸中分崩離析。他必須在他所在的郭蘭發動戰鬥，因為他的酋長和他們的部隊因為每天的空中攻擊而失去機動力，而普遍的士氣低落；三月二十日，卡薩拉斯王和塞雲拉斯王抵達，帶著悲慘而且受創的殘餘部隊，變得更消沉。直到他們來到，皇帝身邊的拉斯王只剩下來自加法沒有作戰經驗的加塔丘（Gatachew）。

此刻，皇帝每天迫使他的隨從準備另一次攻擊的必需物資。同時，那些背叛的拉雅族酋長已經被義大利人收買，來造訪他的營區，假意支持，而且還受贈禮物，然後回去向敵人通風報信。最後皇帝還是勝過那些意志不堅的人，在三月三十日下令第二天戰鬥。他挑選數百人擔任佯攻轉移敵人注意，而卡薩、塞雲和加塔丘帶了大約九千人，猛攻義大利人右翼的米漢隘口，並攻擊他們的後方。一支大規模部隊，包括皇家侍衛隊的正規軍接著將直搗義大利人的核心。

在黑暗中，那些經過挑選擔任側攻移注意的部隊在不被察覺的情況下集中匍匐前進，攻擊義大利人的哨站。接著等到天光大亮，在機槍精準的支援下，他們發動攻擊。雖然義大利人曾得到拉雅人的警告將有一次攻擊行動，但阿比西尼亞人成群結隊攻過他們前哨據點；不過他們人數太少而無法直搗主要防禦陣地。

在此同時，針對米漢隘口的攻擊已經展開。行動靠著阿比西尼亞人的少許槍枝掩護，起初還能獲勝，但碰到兩個師的厄立特里亞人控制的壕溝和石造矮牆工事，他們的行動受阻。皇帝因此派出他的禁衛軍增援那次的攻擊行動。這些戰鬥場面壯觀，實實在在地掃平第十厄立特里亞師團，但是在攻擊行動中，穿越開闊的平地受到嚴重的損傷。巴達格里歐後來描述他們如何重覆發動攻擊，衝進他形容的那種「千真萬確的火海之中」。

皇帝明白這正是這場戰役的危機所在，此時他孤注一擲。在他們最後的攻擊中，阿比西尼亞擠進第一和第二厄立特里亞師之間，但他們人數太少無法擴大他們的戰果。皇帝所有的殘餘部隊全都上陣，他沒有剩餘的兵力可以增援他們。勝利的最後機會已經消失，但是他們仍然繼續戰鬥。

在那天，阿比西尼亞人的少許的奧立崗防空砲曾經擊落十七架戰機。皇帝本人曾經操作其中一挺，先是支援他的部隊，接著對付一波波的戰機。最後，到了黃昏，他下令撤退，當他的部隊從攻擊中撤回時，那些拉雅人一直在等待這樣的結果，對他們發動攻擊，造成進一步的傷亡。

紅十字會從戰役中撤出，阿比西尼亞的營區內沒有半個人能照顧那些數之不盡的傷者。在那惡夢般的日子裡，還有更糟的情況。阿比西尼亞人在四月一日下午開始撤守，巴達格里歐派出他的每一架戰機，對付那些穿過沒有樹木的鄉野，毫無掩護的稠密逃亡人潮。屠殺日復一日地持續進行。皇帝後來描述那情景說：「這場恐怖無情的戰爭裡的所有屠殺，就是這次最惡劣。男男女女、成群的動物被芥子毒氣吹得支離破碎或是燒死。那些臨死的人、受傷的人因痛苦而呼號。毒氣的屠殺結束，轟炸接著開始。我們根本無計可施。」

他的部隊分崩離散，海爾．塞拉西前往拉利貝拉。那位在他前往阿迪斯阿貝巴的路上。那裡有一座著名的石砌教堂，他尋求上帝的協助與慰藉。在上路之前，他祈禱和齋戒長達四十八小時。接近馬格達拉時，他得知義大利人已經到達狄西，因此，他沿著一條很少使用的丘陵路徑前往阿迪斯阿貝巴，並在四月三十日到達。雖然他的精神與體力都已虛竭，但他沒有休息，每個人都來求助於他，祈求援助與建議。這個城陷入混亂中，官方權威已經粉碎，搶劫開始出現。這裡顯然已經無力進行反抗；他的控訴得不到回應。他依然決定繼續戰鬥，向南走以重新召集部隊。然而他的酋長們抱怨這樣做並沒有用處，因為無法對抗轟炸與毒氣；他反而應該前往歐洲，向國聯提出控訴。他的所有意願都遭到反對，最後被說服他們的看法是對的。

皇帝出走

一九三六年五月二日，皇帝離開阿迪斯阿貝巴搭火車前往吉布地，兩天後登上一艘英國巡航艦女王陛下企業號一路前往耶路撒冷。後來搭上女王陛下開普敦號從巴勒斯坦前往直布羅陀，接著搭郵輪到南安普頓，他在六月三日在當地登岸；就在同一天搭火車前往倫敦。當他抵達時，我出現在滑鐵盧火車站。沒有官方的迎接儀式等待他，他和少數的朋友及一名來自外交部的代表碰面。為了避開群眾的迎接，他被車子載走，走後街到他位於皇后城門的領事館。

他先前在一九二四年造訪英格蘭時，曾經與約克公爵會面，曾經在白金漢宮受到接待。此時他發現自己被這個他一直欣羨與信賴的國家，當做一名不受歡迎的難民看待。他變得一文不名，因為他在英國的所有投資，被「義大利國王」所把持，墨索里尼封這個人是「衣索匹亞皇帝」。

然而兩天之後，海爾·塞拉西在他的領事館裡接見我母親和我，他以傳統的禮儀接待我們。他看起來疲憊勞累，但和我一九三四年在阿迪斯阿貝巴見到的他一樣沒變。他的世界陷入傾頹，他的部隊遭到殲滅，他的國家被蹂躪，他的親朋好友被獵捕屠殺。他將信賴託付給國聯。國聯幾乎是一致地譴責義大利為侵略者，但接下來卻對阿比西尼亞毫無協助。然而當我們坐在那裡望著海德公園，他並沒有露出痛苦，也沒有顯露出他曾經感受到的沮喪。唯獨當他簡短地述說他所看到的恐怖景象，我才意識到他那難以啟齒的傷痛。

我在那次戰爭中，當然很想加入任何一支阿比西尼亞部隊。打從我童年時代，我就認識卡薩拉斯王，當我受洗時，他曾經送我一支鍍銀的高腳酒杯。伊穆魯、塞雲、穆魯吉塔和德斯塔，我都在加冕大典中見過他們。我很清楚如果我參加這場戰爭，我將一無所獲，只是保留住我的自尊。此時我只相信早晚英國也會和義大利交戰。想到墨索里尼站在維尼西亞宮的陽台上故作姿態、大聲咆哮，我就感到一種痛楚與私人的憤恨。九年後，我得知墨索里尼被他的百姓處決，他的屍首被懸掛在一根肉鉤上，我還記得我當時那種兇殘的滿足感。

一九三六年五月五日，也就是海爾·塞拉西離開阿迪斯阿貝巴第三天，義大利人揮軍進城。墨索里尼下令只要發現任何攜帶武器的人，和那些在二十四小時內不交出武器的一起槍決。他也下令巴達格里歐射殺所有「年輕的衣索匹亞人」，意思是這些年輕人曾經靠皇帝的經費到海外受教育。這些人之中，包括馬汀大夫的兩個兒子，被理所當然地環首絞刑。在五月二十二日，巴達格里歐回義大利，格拉齊安尼接替他，擔任衣索匹亞殖民地總督。

格拉齊安尼原本在塞里耐卡（Cyrenaica）鎮壓聖努西人時，就已贏得屠夫的封號，此時他如法炮製用在阿比西尼亞人身上。他聲稱「元帥要讓衣索匹亞有沒有衣索匹亞人，隨他高興。」一九三七年二月十九日，阿迪斯阿貝巴舉行一項戶外慶典，有一些阿比四亞年輕的義勇軍將塑膠製手榴彈投擲到格拉齊安尼四周的人群中，沒有人死亡，但有一些義大利人受傷，包括格拉齊安尼。為了報復，他在城內派出他的黑衫軍。義大利籍市長告訴他們：「為期三天，我允許你們摧毀、殺戮，隨你們意思對付阿比西尼亞人。」大屠殺真的進行三天。首都裡大約五千到一萬人被殺，這省份裡有數千人遇害。第三天一張告示張貼在阿迪斯阿貝巴城內：「報復行動到中午一定要結束。市長奎多・柯提斯。」二次世界大戰間我在戈占省，當年倖存的人描述，當時黑衫軍穿著他們的制服，放火燒阿比西尼亞人茅屋的茅草，當屋內燃燒，屋內的男女老幼逃出他們被焚燒的屋子時，被黑衫軍用他們的軍禮刺刀刺死。屍體後來用卡車運到工作站集中焚燒。

零星的反抗行動在一九三六年五月阿迪斯阿貝巴被占領之後一直持續著，六月五日，墨索里尼下令槍決所有逮捕的「反抗者」。這其中包括卡薩拉斯王的三名年紀最大的兒子。六月八日，墨索里尼授權格拉齊安尼使用毒氣來「了結那些反抗者」。這項恐怖政策不但沒有嚇到阿比西尼亞人，反而增強他們的敵意；積極的反抗在這國家廣大的地域上散布著。

六月八日，墨索里尼「再度對反抗者及其同謀，有系統執行恐怖與滅絕政策；沒有十倍的報復，傷口就不能很快地癒合」。其中的一項結果，讓這個國家最南方的修道院狄貝拉黎班諾斯的四百二十五名執事與修士遭到槍決。這樣的事被義大利人稱之為「文明的任務」，伊夫林・渥以恰當的字眼形容，那是「在一個可恥的地方，散播戒律與寬恕、教育與醫藥」。

一九三六年六月三十日，海爾・塞拉西代表他的百姓向位於日內瓦的國聯提出控訴，他在委員會大會堂外受到不計其數的群眾歡呼，大多代表因為這位矮小但讓人印象深刻的人物的出現，感到汗顏和羞恥。他們背叛了他；有些代表甚至質疑他已不再代表一個獨立國家，是否有權對他們發表演說。他走上講台，義大利記者喝倒采、發出噓聲，並加以高聲辱罵。他冷冷地等待，直到警察把他們趕走，他才接著說話。

「我，海爾．塞拉西一世，衣索匹亞的皇帝，今天在此地宣告沒有偏頗的正義虧欠我的百姓，八個月以前，五十二國基於一項侵略行動而確定國際協約被違反，因而曾經答應提供援助……我有責任來告訴集會在日內瓦的各國政府代表，他們要為數百萬男女老少的生命負責，要為威脅他們的那種致命的噩運負責，要告訴他們，他們的命運受到衣索匹亞的破壞。」他接著描述使用毒氣的恐怖效應，不只是加諸在他的戰士身上，連遠離戰區的老百姓也不例外，目標就是要讓他們面對恐怖和遭到滅絕。

「雖然我的武器低劣，完全缺乏戰機、砲兵、彈藥和醫療服務，但我對國聯完全信賴，認為包括世界上最強大的國家在內的五十二個國家，不可能會被單一入侵者所把持和阻撓。」他告訴他們，當他的國家處在危險中，他們是多麼迫切需要武器，「許多政府宣布禁運，阻止我這麼做。相對地，義大利政府卻能經由蘇伊士運河取得運輸工具用來運送武器、軍隊或彈藥，卻沒有受到阻止和抗議……我在許多時機中，要求財務支援，以便購買武器，這樣的協助卻經常被拒絕。接下來，說實在的，集體安全的盟約第十六條到底有何意義？」

他堅持，「今天在委員會面前提出的議題，並不單只是義大利侵略的殖民問題。這是共同安全的問題；是國聯存廢的問題；是國聯條約中各國信賴該擺在哪裡的問題；是對小國承諾他們的完整與獨立受到尊重與確保，這種承諾的問題……如果一個強大的政府表現他能夠摧毀一個弱小的民族而不受懲罰，那麼那些弱勢的人民向國聯申訴要求對侵略者坦白的審判的時刻到了。上帝和歷史將記得你們所做的判決……」

「我要問，曾經給予衣索匹亞人民承諾保證不會被侵略者擊敗的這五十二個國家，他們到底願意為衣索匹亞人民做些什麼？我要問這五十二個國家，他們曾經答應那些蕞爾小國的共同安全保證，終止他們有一天與衣索匹亞遭受相同命運的威脅，他們到底打算採取什麼樣的標準？世界各國的代表齊聚在此！我來到日內瓦找各位，把落在一名皇帝身上最悲慘的責任解除，交到你們手上。我將帶回什麼樣答案給我的百姓？」

一週後，國聯中止所有對義大利的制裁行動。

注釋：

①凡希達特（Vansittart）：指Robert Gilbert Vansittart男爵，一八八一～一九五七，英國外交官。

②萊茵蘭（Rhineland）：歷史上有爭議的西歐地區，傍萊茵河，位於近代德國與法國、盧森堡、比利時、荷蘭邊界以東。自古羅馬時期起，此地便不斷有紛亂。二十世紀二〇年代，萊茵蘭危機迭起，矛盾重重。一九三六年三月七日，希特勒表示拒絕承認凡爾賽合約中有關萊茵蘭的各條規定，拒絕履行羅加諾公約，同時宣稱德國軍隊已開進非軍事區。

【第18章】

在達富爾的最後一年

我決定用我一九三六年的假期最後一個月去旅行，穿過敘利亞和巴勒斯坦，接著到開羅，因為我急著想要看看阿拉伯世界的一些事物，那裡是我熟讀過的。我因此搭乘東方快車到阿勒坡①，我在那裡換搭火車前往貝魯特。我總是喜歡搭長途列車旅行，穿過未開發的鄉野，發現看著車站不同的景物變換，那真是引人入勝。同樣的，火車只局限在鐵路上行走，對於周遭鄉野的生活型態影響很小，而公路交通，不管是數量或範圍，總是不停在擴張。

我相信我將不會喜歡貝魯特，事實上，我真的不喜歡。那裡時髦的旅館、高雅的餐廳、擁擠的日光浴海灘和混雜的文化真的讓我感到忿慨。在我還沒有離開之前，曾經和勞倫斯在阿拉伯叛變中共事的羅賓．布克斯頓（Robbin Buxton）交給我一封介紹信，給德魯士族一位重要的酋長阿斯蘭（Amir Arslan），讓我能夠造訪德魯士山（Jabal Druze）。

德魯士人在一九二五到二六年間對抗法國人的叛變行動，曾經獲得我對他們的同情。我當時閱讀了報上每天有關這場戰爭的報導，我對他們的英勇和戰技充滿仰慕之情。我知道這個山區目前是禁區，實際上對遊客關閉，但阿斯蘭為我從法國官方那裡取得許可，讓我得以造訪那裡，條件是我一到達那裡，就必須立刻向當地的軍區首長報到。

我前往當地的路途中，花了兩時間待在大馬士革。這個城市較古老的部分深深吸引我，但我對這次在大馬士革和德魯士山短暫的旅行回憶，與後來的那一趟旅行弄混了。這次的機會裡，我對德魯士人的見聞不多，不過事實上，我已經到達這裡的丘陵地，後來在戰爭期間，證實此行對我幫助頗大。在這次的造訪中，那位軍區首長派了一支德魯士族巡邏隊陪著我從蘇埃德（Suaidah）到阿拉伯兵團位於外約日區②的阿茲拉克（Azraq）哨站。我們一路騎乘穿過一個沒有樹木和叢林的荒野，如果我記得沒錯的話，我們也沒有經過一個村落；阿茲拉克給我的衝擊特別大，遠勝於一切。我在讀過勞倫斯記述他如何從沙漠中崛起和第一次看到它的城堡廢墟、棕櫚樹、沼澤和礁岩之後，就一直想要看看它。在阿茲拉克，格拉布③的阿拉伯軍團穿著他們特殊的部落軍裝，他們宰了一頭羊來宴請我們，接著用他們的卡車載我們到安曼④。

在安曼，在這個未曾被污染的阿拉伯城上共用一間屋子的皮克・帕夏（Peake Pasha）和格拉布，他們邀我住下來。第二天，我跟著格拉布到班尼沙克族人（Bani Sakhr）的一處營地，我們在酋長大型的黑色山羊皮帳篷裡用餐。我是第一次與這支阿拉伯游牧民族接觸，有了格拉布的陪同，我對貝都人的生活已經找不出更好的解說者。我很幸運能跟這兩位傑出的人共度，在我和他們共度的三天裡，我學到不少有關阿拉伯的事物。

皮克在參與阿拉伯叛變之前，曾經在一九一三年支援埃及陸軍，三年後他曾參加達富爾之役，也曾待在薩羅尼加的飛行大隊。一九二一年，在剛建立的國家外約旦，他曾經號召及指揮阿拉伯兵團；他從各村落招募兵員，為這些屯墾的地區帶來安定；然而這些游牧民族面對來自沙烏地阿拉伯狂熱的伊克彎族（Ikhwan）入侵，依然是脆弱不堪。同樣的情況也出現在伊拉克，直到格拉布從當地的貝都部落招兵買馬，擊退伊克彎族，才在伊拉克沙漠地區奠定和平。

伊拉克在一九三〇年獨立時，格拉布被調派到外約旦，他在那裡也同樣戰績輝煌，他將一支純由貝都人招募而成的沙漠巡邏隊整合進阿拉伯兵團。在我拜訪外約旦時，他是皮克的副指揮官，負責沙漠地區。即使到了一九三六年，他在貝都人之間的威望仍舊十分顯著，不只是在伊拉克和外約旦，整個阿拉伯世界大半都一樣。沒有其他歐洲人曾經獲得可以和他比擬的貝都人文化與特質的知識，同樣也沒有人能從這些傲慢的部隊中贏得相同的敬重。

到了一九三六年，當我到達巴勒斯坦，那裡的阿拉伯人因為政府授意猶太人移民進入而受到激動，陷入動亂中。我是完全同情阿拉伯人的，猶太人被羅馬人驅逐的兩千年後，又流入阿拉伯人的世界，我看不到一點正義公理。鄉間的道路此時已充滿埋伏，在丘陵上，更有英國人和阿拉伯游擊隊之間的零星戰鬥發生，而同時耶路撒冷舊城裡所有的商店都已關閉，軍隊在杳無人煙的街道上巡邏。要拜訪岩造的圓頂教堂已是不可能，但我永遠也忘不了我第一次從橄欖山遠望的耶路撒冷；我只能看到那古代圍著城牆的城市還依稀可見，還有那如此爭鬥不已的悲慘場景和代代相傳的仇恨；更看到那石造金色圓頂教堂，壯觀而純潔地聳立在那寬敞的殿堂之上；還有那遠處藍色的麥道布山脈。

獅子殺手

我抵達開羅時，但恩·山德佛和他的妻子克莉絲汀在那裡，因此我和他們共度三天。從我離開阿迪斯阿貝巴、前往丹納吉爾荒野之後，就不曾見過他們。之後曾經發生了許多事。當一九三五年，海爾·塞拉西任命山德佛到南部新成立的吉馬（Jimma）省政府擔任顧問。當義大利人在一九三六年到達吉馬時，他在最後一刻才撤離到蘇丹，直到最近才到達開羅。他的妻子和家人在義大利人進入阿迪斯阿貝巴時，被留在吉布地。

從一九二一年開始，阿比西尼亞曾經是山德佛家族的家；而現在他們失去位於穆魯的農莊，等於剝奪了他們所擁有的一切。山德佛相信義大利人已面對分布廣泛、可怕而不規律的反抗力量。他也很有信心如果英國發現他們已經和義大利人交戰，他和我都將會被分派到阿比西尼亞。

我從開羅直接前往喀屯，中途沒有在喀土木或法瑟停留。我到達的時候，蓋·摩爾人在那裡；他告訴我雨下得很大，這是一件好事。頭一晚，我和他熬夜不睡，比平常撐得更晚。摩爾曾經和格拉布在伊拉克共事，很高興我已經見過他；而他曾經帶我去拜訪班尼沙克族人。他說：「我很高興你是那樣回來的，現在你對阿拉伯的貝都人應該已經有些概念了。」

伊得里斯很高興見到我。他看顧我的屋子，並且特別打理我的槍枝，為它們清潔上油。他曾經告訴我他最想要的三樣東西：擁有一把劍、一床毯子和到麥加朝聖。我已經送給他一把劍，現在我從開羅帶了一床毯子給他。法拉茲阿拉、哈比比和其他駱駝此時的狀況極佳，那兩匹馬也一樣。我很高興回到此地。

幾天之後，摩爾派我到查哈瓦鄉野，要我從提尼向北走到辛迪亞的泉水區，那是在沙漠中的某處，位於哈瓦爾谷地的北方。他說：「這些水泉是邊界兩方一些混混聚集的地方。」他補充說：「他們就是那些會吸引你的傢伙。」

我一共離開六個禮拜。雨下得十分可觀；即使是老人家，也不記得有過這樣大的雨。有些人甚至抱怨雨勢太大，已經毀了莊稼。正常來說，這個區的玉米田會因為缺水而乾死，而查哈瓦人會靠漿果，以及一種小野草種子做成的麵粉過活。在提尼，平常乾涸的哈瓦爾河道已經氾濫成災數週。我們到達那裡的隔天，伊得里斯和我追蹤兩頭獅子特別大的腳印，牠們曾在夜裡殺死一匹馬，等我們發現牠們時，牠們已游過六十碼的河道進入法屬領地。

我一如往常，輕裝簡行，只讓伊得里斯、卡洛、阿馬德及一名警察跟隨。我們在夜裡有多次被淋得濕透，有一回在夜裡，大約是十一點鐘，我們碰上傾盆大雨。到處都是積水，而辛迪亞的那些深水井早就廢棄不用。然而我們在這些水井北方，卻突然地碰到許多巴達雅人（Badayat）的營地。這些巴達雅人任意住在邊界的兩邊，盡可能躲在政府鞭長莫及的地方。這些特別的人從來就沒有見過行政區首長。就如摩爾所料，我立刻就喜歡上他們。

有一天晚上，他們吹噓他們當偷駱駝賊的本事，因此我向他們當中的某個人挑戰，把哈比比偷走。牠就橫躺在離我數碼的地方，我要他們把牠帶離我一百碼，讓我聽不到他們做這件事。當有任何人想移動橫躺著的駱駝，牠們會咕嚕嚕叫而且還會咆哮，而哈比比總是特別吵鬧。然而那個人很輕緩地解開牠交疊在一起的前腳，並且催促牠前進，當哈比比轉頭或張開嘴時，總是會停下腳步。他卻能讓牠站起雙腳，除去牠的腳絆，跟著他一起消失在黑夜中。後來他回來，勝利地說：「我可以偷走很多隻，但你直到第二天早上睡來，根本就不知道發生什麼事。」

在這個行政區裡，眾人皆稱呼我為「獅子殺手」（samm al usud），而這些巴達雅人也曾經聽過關於我的事。在某個營地，他們要求我射殺三隻曾經殺死他們駱駝的獅子。最近夜裡雨下得很大，所以可以騎著我們的駱駝小跑步，輕鬆地追蹤獅子的腳印。那三頭獅子一直分散著走，之後再度會合，但是我們則是追蹤大的那隻的腳印。我突然看到牠就在四十碼之外，在一個樹叢下背躺著睡覺。

我的母親曾經給我一把里格比點四五〇口徑的步槍，在近距離用來阻擋一頭發動攻擊的獅子，那是一把比任何自動步槍更有效的武器。那比我的點三五〇步槍威力更強。我此時把它交給了騎在哈比比身上的伊得里斯，然後我從法拉茲阿拉背上跳下來，幾乎是在一瞬間，把槍再拿了回來。就在我離開法拉茲阿拉背上鞍具時，牠發出咕噥噥的聲音。那隻獅子醒過來，翻個身子坐起來，我將牠當場格斃。伊得里斯還在駱駝背上，呼喚我射殺另一隻，我在地面上無法看到這頭獅子，直到牠一躍而起，接著我射殺牠。就在同一天，我們曾遇見數百隻的非洲羚羊。我射殺了其中一隻，讓所有人得以飽餐一頓。

我回提尼和蓋．摩爾會合，接下來的十五天，我們從那裡一起出發旅行，我們一起做同一件事的機會實在太少。當我們到達哈米德酋長的村子，我們發現班尼胡笙人一如往常為獅子所苦，在過去的一個禮拜內，有兩個人被咬死，許多人被受傷。

隔天黎明，我們和十名班尼胡笙人一起騎馬出發。我們騎了好一段路才到達獅子曾經咬死一頭牛的村子，我們在那裡和酋長及另外兩名騎士會合。大夥兒全都散開，策馬穿過原野。一兩個小時後，我們挑出一頭雄獅和母獅的腳印。伊得里斯和我下馬，循著那些足印穿過叢林，而那些騎士走在兩側。

突然之間，我們聽到蹄子隆隆的聲音，那是狂野而躍動的羚羊被其他動物窮追。牠們對著三四百碼外的那頭獅子咆哮，但那獅子在我和伊得里斯趕到之前，幾乎是立即就突破牠們，那些班尼胡笙族圍繞著一小塊孤立的樹叢，舞動他們的矛，呼喊他們作戰的口號，對那頭獅子叫罵，那獅子變得很兇暴。當我們接近時，牠面向著我們，尾巴猛烈擺動。我擊發雙管步槍中的一發子彈，打進牠嘴裡，接著用另一發子彈解決牠。那是一頭大獅子，有相當不尋常的鬃毛。

我們回到村子，那裡正在宰牛，班尼胡笙族興高采烈地唱著他們的凱歌。當我們接近村子時，他們開始狂奔，把圍籬弄破了一個大洞，衝出一群馬匹和人潮。伊得里斯沒有注意那個洞，從馬上跌了下來被馬壓著。他被嚇到了，但沒有受傷，那把點三五〇口徑的步槍也沒有受損。酋長宰了一頭羊來犒勞我們，接著我們在滿月之下啟程折返，前往哈米德酋長的村子。我的同伴們一路上大半時候都在唱歌，只要我們經過一座村落就會快步前進。等我們回到營地已是午夜。

那件事之後，我和班尼胡笙人及查哈瓦人騎馬獵殺更多的獅子，有時人數多達三十名騎士。現在只要發現足跡，伊得里斯和我就會留在馬上，讓其中一人徒步前去追蹤足跡。這讓我們得到向前猛力追逐、在叢林覆蓋的鄉野中，冒險跨過獅子頭頂的那種興奮之感。在一個開闊地上，一頭獅子不會面向我們；相反地，在牠迸出最初的速度之後，牠會放緩腳步，大步慢跑，找個地方以更能站定。而在此同時，我們就可以接近牠的背後，然後有一大團人、瘋狂的騎士，在接近最高潮時，全都高聲呼喊與歌唱。當那頭獅子最後站定而開始咆哮時，通常是在一塊灌木叢中，我們會騎著馬不斷繞著灌木叢覆蓋的地方，保持大約三十碼的距離。其他人就會對我叫著：「在那裡！就在那裡！你沒看見嗎？」而我通常是看不到。

我很快就從那次的經驗學到：如果我下馬，那頭獅子就會面向我，牠會毫不猶疑地發動攻擊，接著在我開槍之前幾乎就會撲到我身上。如果我沒有和我的同伴們在一起，只配帶一把步槍，他們就會下馬，一起朝那頭獅子前進，用矛將牠殺死。我有時候確實感覺到我應該加入他們，而且只配備一支矛。

辦公室插曲

在一九三六年九月底，麥道布族和卡巴比希族之間有另一項會議在哥多芳省舉行，一些來自我們這裡的一些查雅迪亞阿拉伯酋長將參加這項會議。摩爾無法與會，派我當他的代表。對我而言，最難忘懷的事情便是道格拉斯·紐伯德的出現；我曾經在倫敦和他有過簡短的會面，一直期待能再次會晤他。此時我有三天與他為伴的可貴經驗。他是哥多芳省的省長，但很快就當上蘇丹的內政部長，相形之下，我依然只是個實習生，不過我發現我能夠和他交談而沒有拘束感。在這次場合中，在他所熱愛的部落中人之間，他覺得極度輕鬆和愉快。

他談起他在利比亞沙漠的旅行，有一次騎駱駝，另一次是和拉夫·巴格諾（Ralph Bagnold）一起乘車。而他同意我所說，汽車是一種教人討厭的東西，但他說我們必須接受它們，當做我們現代沙漠探索之旅必備的工具。他說：「不過還是一樣，我寧願騎駱駝從蘇丹旅行到提貝斯提。不過我現在沒有時間，而且我太老又太胖。」

就在我回喀屯之後不久，我們就等待我們的省長英格生來訪，但就在他預定抵達的三天之前，我們收到查哈瓦人之間發生另一次騷動的消息，有多人被殺害。摩爾說：「我必須到那裡去把事情弄清楚。我已經受夠了這些查哈瓦人。當英格生到達時，你必須守著城堡。」接著他詳細解釋他要我提出討論的細節。

英格生如期抵達，隨行帶著他的妻子和一名與他們同住的姪女。他是個與紐伯德不同類型的人。我總是覺得他主要關心的是政府施政的績效，和蘇丹人沒有什麼私人情誼，相反地，對紐伯德來說，和蘇丹人之間的友誼才是最重要的事。英格生帶來一卡車的僕役和露營裝備，將他們安置在客房。除了早餐，我在我自己的屋子裡招待他們用餐，心裡期待我的廚子能煮出夠水準的餐飲，伊得里斯能夠得體地服侍他們。事實上，一切狀況都很好。他們待了兩天，第二天蘇丹籍職員邀請他們共赴一項午茶宴會，由當地的「卡迪」做東，我們在茶宴中，吃罐裝水果和甜點。

英格生檢視監獄、診療所和警政系統，並檢閱辦公室的作業。我們詳盡地討論摩爾曾經交待我提出來的議題，而我也做了許多的筆記。英格生很親切，對我做過的事頗感興趣。當他要離去時，他說：「好好照顧自己，別被獅子吃了。」

接下來的兩個裡，摩爾幾乎不間斷地到外地出差，因此我在喀屯主管辦公室。有一天晚上，我們的會計約瑟夫艾芬迪在睡夢中過世。我派犯人到墓園裡挖他的墓穴，當我被告知一切準備就緒，我前去參加葬禮，由「卡迪」主持。到達墓園時，我們發現墓穴太窄小而放不進他的身體，由於土地多岩石，要把它挖得夠寬，又另外花了一小時。我懷念約瑟夫，他是個歡樂親切的人，經常在辦公室裡晃來晃去，帶著爽朗的笑容，手裡拿著一包帳本，我知道的帳目做得一絲不苟、正確無誤。

摩爾也為約瑟夫之死感到十分難過。摩爾為他的職員承擔許多的麻煩，而他們也願意為他做任何事以做為回報。當摩爾和我一起出差，我們的辦事員阿布杜拉艾芬迪會把辦公室的一切打理妥當，等我們回來。有一次，我在月底回到喀屯，阿布杜拉已經把月報整理完畢；我閱讀月報，簽名並送到法瑟去。當時監獄裡有二十九件長雞眼的案例。不過阿布杜拉卻寫成「天花」，而我也忽略了這項嚴重的錯誤，公文送到法瑟時，引起一陣驚愕。幸運的是我們的醫生娘娘腔德魯在採取行動之前，要求再確認。當這陣騷動平息後，摩爾說：「這件事讓你得到教訓，以後馬虎不得。想想，如果這分報告送到喀土木，這裡將會發生什麼事。我們可能會把整個醫療部都弄來這裡。」

換得新合約

就在一九三六年耶誕節過後，我們又有一次機會前往法瑟，摩爾派我重回沙漠區。

近年來，來自法屬領地恩奈迪山脈的戈蘭人，斷斷續續入侵，但沒有一次是大規模行動，他們曾經偷走卡巴比希人的駱駝。為了對付這些侵襲，摩爾曾招募並武裝十個查哈瓦人偵察隊，巡邏邊界地區。他告訴我：「你最好能再走一趟，最遠到辛迪亞，巡視一下，看看你能打探到什麼新消息。今年那裡一定有許多駱駝散布在整個沙漠上，這正是戈蘭人期待的事。」

辛迪亞杳無人煙，但是在哈瓦爾河道，我們發現許多巴達雅人營地，其中包括我們的那些朋友。有一位長者卡提爾（Kathir）和他們一起，摩爾曾經招募他，納入偵察隊。我發現他交談時全神貫注。他對恩奈迪山脈十分熟悉，談起其他被他稱之為「圖」（Tu）的雄偉山脈，那裡住了一批人叫做泰達（Tedda），朝落日方向前往是一趟要花許多天的旅程。他宣稱年輕時，大約在一九一〇年到過那裡，當時阿里·丁納爾（Ali Dinar）仍舊是達富爾的蘇丹王。

我覺得很篤定「圖」就是提貝斯提的別名，是紐伯德一直想去造訪的地方。和卡提爾談過之後，我決定要到那裡旅行，我又問了許多有關水井和距離的問題，還有那座山脈，當然也問到泰達人的事。伊得里斯很好奇我為何想知道這麼多關於「圖」的事，我告訴他有一天我們會一起去那裡。卡提爾立刻說：「你們要去的時候，帶我一起去。」

巴達雅人告訴我，卡巴比希人和查雅迪亞人已經遠離到北方去，帶走數千隻駱駝。他們說，沒有半個活人看過這樣的大遷移（jizu）。他們也沒有任何戈蘭人侵襲的消息，但是他們自己的牲口倒是被兩隻獅子攻擊過。是上帝為他們帶來「獅子殺手」，明天我們將一起去殺牠們。

我們在黎明出發，這些巴達雅人騎著八隻駱駝，兩人乘坐一隻，伊得里斯和我共乘。我讓其他人留在營地。我們很快就發現足印，在沙地上很容易看得到。兩名年輕的巴達雅人用跑步方式追蹤足跡；經過一哩多，其他人接手，第一組人爬到一頭駱駝背上。我們在一些矮樹叢裡發現獅子。我看到一隻，對牠開槍，打傷牠；當牠發出吼叫時，另一隻我沒有發現的獅子立刻攻擊牠。牠們大約在四十碼外，那是一種奇特的景象，咆哮與嗚號，牠們彼此攻擊、撕咬，我看得入迷，長達一分多鐘，然接對著牠們開槍射擊。那些巴達雅人歡呼勝利。

我回到提尼，依往例住在蘇丹王多薩寬敞潔淨的一間木屋裡。這位教人尊敬的白鬍子老人，以公正和權威統治他那小區域的柯布查哈瓦人（Kobe Zaghawa）領地，這些人大多都是越界居住，那裡很少有人會阻止我們在他們族人之中落腳。伊得里斯的父親陶德是個寡言的中年人，經常與蘇丹王一起出現。他們兩人都很感激我為伊得里斯所做的一切，他是陶德的獨生子。

我在提尼和來自蘇丹多薩家屋的年輕侍衛，一起騎乘獵獅；兩個月之前，他們其中一人和他的兄弟一起用矛殺死一隻獅子。伊得里斯特別高興能在他的族人之間，前去獵獅。有一天下午，他和我曾經長途追蹤一頭條紋土狼。只有一個人跟著我們，其他人被這種捉摸不定的獵物錯亂的足跡所騙。那隻土狼保持在前方二十碼多的距離，每當我們追近一些，牠便加快牠的步伐，當伊得里斯從坐在鞍具上全速前進，對牠開槍，擊中牠的頭部時，我們必定已經追了有兩哩路。

一九三七年三月初，我前往喀土木接受我的官方阿拉伯語和法律考試，和派里兄弟住在一起。我此時能說相當流利的阿拉伯語，也在書寫語言上下了功夫，我希望能夠過關；然而口試的部分難倒我。法律測驗的罪犯法條，我輕鬆通過筆試，但是卻在蘇丹政府條令的一項測驗中失敗。

我對我的未來想過很多。我明白不可避免的，可能很快我就會被調派到尼羅河沿岸的某個北部省分，可能是駐守在美達尼綠洲、阿特巴拉，甚或是到喀土木去學習當代行政學。我有一種預感，知道情況會變成怎麼樣，因為我們一結束考試，其他見習生和我就得針對農業發展、合作農業、城鎮計畫、教育和都市及行政區議會發表我們的演說，我因此要求和內政部長紀蘭見面。

當我見到他，我提議我應該現在就向政治局辭職，然後以新合約重新加入，因為我了解到我應該在一個最蠻荒且最偏遠的區域裡服務。起初他拒絕考慮這件事，堅持我以後一定會後悔拋棄我的津貼權益和任何可能成為省長或副省長的機會。然而他很有耐性，並且很同情而明理地聽我述說一切。最後他回答說：「好吧！我已說破嘴來說服你，但如果你堅持，我會同意你換約。」

我得到一份新的合約，給了我七年比較高的報酬，以後每七年再換約一次。同時，我也被告知我的阿拉伯語和法律的水準被認可為足以勝任。關於這一點，我非常感激，因為我一直很害怕考試。當我回程前往法瑟，我碰到英格生，他說他也很為我擔心，因為我已經聲明放棄我的津貼權利，那是我可能需要的，如果我結婚時，我會特別需要。

雖然感激他的關心，但我並不打算結婚，我把個人自由的價值看得比結婚還要高很多。至於金錢，我並沒有奢侈的品味，只想在一個遠離文明的地方服務，那裡的生活花費應該十分有限。舉例來說，在喀屯，我的廚子每天供應我肉、雞蛋和牛奶，一天只收一先令。我自己一年有四百英鎊的收入，現在還有一份五百英鎊的薪水，我知道大部分的錢我都可以存起來。不管如何，我關心的是現在，而不是我老年時的問題。當我告訴蓋．摩爾我所做的決定，他說：「我想你可能是明智的；我希望你能在喀屯多陪我幾年。」

一樁小意外

摩爾在四月初休假去，我接下來四個月大部分的時間都用在這個行政區裡旅行。有時候為了辦公室的事才會去喀屯。但大多數的情況都可以在某個定點上就地解決，對那與案子有關的人來說，比較不會那麼不方便。對原告來說，要從提尼或麥道布山出發到喀屯，那是一條漫漫路長路。距離就像倫敦到布里斯托港⑤那麼遠，或者可能更遠；接著他可能得長時間等候被告和證人被召喚前來。在那個時候，並沒有商用貨車會順道載這些人一程；我們在這個行政區裡總共只有兩部車。

我前往溫布魯和穆罕默德安共處許多天，那是我一直樂在其中的事。摩爾和我兩個都很喜歡這位老壞蛋；他是屬於過去那個時代的人，相較於我們，他比較多采多姿、比較殘暴。他不像多薩，我記得他是冷酷無情而且狂妄不羈的人，處理他的部落中人，極度獨裁專橫他們對他既敬又畏，但是都不喜歡他。

摩爾堅持讓穆罕默德安的百姓確保得到公平的對待是我們的職責，但是不能削弱他的權威。他警告我穆罕默德安轄下某個區正在出亂子，他曾說：「我二天到達那裡，就把事情搞定。穆罕默德安受到我幾分責備，但是那個酋長才是真正的混蛋，我懷疑只要我一離開，他就會再出一些亂子。」

有一天早上，穆罕默德安和我走出他的屋子，我們碰到一群吵鬧騷動的人群，穆罕默德安用查哈瓦語對他們說話，但經常被打斷。那個酋長是個骨瘦如柴而弱不禁風的傢伙，正生氣地叫罵，揮他的短刀，刺著穆罕默德安的胸口，我一個箭步上前，擊中他的下顎，把他打到失去意識，這是在牛津打拳之後，我第一次打人。我後來把那個人送到位於法塔布爾努的馬格敦法院，馬格敦判他監禁一年。

一九三七年六月三日，我騎馬從溫布魯回喀屯，歡度我的二十七歲生日，路程一百一十五哩，正好用了二十四小時。我當時騎著法拉茲阿拉，伊得里斯騎著哈比比陪同我。我們在日落時分從穆罕默德安的家出發，沿著汽車公路走，月亮還沒有升起，一直到凌晨三點，但是天空明澈，星斗給我們一些光。我發現駱駝慢吞吞地穿越黑夜，用牠們最舒服的步伐一小時走五哩路，這樣我很難保持清醒。到了早上，我們在鄰近西山的一處流泉停下來休息一小時，讓駱駝喝水，泡個茶，吃椰棗，稍事休息。我們在日落前抵達喀屯。沒有半隻駱駝顯露出疲態。

在喀屯，我發現一份向省長請願的請願書，裡頭寫的是一名查哈瓦人述說他的兄弟，也就是那位酋長，向助理行政區長官控訴遭到穆罕默德安的迫害。那位助理行政區長官打了他兄弟嘴巴，把他牙打到掉下來，接著將他囚禁起來。英格生把控訴信送到我這裡，在文末附帶一句：「請問你的評語？」我寫下來，解釋到底發生什麼事，之後就再沒有下文。

一九三七年六月底，烏雲大朵大朵地堆積起來，大雨傾瀉。這一年的雨水量再度厚重，在這個行政區裡通常每年降雨約九吋，各地的村民都出來開始種植農作物。潮濕的土壤很好聞；草叢和樹木隔夜全都變綠；唯獨倔強的哈拉茲樹此時反而樹葉凋零，當雨季結束時，才會重新換綠衣。

夜裡暴雨打在屋頂上，我很高興我是在屋裡而不是在旅行。我有家裡寄來的書籍，利用我那盞油氣燈，很奢侈地吃著我母親寄來的佛頓麥森（Fortum and Mason）的水果籃禮盒。

麥道布山之旅

我計畫在我休假之前，到麥道布山旅行。西阿拉伯兵團的一名年輕的賓巴希（Bimbashi）軍官馬克·里德（Mark Leather）因為有一些在地休假假期，問我是否能夠一起去，因此我搭車到法瑟去接他。當我到那裡，英格生告訴我一個不幸的消息：我休假回來後，將被調派到上尼羅河省的西努爾行政區。他說失去我他會很難過。

我已經依賴喀屯許多年，感到很洩氣。我明白西努爾是蘇丹最蠻荒、最原始的行政區之一，畢竟當我取得合約時，我曾經要求的就是這樣的地方。然而想到要離開喀屯，那是一件不幸的事。我喜歡在摩爾手下做事；我喜歡查哈瓦人和這樣的生活；我在麥道布人、查哈瓦人和班尼胡笙族人之中，結交了許多朋友。我明白我到的第一年還在學習新事物，對摩爾幾乎一無用處，但是我現在能說流利的阿拉伯語，在遊遍這整個行政區之後，我認得不同的部族和他們的酋長，明白他們在他們族人中的處事方式，把他們族人的性命取決於他們的風俗習慣，那是絕對必要的。當摩爾休假時，處理任何問題我都覺得能夠勝任。此時我將重新來過，在一個全然不同的環境，生活在一些我不會說他們語言的土著之間。

無論如何，里德和我在八月二日開車前往喀屯，搭貨車便車到麥道布山。我們有一趟不愉快的旅程。靠近梅里特時來了傾盆大雨。我們才渡過一個氾濫的河床，經常陷入泥沼中；我們與那輛貨車分散；接著又開了十個小時，當我們離馬哈不到十二哩，我們的車燈燒掉了。

當我們最後抵達艾德魯爾（Aidrur），沙亞提供我們駱駝，他和我們一起前往位於克茲庫的蘇萊曼的村落。狹窄而多岩石的小徑經常是十分陡峭的，有時候還會垂直而下。這些山產的駱駝有可靠的腳，但對里德來說，高高坐在一頭畜牲背上，他並不知道如何控制牠，關於騎駱駝，那是一種必須小心翼翼的起步。在上一趟到麥道布旅行時，我和一名不認識的英國人一起，我曾經十分慎重，但是我不必擔心他。里德是個很好的同伴，他立刻就喜歡麥道布，和沙亞人交朋友，凡事都熱中，特別熱愛打獵。

我帶了營帳。夜裡又下了大雨，到了清晨山脈被迷霧所籠罩，讓它看起來像個高原。我們在克茲庫待了一個禮拜，最後一天，里德打到一隻壯觀的白羊，頭部的紀錄有三十吋。我們回馬哈時，里德的假期還有一個星期，他急著想打到一隻非洲羚羊，我們第二天早上騎駱駝和沙亞人進入沙漠。我們架起營帳，當做一個基本營地，里德和我各自散開打獵。我打中一隻頭角四十二吋長的非洲羚羊，里德打中一頭非洲羚羊和一隻亞德拉種瞪羚，因此，我們有足夠的肉給那些來看沙亞而且在我們營區過夜的麥道布人吃。

最後一天，我打到另一隻非洲羚羊。接近傍晚時，當我們已經騎得相當遠，而離我們的營地還有一大段路時，我們遇到五名年輕男孩，他們圍著他們的綿羊和山羊。他們圍過來央求我們和他們一起過夜；當我們同意時，他們便領著我們前去他們在一棵小樹旁邊紮營的地方。在這塊沙地上，有一些木材、小小營火的灰燼和兩個白鐵碗；他們別無他物，只有他們的矛和身上穿的襯衫。當我們解鞍下馬，他們當中的兩個人前去他們的山羊那裡為我們擠羊奶。我們有非洲羚羊身上取得的肉，有一些棗椰、糖和茶，還有一只羊皮袋的水。我們烤了量相當多的肉，對這些半飢餓的孩子來說，那真是豐盛的一餐；然而他們並沒有顯露出貪婪的樣子，而只是慇勤地等待輪流幫忙。顯然我們必須堅持他們一定吃飽才行。

我們把我們的駱駝鬆綁放牠們去吃草，落日時分兩名陪同我們的麥道布人把牠們帶回來，讓牠們躺在附近；牠們滿足地嚼著反芻的食物，偶爾移動身子和煩躁不安。暮色已暗，一顆顆熟悉的星子出現，數量在增加中，隨著天色變暗而變得明亮耀眼。在我們四周是擠成一團的綿羊和山羊，總數有數百隻，牠們的咩咩叫聲親切而非讓人不舒服的噪音。最後我在我的羊皮睡袋裡伸展四肢，一個男孩用一支笛子吹奏片斷的曲子，那聽起來非常甜美。晚到的月亮升起，他們還在將滅的營火旁交談。在這北方達富爾，處在這些人當中，我有一種難以表明的滿足感。當我逐漸沉睡，我因為要離開他們而感到十分難過。

調職成定局

蓋．摩爾在我回英格蘭之前幾天，休完假回到喀屯，他說他在喀土木已盡一切人事，而在法瑟的英格生還在設法把我的調職延期。我因此繼續休假，期待我留在喀屯的希望落空。就在十二月十五日我抵達喀土木時，我得知我已經確定被派駐到西努爾省。

摩爾造訪麥爾布魯克，當時我的母親及我弟弟同住；我對這件事感到高興，因為那讓他能更深入我的生命裡。多年之後，在一九七三年我母親過世之後，我在她的文件裡發現這封摩爾寫給我母親的信：

於提尼
法屬邊界區
一九三七年十二月二十日
親愛的艾斯特雷女士：

請你原諒用這種教人不悅的不正式信紙。我曾經打算從我這個位在喀屯、四周環境有些不尋常的屋子，寄一封耶誕節問候信給你，我在這裡可能找得一些適當的素材和一種比較能保有耶誕節問候的寧靜氣氛。這場戰役已經失敗，他們從我這裡剝奪了威福瑞，我必須到處跑，比正常時候跑得更多，而且拋開私人的關係，不需證明，少了威福瑞，已經讓我製造一大堆額外工作。這裡是他的巡邏區域，他已經相當熟悉它，而且因爲它的大半邊界就在沙漠邊緣，具有惑人的特質，滲到這裡的人與獸，當他進入到這世界的這個角落裡，他總是很開心。但是我們的鄰居是法國人，最簡單地說，他們並不輕鬆，我們和他們沿著這個相當開闊而漫長的國界線，發生一點點小摩擦。在這裡，一個人很難得到享樂，甚至可能根本就沒有。我要爲威福瑞說話，他的腦子早遠遠超越諸如此類的瑣事，他很少讓別人來干涉他存在的路線與方向……

除了所有的工作外，失去威福瑞實在很教人難過，我說過那是無庸置疑的事。不只如此，我也不可能再找到一位更能適應這種生活的人，他很快就能和這裡的人建立關係，而他這麼做只是想與他們共處，去幫助他們。而且畢竟別人以爲的「艱苦」生活，他偏偏熱愛。我擔心我這樣有一點偏見，因爲我見習生涯曾經和貝都人共事（我不認爲任何人會喜歡這種生活狀況，並且還能保持頭腦清楚），所以我猜我可能對威福瑞的施政形象有些傷害。不過因爲神，我才能找到一個喜歡席地而坐或大地爲床的人，那眞是一種歡喜！他覺得他完全能自由自在，而且能在藍天之中是眞正的開心，走兩千哩路程中而沒有東西可吃，在充滿驚奇與災難的廣闊大地之中，他所關切的是部落的事務和他們那些尖銳而荒唐的問題，而不是他的結婚津貼，甚至他的下一次休假！至於他的每一餐，總交到上帝手裡，而不是時鐘滴滴答答和諧的聲音。

對我和對這裡的人民來說，這眞的是非常快樂與豐盛的友誼關係；我記得很清楚，最上次部落聚會，我們振奮了一兩天，因爲那大規模而且形形色色的部落，使我們內心充滿了歡喜與幹勁，而我們兩人都認爲「這才是高潮」，能夠繼續下去眞是太好了。不過，這一年我們有另一次的部落聚會，爲歡迎總督，我正在計畫一項大型活動，沒有威福瑞的幫忙，我不可能隨心所欲，新來的孩子將只是個過客（我希望他是志願的）所以這整個活動水準必然驟降。眞主安拉！

我知道他離開此地必定是一種痛苦，我只希望他能盡快站穩腳跟，在他的新環境裡找到最大的興趣；我的年紀太大而無法再批判我的上司，我想他們將他調走是一件錯誤，但我很明確地感覺到他要去的地方，如果眞有什麼可以吸引住他（我想一定有），那麼他靠著他那種有原則的眼光，將會很快地掌握住，將不會錯失它。

總之，我們希望和他一起離開此地到那裡，而此時我在這封信裡所要做的，就祝福你新年快樂。我怕這封信無法在耶誕節及時送達你的手上。

你誠摯的

蓋·摩爾 敬上

注釋：

①阿勒坡（Apeppo）：敍利亞西北部阿勒坡省省會，位於大馬士革以北三百五十公里。是敍利亞北部的主要商業和工業中心，舊城爲世界性古蹟。

②外約旦區（transjourdania）：一次大戰後，巴勒斯坦淪爲英國委任統治地。一九二一年英國以約旦河爲界，將巴勒斯坦分爲東西兩部，西部稱巴勒斯坦，東部則爲外約旦區，外約旦區於一九四六年獨立，即今日的約旦。

③格拉布（Glubb）：指Sir John Bagot Glubb，一八九七～一九八六，英國軍人，別號「格拉布帕夏」。在第一次世界大戰中服役，一九二〇年成爲新國家伊拉克警察部隊的組建者。一九三〇年被轉派至由英國託管的外約旦，組織阿拉伯軍團的沙漠巡邏隊，並於一九三九年成爲該軍團的司令。他在貝都人當中有很高的威信，但在受到阿拉伯人批評後，於一九五六年被解職。一九五六年受封爲爵士，以後成爲作家和演說家。

④安曼（Amman）：約旦首都、工業和商業城市，位於紮爾卡河東岸。《聖經》提到的亞捫人都城，一九二三年爲外

約旦首府。

⑤布里斯托港（Bristol）：英格蘭西南部埃文郡首府和行政中心，位於倫敦以西一百八十七公里。自一三七三年爲郡府，十七～十八世紀時已是重要大港，曾從事奴隸貿易。爲重要的造船中心，埃文茅斯有多處港口。

【第四篇】

蘇丹南部：1938～1940

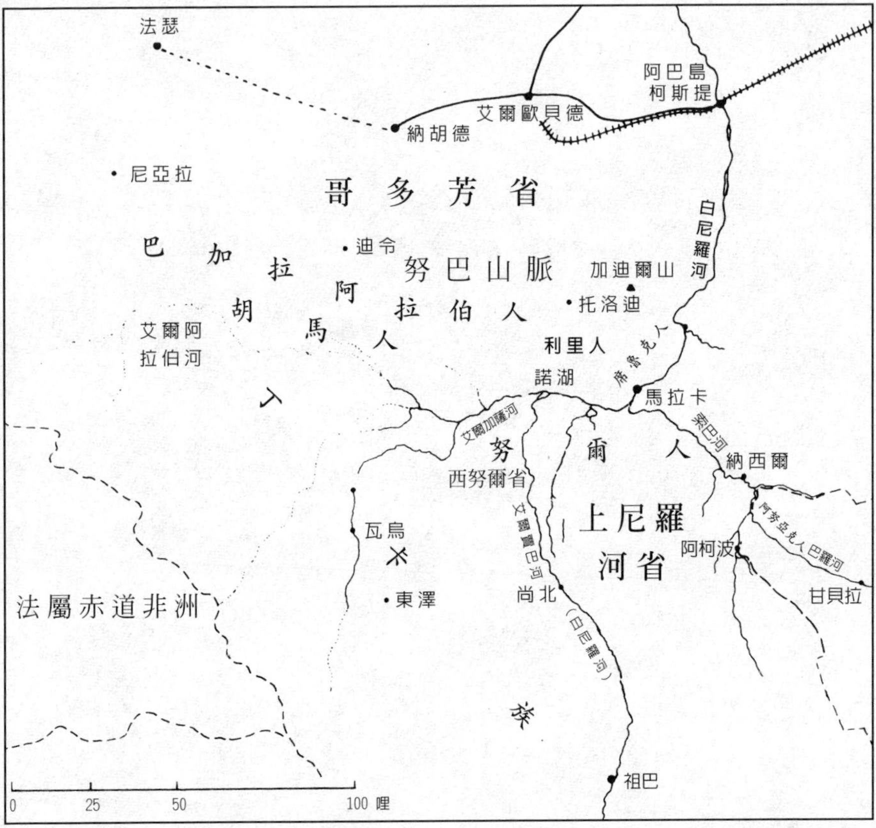

上尼羅河省：一九三七～四〇年

【第19章】

西努爾省

一九三七年我的年假最後一個月，和我的母親一起到摩洛哥。我一直期盼到這個國家造訪，而我也沒有失望。城市依然保留它閃過去的浪漫氣息。這大半得歸功於拉育特將軍（Marshal Lyautey），他在一九一二到一九一六，以及一九一七到一九二五年間，曾統治摩洛哥，保存這裡的風俗與傳統，舉例來說，他堅持現代化的法國城鎮應該與古老的當地城市在地緣上有區隔，而且只有伊斯蘭教徒才能進入清真寺。

我們曾搭火車過法國，接著搭船從馬賽港到丹吉爾①。在那個年頭，並沒有客機從倫敦飛到摩洛哥，馬拉開什②似乎依然路遙漫漫。見到這個有城牆城市的第一眼就讓我感到興奮，它就像是被棕櫚樹包圍起來，它的背景是亞特拉斯山脈③，由東向西延伸到視線之外。我也記得很清楚，當時在慶祝一個節日，騎士們發射他們的步槍，在城牆下裝填彈藥。那些攤販各自在他們的角落，向著多采多姿而擁擠的街道，販售他們的商品；我們獲准進入伊斯蘭教學校參觀，但被禁止進入那裡的清真寺。我的弟弟羅德里克曾經為我們寫了一封介紹信，給馬拉開什的帕夏，哈吉·塔米·艾爾·格拉威（Hajj Thame al Glawi），那位可畏的柏柏人統治者在他位於亞特拉斯山脈那座壯觀的城堡特努埃（Telouett）以盛宴招待我們。

另一天，我們搭車越過山脈到塔羅登（Taroudant）。法國人最近才完成征服反亞特拉斯部落的大業，那裡狹窄，兩側陡峭的黃土路，擠滿了軍方的護航隊伍。回到馬拉開什，我由一名在外籍兵團服務的英國人帶領前去參觀兵團。年少時，我讀過《勇猛的軍人》（*Beau Geste*），那是韋倫④關於外籍兵團的浪漫小說，對我來說，加入外籍兵團似乎有那種探險的高潮，就像駕帆船繞過合恩角。然而我現在卻對他們以往擊敗的那些土著感到抱歉。

我從馬拉開什前往，接著到菲茲。我曾經看過所有的城市中，唯獨君士坦丁堡能與菲茲相比擬，從佩特拉⑤遠望金角灣，從橄欖山眺望耶路撒冷城，而從菲茲遠望環繞著它的那些山丘，那種可以與之相比。

這趟摩洛哥之旅，是我和母親同遊許多旅行中的第一次。戰後，我們曾經旅遊巴勒斯坦和敘利亞，到過希臘、義大利、西班牙和葡萄牙，到摩洛哥旅遊則有許多次。我們最後一次到那裡旅行時我的母親已經八十九歲，因為坐骨神經使她不時的疼痛。然而她並沒有被擊倒，她造訪格里麥恩（Goulimime）去看那些「藍人」，接著搭車沿著撒哈拉沙漠邊緣走，我們每天晚上投宿在簡陋的原住民旅館裡。和她一起旅行總是很有趣，她是個好同伴，她永不疲倦且不抱怨，對她所見所聞都感興趣。在那一次的旅行之後，我們從阿爾及耳搭船折返，那裡和我們在摩洛哥所見到的城強烈對比；我母親從馬賽回英國，而我則前往蘇丹。

途中在開羅，我和約翰．漢彌爾頓共度數日。一九二六年他曾經到過菲茲，當時那座城市正遭受來自駐紮在附近山丘的阿布達卡林部隊的威脅。我很羨慕他，那一定是很刺激而且極為有趣的經驗。他也像我，曾經為菲茲而迷醉，但是在那個狂熱的穆斯林城市裡，他很清楚有同樣的被排斥感。

《泰晤士報》的編輯喬佛瑞．道森（Geoffrey Dawson）曾邀請我寫一篇關於摩洛哥的文章。當這篇文章出版時，標題是〈摩爾人的思維〉，我認為那個標題太過浮誇，很高興我曾經堅持使用假名。我在那篇文章中，提到摩爾人對法國人怨恨的感覺，法國人曾在各個階層和他們競爭，甚至是在城鎮裡當馬車夫也一樣；那些因失業而極度沮喪的部落住民住在卡薩布蘭加貧民窟的破屋子裡，忍受飢餓；因為一位受挫的知識分子鼓吹國族主義，造成國族主義無可避免地升高。

克勒里上的辦公室

當我在一九三七年十二月五日抵達喀土木，伊得里斯在派里家等待我，南下前往馬拉卡（Malakal）；他帶了我放在喀屯的所有家當。幾天之後，我們搭火車前往柯斯提（Kosti），我們在那裡搭上當地人稱為克勒里（kereri）的平底駁船，那是一種以槳划動的汽船，做為西努爾行政區的機動總部。溫德本—麥斯威爾（Wedderburn-Maxwell），是這個行政區的指揮官，我們倆應該是這個兩萬平方哩的行政區內，僅有的兩名英國人。我被調來接替我的前一任，他死於黑尿熱⑥，那也正是我被調職的原因。

我在平底駁船上的住宿，是包含了兩間相連的船艙，每一間有八呎見方，位於船尾，我睡在其中一間，另一間用來存放我的行囊。另一個比較豪華的艙房是給溫德本—麥斯威爾用的，附有一間浴室，我們共用。交誼廳向著一道扶梯，通往下層甲板、輪機房和我們六名蘇丹籍船員和我們僕人的艙房。再上頭，甲板通往船舷的地方有一團混亂的細網交雜的地方，那裡提供我們一個可以坐下來的地方；在上層甲板舵手室的後方，是另一個掛網的圍籬。

緊貼著克勒里平底船是一艘大型且有鐵皮頂的雙層駁船，目前是空的，一旦回到我們的行政區，它將很快就塞進挑夫、土著警察、犯人和形形色色的婦女，還有我們的四匹馬、一些綿羊、山羊與雞，以及任何我們打算運送的牲口。甲板上的狀況是擁擠而混亂，但似乎沒有人在意。一艘比較小的醫療駁船，被頂在克勒里平底船的前方，上頭載的是蘇丹籍的裁縫、和我們的職員，還有他們的臥艙。

馬拉卡小鎮一直沿白尼羅河東岸延伸。下游是政府辦公室和官員的小木屋。上游是監獄和警察局、市集和一些敘利亞商人鐵皮屋頂的商店，土著區住著大批非部落化的南方人，他們大半都接受伊斯蘭教，但穿北方人服裝，儘管他們當中有許多赤裸的丁卡族人與努爾族人。這個城鎮乾淨得一塵不染，讓我感到驚訝，但是沒有什麼趣味，它就單單只是一個政府的機關設置在一個空曠而原始的土地上。土地四周聚居著零散的部落居民。當我們泊碇繫繩，溫德本—麥斯威爾，這個矮壯結實一頭金髮的男人，穿載傳統叢林短衫和伍斯萊木質頭盔，來到船上。溫德本——人們總是這麼叫他——有一張率直而開朗的臉，大大的雙眼，他有一種友善而完全值得信賴的感覺，立刻讓我印象深刻。我們走路時，他總是一面抽著他的菸斗；我和他共事的兩年之中，他似乎總是在點燃或抽著菸斗。

他此時已經達到個人的企圖，被派駐到西努爾，希望能將他剩餘的役期用在這裡和此地的西努爾人共度。我很快就發現我很幸運能有這樣的人擔任我的區域行政長官。因為在一艘空間狹窄的平底船上，他是個很容易相處的人，親切隨和、天性善良而且泰然自若；我從來沒有見過他發脾氣。雖然不是極度的傳統派，但他卻熱中於釣魚這件事。關於努爾人，他總是有高度的興趣。他只比我早一晚抵達這個西努爾行政區，但是他曾經在其他的努爾區服役，能說努爾語。他說我們兩人要做的事就是去了解我們的行政區。這件事將讓我們把所有的事間都用在旅行出差。我沒有更好的要求，而溫德本急著盡快出發，因此告訴我去買至少四個月的糧食配給；他幫我找了一個廚子，那是一名看起來快樂的桑德族人，能說一些阿拉伯語，雖然他的烹調技巧留待日後觀察。

第一晚我們和省長喬治·柯里頓（George Coryton）共進晚餐，他個頭高大，顯然是個過得刻苦的人，態度親切，讓我立刻有賓至如歸之感。他和溫德本漫長地交談關於西努爾省的事。他們兩人都十分關心一件事，聽起來好像這裡的一些努爾人正在吃狗肉，這是過去不曾聽聞的事，溫德本和柯里頓認為這些努爾人把這種事當做一種有魔力的事，那可能會是麻煩要發生的前兆。聽他們如是說，讓我略微感覺到未來要經歷一種奇特的生活。我們要離去時，柯里頓對溫德本說：「不論何時，一有機會，你一定要寫封信給我。」這聽起來似乎我們將不會擔負沉重的文書工作，我心滿意足地上床。

西努爾人到了一九二一年才被納入管轄，他們的鄉野長期以來一直被視為實質上難以到達的地方，而在上個世紀末，他們好戰的聲名和東非洲的馬賽人齊名。然而他們一再侵犯納入管轄的丁卡族人，最後使得政府終究得加以干預。

當這件事發生時，佛爾・佛格生上校（Colonel Vere Ferggusson）志願擔任丁卡人的區域行政長官，進入努爾人的鄉野，試圖讓他們被納入管轄。他的提議被接受，而可以放手一搏。我在《佛格閣下》（*Fergie Bey*）這本一九三〇年出版的書籍裡讀到他的生平。這是一本讚頌的著作，在他死後旋即由他的朋友們寫成，裡頭包含了許多他寫給他母親的信札節錄。他曾在這個國家大半地方旅行過，他對努爾人酋長具有權威性，大範圍地阻止侵襲的事，在醫療工作上貢獻良多。

他曾多次召募部隊來支援他。有一回有兩百多名的赤道軍團的擊潰一次努爾人兇殘的攻擊，他寫到：「看到他們前來那真是美好，面對這樣在多挺機槍助攻下的激烈戰火，他們所表現出來的英勇，我要給予百分之百的肯定。我應該用我的雙手來餵他們吃東西。」事實上，他也感激於後來兩次機會中運用這些部隊，一九二七年，當他從平底船回到岸上時，遭到努爾人的謀殺。他因為沒收酋長們在過去襲擊丁卡人而擄來的牛隻，引起他們的忿怒。

佛格生死後，蘇丹政府建立了努爾人屯墾區，起初這項作為因為他們遭到努爾人強的抵抗而動用到軍隊，我記得一九三〇年，我們搭著蘭普拉號前去參加海爾・塞拉西的加冕典禮時，約翰麥飛爵士，也就是後來的蘇丹總省長，曾經提到這些事，那不過是兩年前的事。他說他曾堅持平民政府應該盡快從軍方手中接管，這件事在佛格生死後一年間完成。奴隸販子或是馬赫迪信徒都不曾深入努爾人的鄉野，那裡的居民曾經要求外面的世界遠離。在努爾人的眼中，英國人占領他們的土地一點正義公理也沒有，但是面對訓練有素的部隊、機槍和戰機，他們的勇氣根本毫無用處。英軍官員後來曾經禁止襲擊，把擄獲的物資還給丁卡人，堅持努爾人應該過和平的生活。然而，努爾人是一支極為傲慢的民族，渺視其他所有民族，經常以殺戮為樂，那是他們面對所有爭論的最後答案。他們甚至鼓勵小孩之間相互打鬥。他們很自然地會埋怨英國人那種看似沒有保障的調解，正如被蘇丹政府聘雇的人類學家伊凡斯—普里察（Professor Evans-Pritchard）在一九三〇年第一次到那裡，與他們共處所發現的一樣。

溫德本的前一任羅米利（Ramilly），和這些人彼此惺惺相惜，而他真的很喜歡這些傑出的民族，最後贏得他們的尊重和信賴。對他們來說，他們接受羅米利的權威，把他視為一個個體，但是他現在已經調到東努爾行政區，而由溫德本和我這兩個陌生人取代，其中一個甚至不會說他們的語言。

努爾人

我們在一九三七年十二月底離開馬拉卡，沿河上溯經過它和索巴河（Sobat）匯流之處，那條河發源於阿比西尼亞，在靠近這個小鎮的地方與白尼羅河相會。當我們來到諾湖（Lake No），那是一個被紙草所環繞的水面不大的水域，我們曾經到達西努爾行政區的邊緣。諾湖上游是白尼羅河，在當地人稱艾爾賈巴河（Bahr al Jabal），形成我們行政區的東邊邊界，向南幾乎延伸到一百五十哩外的尚北（Shambe）。這個湖的西邊有艾爾加薩河（Bahr al Ghazal）來會合，過了和哥多芳省含糊的邊界之後，正是努巴山脈（Nuba Mountain）。

這個行政區的一部分包含了蘇德（Sudd），那是一塊由漂浮的紙草和其他水生植物所堆積的廣大地區，不過更大的部分包括了許多黑色軟土的小平原，其間又交雜著低矮的小山脊，上面有一些刺槐樹叢和少許的大樹。除了這些比較高的土地，這些平原一年有六個月因暴雨和那條河氾濫而在水面下。在那之後，小平原被高約四、五呎的粗糙野草所覆蓋，它們大半會被努爾人加以焚燒，以確保長出嫩草供他們的牛隻吃。當軟土乾燥之後，地面就會產生很深的裂縫，由於離河流較遠，所以僅有的水源便是偶爾出現的小溪，有時兩條小溪相距十或十五哩之遠。

努爾人把他們的村落建在高地上，為他們的牛群建造稱為魯阿克（luak）的大型圓錐形牛棚，也為自己蓋小茅屋。旱季時，他們會把他們的牧牛營地移到鄰近河流、礁石或小溪之處。我猜想他們一定擁有大批的牛群，不過我發現只有少數家庭擁有二十隻以上的牛群，大多數家庭牛隻數量都少於二十隻。每個家庭都迫切地至少想要養一頭牛；沒有牛，他們就會覺得有缺憾，因為牛代表努爾人整個存在價值的一切。然而牛瘟可能是在馬赫迪統治時代被引入他們的鄉野，曾經大量毀滅他們的牲口，而且一直持續不斷。努爾人傳統上以牛奶、獸血和肉類為主食，接連的牛隻不足，迫使他們在村子四周種植小米和玉米做為補充，另外，當他們移到旱季營地時，會到河畔或礁石旁捕魚。

艾爾賈巴河、艾爾加薩河和較低流域的艾爾阿拉伯河都可以航行克勒里平底船，我們因而可以和我們的挑夫在合適的陸地上岸，進入這個行政區的內陸地區，接著再到另一個地方和我們的平底船會合，那可能是另一條河流。

此時，離開諾湖之後，我們此時一路搖晃上溯艾爾加薩河，最後在金凱人（Jikany）領地一處泊岸木棧碼頭靠岸；此地有一間白鐵皮屋頂的小商店，是由一名北方蘇丹人所擁有，此外別無其他房舍。從我們的頂層甲板可以遠眺一片被高大野草覆蓋的平原，一直看到兩三哩外的魯阿克。溫德本告訴我這個村落屬於一位非常重要的酋長所有。他提議我從此地出發，一個月之後，在艾爾賈巴河與他會合，他將在那裡與羅米利碰面。

他說：「這裡的酋長會提供你挑夫。放輕鬆，打打獵。如此一來，你應該對這個行政區和努爾人究竟是怎樣能有一點概念。」

在我們繫繩登岸的一個多小時之後，那位酋長帶著一些裸體赤身的隨從出現，他穿著一件短褲，肩上披著一件豹皮，他和溫德本交談良久。第二天一大早，他帶了一大群男女老幼回來，他們當中的三十人將擔任我的挑夫。

這是我第一次與努爾人接觸。我有六呎二吋；他們當中許多人比我還高，尤其腿特別長，有那種田徑運動選手的體型。大抵上，他們有美好的容貌特徵，我覺得他們是雕塑家眼中的超級模特兒。有些人留長髮，用牛糞染成金黃色，這更增強了他們的美麗容貌。努爾人不像丁卡人，他們只戴少許的珠串，最多不過是在腰際上圍一條紅色珠子串成的鍊子、頸子上有兩三條項鍊，一些扁平而閃亮的藍色珠鍊繞在額頭上，另有六道平行的刀疤，這是他們接受戰士成年禮所留下來的記號。有些人戴著受到高度珍惜的長頸鹿毛做成的頸飾，少數人有銅線做成、緊緊地綁在手腕到手肘之間的護身符；最初戴上這種東西時，會造成極度的疼痛，且會持續好幾天。已婚婦女會穿上有流蘇穗子的皮裙，但僅遮住她們的臀部；少女們一絲不掛，只戴著項鍊。

我很快就能接受這些人的裸體，並視之為理所當然，除了對源自於猶太教的基督教對於裸體視同一種羞恥，甚至當做一種罪惡，我感到有一點抱歉。佛格生曾經鼓勵努爾人穿衣服，但是他們不喜歡衣服，當他被殺時，他們把衣服全都拋棄。然而，有些酋長，就像這位金凱人酋長，當他們和我們在一起時，會穿上衣服。我有一回碰到一名酋長，他的短褲顯得緊到很不舒服，因此，他把他的釦子全都解開，讓裡頭所有的東西掛在外面。可以相信的是，那足以證明他對裁縫的無知，不過那看起來教人吃驚而且非常不妥。對我來說，遮掩比起裸體反而更強烈地刺激性欲。我和努爾人共度的兩年之中，不曾見過有人勃起，即使兩性一起共舞時也一樣。

由於在這行政區還是新手，溫德本和我的立即目標便是大範圍的鄉野旅行，以便盡可能和多一點的努爾人接觸。我們每個人有八到十名挑夫可以使喚；不過我們每人至少聘雇三十名，即使他們大多數人只是為其他的挑夫攜帶食物而已。我們的希望是能和他們交朋友，透過他們而認識他們的部族。我們付給每個人一天一先令的報酬，他們的需求很少，很少用到錢，他們只在某個泊岸碼頭的某個小商店買一些珠子或菸草。他們想要的是牛隻，而沒有努爾人會賣牛。幾年前，他們還能從丁卡人那裡搶牛，但是打劫現在多多少少已經受到壓制。然而那些酋長們被授權處理案件，對偷來的牛課以罰款。我們利用克勒里平底船把偷來的牛運到別的地方賣掉，讓我們的挑夫們可以用形式上的價格買一些牛，並且可以利用賣掉牛隻的收入，來保留一筆基金。

這些錢應該嚴格地送交給總部，不過溫德本從經驗中得知，如果我們需要經費——例如我們打算建造一座泊岸木棧碼頭時——在聯絡上曠日費時。我們可以比較容易取得經費，付錢聘雇努爾人來興工建造，使工作得以進行順遂。

溫德本和我每個人有兩匹馬，我們旅行出差時會隨身帶著它們，那位金凱人酋長為我找一名年輕的努爾人擔任我的馬夫，跟著我直到我離開這個行政區。他像大多數的努爾人，對馬匹沒有概念，但是卻把我的馬照顧得很好。

所有在努爾人地區服務的英國官員都有他們的「牛名」，溫德本被叫做「杜爾洋」，羅米利被稱為「洋灣」，同樣的這位金凱人酋長很正式地送給我一頭黑牛，名叫「郭佐」，而這就變成我在努爾人之間的名字，沒有人知道我本來叫什麼。對成年的努爾人來說，牛取他的名字，有一種近乎神聖的意義，他會用纓穗裝飾牛角，然後讓一名男孩牽著牛繞著他的營地走，他則會唱歌唱讚頌。依溫德本的建議，我要求那位酋長為我保管郭佐，和他的牛養在一起。

伊得里斯和我把行李挑出來，挑夫到達的那天早上，我們準備出發。這裡是蘇丹南方，我用傳統的方式旅行，帶著一頂帳篷、行軍床、桌子、椅子、帆布行軍浴室、還有許多錫盒用來裝衣物、書籍、藥品、彈藥和零碎的東西。我還帶著我的桑德族廚子，以及他的鍋碗瓢盆，另外還有一些精選的罐裝食物，希望他能做出一些他煮過的道地歐洲菜。

我有一名翻譯員名叫馬洛（Malo）。我曾經擔心伊得里斯會感到孤單，不過馬洛和他變成親密的好友，伊得里斯和努爾人相處融洽，他選擇性學習他們的語言，足夠能自己聽得懂，這也顯示出他在這方面的才華遠勝過我。他們一個個都喜歡他，給他取個牛名叫波爾．賈基（Bor Jagey），那是給予一個非洲陌生人的非凡榮譽。

我們在中午離開克勒里平底船，做了短暫的行進。今年此時，天氣並不是真的很熱，夜裡冷到需要蓋三條毯子。和這些挑夫一起旅行，沒有什麼會讓人失望的事或什麼東西被打破，裝卸行李也不會浪費時間，每個人都只是挑起他們四十五磅重的行李，把它頂在頭上出發。他們全都帶著兩、三把有倒鉤的矛和一段空心的安巴赫（ambach）木材，那是一種輕質軟木，裡頭用來放他們的菸草和零碎的東西。努爾人沒有盾牌，在作戰時，他們會用這種安巴赫來擋開朝他們刺來的矛。在架起我的營帳，進行紮營之前，我們通常會走個四、五個小時，偶爾休息一會兒；那些挑夫會緊靠在一起安頓下來。這個季節稍晚，整個鄉野乾枯，我們經常得做比較長距離的行進才能到水邊紮營。

我每天下午都會和伊得里斯、馬洛和一些挑夫一起出去打獅子或水牛，為他們獵一些肉回來。我幾乎是立刻就發現馬洛是個技巧高超且熱情無比的獵人；有他和伊得里斯陪伴，我不可能有更好的幫手。我有曾經在倫敦買了一把點二七五口徑的步槍，因此，加上我的點三五〇麥格能步槍和雙管四五〇口徑步槍，我們每個人就有一把步槍。雖然這趟處女行，野草長得高大，尚未被焚燒，但黑面狷羚和白耳非洲水羚的數量很多，所以任何時候我想打到一頭，並不困難。努爾人很少獵這些羚羊。然而，他們會用矛殺象，用牠們的象牙做手鐲，在飢荒的年代，他們會殺水牛以取得肉類。我覺得要殺一頭發動攻擊的水牛，單靠投擲的長矛，那得要有勇氣的人才能挺身而出。努爾人特別喜歡吃河馬肉，尤其偏愛牠們的肥肉。雖然他們吃鱷魚和烏龜，但是他們不吃鳥類或蛋類。回營地之後，我發現這些挑夫蹲在他們的營火四周烤玉米，馬洛接著把我們所帶回來的各種肉分給他們，他們會加以燒烤，而且對這種額外的糧食配給感到很滿意。

下一回我回到馬拉卡，我為我的挑夫們買了蚊帳，讓他們十分感激。無論何時，我們只要靠近某個村落紮營，在清晨就會有一些陌生、蒼白如鬼魅般的人物出現，為我們送來牛奶，他們就像努爾人，他們曾經睡在灰燼的軟墊子上，不過當他們涉水渡過一條溪流而來，身子變成半灰半黑，他們看起來特別詭異。由於他們的鄉野裡沒有鹽，因此，努爾人會把牛糞混在牛奶裡以補充鹽分。我總是把我的那一份分給別人。

行政區長官職務

一紙行政區長官的合約，可以預期能在同一個行政區裡待上六、七年，或者待更久。在喀屯我會很樂意這麼做，但是這裡不行。假如我到蘇丹的第一天就被派駐到努爾人這裡，我將會無比的滿足，會想要永遠和他們待在一起；不過相反的，我是被派到達富爾在蓋·摩爾的麾下，我在那裡學到的超過努爾人所能給我的。我知道這些赤裸的野蠻人永遠也沒辦法給我那種我很喜歡的同伴關係，我在他們之中，找不到像沙亞的人，找不到半個穆罕默德安或是伊得里斯。

麥道布人或查哈瓦人，與努爾人之間的文化差異，讓我感受得十分徹底。我看到我的一名努爾人手下，從鍋子裡抓到一根玉米，他跨到一碼之外，一邊吃玉米、一邊站在那裡尿尿。全都一樣，和這些教人興奮的部落人士一起旅行，穿過一個充滿狩獵活動的土地上，那是極少數外國人曾見過的景象。我喜歡和這些努爾人在一起，讓他們圍繞在我的營帳四周；我喜歡聽他們說話的嗓音，或是當他們沿著小徑走在我前方邁開大步，欣賞他們那種完美的體態協調性，當我們在獵水牛時，看著他們穿過叢林，或是我們在找尋獅子時，他們跳動穿過原野的樣子。我很快就和我的挑夫們相處得很好，當我還留在這個行政區的期間，他們大多數人一直跟在我身邊。

經過一個月輕鬆的旅行，我已接近艾爾賈巴河，並在那裡發現溫德本和羅米利在努翁人（Nuong）鄉野的一個村落紮營，那艘平底船就停泊在不遠處，羅米利在我之前的兩年才到達，他和我們一起待了兩天，我希望他能待久一點。

在加入蘇丹政治局擔任行政區長官之前，羅米利是一名正規陸軍軍官，曾在印度西北邊區的一支軍團表現積極活躍。就像他的密友溫德本，他是個單身漢——已婚男人不可能過這樣的生活。羅米利在他纖瘦而皮包骨的身材之上，有一張堅毅的臉，有一雙穩重、友善的灰眼珠。他也有一種教人好奇的習慣，在行軍的過程中，他總是嚼著他手帕的一角，而我總是把他和溫德本聯想成一對，溫德本叼著菸斗，羅米利嚼著他的手帕。羅米利是個自給自足、有權威卻不自負，他在我腦海裡想起阿諾・赫德生，以及其他那些從他們孤零零的領事館哨站跋涉前來阿迪斯阿貝巴向我父親報告軍情的那些人。我與這些人更親近，遠勝過在蘇丹的我那些同儕。他們當中有許多人在加入蘇丹政治局之前，很少離開過英格蘭。

羅米利自許為努爾人，安於把他的生命用在這些人身上；那些群眾聚集在營區四周來向他問候請安，正是他把影響力加諸在他們身上的一種證明。此地的努爾人正是謀殺佛格生的那一批人，他們在後續的戰鬥也是受害最慘重的人。當羅米利描述他們在發動戰鬥時，所展現的勇氣和他們受到的損失，還有把他們稀有的牛群趕在他們隊伍前面時，我感受到他當時對他們的同情。他可能永遠都不會像佛格生一樣寫下這些話：「我的這些百姓是殘暴之徒，不過我將讓他們徹底改變。」

羅米利在這個行政區從來就不聘雇任何蘇丹政府裡的警察，反而依靠他自己的部落警察。他們和他們的部落中人唯一的區隔，在於他們左臂上戴著一塊金屬臂章，帶著這個省的武器，一面盾牌和兩支矛。我們蕭規曹隨，在克勒里平底船上保留少許的部落警察。由於大多數酋長在他們的村落裡都留有一、兩名警察，所以我們旅行出差時，不帶半個警察，除非有特定任務要指派給他們。

有一天，因為受到瘧疾的猛烈侵襲，羅米利病倒，他上了床，告訴他的廚子把一桶桶冷水澆遍全身；這種激烈的治療方式，讓他的體溫下降，第二天他起床到處走動。他大多數時候和溫德本，與酋長們一起聚會商討。其中最有影響力的人叫格魯瓦克（Garluak），是個大塊頭、體重過重的人，他曾經被叫唆謀殺佛格生，但是後來被判無罪。他們聽了，許多人不服那酋長判決的申訴，因為判決要那些提起告訴者必須提供一條小牛，如果控訴輸了，他就會喪失那頭牛。雖然我不懂他們說些什麼，但是我很滿足地看著那個努爾人的姿勢和表情，讓我身歷其境，而我知道那天晚上溫德本和羅米利會喝著酒討論白天的工作。

有一天早上，一名努爾人抱怨獅子殺了他的牲口，溫德本派我前去射殺牠們。我離開四天，殺了四隻，但因為我的愚笨，留了一道狹窄的活路。我的挑夫從一堆草叢裡把牠驚嚇出來，經過一陣狂奔，穿過開闊的地面，伊得里斯和我趕上牠，當牠在六十碼外停下腳步咆哮，我們也停下來。我跳下馬把馬韁繩交給伊得里斯。這頭母獅子面對著我，看起來很邪惡，我料到她隨時都會採取行動。因為疾奔，我仍然還在顫抖，我對著她的胸口射擊，但沒打中，我沒有裝填彈藥，用另一管再開一槍，又沒打中。她真的開始發動攻擊，我伸手摸彈帶找另外兩個彈匣，重新裝彈，我覺得她就要撲到我身上來，但是當我抬起頭，她卻不見蹤影。伊得里斯坐在他的馬上，並且牽著我的馬，看似鎮定的說：「她就只走到這麼遠。」他指著二十碼外說：「接著她就停下來，走進草叢裡。」當其他人趕上來和我們一起找尋她，但是遍尋她不著。我並不難過。羅米利在回東努爾的納席爾前最一個晚上，我們一起在克勒里平底上共度。第二天隔夜的郵務船從馬拉卡到尚北，經過此地，送來我們的郵件。其中有一封母親寫來的信，我得知海爾．塞拉西曾經到麥爾布魯克拜訪她，我很難過我人不在現場，無法接待他。

還有一封信來自內政部長辦公室。當我在喀土木時，我曾經要求准許我下次休假時，旅行到法屬撒哈拉的提貝斯提。我被告知這件事已被核准。在蘇丹這方面，這絕對是一種特許。基於健康的理由，大多數的政府裡的英國籍官員都會到歐洲去渡假，肯定不會在夏季裡到撒哈拉騎駱駝。當我告訴伊得里斯在我休假期間，我們應該去「圖」那個地方，他記得我曾經在哈瓦爾綠洲和卡提爾之間討論過，於是他說：「卡提爾告訴我們『圖』這地方非常遙遠，那是一趟很艱困的旅行。他知道路，我們一定要帶著他跟我們一起去。」

隨著我們的私人郵件，還有官方郵件，我們加以檢視，大多數都丟到船外。我們依行事之便保留許多檔案，但不留那些來自喀土木有關採集阿拉伯橡樹，或是這個行政區是否適合種植花生之類的公告，那與此地的現況無關。

我總喜歡每一趟出差旅行之間，在克勒里平底船上待的那少許日子，在一張舒服的椅子上讀書，在一張大小適當的桌子上吃東西，洗個熱水澡，而且換個方式，睡在一張舒服的床上。夜裡，溫德本和我通常都會坐在頂層甲板上，克勒里平底船或許正一路航行在蘇德區，沿著艾爾賈巴河狹窄的河道前進，兩岸的紙草堆高度像中層甲板那麼高，或者在比較開闊的水域上，拍打著河水行經泥岸和一排排正在曬太陽的鱷魚。

我不喜歡鱷魚，一有機會，我就會射殺牠們。就像所有河裡的鱷魚，這裡的這些鱷魚具有危險性。大多數有八或十呎長，不過我射殺的其中一隻，長達十六呎半。牠看起來十分巨大，有粗大的腰身，即使是努爾人，看到了也覺得印象深刻，聲稱他們不曾見過這麼大的。自此之後，我總是被人誤傳我殺過一隻二十呎長的鱷魚，不過我知道坦尚尼亞的狩獵管理員邁爾斯・透納

（Myles Turner）最近曾在當地射殺過一隻十六呎長的鱷魚。

克勒里平底船那些冬加拉威西族的船員，把鱷魚的陰莖視為一種珍貴的壯陽藥。鱷魚的陰莖會縮回身體內，有時候一隻看似死掉的鱷魚，懸掛在夾板上，被他們觸摸而且要割下陰莖時，正好活過來，造成一陣驚慌。

當平底船泊碇在河岸，我們經常會釣魚，溫德本有兩根釣竿，借了一根給我。一名水手會利用我們的小艇載我們向上游划，而我們在船尾拋湯匙形假餌或人造的誘餌。我有一回在錯失一條尼羅河鱸魚之後，加強我的釣鉤，我釣到一尾一百五十磅重的尼羅河鱸魚；但這些魚不像小很多的虎魚⑦，它們是可憐的戰鬥者，而且從來就不跳躍。然而它們吃來極其美味可口，相反地，虎魚有一堆魚刺。在某一次，我正為溫德本釣到的一條魚解鉤，那鉤子猛然刺進我指頭的關節裡，而且深度超過它的倒鉤部分。所幸溫德本拒絕把指頭砍下來，建議我們應該再走五、六個小時到格拉夫河，到一間由麥克唐納夫婦（MacDonalds）經營的新教徒醫院教會。麥克唐納夫人把鉤子切斷，但沒有傷到關節。

克唐納夫婦比較關切努爾人身體上的安康，但不會試圖改變他們的信仰。他們夫婦鼓勵他們穿衣服或是放棄他們傳統的生活方式。他們告訴我們有個男孩曾經轉變為一名祈禱者，穿著短褲，但是別人用吃驚的聲音告訴他：「你不能穿短褲祈禱。」可惜的是，麥克唐納夫婦並不是在我們的行政區內。我們有個天主教會，但我們兩人都不同意他們的做為。神父們堅持他們一定要皈依教會，他們大多數都是孤兒或貧困的孩子，卻要他們穿衣蔽體。這讓他們與部落中人脫鉤，結果讓他們閒待在教會裡，或是漂泊到馬拉卡，為自己進行割禮，變成名義上的伊斯蘭教徒，然後被這個城鎮裡大型非部落型態的社會所收容。

旅行與狩獵

我幾乎一直不斷地在旅行出差，有時候回平底船上過幾天之前，每一次旅行得花六個禮拜。三月初我發現一個可喜的營地，在一個有綠蔭的山脈上，有一些檉柳樹；它們濃密的綠蔭在這塊沒有樹蔭的土地上，顯得平寧安詳。此地水質不錯，蚊子又少，還有許多狩獵活動，有許多大型的牧牛營地就在附近。在這些營地之中，有利用蘆葦編製、塗上泥土的避難小屋，小得不過像是防風牆，四周用木樁圍起來，夜裡牛隻就被關在裡面。我在這裡停留了一陣子，逐漸熟識這些基瓦爾努爾人（Kilwal Neur）。萊伍爾（Rai Wur）是他們的酋長，在獵河馬時曾被矛刺傷手臂，我替他治療那快要潰爛的傷口。

我在與溫德本及羅米利會合的路上，曾經殺了一頭水牛。雖然我在丹納吉爾鄉野殺過水牛，但在這裡卻是第一次看到，我因這頭死掉的水牛的巨大身材而大為吃驚。此刻我又再從一群為數一百五十頭的水牛中殺了兩頭，其中一隻有不錯的頭形，而那些肉讓努爾人有了豐盛的一餐；他們愛吃水牛肉勝於羚羊肉。

獵水牛總是教人為之興奮；有些有經驗的獵人把牠們的危險性排在獅子之前。當我在這個行政區的時候，我一共殺了十二頭水牛。其中有一頭的確曾經讓我憂心。我曾經追蹤一小群水牛，追進高大的森林裡，我在那裡近距離射殺了那頭水牛，穿過牠的心臟。但牠仍舊發動攻擊，我開第二槍的時候，牠就在短短幾碼之內，我擊中牛角上的凸出部分，但沒有射穿，不過把那頭垂死的畜牲擊倒。或許是誤判，我使用軟彈頭來打水牛。

我只要一有機會就會獵殺獅子，我在南蘇丹時，共殺了四十隻獅子。在多次獵殺中，我遭到攻擊，通常都近在四分之一呎的範圍內，雖然我有一點期待被獅子殺死，不過去獵殺牠們的那種衝動很難克制。我欣賞一些賽馬的騎師，他們年復一年地在大英國家盃賽馬中出賽，或許他們與我有相同的感受。

我的挑夫們總是渴望加入獵獅的行列，或許這種激烈興奮的延伸，能夠彌補我們加諸在他們身上不准他們掠奪的禁令。我尤其記得有一回，我在一塊濃密而盤根錯結的蘆葦草堆邊緣打傷一頭獅子。我從來就不曾讓一頭受傷的獅子逃走，但是即使是帶著一把沉重的步槍，還有馬洛和伊得里斯跟在我後面，在這樣的地方找這頭獅子簡直就是自殺。然而這並沒有讓努爾人卻步，他們忘了我的命令，一頭栽進我兩旁的蘆葦草堆裡。只配備幾支輕型擲矛，沒有人能有機會撂倒那隻受傷的獅子。最初的那幾位之中，我看到了我的馬夫，他舉起矛，臉上充滿興奮之情，用盡氣力射向蘆葦草堆，我們直衝向那堆蘆葦草堆去，但那頭獅子已經不見蹤影，而我一直沒有找到他。

在南蘇丹，許多行政區長官對於狩獵並不感興趣。同理推斷，我確定他們也忽略了一種更親近他們所管轄的部落中人的方式。如果獵物具有危險性，而這樣的狩獵是一種聯合行動，那麼這種情況尤其凸顯。戰後，非利浦・包考克（Philip Bowcock）在西努爾省擔任助理區域行政長官，最近他告訴我，他向他們打聽我的時候，他們回答說：「喔！郭佐，他就像我們其中一員。」由於我只和他們共度兩年，也只對他們的語言略知一二，得到他們這樣的賞識，必定是因為過去我們曾經一起打獵的緣故。

我知道五年之中殺了七十隻獅子，在今日聽起來似乎是不可原諒之事，不過那是五十年前，今時不同往日，不能以今天的眼光來判斷當時的事。獅子在南蘇丹後來被視為一種有害的野獸，特別是在富饒的西努爾行政區。此時各地的野生動物瀕臨絕種危機，但在那個年代，除了少數例外，野生動物並沒有明顯的絕種威脅。

有一天，我參加一組努爾人行動，他們正要出發前去叉河馬；我們到數哩外的河流礁石區，那裡大約有三十五隻河馬。當我們到達那裡，努爾人砍下一節節漂浮的水生植物，用來編造五艘簡單原始的小舟，直徑八到十呎。我配備兩把有厚刃的席努克族刺矛，拒絕被留下來的伊得里斯陪著我和三名魚叉手，一起登上最大的一艘草船。他們的魚叉綁上三十呎長的繩索，這些繩索就綁在一根樹幹，樹幹就纏住我們所站的一塊紙草編成的蓆子。當我們五個人在這艘即興製作的草船上，水已經淹到我們膝蓋，而那些繩索就在我們腳下的某處。

我們穿梭在礁石間；湖水已有六到八呎之深，而在遠離礁石的另一邊，有更多的努爾人聚在淺灘處，大約在三百碼之外。當我們朝那個方向驅趕那頭河馬時，牠們試圖朝我們草船前進的路線反方向游回頭，衝進更深的水域。雖然牠們乎完全淹沒在水中，但是我們仍然可以從牠們的尾跡和牠們呼出的泡泡，追蹤每一隻河馬的路徑，那些人在能到射中的範圍內，拋出他們的魚叉，叉中任何一隻河馬。當其中一枝魚叉射中時，魚叉的桿子會脫離，不過那有倒鉤的魚叉經過一陣激烈的拉扯之後，就會浮現出來。有個人被拖下草船，在水下被一條繩索纏住他的腿，不過他的兄弟把繩索砍斷，用力將他拉回草船上。當他們掉頭上岸時，我留意到他的腿被嚴重撕裂。

最後我們把我們其中的一枝魚叉紮紮實實地拉回來。那頭河馬此時被一條三十呎的繩索綁住，在另一艘小船上的那些人靠向前來，試著把他們的矛射向水中那隻暴怒的動物身上，或者等牠半浮出水面上時，再射向牠，牠在再度潛入水中之前，牠的頭發出哼聲。不住地搖動。牠看起來很巨大。牠接著從我腳下浮出水面，張著凹凹凸凸的嘴巴，有碩大的牙齒，還有忿怒像豬一般的雙眼。我用我的矛拋向牠的雙顎之間，這讓牠翻了身，我用盡氣力，把我另一枝矛射向牠兩肩後方的部位。之後，每次那隻河馬浮出水面來，我便看到鮮血湧出，流到身體兩側。在牠垂死的掙扎中，那魚叉冒出來，而河馬身體沉到水裡，但我們等到第二天才將牠拉上來，那屍首被拖上岸分割，肉被送到各個營地。

在我下一次的假期之前，幾乎遊遍整個行政區，包括沿著艾爾阿拉伯河岸的一些森林荒野，那條河提供一種沒有沼澤地的怡人地形起伏，以及大樹不生、土壤如棉花般的平原。我在這裡射殺一頭灰背羚羊，並在馬背上殺一頭樹上的豹。在艾爾賈巴爾河的沼澤地中，我幾乎射中一頭 Situtunga 和一頭尼羅河 lechwe，兩種動物都是獵人的最愛。我也曾經很幸運地看到一頭白犀牛；這種北方品種的白犀牛十分稀有，而且受到嚴格保護。

象群經常貼著艾爾賈巴河岸前進，除非下雨時，才會進入開闊的鄉野。我就是在這個地方，沼澤地的邊緣地區獵殺牠們。我的狩獵執照允許我一年可以射殺兩頭象，而我和努爾人在一起的時候，我有權利可以射殺四頭象。

真正教人興奮的接觸來臨，我帶著伊得里斯和馬洛追蹤大象，進入沼澤地，那裡的紙草草叢聚集生長，長得十分密，高度超過十二呎以上。我們這麼做，可能會被迫射殺一頭象牙小而我們不想要的象。

我和伊得里斯趕忙前去，正好及時到達，看到牠們消失在紙草堆裡。風吹得很詭異，但是當風勢平穩，我們才開始追蹤。這並非易事，因為水少有兩呎深，大象踩到的地方水更深，而被踩斷的草紙，草莖有人的腰身那麼粗。我們最後接近那頭象，但是什麼也看不到，雖然牠們就在不到二十碼的距離外大搖大擺地行走。牠們向前行進，我們跟在牠們後頭，直到在較遠的那一岸一塊清澈的水域上停下來，我們在那裡聽到牠們撕斷紙草進食的聲音。我們涉水穿過清水，這裡的水更深，我們進入另一岸的紙草堆裡。

從我們觀察的地方，可以聽到象在吃東西的聲音。當我們距離只有數碼，一條象鼻和一對象牙把紙草撥開；即使有厚厚的野草與水，一頭象還是可以靜靜地移動身體。當牠在我們上方浮現，我們盡可能快速而安靜地抽身，此刻牠聽見我們，快速向前移動，牠的耳朵不停地搧動。我停下腳步對著牠瞄準，但是我打住，因為牠只有小小的象牙。這頭象不再聽得到我們的聲音，依然停下腳步，接著消失在草叢間。為了觀察其他比較巨大的象群的象牙，我們再度跟蹤牠們，數個小時後，到達一個有兩、三個蟻丘的小島；不過即使爬上其中任一座蟻丘，我也只能偶爾瞥見草叢間牠們黑油油的背脊。此時已近落日，我們追蹤牠們已經八小時，因此，我們只得折返營地。

雖然我從不曾成功地在沼澤地射殺一頭象，但是當牠們在雨季移居到開闊的鄉野時，我比較能得手。我希望能捕到一頭象牙有數百磅重的象，不過我最佳的成績是八十三磅和八十一磅重，其他的則是七十磅重。

每回我射殺一頭象，努爾人不管男女老少，就會成群結隊地出現，在短短幾個小時內，大團的肉就會被割下帶走，只剩下巨大的骨頭和被我們取下象牙的頭顱，被棄置在地上。那真是罕見的景象，一群赤裸的人朝著象的屍首蜂擁而上，甚至鑽到象的身體裡，他們幾乎所有人都染上鮮血，一部分血是來自象，一部分則是當他們拿著矛頭砍劈時，身體被自己割傷時所流的血。

一九三六年，當地的象群有一大模的遷移活動，穿過這個行政區，賴克族（Laik）、布爾族（Bul）、賈凱恩族（Jakaing）和賈給族（Jagey）用矛殺了兩三百頭象。他們在乾地上獵殺牠們，並且擺脫一頭正在衝鋒攻擊的象。對我來說，即使有其他人來幫我分散象的注意力，這幾乎是一件難以置信的事，我知道我永遠也沒有機會辦到這件事。

在溫德本的指導之下，我漸漸了解努爾人的某些風俗，開始對他們的精神層面有一種認識。在這方面，我從我那班挑夫獲益良多，包括和他們一起狩獵、旅行、露營，建立一種私人的情誼。馬洛告訴我，他們自稱為「郭佐的人馬」，因為有他的協助，我現在已經相當能夠勝任任何送到我面前的案子。這些努爾人並不好爭訟，雖然他們個性直來直往而且很自然具有攻擊性，但他們太過自負而不會去偷竊或說謊。許多案例都是控訴使用魔法，像是某人對另一個人、他的家人或他的牲口施以魔法。我的工作就是去判斷案子的意圖，但是看到那些證據，我有時發現自己對那些咒語的效力半信半疑。這種司法工作讓我與這些更接近，也讓我與他們共同生活相處興趣備增。

一九三八年四月底我回到馬拉卡，我覺得不舒服而去看醫生，他診斷是瘧疾，想把我送到醫院去；不過最初那只是溫和的不舒服，因此，我堅持搭平底船回到行政區。第二天我真的病了，發高燒而且經常嘔吐。溫德本外出旅行，不過有伊得里斯照顧我。醫師曾經給我瘧疾藥錠，五天之後，這些藥讓我痊癒了。他也給過我其他病錠，當我復元時拿來服用，以免復發。事實上，我後來不曾再染上瘧疾。幾天之後，伊得里斯卻因瘧疾而病倒，輪到我來照顧他，幾天之後他也痊癒。然而高燒讓我變得很虛弱，當我下船到陸地上繼續徒步旅行，我幾乎無法集中精神，為我的挑夫們射殺一些動物。在馬拉卡，我曾經被告知法國人已經同意我前去造訪提貝斯提。但我沮喪地懷疑我的體力是否還夠強，能夠從事這樣的旅行。不過到了六月，我的體力恢復一如往昔。

我已經徹底的歡度我最後的七個月時光。我很幸運能在溫德本手下做事，他不僅同意我選擇的生活方式，甚至給予鼓勵。這一次我幾乎所有的時間都在不斷的旅行，在蘇丹南部一個偏遠而很難接近的地區，在一群好戰而且幾乎無人管轄，而且讓我愈來愈喜愛與羨慕的人群之間。我對那些選擇留在我身邊擔任馬夫的人愈發依賴，而德里斯則給予我所需要的友情。畢竟我已經讓我童年的大狩獵夢想充分地得到實現。有這樣的經驗，我夫復何求。接著，在一九三八年六月底，伊得里斯和我離開馬拉卡，前往喀屯和提貝斯提山脈。

注釋：

①丹吉爾（Tangier）：摩洛哥北部西北省省會和海港，位於直布羅陀海峽的西端，為進入地中海的戰略要地。曾為汪達爾人、拜占庭和阿拉伯人占有。一四七一年被葡萄牙占領，後又先後被西班牙、英國、摩爾人所占，一九二三年成為國際共管地；第二次世界大戰期間被西班牙人占領，一九五九年併入摩洛哥王國，一九六二年恢復自由港地位。

②馬拉開什（Marrakesh）：摩洛哥中部坦西夫省城市，摩洛哥第二大城市。位於大亞特拉斯山北麓，卡薩布蘭加以南二百四十公里。為摩洛哥四個皇城之一，建於一〇六二年。

③亞特拉斯山脈（Atlas Mountains）：一組重疊的山系，位於非洲西北部的摩洛哥、阿爾及利亞、突尼西亞境內。包括：小亞特拉斯山脈、大亞特拉斯山脈、中亞特拉斯山脈、埃爾里夫山脈、撒哈拉亞特拉斯山脈，以及泰勒河亞拉斯山脈。

④韋倫（Wren）：Percival Christopher Wren，一八八五～一九四一，英國通俗小說家。在早年的冒險活動中加入法國外籍軍團，後來他有好幾部冒險小說都以這段經歷為背景，著名的有《勇猛的軍人》（一九二四）和《美麗的姿態》（*Beau Sabreur*, 1928）。

⑤佩特拉（Petra）：約旦西南部古城，鑿岩而成，位於東岸馬安省境內。佩特拉曾是納巴泰阿拉伯人所建國家的首都，西元二世紀爲羅馬所征服。佩特拉地處國際香料貿易要路，歷經數百年一直是座富有的商業城市。只有通過一些狹窄的峽谷和山澗方能進入此地。佩特拉仍保存著許多神廟、墓葬、房舍、神龕、神殿，還有一座古劇場，爲開鑿一片紅色砂岩構成的峭壁而成。佩特拉已列爲世界性歷史遺址。

⑥黑尿熱（blackwater fever）：現已幾乎絕跡的一種病，但在熱帶的白種人中仍可發現，見於未治或未充分治療的惡性瘧疾患者。大量循環紅細胞被破壞以致血紅蛋白流入尿中，使尿變黑而得名。

⑦虎魚（tiger fish）：鮭鯉科(Characidae)狗鮭鯉屬(Hgdrocynus)，捕食性淡水魚。體大凶猛，具蛇牙樣牙齒，廣泛分布於非洲的湖泊河川中，體長可達一點八公尺。強壯，爲受人重視的垂釣對象。

【第20章】

提貝斯提之旅

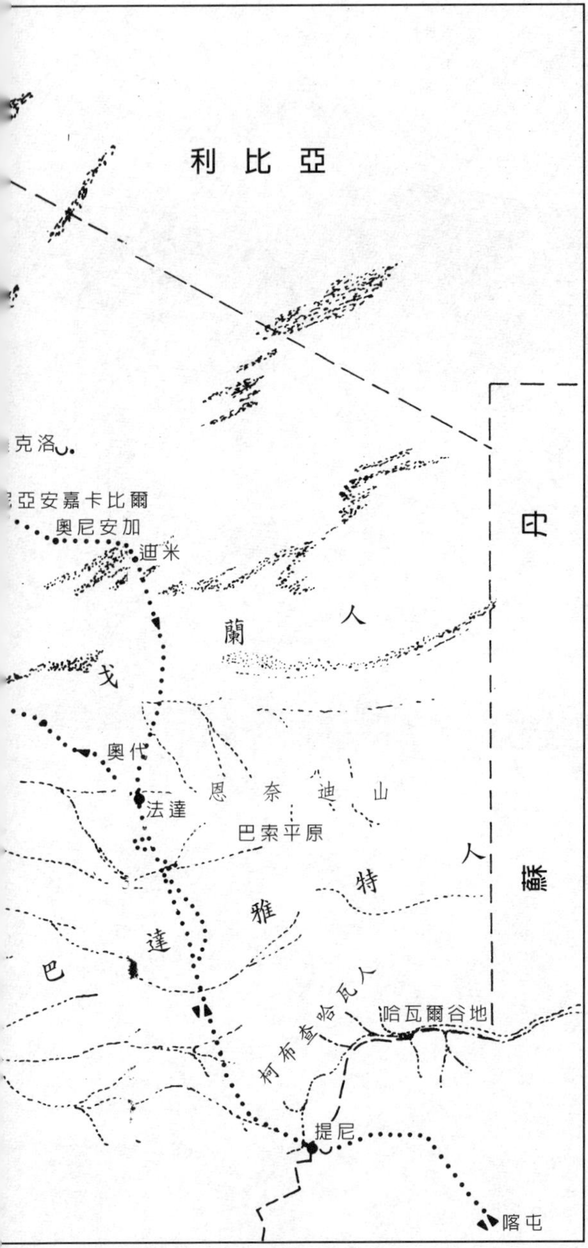
利比亞
克洛
亞安嘉卡比爾
奧尼安加
迪米
人
蘭
戈
奧代
恩奈迪山
法達
巴索平原
人
特
雅
達
巴
柯布查哈瓦人
哈瓦爾谷地
提尼
喀屯
丹
蘇

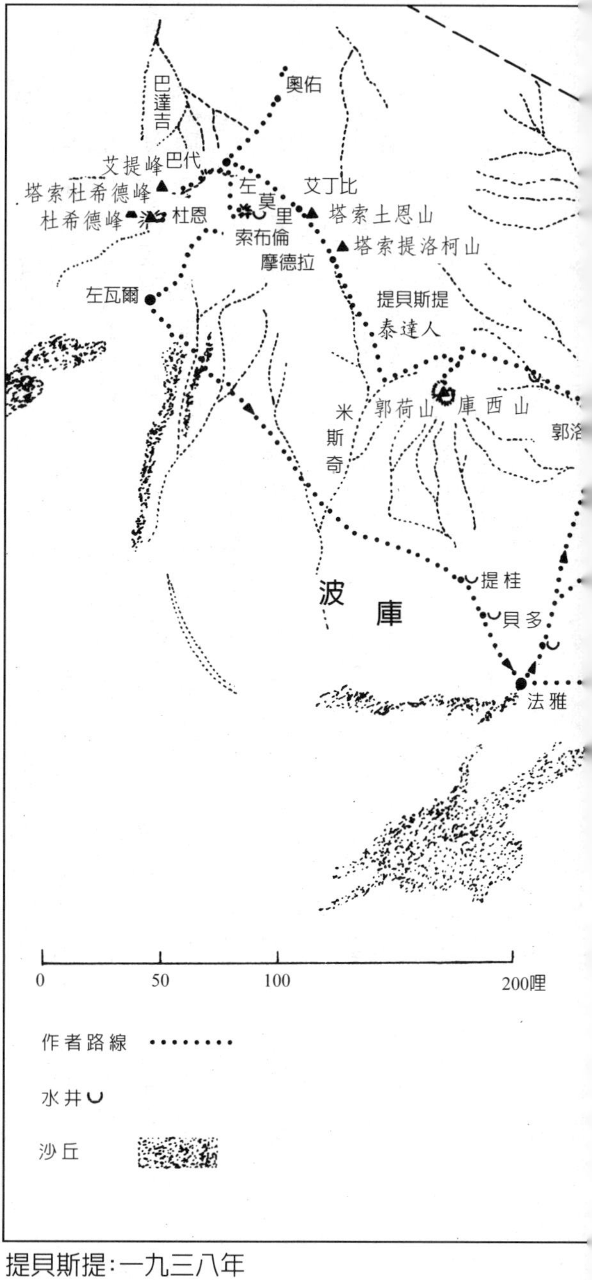

奧佑
巴達吉
艾提峰
巴代
塔索杜希德峰
杜希德峰
杜恩
左
莫
里
索布倫
艾丁比
塔索土恩山
塔索提洛柯山
摩德拉
左瓦爾
提貝斯提
泰達人
米斯奇
郭荷山
庫西山
郭洛
提桂
貝多
波庫
法雅
0
50
100
200哩
作者路線
水井
沙丘

提貝斯提：一九三八年

我熱切期盼目睹提貝斯提。這完整無缺的大塊山脈，位在鄰近查德和利比亞的交界之處，由北到南綿延大約兩百哩，東到西兩百五十哩。包括撒哈拉沙漠上最最高的山巔。第一位到達提貝斯提的歐洲人是古斯塔夫．納提加爾（Gustav Nachtigal），於一八六三年他在西撒哈拉的長途遠征時期到達。然而他最遠也只深入到巴代（Bardai），而且勉強得以倖存脫身。法國人在擴版圖向東橫越撒哈拉時，曾在巴代建立一個軍事哨站，在周瓦爾（Zouar）建立另一個哨站。一九一六年，圖阿雷格人在艾爾（Aïr）發動叛亂時，他們都已經從兩個哨站撤離。直到一九三〇年，他們才再度占領提貝斯提。雖然曾有不同的軍事探險，但一九二五年提胡少校（Colonel Tihol）的探險才是最重要的，他曾經探索和繪製提貝斯提的地圖。當我於一九三八年前去那裡，納提加爾仍然是除了在那裡服役的法國人外，唯一到過提貝斯提的歐洲人。

碰上居住在提貝斯提的泰達人，法國人就不曾碰到像他們碰上圖阿雷格人及塞努西人（Senussi）一樣頑強的反抗。這兩個基本上是獨立分離的族群沒有一個酋長能夠有效地控制他們。而泰達人總是因血緣之故而被區隔開來。然而藉著不可議的耐力與對這個沙漠無可比擬的知識，他們曾是著名的侵襲者，曾經侵略他們的宿敵圖阿雷格人，最遠到達西邊的艾爾；他們也曾經侵襲北方，向東深入費占省（Fezzan），最遠到尼羅河谷。他們也曾經掠奪沙漠之外到南方的肥沃土地。

泰達人或許可以被認定是希羅多德和托勒密所說的古代的加拉曼地人（Grammantes），加拉曼地人是類人猿的「衣索匹亞人」，駕馭四頭馬車，住在的黎波里塔尼亞①和費占省之間的某地；他們最後可能是遷居到難以接近的提貝斯提的群山之中，那裡可以視為現今的泰達族人的搖籃。雖然語言不同，但他們肯定和巴達雅人與查哈瓦人有關係。這三個部族基本上具有利比亞人血統，但多數混了黑人血統，尤其是查哈瓦人。

當法國人打算進行接管之後，他們沒收了泰達人的步槍；他們游牧兵團中騎駱駝的沙漠巡邏隊，曾有效地防衛進一步的入侵。如今他們只配備有倒鉤的矛、鑄造粗糙的劍、掛在腰際的長刀，還有飛刀，泰達人還是能報他們的血仇，但是對於那些法國人已經沒有多少威脅。

我們從西努爾省一路北上，伊得里斯和我在一九三八年七月三十日抵達喀屯。蓋・摩爾已經休假外出，但是他的助理邁爾斯・史徒布（Miles Stubbs）用車子送我們到提尼，蓋・摩爾在那裡已經安排了卡提爾和五名查哈瓦人帶著駱駝和我們碰面。卡提爾熱情地迎接我們，帶來哈拉爾綠洲他的同族人的問候。那五名查哈瓦人是穆罕默德安的手下，我唯一認得的是一位強悍、體格結實的中年人艾里巴吉特，我曾在穆罕默德安的家見過他許多回。穆罕默德安命令他一路跟著我，以確保我的安全。在提尼，我和多薩蘇丹王共度，能重回此地感到十分滿意，儘管只停留一夜而已。這位老人要求我待久一點，但我向他解釋前方還有一大段路要走，而要完成這趟旅行，時間只有三個月。那天夜裡，伊得里斯說了許多關於在努爾人之間探險的故事，他也把他所射殺的河馬獠牙送給他的父親當禮物。

穿越沙漠

第二天早上，我們穿過哈瓦爾綠洲進入法國屬地。我帶了一把點二七五口徑的步槍和野戰太陽眼鏡，在我的袋裡有我的相機、底片和兩三本書，還有一些藥和備用衣物。至於糧食配給，我們帶了做阿西達的玉米粉、乾肉、洋蔥、羊角豆和做穆拉的奶油。我們帶了毯子和一具小帳篷。

這一年雨水很多，那一夜曾經下了傾盆大雨，但是擠進帳篷，我們的身子都能保持乾燥。

從提尼開始，我們的路線是向北到法達（Fada），也就是恩奈迪行政區的首府，接著向西穿過沙漠到位於波庫（Borku）的法雅（Faya），那裡是法國人最主要的首府。提貝斯提在法雅北方一百哩外。前一兩天的行程，我們是在柯布查哈瓦人的地盤，那是伊得里斯的同族，但是過了豪烏許谷地（Wadi Hauash），我們發現自己已身處在巴達雅人之間。他們擁有相當規模的牛群和駱駝，雖然他們是游牧民族，但放牧的距離並不很遙遠。他們的營地包括草屋，或以樹幹做骨架，再把雜草和小樹枝編織起來的棚子。他們說一種類似查哈瓦語的方言，他們的外表和諸多風俗習慣與查哈瓦人相似，但是他們是一支比較狂野而且吃苦耐勞的部族，還保存了許多前伊斯蘭教時代的習慣。巴達雅人的北面是戈蘭人，他們居住在沙漠上，分布最遠可到厄迪（Erdi）；他們擁有駱駝和山羊，但是沒有牛隻，完完全全是游牧民族。

過了豪烏許谷地，我們沿恩奈迪斷層的西側邊緣前進，那裡是一系列的高原地形，氣候侵蝕的山峰和尖頂高聳五千呎，其間交錯著山壁陡峭的峽谷。山脈的岩石面有許多洞穴，我在其中一些洞穴發現不同顏色的壁畫，畫裡描述狩獵的景象、騎士、駱駝、長角牛、穿衣和裸體的人。我臨摹其中一些圖畫，後來這些畫被證實與來自烏萬納特及霍加（Hoggar）山脈的圖畫相似。巴達雅人說在恩奈迪山脈中心點的巴索（Basso）也有此類的圖畫，我希望從提貝斯提回程途中，能順道拜訪這個地方。

八月十日，我們抵達法達，我在那裡受到派駐在設計別致的大碉堡裡的法國軍官的歡迎，駐軍是提萊略爾塞內加爾人的一個連隊，兵員是從塞內加爾和查德四周的黑人招募而來，再搭配數名法籍士官。由於歐洲的緊張形勢如箭在弦上，法國人最近強化他們在利比亞邊境的兵力。正好有兩個諾曼第軍團騎在駱駝背上從邊界的巡邏任務返回，途中經過法達，而我正好在當地。他們也是提萊略爾人，他們還編配了當地招募來的北非騎兵（goumiers）和嚮導。

從法達出發，我們穿過沙漠到波庫，請一名戈蘭人伊薩．亞當（Isa Adam）當我們的嚮導；我們循著主要的車隊路線從波庫到瓦代（Wadai）和達富爾，在奎塔（Queita）、奧代（Oudai）和墨索（Moussou）這三個小綠洲取水。第一天，我們繞著豎立在沙地上四五百呎高的巨大岩山之間行走，我在這裡留意到許多巴巴利綿羊高高地站在這些光禿禿的岩層上。我們在月光下沿著比夏加拉丘陵（Jabal Bishagarah）下方一座狹窄的河谷走，那是一個詭異的地方，盡是被氣候侵蝕沖刷成造型怪異的閃亮黑岩，以及斜面陡峭的沙丘。一支戈蘭游擊部隊曾在這個丘陵地建立一個永久性的哨站，被游牧兵團所掃平。第二天，伊薩．亞當指給我看在法國人占領之前，曾經有一支法國人巡邏隊與來自費占省的塞努西人交戰的地方。

我們在歐威塔和奧代取水，淺淺的窪地上，水多半含有鹽味，非常接近地表。然而每個樹叢都已經被啃個精光，餵飽我們那些飢餓的駱駝，我們主要是在夜間趕路，因為時值仲夏，太陽十分灼熱。在前往墨索的最後一段旅程，傍晚時分，我們在沙丘之間停下來吃一頓飯，打算月亮一出來就開始盡可能趕路。接著，在無預警的情況下，一陣沙塵暴席捲而來，持續了三小時。我用包身體的棉布，把自己包起來，背靠著我的駱駝一側，以避開滾滾黃沙，覺得無比的孤寂。當風暴最後結束時，我們的東西多少都被沙掩埋。把它們挖出來之後，我們發現沙的重量把羊皮水袋裡的水都擠了出來，伊薩．亞當向我保證，如果我們立即出發，早上就可以抵達墨索，我聽了之後稍感寬慰。我實在不喜歡在這種酷熱中沒有水而要整天旅行。

天空陰沉多雲，看不見星斗，月亮已升起，但只提供我們一點昏暗的光線。我們走了一個多小時的路之後，伊薩·亞當坦承他有一點失去方向感，堅持我們必須等到黎明。然而墨索已標示在我的地圖上，我知道概略的方向，因而接下嚮導的工作，利用羅盤行進。我們經過一些散布的岩石，愈走岩石就愈大塊，我開始有一種恐懼感，因為那是火山岩，對我的羅盤有影響。不過我們只能期待好運，繼續前進。到了天亮，我鬆了一口氣，伊薩·亞當看到一些他所認識的山丘，並且說墨索就在前方。

登上庫西山

我們在八月十九日一早就到達法雅，那是個迷人小小撒哈拉城鎮，被棕櫚樹叢所圍繞，樹林向西伸展到加拉卡清泉（Ain Galaka）。由於是波庫、提貝斯提和恩奈迪三區的行政中心，法雅與達富爾的費瑟有連繫。我抵達時，歐唐納·奧蘭多上校外出旅行，但上尉及少尉十分親切，並給予我各方面的協助。

我曾經認為一些在蘇丹的英國軍官過得十分艱苦，但是他們實在比不上這裡的這些法國軍官。從布拉查威爾到法雅，他們要花三個月的時間，其中還包括一趟從拉密（Lamy）出發的漫長騎駱駝旅行。當他們到了那裡，沒有奢華的生活，更不允許攜帶妻小。游牧軍團裡的軍官和士官生活在隨時待命主動出擊的情況下，不斷地騎上他們的駱駝到處移動，涵蓋極長的距離，以便巡守這個沙漠。他們過的是一種漂泊的艱苦生活，如果是在蘇丹，那是相當不尋常的，他們會被視為極其古怪的人。關於這點，我倒是很妒忌他們，他們在完整的沙漠上擁有廣闊的天地；從恩奈迪到茅利塔尼亞的撒哈拉，有一萬兩千哩之遙。

八月二十一日，我離開法雅，由伊得里斯、卡提爾和艾里巴吉特陪同，一路前往提貝斯提，讓其他四名查哈瓦族人留下來照顧駱駝，直到我們回來。在法雅的那位上尉派了兩名泰達人，帶著八隻駱駝帶我們走，直到郭洛（Gouro）。起初我們經過一處半埋在沙地裡的火山岩廢墟，我們走了好一段路才甩掉這個廢墟，但這與兩名泰達人所答應的行程並不吻合。他們其中一人是個年輕人，名叫依布拉辛（Ibrahim），他很快就贏得「阿布夏克瓦」（Abu Shakwa）的外號，意思是「抱怨之父」；不過他的抱怨變成現成的笑料，而他的耐力總教我們妒嫉。第三天行程，在下午出發，我們拚了命走了二十個小時，穿過這個沙漠毫無遮蔭、最嚴苛的部分，到接近郭洛的卡達水井區。天剛破曉，我看到沙漠邊緣像雲一樣、教人眩目的庫西山（Emi Koussi）的輪廓，那是提貝斯提的最高峰，高一萬一千兩百呎。

在郭洛有一處棕櫚樹叢和淡水的沼澤地，四周圍繞著一道黑牆，已經被黃沙深深堆積著。這裡曾是阿納的領地，那是一支泰達族的部族，酋長叫做亞當・納特米（Adam Nater-Mi），他在後來向法國人投降之前，曾經因為掠奪和目無法紀而聲名大噪，而他的兄弟穆罕默德・阿拜米（Muhammad Abai-Mi）更是赫赫有名，最近在哥多芳過世，他寧可流亡蘇丹也不願意歸順。這個小小法國人碉堡建造的所在地，是過去塞伊德・穆罕默德・艾・爾塞努西的根據地，人稱他為艾爾馬赫迪（Al-Mahdi）不過現在已無任何殘跡可資考證。附近有他的墓地，是一座小小的方形潔白的建築，裡頭有他的床、白布窗簾和幾顆掛在天花板上的駝鳥蛋。那是用來取代被法軍摧毀的原有墓地。

許多阿納人（Arnah）來到這個綠洲摘取椰棗，在靠近棕櫚樹的沙地上紮營。由於跟著我們的那兩位泰達人都不知上庫西山的路徑，我聘雇一名年長的阿納人庫里（Kuri）擔任我們的嚮導；

他在十三年前到過庫西山的火山口。我們跟著他向北走到莫丁加（Modiunga）的水泉區，即使距離還遠，庫西山雄偉如隆起背脊的山峰，依舊主導那裡的地景。前往那裡的路上，我射殺了兩頭瞪羚。庫里說，打從一年多以前，他十五歲的兒子成年禮的宴會至今，這是他第一次吃到肉。

我們費力地爬上一個被太陽曬得火熱的火山岩台地，它被巨大的峽谷切割，從山嶺切割到形成台地的底層。此地了無任何生物的跡象，即使是駱駝身上的馬蠅此時也遠離我們。我們在這些山脈的山腳下分組帶開。伊得里斯、卡提爾、庫里和我，帶著兩頭最好的駱駝，轉而南向，從山背沿著山脈的後背走，接著攻上庫西山的山巔，而艾里巴克希特、兩名泰達人，帶著其他駱駝直接穿過一路比較容易的通道進入米斯奇河谷（Miski valley），我們設法到那裡和他們會合。

我們沿路奮鬥，上坡下坡努力向上但行進緩慢，直到我們來到雄壯的馬夏卡奇（Mashakzy）峽谷，有一千多呎深，它是如此之陡峭，以至於一塊石頭從上頭掉下來，也能清清楚楚的看到。一條路跡模糊的小徑有驢子的排遺，到小徑邊緣再也看不見排遺。不知何故，那些駱駝下坡走那條彎曲的小徑，竟開始抗議起來，我們則拉住牠們的尾巴和鞍索，而鬆落的石塊就在我們前方墜落。我們最後終於到達火山口底部，但是我無法想像即使是這些小巧而機靈的駱駝，怎麼如何能從遙遠的另一端走到這裡，那小徑對一頭負重的駱駝來說，實在是太陡峭險峻。然而牠們終究是辦到了，雖然緩慢而且有幾次停頓下來，甚至在最惡劣的路段，經常失足跪下，再撐起牠們的身體。

夕陽西下時，我們抵達這個峽谷較遠的那一端，兩頭駱駝戰慄而精疲力竭，我們在一些史前時代遺留的石環紮營。我們走了十七個小時。最近才剛下過一陣小雨，岩石之間還留有小水塘，直徑大約兩呎，深度六吋，裡頭有少許的小魚，大約一吋長，體色為銀色，有緋紅的尾巴和背鰭。夜裡我們深受蚊蟲之苦。

第二天早上，庫里發現新留下的駱駝腳印，可以通到鄰近一處泰達人的營地，那裡有一名婦女和一名小男孩，放牧兩頭駱駝和一小群山羊。她把兩頭駱駝借給我們載我們上庫西山，並且為我們送來一碗鮮奶，那必定是她僅有的食物。我們把我們的駱駝留給她，送給她一些乾肉和麵粉。這些山中的泰達人住在洞穴或沒有屋頂的環形空地上，靠著放牧一小群山羊和偶爾可見的一頭駱駝，勉強維生，承受極嚴苛的飢寒之苦。這裡有兩年沒有下過足夠的雨水，這並非不尋常。在最惡劣的歲月裡，他們用碾碎的棗椰與石塊來養活他們的山羊，餵駱駝一把棗椰，及時從這些綠洲，轉送到米斯奇、摩德拉（Modra）和其他大型谷地。過了這名婦女的營地之後，我們經過其他的石造圓形營地，有些十分寬廣，利用巨大的石塊排列在一塊平坦的空地上；我的同伴宣稱那是古代的巨人所建造的，因為今天還有誰能搬得動這樣的石塊？

我們到達山頂紮營。北方是教人動容的視野，可看到一層又一層的山脈，一直向上推升到那些在斜影投照的山谷之上，參差不齊的山峰。向西北方看，黃色紋理的米斯奇峰在我們下方遠處，那裡有更多的山脈，而向東則是一片無垠無涯的黃沙。向南，庫西山的側翼阻斷了我們的視野。接近傍晚，空氣變得十分冰寒，那些山脈挺立在夕陽裡，在消散的大塊雲朵下，那些山脈呈暗紫色而格外鮮明。

第二天經過多次的失敗，因為庫里對路線的認識經過證實，的確模糊曖昧，我們發現進入偉大的庫西山火山口的一條路徑。這個火山口長八哩，直徑五哩，在我們看來，它就像是個廣大的平原，四周被山脈包圍。它的北面變成兩層連接到火山口底部，那裡岩石滿布，稀疏地覆著一些像石南木的植物，用來當駱駝飼料是派不上用場，卻是很好的燃料。當我們在一座小山丘下方過夜紮營，緊鄰著火山口南緣郭荷山（Kohor）的一個巨大風口，氣溫再次變得十分嚴寒。

隔天早上，我們下山進入郭荷山火山口，那是個大洞，或許寬約一哩，深度一千呎。幾乎每一側都十分斜峭，唯獨北面例外，那裡的下方是險峻的碎石坡。底部覆蓋一層鈉鹽和火山灰的沉積物。伊得里斯和我接著爬上那個火山口的南側山壁，藉此而到達提貝斯提山脈的最高峰。那是個艱鉅的任務，當我在他身後向上攀爬，我的腦子裡一直響起一種很離譜的叮噹聲。即使已是滿月，天氣還是十分寒冷，不幸的是即使是一陣強風，還是煙霧瀰漫，不過除了煙霧瀰漫，景致倒是十分可觀。靠近山巔之處，我們看見一頭巴巴利綿羊，而在岩石凸出部下方，我們發現綿羊走的小徑和其他綿羊的排泄物。泰達人用套索和絆腳木頭的陷阱來捕捉牠們，對牠們來說，這種陷阱獵捕相對於使用鐵器的社會，就像查哈瓦人的陷阱一樣，根本就沒有用。

堅毅的泰達人

回到營地，我們為駱駝上貨，經由一條庫里在前一天精疲力竭才找到的捷徑，我們爬出這個火山口。第二天早上，我們走回泰達人的營地，拿我們的駱駝和那婦人的駱駝交換。庫里比平常更盡力說服她陪我們前往米斯奇。她穿著藍袍子在我們前頭邁開大步，那是讓人印象深刻的身形，一手拿著亮亮的刀，另一手拿著一支羚羊角。在穿過另一個峽谷之後，我們終於走下山，進入山谷，和其他人會合。

當我們離開時，艾里巴克希特已經拿他在法雅有人拿給他的硼酸，用強烈的療法治療一隻酸痛的眼睛，此時，他的一隻眼睛幾乎盲目且劇痛，因此，我讓他跟著伊布拉辛回法雅。我們辦了一場歡送宴。肉類對這些人來說是奢侈的，杜卡斯種羚羊數量很多，我射殺了幾頭。有個遭遇不幸的男孩幫我們打理食物，但他被阻止吃肉，要等到他那不守時的繼父到達；一位繼父和繼子應該一起用餐，以免與部落的習俗相悖。

伊布拉辛曾找到另外兩名泰達人，他們帶著六頭駱駝，正準備帶著我們前往位於巴代的法國人城堡。這兩個人屬於提卡族人（Tikah），其中一位是個男孩，名叫達弟（Dadi），我們從他頭髮的大髮髻可以分辨出來他是提卡酋長的侄子。他出生在庫富拉（Kufrah），被塞努西人帶大，因此他能說流利的費占尼阿拉伯語。那六頭駱駝是極優良的牲畜，狀況極佳。因為米斯奇以牧草出名，尤其是有一種叫做西瓦克（siwak）的含鹽分灌木。只要吃這種灌木吃得夠飽，駱駝就不必再喝水。

三天之後，我帶著伊得里斯、卡提爾和兩位泰達人，抵達摩德拉河谷，在山邊的一個村落裡紮營，提洛柯峰（Tieroko）是提貝斯提山脈群峰之中最壯觀的，它在斷崖上方朦朧地浮現，這斷崖把山谷局限在我們腳下。那裡有一條小而流速快的溪流，被牛尾草所包圍，流經棕櫚樹和莊園。村長出去了，他的兩個兒子為我們拿食物來，他們是兩個矮小但俊美的男孩，食物有甜點、不摻雜砂石的椰棗、撒上玉米片的凝固奶酪。那天是滿月；月亮照在提洛柯峰和光影明滅不定而有霧的山谷，奔流溪水聲如音樂般傳到我們耳裡。清晨，我們爬上通道，穿過一處獨立而多石的高原，那裡的風勢十分猛烈，接著貼著塔索敦行進，我們下山來到位於艾丁比（Edimpi）綠洲的左莫里（Zoumorie）。

泰達人在左莫里和巴達吉的谷地及在奧佐（Auozou）大量種植椰棗，椰棗是他們日常生活所依賴的食物，但由於這些種植效果不彰，所以他們必須從波庫、泰瑟（Taisser）和艾爾加敦（Al-

Gatrun）進口更多的椰棗。這些泰達人在他們的莊園裡種植小麥、大麥、玉米、黑麥和粟稷，另外還種了一些番茄、甜瓜和胡椒。這些莊園很小而且數量比舊有的更少。過去，他們曾被視為奴隸，許多人得到解放，所以泰達人不想降低格調到土地上工作，擁有一座莊園是一種財富的象徵，但在莊園裡工作則是證明他們出身卑微。泰達人自稱要同時牲口與莊園，他們的人口太少。他們寧願過比較艱苦但更傳統的游牧者的生活。所有的人都擁有少許的山羊，富有的人擁有數百頭羊。擁有一隻駱駝是一種尊榮；擁有五十隻駱駝則是極其富裕。

第二天，我們抵達巴代，那是個方形泥造的土耳其式城堡，經過法國人重建，由一位中尉和兩名士官，指揮四十名提萊略爾族人駐守在那裡。就像我在這趟旅行見過的所有法國人，他們十分熱忱和幫忙。那位中尉相信這個區域一年比一年乾燥。顯然自從一九一四年宣布缺雨，北邊緩坡的谷原本有良好的牧草和人口居住，如今已變得一片荒蕪而被遺棄。過去，泰達人依他們的喜好，是游牧民族、牧者和掠奪者；萬一受天候環境所迫，他們變成定居型態，還是會維持原來的生活方式。

我注意到泰達人膚色上有相當大的差異，許多人比費占尼阿拉伯人黑一點。他們通常個子矮小而體型輕盈，是他們的耐力驚人。在我們前往巴代的旅程中，因為趕時間，所以跋涉數小時之久，但是跟著我們的泰達人很少騎乘，只會跟在駱駝兩側用雙腳大步走。他們其中有個人曾走到庫富拉，來回走了一趟，他的腳底已經磨破了；然而當我們強迫他騎乘，他還是堅持走路而不騎他的駱駝。

在巴代時，我由卡提爾和伊得里斯陪同，拜訪狄達・希海・波加米（Dirda Shihai Bogar-Mi）。他是圖阿卡拉族（Tuaqarah），屬泰達的皇室階層，自土耳其人和塞努西人統治時代起，他們就已經是提貝斯提的名義統治者。雖然雙目失明，幾近耳聾，但腦子依然清醒，他的判斷受到重視。他只能很困難地勉強走走路，但是騎上他的駱駝，他能翻越山脈到奧佐和其他地方。他穿著一件細緻鑲金、滾紅邊的黑袍子，戴一頂白色的扁帽，帽緣有布覆蓋，依照傳統，遮住他的鼻子和嘴。他第二個兒子沙拉（Salah）也列席，為我們倒茶、拿點心。狄達．希海不多話，他的兒子卻凡事感興趣，很容易攀談。這種酋長統治依慣例是由三個家族輪流接管，但我有一點懷疑沙拉打算繼承他的父親。

卡提爾似乎疲累不堪，因此我把他留在巴代休養，我則於第二天和伊得里斯與達弟前往奧佐，我們穿過提倫諾的高山隘口，隔天進入納納美斯瑪峽谷（Nanamsena），那裡有三哩長的河道，蜿蜒在兩側尖峭的山崖之間，兩邊的山崖高度在四百到七百呎之間，但兩山崖間距有時候只有二十五呎，多半不超過九十呎。

第二天我們從一座黑色光禿禿的高原上，無預期地險降下山之後，抵達奧佐。奧佐完全出乎我們意料，它那如翠玉般的秀麗景致，和巴代的蠻荒之美呈對比。晨間，我們造訪一個名叫艾比（Erbi）的小村子，這個袖珍的谷地有清澈的泉水，從岩石縫隙湧出，有綠草如茵、棕櫚樹林和高大的刺槐樹林遮蔭的村落，對我來說，那是天堂的象徵，是那些沙漠墾荒者所期盼的天堂。三名小男孩為我們拿來一盤點心，他們爬上小山崖到我們所坐的地方；他們優雅而單純的禮儀，讓我們深深感動。

那位指揮位於奧佐碉堡的士官曾經於一九三二到一九三五年，在法屬索馬利蘭服役，還記得聽過我在丹納吉爾的旅行。酒是我從來就不想要的東西，在這些城堡卻不曾短缺過。那位士官不好意思地表達他的誠意。在我抵達的前一天，他曾經外出打獵，他告訴我他曾經使用一把輕型自動機槍射殺四頭羚羊，讓另外五隻以上受創。就像提貝斯提所有的法國人一樣，他並沒有花心思去學基本的阿拉伯語，有些泰達人能說一些，他們完全依靠翻譯員。法國人依賴他們那些能說法語的提萊略爾塞內加爾士兵，而不是依靠他們所統治的那些人民，除了透過酋長，顯然法國人和他們的接觸不多。我不經意地重覆聽到他們說到「les blanc et les noirs」，法語的意思是「那些白人和那些黑人」，那是一種膚色的區分，是我在蘇丹不曾聽過的。在奧佐的那位聒噪不休的士官是我在提貝斯提遇見的我唯一一位不喜歡的法國人，他向我保證當白人說話時，對黑人而言，就像是上帝在說話。我懷疑達弟會怎麼看待他。

在我回巴代的路上，我曾抄錄一些岩石雕刻。有一些是槌打出來的，其他的則是雕鑿而成，雕在一塊硬岩板上，刻痕深達半吋。最大的一件是一頭牛，有十一呎長；人物圖象也出現在其中。有許多是配戴三支羽毛的頭；另外也有少許的駱駝，兩隻大型旋角羚羊和一頭象。不像恩奈迪，我在提貝斯提只發現一組彩色的繪畫；那是有尾巴的人物圖，其中一人帶著一把雙頭彎曲的弓。這些作品全都經過技巧熟練的施工，但是大多數因為日曬雨淋而受到破壞。

我們在出發往杜恩（Doon）之前，在巴代吃了一頓中飯，那地方法國人稱杜恩為「碳酸鈉洞穴」（Le Trou au Natron），那是個火山口，主要的兩個山峰，杜希德峰（Tousside）與艾提峰（Ehi Ti），高度大約一萬零六百呎到九千九百四十呎之間。我們隔天下午經過一番陡峭的攀爬，到達塔索杜希德（Tarso Tousside），最後意外地發現我們就佇立在巨大的杜恩洞穴邊緣。那火山口圓周大約十八哩，深度達到一千五百呎。它的底層大多都覆蓋一層碳酸鈉，中央還有三個小小的火山岩錐體。這個火山口的岩壁十分陡峭；達弟說要到達底部再爬上來，得花一天的時間。

我們夜裡在一個峽谷紮營，以便避開強風。伊得里斯正為我們煮濃稠的阿西達玉米粥，突然他指著下上方的崖壁；我抬頭一看是一隻巴巴利綿羊映著天空的影子。我拿起我的步槍射擊，牠掉落在距離我們數碼的地方。是一頭老山羊。我幫忙達弟將牠剝皮切塊，他露齒而笑，說這是我們三餐意外的加菜，是上帝的恩賜，但是我認為這種肉很臭，吃起來很硬。

回程

我們回到巴代，發現卡提爾已經休養痊癒。九月二十二日，我們很難過地向中尉及他的兩名士官長揮別，前往索布倫（Soboroun）溫泉區，一路上經過壯麗的山景。溫泉位在一個小山谷的巨石之間，石頭呈現迷人的斑紋，有紫色、紅色、橙色、綠色、黃色和白色。許多噴出的熱水被一層層冒泡的泥所包圍，岩石之間有水蒸汽噴出的吵雜聲響；還有刺鼻的硫酸氣。那是個教人既驚且怕，而且是我們樂於離開的地方。

過了索布倫，我們旅行穿過我在提貝斯提所見最蠻荒的鄉野，再走到佛奇（Forchi）峽谷。這個峽谷大約二十二哩長，它的山壁間隔三十呎到九十呎之間，高度絕對不低於兩百呎，經常在五百到七百呎之間。陷落的地方並不是一層層岩層，而是一種潔淨而不可能攀爬的硬岩山壁。一條清澈的溪有點點的激流，流經檉柳林與刺槐樹之間，穿梭在大半個峽谷中間。我們接著穿過德希甘（Tehegam）和墨索兩地綠洲的圓頂棕櫚樹叢，到達左瓦爾，也就是法國人所說的提貝斯提「行政區」的總部所在地。此地沒有棕櫚樹或村落，只有那座城堡，控制著一座平原水井，四周被低矮的石丘所包圍。那是個孤寂的地方，因為我聽到的消息，使它的孤寂更嚴重，我在一九三八年九月二十日抵達，正是慕尼黑危機發生的期間。那位上校在我一到達時就告訴我，和德國交戰已經是勢所難免。那天晚上，我為英法協約和他及他的上尉舉杯共飲。

第二天，我在打道回蘇丹的路上，盡快趕路向南步行回法雅，起初我們的路線是貼著提貝斯提山腳的邊緣前進，沿途盡是荒蕪光禿。接著我們再度進入波庫區，這裡的荒野，即使是最好的駱駝，也無法快步疾行，為了讓我們的駱駝保留體力，即使牠們並沒有疲累的跡象，我們還是徒步走了好幾個小時，事實上，我發現走路，特別是在夜裡，才是唯一能保持清醒的方法。

我們在奧提克（Oudigue）深深的水塘裝滿我們的水袋，那裡的水經過無數的駱駝撒尿之後，已經變黃。幾乎苦得像奎寧丸。我們在提桂（Tigui）再次取水，接著是在貝多（Bedo），這是法雅北方黃沙覆蓋的荒野上兩個小小的綠洲。波庫著名的鹽正是來自貝多，人們在一個淺淺的盆地上讓水流失，然後蒸發，殘餘下來的鹽後來就累積成九吋高廣大的錐體。我們只在提桂做短暫的停留，那是個教人愉快的地方，被綠草和棕櫚樹所圍繞的一片片藍色水澤，讓我有個滿意的休息。從左瓦爾到法雅，花了七天的時間，平均一天走十三個半小時。

在法雅，奧蘭多上校已經從巡邏任務歸來，我從他那裡聽到歐洲的危機再度化解。奧蘭多在法國駱駝兵團裡名聲顯赫，對撒哈拉有相當廣博的知識，他曾經在茅利塔尼亞服役，在其他地方，他度過一段艱困但刺激的生活。經常和基地設於里約歐洛（Rio D'Oro）可怕的突襲部隊交戰。此時他的役期即將結束，他依他個人的意願被派駐到法雅；他告訴我他一直想去看看提貝斯提。四年後他遇害，我相信那是在一次空襲中喪生，是從提貝斯提出發，跟著列克勒克的部隊前進時，要和第八步兵師會合時發生的。

我在法雅停留兩天，我在那裡的時候，曾拜訪市集裡的費占族商人，他們大多數是來自庫富拉的難民，其中有個人問我：「為什麼英國人會允許猶太人移居巴勒斯坦，而把原本屬於穆斯林的土地送給他們？你可知道這件事有多麼傷我們的心？」我當時並不明白這種怨恨是如此普遍，但我可以毫無保留地表達同情之意。

旅行結束

我已經返回法達和蘇丹，但是那位少校堅持我回程中一定要去造訪位於歐尼安嘉克比爾（Ounianga Kebir）那座奇怪的湖泊。我假期快用完了，不過我把那些查哈瓦人遣送回法達，只帶著伊得里斯、卡提爾和一名嚮導，我盤算我應該能夠及時完成。艾里巴克希特的眼睛已經不痛了，雖然他的眼睛幾乎失明，但是他急著陪我去歐尼安嘉；不過我勸他帶著另一名查哈瓦人回法達，在那裡等我。

我很難過要和達弟分開，他總是無憂無慮和不屈不撓，在他的駱駝一側邁著大步走，不停地唱著歌，開心地唱著他的駱駝之歌。我從不曾聽到他發牢騷，雖然行進間漫長，卻因為他的相伴而讓時間過得很快。他頭髮比他當初在米斯奇加入我們行列時還長。他說他絕對不會剪頭髮，直到他擺平他的一位血海深仇的仇人之後。目前他的敵人是一位左瓦爾的軍事嚮導，但達弟向我保證有一天他一定會殺了他。那四頭新來的駱駝是向一位土生土長的人租來的，結果牠們笨拙且走路慢吞吞，四肢無力，所以牠們在岩地上步履蹣跚。這條路線上有水源，但是在火山岩區和沙地上，青草卻不太多。不過靠著那最長的一日，我們走了十七個小時，我們在四天內就抵達位於歐尼安嘉的碉堡，抵達時是十月十日的黎明。

那些湖位在一個深深的窪地上，我們第一眼看到的是姚阿湖（Yoa），是其中最大的一座，秀麗迷人。在晨光之中，那灘地是一片金黃，濃密的棕櫚樹林沿著水邊生長，投射出濃蔭。湖水呈現出一種地中海湛藍，而懸崖的岩石是一種玫瑰般的紅色。這座湖泊有兩哩長、四分之三哩寬；鄰近有一些比較小的湖泊，歐瑪湖、米吉湖和富隆冬湖。歐瑪湖與米吉湖的湖水呈深紅色，富隆冬湖則是碧綠色。這四個湖都充滿鹽分，雖然有溫泉的清水流注到姚阿湖和歐瑪湖。米吉湖的鹽分結成塊，凸出於水面之上，歐尼亞人（Ounia）會加以採集。費占族人關於偉大湖泊的傳奇故事，涵蓋了歐尼安嘉、郭洛和提克羅這些區域的湖泊。有證據顯示，目前的這些湖是過去的諸多湖泊所殘存下來的，因為我在姚阿湖後方的那座兩百呎的高原上，距離湖岸五哩的地方，曾發現一頭河馬的骨骼化石。

住在湖泊四周的歐尼亞人，是一支小小的部族。過去他們幾乎是完全定居下來，擁有棕櫚樹林和小小的莊園；當他們遭受到泰達人入侵，他們逃離，泅水進入這個湖區。最近他們取得駱駝，而現在他們已經不管棕櫚樹，放棄了莊園，靠運鹽來謀利營生。他們的語言已經被戈蘭語所取代，只剩下老人家還能說自己的語言。

我和指揮當地碉堡的法國軍官共度有趣的兩天，接著騎歐尼亞租來的駱駝前往法達。離開歐尼安嘉克比爾三十哩之後，我們經過歐尼亞薩齊爾（Ounia Saghir）的十二個小湖泊，只有一個湖含有鹽分；其他的湖泊半藏在厚厚的蘆葦草堆裡。奧蘭多上校曾告訴我，每一年有多達一萬頭的駱駝來到迪米（Dimi）的鹽場，因為急著想看到這些事物，我們捨棄由歐尼亞到法達的直接路線，繼續向東前往厄迪，和莫迪亞戈蘭族人的一支大型車隊會合。他們長長的駱駝隊伍十分壯觀，藉著月光，靜靜地走在柔軟而單邊斜峭的沙丘上。

我們在黎明紅紅的曙光中，抵達迪米的製鹽盆地，低矮的黑色丘陵從遠方望去是當地的地標，主宰這個貧瘠的人工坑洞，那裡有少許無法遮蔭的刺槐樹，圍繞著水井勉強存活。當我們抵達時，只有散落的一群群男人在那裡，挖掘鹽塊表層，但是接下來前往法達的四天中，我們曾碰到巴達雅人、柯布查哈瓦人和馬哈米德阿拉伯人的車隊，全都是要前往迪米。我們有一隻駱駝病了，即使負載不多，還是倒下來，所以儘管我們長時間行進，但進度十分有限。堆積的黃沙使得正午的休息不斷感到不舒服。在恩考拉山谷（Wadi Nkaula）我們經過一座恩考拉人的墓地，那裡因他們的祖先蓋達戈蘭人而著稱，一道粗略的城牆圍繞著一個破碎的草蓆搭蓋的掩避所，那是用來放供品的地方。接著，穿過恩奈迪西北邊緣，在經過提貝斯提嚴苛的山脈和向北的沙漠之後，那裡的溪谷似乎顯得特別翠綠，我們在十月十九日進入法達。

我的假期即將結束，因此我很難過必須放棄我原來回程穿越巴索的計畫，反而得取直線跟著那些在法達帶著我的駱駝等待我的查哈瓦人，一起回提尼。第二天我們離去，穿過一個狹窄而兩邊陡峭的峽谷阿爾契（Archey），通過峽谷內一連串的小水塘；我在那裡看到五隻鱷魚，最大的有五呎長，其他的都在兩到三呎之間。鄰近水塘有一個深邃的洞穴，裡頭有人類與動物的壁畫，但是我沒有時間去把它們臨摹下來。

我們此刻已經回到瓦拉族的領地，那是柯巴查哈瓦人的一支。伊得里斯的祖父哈米德曾經是他們的部落之王，直到艾里迪納（Ali Dinar）統治期間，殲滅柯巴族位於提尼的部隊，並且殺害他們年邁的蘇丹王。哈米德的一隻大腿受傷，由伊得里斯的父親陶德從戰場上背回來。伊得里斯的叔叔是這個村子的酋長，我們十月二十四日曾在那裡紮營，我們在日落黃昏時，看到一輪新月升起，代表齋戒月將開始。那天晚上，我們飽餐一頓，接著坐在駱駝之間，我聽著那些過往的戰鬥、成功襲擊，以及失去雙腳而傷殘的故事，一直聽到夜深時分。

就像許多年輕的查哈瓦人，伊得里斯對太平歲月感到煩悶，內心渴望那些狂野而無法律的日子，當納哈斯戰鼓敲打戰鬥節奏，年輕人能夠展現他們的男子氣概，贏得女性的芳心。他曾經告訴我：「我生命中唯一興奮的事便是和你一起騎馬獵殺獅子。」聽到他這麼說，老年人搖搖他們的頭，說這個年頭的年輕人受到 sakar al laban 的傳奇故事所毒害，他們喝了太多牛奶而頭腦不清。

我想，伊得里斯已經在這趟旅行中的困難中得到滿足，讓他能夠發揮他的耐力，應付可怕的泰達人；可以預料的，他能夠和他們相處得很好，而且過得十分相似。在這趟旅行中，我不再看到他憂鬱或發脾氣。在行進的艱難中，他反而保持歡笑開朗與不厭倦，帶著微笑迎接給他的任何要求與命令。我尤其記得有一回，徹夜旅行到快天明之後，當我已經解下鞍具，倒在沙地上，心裡只想到在我們必須再出發之前，能睡幾個小時。三小時後，伊得里斯把我喚醒。其他的人還在睡，但他已經收集柴火，在出發之前，煮好一頓餐點讓我們吃。他對他所見所聞的興趣一直是不變的，他也讓我分享他的興趣。這為我增添無限的歡樂，也對他產生一種志同道合的感覺。

我們於十月二十六日抵達提尼，我發現蓋．摩爾曾經到過那裡，但是他在兩天前就已離開，並留給我一封信，信裡他解釋他碰巧搭到車，來到此地，但不知我何時會抵達。

我的駱駝已經累壞了，我的麵粉、糖和茶葉也都已用盡，假期也只剩四天，我就該回到法瑟。但是伊得里斯弄來四頭新的駱駝，在難過地與卡提爾及四名查哈瓦人分別之後，他和我騎駱駝向南穿過我過去服務的行政區。我們在十一月一日抵達法瑟，我們在九十六小時中，有七十個小時是坐在鞍具上。

當我抵達時，英格生讓我寫下我旅行的報告。我最近在我的文件中，無意中發現那篇報告的一份複本裡頭夾了一封寫給他的信，內容如下：

致上尼羅河省省長

內政部長公室
喀土木
一九三八年十二月二十七日

我要求你通知塞西格先生，他在法屬赤道非洲領地徒步旅行的報告，最近已經準備好了，國王陛下也已經讀過這分報告，希望對塞西格先生在他的旅行裡所有意義和有價值的內容，給予嘉許。副本將呈送大使館和軍方單位，以及其他相關且感興趣的人手中。

T.R.H.歐文
於內政部

我的報告詳載各水井區之間的距離、地形上的差異、不同綠洲的生產力、部落的分布、他們彼此之間及與法國人之間的關係、法國人的管轄方式、他們部隊的配置地點與組成、還有我所造訪過的城堡的圖表。由於我們面對與義大利衝突的可能性，這些有關位於利比亞邊界一個可能的戰爭舞台、一個英國人一無所知的地區的細節，對官方來說，來得正是時候。

對我而言，在夏日嚴熱中的這趟旅程，對我後來待在阿拉伯的五年是個學習的機會。它讓我能適應當地最惡劣的狀況，每天飲食配給都處於飢渴狀態，我想我永遠也不可能找到其他地方可以相比。在提貝斯提的這趟旅程，我其實並沒有受飢渴之苦，不過我從來不曾騎乘旅行時間如此之長，而且是日復一日，周而復始。在阿拉伯，我們會設法不騎駱駝，因為我們的存活完全靠牠們，然而在提貝斯提，我總是時間緊迫，因此得在牠們精疲力竭時，才以其他駱駝換手。

回顧我對人們普遍接受的生命歡樂的態度，我可以說我從來就沒有被它們牽絆太多。我不太在乎吃的，只要夠吃就好，而我也不在乎酒。我十四歲的時候，有人拿一杯啤酒給我，我覺得真是難喝，之後我再也不碰啤酒。至於香菸，我一直不喜歡待在一間有人抽菸的屋子裡。性愛對我而言，關係不大，單身的生活讓我了無牽掛。結婚肯定是讓我難以動彈的障礙，因此，我找到了我的生命抉擇，而沒有半點失落之感。在沙漠中單純的生活，讓我充分得到滿足，在那裡，我了無牽絆累贅。一九三八年在撒哈拉的那三個月，讓我享受大多數歐洲人所無權享受的事物。有潔淨的水可以喝，有肉可以吃，在某個寒夜裡，有溫暖的營火，有個可以避雨的地方；尤其是可以累到體力不支而睡著。

一九三四年在丹納吉爾的鄉野，提供我對未知世界的一種挑戰、能周遊於各危險部落間的刺激，在那整趟旅程中，我曾經與我的隨從分開。相反地，提貝斯提則是一個被探索過的地方，而且經過有效的經營管理，在那裡的三個月期間，我曾依靠我的同伴們而活下來，我們旅程中的艱辛更緊密地拉近彼此的距離。這種親密關係是我得到的報償。然而，我就要回到努爾人身邊，我知道和他們在一起，我永遠也不可能獲得這樣的關係，總是覺得疏離。

英格生曾經告訴我，在回馬拉卡之前，先去喀土木提出報告。伊得里斯來找我，我曾經答應協助他從那裡出發，進行未來前往麥加朝聖的事宜。在他歸來之時，我希望他能辭職離開我，回去他的家庭。想到要與他分手，我便覺得孤寂，因為三年以來，他一直是我無法割捨的伙伴；我們曾經共同分享許多生命的經驗，最近旅行，我們一起面對獅子或大象時，我更確定了對他的信賴。但是我知道如果他永遠跟隨著我，與他的族親分離，將永遠和那些僕人一樣，維持僕人的地位，而我決定不讓這樣的事情發生。伊得里斯是一個部落中人，有部落人士的價值，而那價值正是我急欲要他保存的。

注釋：

①的黎波里塔尼亞（Tripolitania）：非洲北部一地區，位於突尼斯與昔蘭尼加之間。原爲利比亞一省，十六世紀至一九一一年受土耳其人統治，此後由義大利統治直到一九四三年，再歸英國統治，到一九五二年成爲利比亞一省。

【第21章】

重回沼澤地

在喀土木，我曾經與安古斯·紀蘭有另一次的會晤，向他解釋我對在南部服役的感覺。我告訴他我曾經期盼在努爾人之間工作能讓我得到滿足，但現在，特別是在提貝斯提過了幾個月之後，我知道情況絕非如此。我因而覺得，基於我個人的理由，也為了政府，與其待在這裡而心不在此，還不如辭職。

我先前在喀屯服役無薪給，但與查哈瓦人巡守邊界地的一切開銷得由我自付，這種情況已經變成是占我的便宜。此時，我質問我有什麼機會能回到北方去。紀蘭說：「我已經讀過你關於提貝斯提的報告，十分感興趣，我不希望你離開這份工作。麻煩的是，現在整個蘇丹只有三個行政區適合你；喀屯、卡巴比希和紅海丘陵地區的哈登多瓦。目前這三個行政區職缺已滿。如果戰爭在這裡發生，就會有適合你的職務；在承平時代，比較難有適合你的工作。回去西努爾省，我來看看我有什麼辦法。」

回顧這次的會晤，我很驚訝他並沒有立即接受我的辭職。我的阿拉伯語和法律考試沒過關；在前一次的見面中，為避免被派駐到瓦德米達尼，已經從永久服役中辭職，曾要求他在合約中重新聘雇我，到一個蠻荒而偏遠的行政區去。他已經派我到西努爾省，這樣的安排他必定認為我一定能滿意。而此時我再度為難他，要求另一次的調職。他是蘇丹政治局的頭頭，是個相當忙碌的人；我是個對僅僅三年任期感到厭倦的年輕人。然而他卻以耐心和憐憫來傾聽。我確定這種事只會在蘇丹政治局裡發生，而不像殖民部或印度民政局，這是個小而親切的個體，總共也只有一百三十人而已。

無趣的西努爾

一九三八年十一月二十三日，我回到馬拉卡。溫德本還在休假。我隨身帶著一位名叫薩里（Salih）的富爾人；他在喀屯曾經擔任我的馬夫的助手，我在法瑟再度再次遇見他，他正在找工作。我覺得有他和我的桑德族廚子，就已經足夠。

在我搭平底駁船回西努爾行政區之前，曾經和省長柯里頓有過一次長談，向他坦承我曾經向內政部長要求調職。我太欣賞柯里頓而不會因為對他失望而感到難過。我知道他有信心，我將會很喜歡在這個偏遠的行政區、在溫德本手底下做事，而且他也期待我能學會努爾人的語言，並能安心地在他們那裡多待幾年。我告訴他去年我確實過得很開心，有十分獨特的經驗；不過希望他能明瞭那只是短暫的，我應該不會有正當理由繼續下來。如果柯里頓要我立刻辭職，我想我也可以理解。他感謝我的坦白，並要求我不要急著辭職，並且說他會代表我寫一封信給紀蘭。

我離開馬拉卡時，柯里頓派了一名剛被任職的年輕獸醫，陪著我去這個省區四處巡視。他在這個月裡，在這艘平底船上所看到的，都只是無盡的沼澤和洪水氾濫的土地。這一年雨下得特別大，原本河水應該消退，卻不斷上漲長達兩個月。我寫給我母親的信裡提到：

這艘船繫在一個廣大的濕地上。唯一乾燥的地面是遠處的一些小島，那裡有一些努爾人的村落，小島和小船之間，除了高度到人的手臂的水草，別無他物，那是最典型的景觀。他們在這裡發生過許多次打鬥；他們到底爲什麼不打了，那是因爲他們今天早上才打過，等他們聽到我們的警笛，打鬥才停止。不過現在我已經到達，我一定得阻止這件事。他們心裡想的是我的假期已經結束。我一定要想辦法控制住那些酋長，我只能在一艘獨木舟上發號施令，那並不容易，而且一定也得把那些傷者弄到船上來。

我在十二月底回到馬拉卡。溫德本也已經銷假歸營。我很高興能擺脫那位獸醫。我發現他與我意氣並不相投，他出現在甲板上，讓我更發覺到和溫德本同船是一件多麼幸福的事。

此刻，日復一日，我們被局限在這艘平底駁船上。除了讀書、睡覺和吃飯，無所事事，我們所到之處，除了沼澤地和洪水氾濫，沒有什麼值得一看。水漲得如此之高，也不值得下竿垂釣，唯一有趣的事是看到偶爾出現的靴喙鸛。我感覺到極度了無生趣。

我們在各個泊岸木棧碼頭挑選挑夫，當他們看到有船來，他們會涉水穿越荒野來到碼頭，他們會再度心滿意足地坐上駁船。這種格外高漲的洪水淹沒了許多村莊四周的小米田和玉米田。成群的毛胸蝗蟲則會吃掉所有殘餘的莊稼。在這些災難之外，還爆發牛瘟疫情，高漲的河水使得這些努爾人無法叉魚。這一年他們的食物將嚴重短缺，而我們能提供的協助實在少得可憐，即使我能夠射殺動物做為他們的食物。

有一天，我們發現一隻已經死掉的河馬漂浮在河上。牠被矛叉死，雖然已腫脹，但牠其實不過死了一、兩天而已。在沼澤地四周，我們找不到地方可以著陸來將牠切割，因此那些飢餓的努爾人懇求我們把牠弄到甲板上。最後靠著繩索、滑輪和他們用盡氣力的幫忙，我們辦到了。他們在甲板上一灘血水與骨頭中，把牠加以切割，然後把大塊的肉放駁船上燒烤，這讓他們可以好幾天有肉吃。

天候一許可，溫德本和我各走各的路。這個鄉野即使在水中，依然十分寬廣，我一天有時候必須穿越四五十個河道。大多數河道都能橫渡，但是有些我卻得泅水渡過。挑夫帶著當地生長的輕質軟木安巴赫，利用這些切割的木材，他們可以編織一種小船，在水深的河道上，可以用來載運貨物。稍後在這個季節裡，我必須調整我的行進，以便能在近水處紮營，現在的問題是到哪裡找到乾燥的土地。雖然水草長得很高大，狩獵不易，但是大多數時候，我還是設法為我的努爾人找尋一些肉品，有時候我會射殺一頭河馬給他們吃。

有一天早上，在我們紮營的一個村子，我看到一名十七歲大的努爾族男孩成年禮的儀式。禮典在天剛亮就舉行，當時的天氣冷而且陰暗。一大群人包體括婦女和小孩，團團圍住觀看。那個男孩一絲不掛，連一條珠串也沒有戴，身體躺下，雙手交叉於胸前，他的頭靠在一塊草墊上，上頭挖了一個洞，用來接血。

一名年長者在蹲在他身邊，用一把像袖珍矛的小刀，在他額頭中央劃開左右六道平行線，一直割到他的耳朵後面，先割一邊，接著再割另一邊。當他在切割時，我可以聽到切割到骨頭咯吱咯吱的聲音。他接著拿刀子再在每一道割痕上逐一劃線，以確定是否割得夠深。傷口的血大量流出，那個男子一點也沒有抽搐或發出半點聲音，即使到了最後，他也只是嘴角抽動一下，如果表現出痛苦的樣子，那將是一種永難抹滅的恥辱。稍後，他的家人拿牛糞和煙灰塗在割痕上，造成灼傷，以確定產生疤痕，這可以辨識出他是一名戰士，是一種顯著的標記。所有的男孩並不會設法拖延酷刑，當他們這種自認年紀夠大，能進行成年禮時，便央求他們的父親同意進行這種儀式。我後來留意到我所看到的男性努爾人頭顱上，每一道割痕都深及骨頭。

有一天早上，那艘平底船停泊在艾爾賈巴河的一塊登岸木棧上，我正準備上岸去打獵，當時一艘輪槳汽船正靠在一旁。那艘船載著來自喀土木的蘇丹副樞機主教，打算到祖巴進行主教教區之旅。溫德本外出旅行，因此由我來迎接這位素未謀面的主教登船，我們坐在沙龍裡喝咖啡。像我這樣的年輕人在一個偏遠的疆土上過著孤寂的生活，他對我所做的奉獻表示羨慕之意。他為我舉行懇談儀式，以加強我的信心，對抗我可能遭受的誘惑。

這倒是讓我感羞愧。當我在伊頓公學時，我曾經逃避那些一再重覆的教義，我不願意認定一些我無法相信的事情。自此之後，在沙漠的星空下，我發現我不可能讓自己融入一種個人對上帝的信仰中，我所能求助的上帝是，不管祂是用什麼樣抽象的力量在主宰這個宇宙，讓萬物規律化，從遙遠銀河的星辰運行，以致讓這個星球上的植物完成授粉。我曾經在基督教的傳統中成長，雖然我無法相信基督的神性，但我接受基督的道德觀，從這一觀點沿伸，我自認為是個基督教徒。而我開始加入懇談會的那幾年，它對我來說，並沒有任何顯著的意義。此時我接受主教所提供的懇談儀式，是不願意讓這位虔誠而且善意的人失望。他在一間努爾人的木屋裡進行這個儀式，那是這條河河岸唯一的建築物。他接著前往祖巴，而我去打獵，殺了一頭獅子。

一九三九年二月，我造訪南哥多芳省努巴山脈的托洛迪（Tolodi），並聯絡上駐在那裡的雷吉．丁瓦爾。這些山丘，一組一組突兀地佇立在平原之上。它們之間有大量的鵝卵石和許多的洞穴，好戰的努巴人配備他們在馬赫迪統治期間所俘獲的雷明頓步槍，成功地抗拒周邊的阿拉伯部落，還有有數支巡邏隊的英國人。大多數努巴人仍維持赤裸和無神論的習俗，但每一個獨立的族群各有他們的獨特性。

在前往托洛迪的路上，我在艾里利丘陵（al-Liri Jabals）停下來，這裡的努巴人是伊斯蘭教徒，穿著阿拉伯服裝。當我抵達時，他們正在為慶祝忠孝節而舉行宴會與歌舞。夜裡，他們的酋長領著我去觀賞充滿活力而無拘無束的舞蹈，配合那不曾間斷的鼓聲節奏。那裡也經常出現步槍開火的聲音；男人們讓與他們共舞的女孩跳過他們的頭上。這些年輕男孩的頭髮綁成辮子，捲起掛在背後，上頭綴著一塊銀色牌子。這種教人驚訝的髮型上，還插著隨著頭晃動的駝鳥羽毛，更凸顯他們年輕的容貌。

我和丁瓦爾共度兩天，和他一起去迷人的鄉野中一個努爾族人偏遠的村落。最近下過雨之後，那裡翠綠得讓人愉快，在散布卵石的丘陵地上，有樹木和開著花朵的灌木叢。我們在村落邊紮營，平原在我們腳下伸展，一群村民集合起來，前來和丁瓦爾商量事情。他們是一支歡樂而長相美好的族群，讓我感到驚訝。他們的體型雄偉更勝於努爾人，因此他們變成一支摔角運動見長的部族。當他們在走動時，他們赤裸的身體因為肌肉而起伏波動。當我漫步在他們的村莊裡，我感受到努巴人是那種不需要依靠外來物質的民族，除了糖與茶，他們滿足於山居生活，就像他們的父執輩一樣。我感到難過，在實行一種經濟與農業發展政策中，他們被迫去種植棉花做為營利的農作物。我曾經在托洛迪確信那是他們大利益所在。或許確是如此，但我發現看到軋棉花工廠和一排等候裝置棉綑貨車的景象時感到十分沮喪。哥多芳省長道格拉斯・紐伯德必定同意這項政策。我還記得兩年前在和卡巴比希人會面時，他堅持蘇丹政府無法永遠保留人類的「狩獵區」。

重回喀屯

我回到馬拉卡時，我聽說在我下次休假之後，我將被派駐到喀屯。我碰巧看到一封信，那是從紀蘭手中接下內政部長的道格拉斯・紐伯德，寫給蓋・摩爾的信。那是收錄在一九五三年出版的紐伯德信札選集《現代化蘇丹的創建》（*The Making of Modern Sudan*），記載了以下的內容：

> 你將會聽說我們正派遣威福瑞・塞西格回到你那裡。他已經寄出他的文章給《泰晤士報》，但

我懷疑他們是否會出版，因爲文章有一點冗長，而且不是「新聞」，我喜歡那些文章，妒嫉他在體能上的韌性。喀土木遲緩的步調使我的體能也變得遲緩，你對威福瑞・塞西格的描述都很正確。他已明白他並不適任。但那是在一個政府體系中的不適任，是因爲傳統的德行過度膨脹所致，並非因爲他有任何的素行不良，他是個勇敢、拙樸但迷人的人物。

我很高興回到喀屯，對紀蘭和紐伯德無限感激。我有一種如釋重負之感。我很不想辭去一個有這些人在一起共事的工作。此時，確定我的未來，我可以期待未來四個月和努爾人共處，而且是在此地一年中最宜人的季節中度過。

洪水最後終於消退，這個鄉野已經乾了，很快地野草會被焚燒，接著小徑兩側的視野就不會再受限於數碼以內，我反而可以看到這個數哩之外的景物。努爾人很高興能逃離他們那侷迫的村子，聚在他們放牧的營地上。對我來說，有許多事可以做，像是討論定居之事、有新聞可以聽取、有病患可以治療。我將可以和他們一起去打獵，圍著他們最愛的牛隻載歌載舞。和他們共處就是如此有趣，而我出現在這個區域也阻止了他們彼此更進一步打鬥的那種喧鬧。

我觀賞過一場舞蹈，那是為數五、六百人聚集的場合，為參加一位「穿豹皮的酋長」的婚禮，那是一位身材中等的老者，他的肩膀上披著這種代表他的階級至高無上的服裝。我曾經看過許多努爾人的舞蹈，通常都是在他們村子和營地裡的小型場合中，但沒有一次像這樣盛大。許多的戰士頭髮上插著羽毛，有些人為這個場合身上塗上紅白的顏料。當我在觀賞時，我發現我自己被那盛大的歌唱與舞蹈不斷上升的節奏所迷醉。突然有兩名年輕人跳了出來，揮舞著他們的矛，假裝戰鬥，彼此相互挑戰。其他人則加入他們，很快地就有一打以上的人在跳躍和閃躲，隨時可能致命的戳刺對方，而其他人則未受干擾地繼續圍著他們跳舞。我刻意觀察，發現不可思議的是沒有一個人被殺死或受到傷害。我很清楚有時候血海深仇往往是出自於這種假意的打鬥中，然而我不可能干預。

二月中，溫德本曾經派我走哥多芳省邊界，去找胡馬人（Humr），他們是來自哥多芳省的一支巴加拉阿拉伯人的部落，他們的酋長同意阻止他們在我們的區域裡獵捕長頸鹿，我要探詢他們是否還是依約照辦，他們已經滅絕了他們區域裡的長頸鹿，然後一直向南獵捕到我們的區域來。不過我到達那裡時，胡馬人還沒有從他們雨季中的草地上向南遷移。然而兩個月後，我返回時，我發現一如我所預料的，有一大群狩獵的人在越過邊界數哩的地方紮營。我一路上已經碰見許多剛被殺死的長頸鹿屍骸，分布的距離相當於這個營地向南走一天。

在我的努爾人陪同下，我在黎明時分驚擾了這個營地，有許多阿拉伯人正準備上馬去打獵，我發現大量的乾肉和長頸鹿皮做成的繩索，我將它們全部沒收充公。這些胡馬人顯然來這裡有段時間了，因為他們已經用牛馱運送走一大批的乾肉，這是一般加拉人運輸的方式。我命令他們回哥多芳省，並且警告他們未來如果再有任何人被我發現在我們的行政區內，我將逮捕他們。

這些胡馬人，和我過去經常一起騎馬獵殺獅子的班尼胡笙人相似，麻煩的是他們全都太厲害了，除非阻止他們，不然他們會把他們所能打到的長頸鹿全部一掃而空。他們當中有兩、三個人會騎到長頸鹿身上，一直到牠們靜止不動，通常都是在穿越殘破的森林地帶經過一陣狂奔之後。他們接著會爬下來，利用他們那種有鏟形刀頭、稱為「血勒加斯」（shelegais）的寬刃長柄巴加拉族長矛，將牠們刺死。這是一種極危險的過程，因為被一頭長頸鹿踢到，足以喪命或殘廢。他們告訴我有時他們也會用這種方式殺大象。孩提時代，我曾經讀過山謬・貝克描述東蘇丹的胡馬阿拉伯人（Humran Arab）騎馬獵殺大象的作品。

我在蘇丹的那幾年，官方對保護野生動物興趣不高，不像肯亞和坦干尼亞，蘇丹很少有歐洲或美國的大型獵物獵人來訪。在東非，狩獵帶來大筆的財富，而且受到複雜的法規所管制；職業的白種獵人事前得向他們的人員註冊狩獵團體，接著籌畫和進行狩獵，當他們在打獵時，還得保護他們的獵人。我很痛恨這件事。在蘇丹，你只要買到一張執照，你可以在任何你選定的地方打獵。

四月間，溫德本和我聽說有些努巴人帶著步槍進到我們這一區非法狩獵，就在艾爾阿拉伯河北邊。他們顯然已經在那裡紮營一段時間，並且殺了許多動物。我們決定逮捕他們，並前去那裡執行。當我們和我們的挑夫散開來包圍這個營地，有個婦女發出警訊，我們看到許多努巴人逃往叢林裡。溫德本和我騎在馬背追逐他們。靠著努爾人的幫忙，最後將他們全部逮捕。有個年輕人在被趕上並被逮捕回來，和其他人會合時，他還咧著嘴笑，他曾經讓溫德本追了好一段路。所有的十七個人都是來自艾里利，他們帶著一些女眷。在營區裡有許多的乾肉，是我們給我們的努爾族人的，還有七把雷明頓古典步槍被溫德本沒收。他把那些婦女遣送回她們的河道丘陵地，從我們逮捕的那些人當中挑一個人負責護送，把其他人編入我們的挑夫行列，算是一種象徵性的懲罰，因為要他們背的東西很少而且給的伙食很好。他們是歡樂的一群，是比努爾人更有技巧的獵人；他們說阿拉伯語，我很高興有他們同行。六週之後，當我們到了馬拉卡，他們志願留下來跟著我們，但溫德本把步槍還給他們，並且遣送他們回家。

在努巴人之間

一九三九年七月初，我休假回英格蘭，如我所想，我在上尼羅河省轉車。我很難過得和溫德本分開，我和他總是相處得很愉快，而且也難過要和馬洛及我那班挑夫分手，但我遣散他們，每人給他們兩頭母牛和一頭公牛，這讓他們心滿意足。我和西努爾人共度的兩年，是我生命中難忘的篇章。他們給我關於早期探險家和獵人時代的非洲的一些概念，那是我童年就已熟讀過且渴望不已的非洲。

我曾經計畫把我的假期後半段用來和我母親一起到伊拉克和波斯旅行。但是與德國交戰的日子一天天逼近。我在麥爾布魯克的時候，收到一封電報命令我回蘇丹，並且指定我立刻向位於克萊德河①的女王陛下蒙特康號（HMS Montcalm）報到。九月三日，在聽過張伯倫②對德國宣戰的缺乏創意的聲明。我們乘一艘由三艘戰鬥艦和幾艘驅逐艦護航的護航，經過一段不平靜的旅程後，讓我們遠遠進入大西洋在亞歷山卓港泊岸。我們曾經遭到魚雷攻擊，在蘇丹政治局晉級一定很壯觀，因為有半數以上的軍官，包括多位省級首長，當時都在船上。

由於戰爭，各省的轉職全都已經中止，因此我沒有去喀屯，而被調到馬拉卡。阿姆斯壯（C.L. Armstrong）接替柯里頓擔任省長，到這樣的一個省並不是一件教他開心的任命。他曾在一次世界大戰期間在不同單位服役，曾贏得皇家陸軍優異服務勳章和MC勳章，戰爭結束時任職旅長。在蘇丹，眾所周知他叫做「乏味的」阿姆斯壯，是個十分貼切的外號。由於他偏好凡事干預，對於不相關的繁文褥節有一種永不滿足的欲望；他要求溫德本提出他未來超過六個月每一天的行動計畫。

我在一九三九年十月二日抵達馬拉卡時，溫德本則和他的西努爾人在一起，但羅米利在馬拉卡，便帶著我到他位於納席爾的指揮部。多年以前，這個邊界地區經常遭到來自阿比西尼亞、裝備齊全的土匪侵襲，這些事在努爾人的腦子裡，可是記憶猶新。羅米利和我花了四天的時間搭乘空心的獨木舟緊沿著邊界地區旅行，沿途盡是長著高大樹木的森林地帶，這和馬卡拉與納席爾之間浸水的草原不同，是一種教人愉快的轉變。

十月十九日，我返回馬拉卡，並與溫德本會和。阿姆斯壯命令他用平底駁船載著倉儲物資到甘貝拉（Gambeila），那是位於義大利占領下的阿比西尼亞境內巴洛河（Baro）的一個貿易站，是曼尼里克皇帝曾經給蘇丹政府的特許。我們倆都很期待這項前往巴洛河的七十哩旅程，但是如果義大利政府宣布進入戰爭狀態，而我們人在阿比西尼亞境內，我們懷疑自己將會發生什麼事。

巴洛河沿岸有接續不斷築了柵欄的安努瓦克族人的村落和大量的開墾地，非常值得一看。成群的安努瓦克族，大半都是赤身裸體，看著汽船開過。他們給我的印象是一支不可侵犯的部族，善於打理自己，在過去的歷史中，他們已經明白地證明這一點。就在從索巴特河一進入這條河處，我們可以看到遠處阿比西尼亞的高原，它們讓我凝視注目；我希望最後能在那裡和義大利交戰。

在我回馬拉卡的路上，我收到一封來自內政部辦公室的信函，提供我在喀土木一項為期六週的課程，將可以成為蘇丹防衛軍三十名新任作戰官中的一員。我認為前途有望而接受這項課程，英國與德國交戰，義大利人短期內也會加入，我假設我一回到蘇丹，將被派到阿比西尼亞；但幾個禮拜過去，讓我感到挫折，因為義大利一直保持中立。

我前往喀土木參加那項課程。課程是配屬在赤夏兵團（Cheshire Regiment），我們當中有十二人是來自那個兵團，有一個人是來自葛奇拉計畫（Gezira Scheme），其他和我同年紀的人則是來自蘇丹政治局，他們之中有兩個人是最教我感到愉快的伙伴，保羅．丹尼爾（Paul Daniel）和肯尼特

（J.E. Kennett）。那是一個運作良好而且基本上十分務實的課程，我很喜歡，也受益良多。此時我的目標是蘇丹防衛軍，我將回馬拉卡的省府擔任臨時雇員，直到我被分派到陸軍。紐伯德同意我取道努巴人的山脈回去，讓我有機會能夠看到更多的有關這個傑出部族事情，我花了四天時間在西方丘陵區旅行。我對努巴人在外貌、方言和風俗習慣的差異性極大而感到驚訝，有些人個子矮小而且健壯結實，其他人則長得高大而且身材勻稱，有些時候男女都是裸體，其他地方的男性裸體，女性則有穿衣，或者剛好相反。有時候相鄰的努巴人社區經常說難懂的共同語言，但是卻建造不同型式的住宅。在大部分村落裡都有相當數量的豬隻，那種長像醜陋而烏黑的動物，在經常骯髒的環境裡因為是腐食動物，相當有用處。

有一天，我前去觀察某個死了數個月的努巴人的喪禮。中午，我抵達村子，那是位在卵石散布的丘陵上，一個天然的圓形競技場上的村子。這些村民曾經宰殺十二隻公牛，肉到處堆放，還有一壺壺的啤酒；人們睡在樹下。最後有一些年輕人開始拿沉重的樹枝彼此丟擲，同時拿象皮做成的盾牌來防身。我看了他們好一會兒，接著進入摔角選手正在準備的小木屋。那裡只有三名選手，他們用煙灰撲身體，直到全身變白，他們的眼睛和嘴唇是他們臉上戴的怪異面具僅有的黑色的東西。他們全身赤裸，除了三排小銅鈴上方，腰際纏繞著彩布或一串羽毛做成的飾帶，那是在摔角擊倒時，身上穿戴教人感到可怕的東西。

偶爾外頭戰鼓聲響起或有個人吹響一支號角，逐漸增強的轟鳴聲，有如一頭忿怒的獅子。在樹下，人們依然沉睡，而我看不到半點活動的跡象。看起來似乎這場狩獵將會是大失敗。一個多小時之後，我聽到遠處傳來一陣噪音。我走出帳外，看到一群為數百人的男女到達，婦女們的頭上頂著更多壺的啤酒。在這群喧嘩的人群之中，有六名摔角選手昂首闊步前進。他們後面跟著其他組的摔角選手，每一組人到達時，會繞著這個競技場，用力頓足以揚起塵土，直到最後一百五十名選手和其他一千多人集合完畢。大約半小時後，最後一組人抵達，號角嘟嘟地響起，群鼓齊鳴，群眾開始跺腳和舞蹈。

最後摔角開始。競賽者個個體格魁梧，身上塗著灰而格外顯眼。每個個別的群組都有不同的裝飾。他們大搖大擺地走向他們的對手，向他們挑戰，彎膝並且用肩膀向前頂。每一組人接著佯攻並相互出拳，他們試著抓住對方。要達到一次成功的擊倒，通常得把對手雙腿舉起，接著拋開使他失去平衡。這種競賽都有裁判監看，如果有人犯規，他會立刻將摔角選手分開。在同一時間內，會有一場或多場比賽同時進行。每一場比賽裡，摔角選手的支持者會把場地包圍起來，他們會叫囂打氣，出現擊倒時，他們會蜂擁而上。日落前半小時，摔角結束。接著一頭公牛被趕進場來，努巴人群起而上，把牠大解八塊。就在幾分鐘內，每一塊殘餘的肉屑、內臟、骨頭和皮，全都從沾血的土地上消失。那情景看似殘忍，卻是令人難忘的非洲奇觀最恰當的結論。

六星期之後，我奉命前往喀土木，這次是派到艾塞克斯兵團，取代赤夏兵團。這份工作持續到一九四〇年四月，也就是我獲得總督任命，在蘇丹防衛部隊擔任上校「賓巴希」（Bimbashi）。二次世界大戰之前，在蘇丹防衛軍中，賓巴希是英國最低階軍官，相當於上尉，居於副手地位。這個階級是從土耳其衍生而來的頭銜，在基欽納征服蘇丹時，盛行於埃及陸軍的官銜；當蘇丹防衛軍在一九二四年由埃及陸軍中的蘇丹人營隊組成時，諸如此類的官階都被保留下來。雖然我有埃及的皇冠辰星軍徽，但是我的總督授予我的賓巴希徽章，並沒有讓我等同於英國陸軍的階級，地位甚至不如一名少尉。

注釋：

①克萊德（Clyde）：蘇格蘭南部河流，注入大西洋。

②張伯倫（Chamberlain）：Arthur Neville Chamberlain，一八六九～一九四〇，英國政治家，保守黨政府首相（一九三七～一九四〇）。一九三一年組閣起了主要作用。擔任首相期間鼓吹對義大利和德國實行「綏靖政策」，從慕尼黑返回英國時侈談已經實現了「當代的和平」（一九三八）。初期的軍事失利和他的戰時領導備受批評，導致他於一九四〇年辭去首相職務，改任樞密院院長。

【第五篇】

戰爭的年代：
1940～1944

【第22章】

蘇丹防衛軍

一九四〇年五月初，我派駐到蘇丹防衛軍的東阿拉伯兵團，兵團總部位在吉達瑞夫（Gedaref），我在那裡被派遣到位於加拉巴特邊界的漢克斯連隊。阿比西尼亞的約翰皇帝在五十年前曾與德佛士族人苦戰，就是在那裡過世的。從我們小小的蘇丹城堡望去，穿過做為邊界的乾河床，可以俯視鄰近的義大利人在美提瑪（Metemma）的據點。美提瑪地域甚廣，被重重的鐵絲網所包圍，由一營的厄立特里亞土著部隊所駐守。

我捎了口信給伊得里斯，因此他已和我在加拉巴特會合。他曾經去朝聖。那是個美妙的經驗，體會到成千上萬的人接受神靈感召，包括非洲人、阿拉伯人、印度人、馬來人、蒙古人，甚至是中國人，他們全都穿著一樣的朝聖服裝，全聚集在麥加，在他們宗教生活中這個最神聖時刻，心領神會，伊得里斯描述整個情況說：「是神獎勵你，才派我前來。」他已是個哈吉（hajj，到麥加朝聖者），但是由於他的年紀還輕，所以他推辭了那個頭銜。他現在陪著我到處走，我很高興有他相伴。由於他那種謙遜的天性，很快就被我的部隊所接受。他也是一名優秀的射擊手，漢克斯配給他一把軍用步槍和彈帶。

我到達加拉巴特幾天之後，漢克斯分派給我一排的兵力駐守在阿特巴拉的碉堡，負責巡守邊界地區，為解決運輸問題，我們有四輛徵調來的商用貨車，但是車況全都不可靠。我們在那裡的一處淺灘挖壕溝。我沒有無線電通訊設施，在義大利人進兵的事件中，我下達命令全靠著貨車送到吉達瑞夫再送回來，那耗時太久，必然會延宕軍情。我很高興和我的班兵相處，他們智慧過人，精力充沛，我很快就一個個認識他們。

從巡邏任務歸來，我們經常發現蘇克利亞和拉哈溫阿拉伯族人在我們營區附近取水餵他們的駱駝，我會走過去和他們同坐在河岸邊，聆聽他們的新消息。有時候，拉賽達人（Rashaidah）也會出現，這些人教我感興趣，因為他們的部落最近才從阿拉伯移居到蘇丹，他們依舊穿著傳統的袍子（headrope），配一種阿拉伯式的短刀與劍。巡邏途中，我們遇到許多班尼阿米爾人（Bani Amir），還有一些來自更遙遠的北方紅丘陵地的哈登多瓦人。

在漢克斯的連隊裡有許多班尼阿米爾人，而這些班尼阿米爾人和哈登多瓦人，是我在他們部落見到的第一批貝加族。我試著和他們交談，但是他們否認他們是阿拉伯人的說法，一直保持冷漠與相應不理的態度。在巨大的髮髻下，他們有俊秀的臉龐，他們削瘦但結實的身體用一塊布很優雅地包裹起來。他們像丹納吉爾人一樣，外表看起來充滿挑戰性。

五月二十日，胡賽．狄布爾（Hussey de Burgh）指揮東阿拉伯兵團，從吉達瑞夫前來拜訪我的哨站，自從抵達此地，我完全失聯而不知戰爭中到底發生什麼事。此時，我才知道德國已併吞荷蘭和比利時，直接深入法國，那裡的法國部隊正開始撤守。人們都預料墨索里尼隨時都會宣布進入戰爭狀態，而胡賽．狄布爾立刻把我召回加拉巴特。

漢克斯帶著一連的兵力守備那裡的碉堡，他本人和連隊其他的成員，到距離碉堡一哩遠的一些低矮丘陵地的混生林地之間挖壕溝。我第一次與蘭恩．勞利（Ran Laurie）見面，他被配屬到這個連隊擔任「賓巴希」軍官，他的任務是與我們營區裡那些人數不斷增加的阿比西尼亞義勇軍游擊隊員，進行溝通協調。義大利指揮官送了一封抗議書給漢克斯，抗議我們給義勇軍武器。為回應義大利人，漢克斯派他的副手——也就是我——去和義大利指揮官的代表見面，會面地點在靠近邊界的叢林裡。他是一名上尉，看起來像個紳士。我向他保證我們並沒有配備一把步槍給阿比西尼亞人，不過我們已經做好準備，一旦墨索里尼對我們宣戰，我們會把武器傾全力送到這個國家；在那種情況下，我表示義勇軍將會是最頑強的復仇者。

勞利和我年紀相當，他最近休假期間，在亨萊（Henley）才贏得鑽石盃划船賽①，但除了是一名卓越的划槳手，他也有十分特殊的人格特質，我發現在這種焦慮不斷升高的時刻裡，他的出現讓我們疑慮盡除。每天從法國傳來的消息愈來愈糟，然而受到邱吉爾的廣播所激勵，我們永遠都不會懷疑自己將贏得勝利。我們很有耐性地等待義大利加入戰爭。到了六月十日，英國國家廣播電台宣布這件事，我們對著義大利人的陣地開火來回應這則訊息。幾個小時後，我們收到喀土木總部給蘇丹境內各個單位的一分通告，並加以解碼，那通告通知我們義大利已經宣戰，但命令我們在任何情況下（一再重覆），沒有來自總部的許可，不得採取任何攻擊行動。

我們並沒有因為我們的貿然行動而受到譴責，不過，我在阿比西尼亞戰事中，開了第一槍，讓我感到十分滿意。

對義大利宣戰

義大利人在比西尼亞境內至少有一萬名部隊可資用於入侵蘇丹。要對抗他們的英軍只有三個營，總計兵力不到兩千五百人，蘇丹防衛軍只有四千五百人，要防守超過一萬兩千哩長的邊界。

另一方面，自從義大利人占領阿比西尼亞之後，這個國家大部分地區都處在叛亂狀態，即使是鄰近阿迪斯阿貝巴的曼茲，教人敬畏的阿巴巴．阿拉蓋（Ababa Aragai）還是控制大局，在戈占省，有瓦凱特人和貝格蒙德人和瓦勒加的加拉族，義大利人發現他們被局限在他們的碉堡內，外出則必須沿著公路，且有護送隊伍護航。阿比西尼亞義勇軍普遍的敵對使得義大利人徹底失去機動力，而此時牽制住他們的兵力，讓蘇丹可免於一時遭受到侵略，當時蘇丹實質上是無防禦能力的；稍後反而促使義大利人有能力征服整個義屬東非洲。

根據這場戰爭的官方紀錄《阿比西尼亞人反抗之戰》（*Abyssinian Campaign*），「義大利人憂心忡忡於阿比西尼亞人揭竿而起，使義大利人的物資嚴重虛耗，讓他們的行動受到極力的阻礙。反抗運動的關鍵，在於義大利人在喀倫和哈拉爾的前線，需要動用任何的一兵一卒，（當他們要這麼做，他們等於需要運送相當於七十五個營的兵力到三個前線區）而阿比西尼亞人現存的反抗運動或一項新的抗爭興起，將會牽制相當於駐守在阿姆哈拉和瓦凱特區域五十六個營的兵力。」

海爾・塞拉西在一九四〇年六月二十七日抵達喀土木。他的到達並沒有受到特定官員的迎接，他們把他的出現視為一種障礙。為了隱藏他的身分，他們給他一個荒謬而且貶抑的假名「史密斯先生」。事實上，義大利征服阿比西尼亞也讓蘇丹和肯亞方面得到一些滿足，他們希望能在那國家裡發展出文明的政府，讓越過邊界侵襲的事能有個結束。此時我們正和義大利交戰，他們希望英國最後能接手，管理阿比西尼亞。

義勇軍越過邊界，皇帝抵達蘇丹的消息讓他們興高采烈，讓義大利人感到喪氣。日復一日，義勇軍抵達加拉巴特，有時是以一小組為單位到達，有時是一位贏得戰士之名的酋長帶著數百名隨從，全都飢腸轆轆，因為他們走過來的山脈離那些中間空曠的平原相當遠，有些人則給在我們給他們食物吃了之後，隨即嘔吐，變得更餓。

勞利交給他們步槍和彈藥。這些步槍是單發馬丁尼亨利的，製造日期比重新征服蘇丹更早。這是當年在當地唯一可用的步槍。這些義勇軍抱怨遠道而來，期待能得到一些現代化有彈匣的步槍，而不是得到這樣的武器，不過最後他們還是收下並且回去。他們是十分緊張而且容易暴怒的一群人，是體型輕盈的高原部落，骨架子優秀，有薄薄的嘴唇和高挑的鼻梁骨，個子小，但手部形狀勻稱好看，和我們那些興高采烈、值得信賴而且紀律嚴明的蘇丹部隊截然不同。他們大多數都梳著大大的髮髻，他們宣誓等到將義大利人趕出他們的土地之後才會將髮髻剪掉。漢克斯補充說：「他們是看似殘暴的一群，我可不想變成那些落入他們手中的義大利人。」我很開心見到羅利對他們抱以同情之心。而對我來說，他們為我帶回了許多回憶。

漢克斯持續帶著一排的人馬堅守加拉巴特的碉堡。碉堡並沒有無線電保護，如果遭到攻擊，他的命令是撤退而不要被消滅。他的連上兩名蘇丹籍軍官和我接手指揮碉堡裡的那一排兵力，利用我們騎驢的小隊，來巡邏美提瑪四周。宣戰之後，我們便展開這種巡邏任務，在巡邏時，勞利看到另一個營的土著部隊到達，增強義大利突擊隊的守備兵力。

有一天晚上，我帶著一個排的兵力占領美提瑪後面的一座丘陵，就在日出之後，向著義大利的陣地開火，當義大利人帶著一營的兵力展開反攻，我們開始撤退。這場戰鬥之後沒多久，我們的五架衛勒斯里戰機開始轟炸提馬，其中一架被小型火炮擊落。七月二十七日，義大利人發動一項大規模的攻擊行動，攻擊加拉巴特碉堡，由育斯巴希阿布杜拉（Yusbashi Abdallah）指揮的一排人馬，造成他們一些傷亡，而本身有兩人死亡和四人受傷，接著開始撤軍。就在同一天，義大利人在無力進一步入侵蘇丹之後，於是向更北方，攻占卡薩拉。

八月十二日，山德佛上校帶領一〇一軍團越過靠近加拉巴特邊界，前去組織位在戈占省的義勇軍反抗力量。但恩．山德佛此時已經五十八歲，正準備在雨季中出發，那一趟旅行在那個年代的那個時機裡，甚至是在承平的年代，只有少數的年輕人敢於嘗試。我十分失望無法與他同行。他曾經特地向我徵詢，但指揮蘇丹部隊的普拉特將軍（Genreal Platt）說他希望我先取得更多正統的帶兵經驗。

因為驢子數量不足，山德佛讓阿諾．溫霍特（Arnold Wienholt）留在我們的營區，等到他能籌集到運輸工具就會跟隨他。我們建議他該加入我們曾經建造的柵欄陣地，但他寧可在附近紮營。溫霍特在澳洲出生，曾在伊頓公學受教育。在南非的戰爭中，他曾擔任兵員，在喀拉哈里沙漠狩獵多年，他在那裡曾經受到一頭獅子攻擊而受傷。在東非洲對抗里透佛．貝克將軍，他曾擔任一名斥候兵，贏得一枚服務優異勳章，並獲得晉階。後來他進入澳洲國會。當墨索里尼入侵阿比西尼亞，溫霍特前往為紅十字會工作，在那裡協助阿比西尼亞人。後來阿比西尼亞戰敗，他回到澳洲，但一九三九年一宣戰之後，他立即乘船到亞丁，在那裡等待義大利人加入戰爭。最後墨索里尼宣戰時，溫霍特前往喀屯，被任命為陸軍少尉，配署到一〇一軍團。

我經常散步到他的野營營地，分享所煮的「調節器」大餐，和他泡製的濃茶。他寡言，行動不疾不徐，有一付削瘦的身材，穩重而且目光犀利，有一張飽經風霜的臉，斑白而剪短的頭髮。他經常感懷他在喀拉哈里沙漠與布希曼人共度的時光。對我來說，他是過去非洲偉大獵人的具體代表；他和塞盧斯曾一起在東非洲共事，那是最恰當合理的事。

他和我們一起待了兩個晚上，他設法買了三頭驢子，隔天出發到戈占省與山德佛會合。我想起來最後一次見到阿諾．溫霍特的景象，那彷彿就在昨天。他沿著小徑出發，跟在他兩名僕人和三匹驢子後面。他的步槍掛在肩上，手裡拄著一根長長的楊杖。在小徑的一個彎道上，他轉過頭揮揮手。我腦子裡不時浮現叢林草原上的笑話那本書裡的那位「洛基」，總把槍放在肩上，手裡拿著楊杖，帶著他的驢子出發前往內地旅行。溫霍特在幾天之後遭到伏擊身亡。

英義交戰

當海爾・塞拉西在六月下旬到達蘇丹，他期待私下號召一支大規模的阿比西尼亞部隊來解放他的國家。四個月之後，山德佛帶著少數兵力和少許幾頭驢子載著步槍和彈藥進入戈占省。這位皇帝並不明白蘇丹的武器和裝備是如何不足；但是他確實知道肯亞政府已阻止當地許多的阿比西尼亞難民受徵召前往蘇丹。他被試圖趕出蘇丹已經讓他感到惱怒，而現在他的行動甚至還被限制在某些特定的安全區域內。他覺得受到冷淡與羞辱。一九四〇年十月初，當我在喀土木休假時，普拉特將軍邀請我與他共同晚餐。有人問他海爾・塞拉西在阿比西尼解放運動中扮演什麼樣的角色。他的回答是：「海爾・塞拉西將在威廉・普拉特的恩典下，背著他的行李，進入阿比西尼亞。」

最後，海爾・塞拉西向邱吉爾求助。結果伊頓當時正在埃及拜訪，飛往土木，在十月二十八日召開一項會談，與會的人包括陸軍元帥斯穆特（Smut）、韋維爾將軍喀、來自肯亞的狄克生與康寧漢將軍；普拉特將軍和駐開羅大使米契爾・萊特（Michael Wright）。安東尼・伊登接受海爾・塞拉西的要求，承認他是阿比西尼亞的統治者，並且同意他下令一支正規阿比西尼亞部隊參加這場解放之戰；而他也堅持該盡快召集籌組這樣的部隊。韋維爾在回開羅時，派奧德・溫吉特②上校到喀土木組織這支部隊。我本人則被孤立在加拉巴特，並不清楚這些重大的決定。

在加拉巴特，經過數週的巡邏任務之後，有時候我們會深入阿比西尼亞境內數哩。我們的陣地斷斷續續遭遇一些零星戰事，但十分頻繁地遭受到空襲。

十一月初，我們營地四周的森林裡突然無預期地滿布軍隊、坦克和機槍。那是史林姆准將③帶領的第十印度旅；包含一個裝甲營和一個野戰炮兵團。我們不敢相信我們的雙眼。我們整個雨季都在那裡堅守，很清楚我們後方沒有敵人，而且義大利人為和我們對峙，正在加強布署。當我休假時，他們曾試探性地攻擊我們的陣地。這讓漢克斯懷疑那是要前進吉德瑞夫的前奏。他毫不畏懼地，準備盡全力對抗義大利人的任何突擊；他理所當然地獲得一枚MC動章。

就在史林姆抵達之後，他以私人身分拜訪兩個蘇丹連隊。他也非正式地巡視我們的陣地，他問了漢克斯一些問題，也向他所遇到的每個人說了些親切的話。有關史林姆那種泰然自若的特質在此得到更充分的確認。我確言一點都沒有偏差，我們都深深被他感動。我私底下很珍惜能短暫地在這樣一位偉大的人物手底下服役。

一九四〇年十一月六日上午五點半，英國皇家空軍對義大利的陣地進行轟炸，我們的槍炮也開始開火，完全出乎義大利人的預料。當槍林彈雨在我們頭頂上飛越，我們的連隊和三一八加瓦爾步槍隊推進到攻擊發起線。加拉巴特碉堡原本只是一個沒有鐵絲網保護的石造建築。義大利人占領之後，建築大型的石造碉堡，再圍上密密的帶狀且有倒鉤的鐵絲網，使碉堡規模擴大，不過儘管如此，這整個區域還是相當小。此時它被煙硝和塵土遮掩而顯得晦暗，看起來似乎沒有人能夠生還。槍砲中止，我們跟著坦克前進。

厄立特里亞人的營隊堅守加拉巴特，受到砲彈轟炸而受重創，但是他們英勇地進行反擊，機槍不斷開火直到他們被坦克輾過。我們很快就重新奪回那座碉堡，義大利人利用來自美提瑪的另外兩個土著營隊進行反攻，不過他們被機槍的強大火力所擊退，而且死傷慘重。

史林姆的下個目標是美提瑪，那裡的守軍包括一個營的黑衫軍，操作機槍和反坦克武器。唯獨坦克才能在鐵絲網帶上打開通路，但是十二輛的英國坦克有八輛受到岩石地形限制而動彈不得。當他們正在修復時，義大利的轟炸機和戰鬥機凌空而來，那一天和第二天，整天持續不停轟炸。即使他們損失了五架戰機，但是他們擊落許多的英國戰機，取得局部的空中優勢。相對地，我們沒有地對空的火砲。地面多岩石；少有可供掩蔽的地方，我們的傷亡慘重，尤其是前進攻擊美提瑪的艾克斯兵團。在裝載坦克備用零件被炸毀之後，史林姆下令取消攻擊，將他的部隊撤離到森林裡的掩蔽之所，巡邏隊從那裡出發，還是能夠控制拉加巴特。

幾天之後，我奉命前往喀土木，那是普拉特將軍親自點名，要我加入戈占省的山德佛上校麾下，以接替他的副將克里徹里上尉（Captain Critchley），他因為一隻眼睛嚴重受創必須後送。

在溫吉特麾下

到達喀土木兩天後，我被通知向溫吉特少校報到。雖然溫吉特在一九二八到一九三三年間，在東阿拉伯兵團服役，但我一直不曾聽過他的名號。當我進入他的辦公室，他正在研究牆壁上的一張地圖。他畫著圓圈說：「我正在等你」，接著他立刻提出他的計畫，進攻戈占省，摧毀駐守在那裡的義大利部隊，接著在來自肯亞的南非陸軍能得手之前，先行抵達阿迪斯阿貝巴，接著讓海爾．塞拉西復位。他一面詳述他那看似不可能的計畫，一面在他的辦公室裡邁步走動，他那比例不對的大頭在他那醜陋的身材之上，向前晃動，在他有稜有角、瘦骨嶙峋的臉龐上，那雙灰藍的雙眼緊緊靠在一起，流露的是一種狂熱偏執。

我問他義大利人在戈占省擁有的是什麼樣的兵力，他說根據情報顯示，他們有四萬人。我曾經看過美提瑪，我可以想見那裡的碉堡的實力。我接著又問他擁有的部隊有多少，他說，他有SDF的前線步兵營，由休．布斯達特上校募集和指揮；另外有一個剛成立的阿比西尼亞難民營隊；有六個作戰中心，每個包含一名英國軍官、一名英國士官和五十名阿比西尼亞人。顯然他並不懷疑未來在戈占省的戰事中，他能夠獲得指揮大權，即使是在當地招募義勇軍的山德佛上校，還有布斯達特上校，這兩位在一次世界大戰戰功彪炳，而且階級都比他高。

溫吉特當時年紀三十七歲，大戰之前在巴勒斯坦，曾在韋維爾的麾下服役。他在那裡曾組織和帶領猶太人的夜攻中隊對抗阿拉伯的游擊隊，而有顯著的成就，他也曾經獲頒優異服務勳章。到目前為止，那也是他唯一見識過的實際作戰。雖然本身不是猶太人，但溫吉特是個狂熱的信仰者，相信猶太復國論的起源，他完全能夠感同身受。在巴勒斯坦，他一度被軍方單位合理懷疑將情報洩露給猶太人的領導者，而且被懷疑參與他們的密謀。

他的個人服役檔案，形容他是個優秀的士兵，但是有安全上的顧慮，因為他把猶太人的利益放在英國利益之前，檔案建議他不能被允許再進入巴勒斯坦，於是他被派回英格蘭。他在那裡擔任砲兵手，曾在防空砲排服役兩年。然而他十分怨恨被逐出巴勒斯坦，在英格蘭繼續結交猶太領袖，公開支持他們猶太建國的要求。他一直是個傲慢而訓練不精的軍官，此時他變得更具攻擊性，對權威怨恨。他是個有野心的士兵，但他的軍旅生涯顯然受挫，一直到戰爭爆發。

韋維爾曾經被任命為中東地區的副指揮官，在巴勒斯坦就認識溫吉特，認同他具有游擊隊領袖的潛力。他因此調派他前來。當溫吉特在一九四〇年夏天抵達開羅，很快就讓自己變得友善而不像在巴勒斯坦的時候，而到了十月，韋維爾派他前往喀土木，組織阿比西尼亞部隊。

他一抵達就與海爾·塞拉西會面。這位皇帝非常失望，覺得時間分分秒秒流逝，而且一事無成。溫吉特向他保證，他將募集一支部隊，帶著他回阿迪斯阿貝巴。這是一次詭異而邪惡的會面，兩個人其中一位是個子小但不屈不撓的皇帝，另一位是個笨拙但受到啟發的士兵，想要為他解放戈占省。對海爾·塞拉西的傳說，說他源自所羅門王和示巴女王，或許因此而讓他在溫吉特的眼中有一種特殊的地位，因此溫吉特從這次的接觸中挺身而出，獻身於阿比西尼亞解放與獨立運動。

溫吉特帶著我逛總部的各個辦公室，當他從一間辦公室晃到另一間公室，他穿著皺巴巴而很不合身的制服，還有過時的渥斯里鋼盔，隨身帶的是一只鬧鐘而不是手錶，手裡拿的是一支趕蒼蠅的撢子而不是籐條，這讓我感覺到他在清醒時所留下的惱火與怨恨。他的行為當然讓普拉特感到火大，他不管如何，對於非正規的作戰並不抱以任何的同情心。我曾經聽到普拉特批評，「在溫吉特被任命之前，這場戰爭的上一個禍根是勞倫斯。」

溫吉特似乎喜歡以煽動他人為樂，經常故意表現出粗暴與攻擊性。有一回，在那間旅館和他的幕僚長陶德·派克共進早餐，他無緣無故地對著鄰桌兩名年輕軍官斥責他們膽卻，因為他們接受幕僚的工作。他會和軍官在旅館中約會，然後光著身子躺在床上接見他們；他們其中有個人向我敘述溫吉特在下達指令時，如何拿著一只牙刷刷他的體毛。像他這種行徑，使他所到之處，人人皆厭惡。

在他抵達喀土木數週之後，溫吉特受到韋維爾的召喚到開羅參加一場會議。討論未來攻進阿比西尼亞的事。溫吉特是個少校，而其他與會者都是將軍和旅長。有一個故事很快就在喀土木流傳，據說有個將軍質疑溫吉特收復戈占省的計畫可行性，他用了分配給他的兩倍發言時間詳細說明這個計畫。溫吉特告訴他：「你是個傲慢的笨蛋，將軍。就是有你這種人才會讓我們打敗仗。」溫吉特經常把他的長官當做軍事上的原始人，相當有本事說這樣的話，但是我懷疑他在他的事業生涯中的這個舞台上這麼做，他是否能夠全身而退。

奧德·溫吉特曾經自喻為T.E.勞倫斯，但是他們私下與他人的關係有所差異。勞倫斯儘管穿著他的阿拉伯服裝，行為表現反傳統，卻能贏得艾倫比和他的幕僚的信賴與友誼；他後來更獲得他所要求的所有協助，包括金錢、武器和駱駝上的支援。相反地，溫吉特在戈占省的戰事中，從來就沒有得到任何他所期待的支援，當戰事結束，他的成就也沒有得到任何實際上的認同。

我本人發現自己溫吉特頗能激勵人心，我一見到他的時候就明白他並不是把戈占省的戰事當做贏取這場戰爭的另一步驟。我們彼此都明白解放阿比西尼亞和海爾·塞拉西復位，本質上是一場正義的聖戰。

我在一九四〇年十一月十二日抵達喀土木，預期立刻就要動身再度加入山德佛在戈占省的陣營，但是溫吉特讓我在那裡停滯了六個星期，他領著我去巡視募集的阿比西尼亞人接受訓練，並且對他的英國籍人員發表演說。我對他的熱情和大無畏的驅動力感到印象深刻，但是對他的演說難以信服。他一再重覆對於游擊戰的兩大主要原則：永遠不要雇用嚮導，因為他可能背叛我們，不過可以信賴我們的地圖；永遠不要在公路上行進，但是要試圖翻越荒野。這樣的教條也許適用於巴勒斯坦，因為我們對那裡已做過精密的勘察，但是從我的經驗中，這些教條在阿比西尼亞的山區裡根本就是廢話。然而溫吉特一再威脅，任何人如果不遵守這些教條，將被調回喀土木。不過我只懷疑他要如何與山德佛及布斯達特繼續共事。

我對於與山德佛會合的事感到沮喪，對這些毫無重點且無限制的延遲感到生氣。起初有人建議讓我跳傘空降到戈占省。跳傘或搭潛水艇是我最怕的夢魘，但是為了到戈占省，即使沒有受過空降訓練，我也願意跳傘。然而我很高興的是這個點子被擱置，溫吉特要我自己想辦法前往山德佛駐防的薩克拉（Sakela）。

在這教人挫折的六星期裡，我有相當多的機會見到道格拉斯・紐伯德。他極為忙碌，他總是在他的屋子熱情地接待我，他的親切、智慧和臨場的默感，總是讓人感到舒適，他有著結交朋友極大的天賦。他的工作原本就難以造就偉大的人物，但是他在工作的表現卻十分傑出。他奉獻給蘇丹人，雖然他的健康不佳，但是卻沒有退縮，反而是為他們的利益不止息地工作，直到一九四五年去逝。後來所有認識他的人，不管是蘇丹人或英國人，都明白他們的損失何其之大。有一天他和我喝茶時，被告知麥道布族的沙亞已到達。我很開心能再見到他。紐伯德為他倒茶，拿糕點給他，對他說：「在我的屋子裡，你必須和我一樣吃東西。」沙亞靦腆地微笑說：「我們麥道布人明白自己對英國的虧欠。現在你們正在作戰，我們想要幫忙，而我們所有的就是我們的羊群。我的人民已經送給你們五百隻羊，我已經帶到恩圖曼。我們希望那些羊可以供軍隊吃，來為我們打敗敵人。」紐伯德和我都深受感動。在沙亞離開後，紐伯德對我說：「老天，我真的很喜歡那個傢伙。我希望我能像他一樣。」

在我離開喀土木之前，我曾和海爾・塞拉西在他住的別墅共進午餐。他一如往常那樣熱忱親切，對於當初抵達時受到屈辱完全沒有流露出半點不滿，也沒有表達他最近感受到的那些挫折。第二天我看著他校閱義勇軍營隊和作戰中心。溫吉特信守他的承諾，皇帝知道他要越界班師回朝的那一天已接近。對於溫吉特，這個注定要帶領他的部隊的人，是他無私奉獻的擁護者，還有他的政戰官艾德溫・查普曼・安德魯斯，而在山德佛的陣營裡，他還有兩位為了他的理由而全心奉獻的人。

注釋：

①始於一八三九年，每年都會在流經英國亨萊的泰晤士河上舉行划船賽，稱爲亨萊皇家划船會（Henley Royal Regatta）。鑽石挑戰杯賽和大挑戰杯賽是角逐最熱烈的比賽。賽程歷年有所變化，現大約爲二一一二公尺。

②溫吉特（Wingate）：Orde Charles Wingate，一九〇三～一九四四，英國將軍。生於印度奈尼達爾。查特豪斯公學和伍維奇皇家軍事學院畢業。一九二二年開始服役，在蘇丹（一九二八～三三）、巴勒斯坦（一九三六～三九）英軍中任軍官，協助建立一支猶太人部隊。一九四二年在緬甸戰場組建欽敦特種叢林游擊隊，由空投供應，潛入日軍大後方作戰。溫蓋特死於緬甸飛機失事。

③史林姆准將（Slim）：指William Joseph Slim，一八九一～一九七〇，英國陸軍元帥。第一次世界大戰中在加利波利和美索不達米亞作戰；第二次世界大戰中他的主要貢獻在於組織軍力，以「被人忽略的」第十四軍團一舉擊敗侵入緬甸的日軍。一九四八～五二年任帝國總參謀長，一九五三～六〇年任澳大利亞總督。一九四四年封爵，一九六〇年封子爵。

【第23章】

入侵阿比西尼亞：一九四〇～四一年

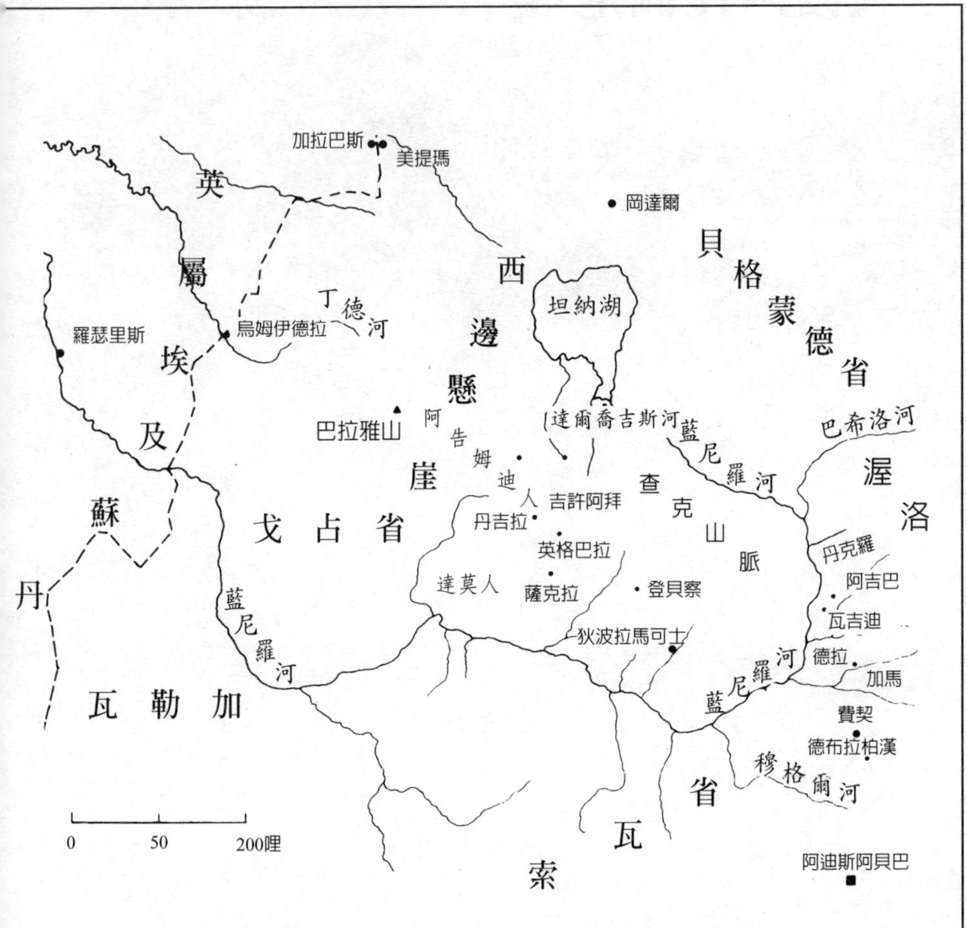

加拉巴斯
美提瑪
英
屬
埃
及
蘇
丹
岡達爾
貝
格
蒙
德
省
西
邊
懸
崖
坦納湖
丁
德
河
烏姆伊德拉
羅瑟里斯
巴拉雅山
阿
告
姆
迪
人
達爾喬吉斯河
藍
尼
羅
河
巴希洛河
渥
洛
吉許阿拜
查
克
山
脈
丹吉拉
英格巴拉
戈占省
達莫人
薩克拉
登貝察
丹克羅
阿吉巴
瓦吉迪
德拉
加馬
狄波拉馬可士
藍
尼
羅
河
瓦勒加
費契
德布拉柏漢
移格爾河
省
瓦
索
阿迪斯阿貝巴
0
50
200哩

戈占省：一九四〇～四一年

我人在喀土木時，伊得里斯收到他父親的信，提到他在提尼需要他幫忙解決一些家庭的紛爭。他不想離開我，但我堅持他應該回去。從此之後，我就再也沒有見過他，因為在我到阿比西尼亞之前，我一直無法聯絡上他。我先帶著我的東阿拉伯軍團傳令兵穆罕默德前往羅瑟里斯（Roseries）。在隨後的幾個月裡，我其實非常需要伊得里斯的陪伴。

在羅瑟里斯，我找到正在等候我的一名嚮導和三隻駱駝。我在一九四〇年十一月二十二日從烏姆越過邊界，前往巴拉雅（Balayia），這個孤立的山塊大約在八十哩外，一直不曾落入義大利人手中。我們走的這條粗略的小徑，穿過厚實的叢林和沒有間斷的荒野，幾乎沒有半滴水源，因此，我們一天平均得騎乘十二小時。在沒有食物和飲水的情況下，我們在巴拉雅的山腳下度過耶誕夜。次日大清早，穆罕默德和我出發，步行走上這座山脈。起初是穿過最濃密的竹林，接著穿過森林區，那裡光線暗淡，冰冷的溪水從山邊奔流而下，一群群黑白相間的東非疣猴在覆蓋青苔的樹枝之間凝視我們。

綠油油的草地，杜松、野橄欖和一種無葉而開滿白花像野櫻桃的樹木，散布在整個山脈平坦的山頂上。到處都是花朵，像是野玫瑰和茉莉、飛燕草、黃色的雛菊和其他許多種的花卉，有些我曾在鄰近阿迪斯阿貝巴的丘陵地和阿魯西山脈見過。過了燠熱的低地之後，空氣變得十分清欣涼爽，視野也無限寬廣。我向西遙望蘇丹，越過無邊的灌木覆蓋的平原，平原上部分地區被叢林內大火造成的濃煙所遮掩，向東邊看到阿比西尼亞人的營地，就在我對面一座看似陡峭的山壁散布著。

蘇丹邊界防衛營的一個連隊已經在巴拉雅建立陣地，正準備做一個前進基地，以侵入戈占省，並做為皇帝的臨時指揮總部。我拜會負責指揮的賓巴希軍官彼德・艾克蘭（Peter Acland），聽取他的最新情報，在一頓歡迎的餐宴之後，我出發前去找當地的先遣指揮官，並安排幾匹騾子以便上路。我和那位先遣指揮官共度兩天，在和他共處的時候，他為他的人馬張羅一頓生肉大餐。他那間陰暗而滿是濃煙的屋子裡擠滿了人，一排排武裝的士兵正狼吞虎嚥，吃著生肉。此地都是阿告人，說他們自己的語言。他們是長相英俊的族群，男人們的頭上梳著如皇冠般的巨大髮髻，凸顯他們那種野蠻不羈的容貌。

我在巴拉雅和來自山德佛的薩克拉部隊的一名阿姆哈拉年輕人會合，他能說流利的英語。接著騎著那位先鋒指揮官提供的騾子，我們越過平原到先遣指揮官阿雅魯．馬孔能（Ayalew Makonnen）紮營的山崖之下，他是著名的義勇軍領袖，帶著二十多個人在那裡等候我。阿雅魯是個高大而莊嚴的人物，他的護衛是看似不可侵犯的一群，所有人都留著長髮，用來辨識他們是義勇軍。他領著我走上陡峭的山腰到他隱匿在一個小峽谷的樹下的藏身之處，那座修長的四方形避難所，利用樹枝建造而成，裡頭用一座隔屏分隔，阿雅魯的家人住在隔屏後；進入主要的營地是一個小小的馬廄，他把心愛的騾子和馬匹拴在裡面。

這個房間除了我們所坐的東面平台，裡頭擠滿了先鋒指揮官的人馬。全都配帶步槍，多數是從義大利人那裡俘獲而來。隨著天色變暗，小男孩們頭髮形成的光暈在他們剃過頭的腦袋上閃亮著，他們舉著含松脂的木材所做成的火把，提供晃動但恰到好處的亮度。食物放在草編的盤子上被端了進來，裡頭有著以一種叫做鐵夫草（teff，一種遍植整個阿比西尼亞北部的小草）的種子磨成的麵粉所做成的因澤拉（injera）薄餅，和一種大量使用調味料的肉醬（wat）。這構成了阿姆哈拉人和提格雷人的日常主食。也是我未來幾個月內的主食；所幸我喜歡這些食物。我和先鋒指揮官和他的酋長們一起用餐；我像他們一樣，用我的指尖將肉醬用一層因澤拉薄餅包起來。為我們拿食物來的女奴，接受她的主人打賞，他把一把食物塞到她嘴裡。

其他的人肩並著肩擠在一起，在我們的平台下方，以小組的方式一起用餐，每個人的步槍還用左手拿著。那些聽差的小男孩依餐桌禮儀要求，把他們的斗篷一摺再摺，掛在他們的肩上，為我們的酒杯斟滿一種叫做提汁（tej）足以讓人興奮的蜜酒，為那些士兵們的牛角製的高腳杯倒一種當地所產的塔拉（talla）啤酒。那位負責儀式典禮的年輕主人站在入口處，很安靜地指引著每個人該坐哪裡，什麼時候應該離開。在遠處的角落有一些婦女在一處開放式的營火上，用鐵質平底鍋烤更多的鐵夫薄餅，那些騾子把頭伸進屋內找食物。坐在這裡，看著這些長年與義大利抗爭的人們，我的內心有無比的快樂。我終於在戈占省，能夠彌補過去的歲月裡我對他們的忽略。

第二天，穆罕默德和我帶著翻譯員、兩名嚮導和三頭騾子，在正午剛過就出發，天黑時我們到達那座懸崖的端頂。我們前方是一座廣闊的農耕平原，有許多村落，被一條軍事道路所串連起來。阿雅魯警告過我，有一支龐大的騎兵隊前一天才燒過我們行走路線附近的村落。因為擔心那些村民為避免遭更進一步的報復而可能背叛我們，他建議我們在夜裡穿過這座平原，以便在天亮之前越過這個殘破的平原。我們走的小徑其實會穿過許多村落，那是無可避免的，每一回當狗吠、門口有火光閃爍，我總覺得惴惴不安，不過沒有人向我們挑釁，我們在黎明之前平安地穿過此地。

兩天之後，當我們走在另一座開闊的平原上，義大利的戰機凌空而過，飛得相當低。它改變方向，直接通過我們的頭頂上，我對它開了兩槍。接著它開始盤旋，然後向我俯衝，正當它這麼做的時候，我又對它另外開了三槍，它沒有開火便飛離，我可能讓它受創。當我到達薩克拉時，山德佛迎接我時說：「哈囉！威福瑞，我得說你一定花了很長的時間才到達這裡。」

我覺得相當惶恐，我回答說：「我不認為到達此地還能有任何更快的方法。」後來我才明白，他的意思是指我在喀土木漫長的時間延誤。

能到戈占省的這個心臟地區和他在一起真是好。他穿著卡其短褲和叢林衫，坐在一張帆布椅上，透過他的眼鏡，看著我而流露笑容。他個子矮小而結實、皮膚黝黑、圓臉、頭有點禿，而且帶著無限歡笑，他看起來是打不垮的人，實際證明他正是如此。這個人經過長年的經歷，他真正了解阿比西尼亞，了解那裡的百姓、能夠沒有偏見或錯覺，真正了解他們的特質和他們的錯誤，對他們懷有無限的同情。我願意追隨山德佛到任何地方。

跟隨他的是克里福．德魯。在他接替毛理斯管理醫院之後，我在法瑟就已經認識他。宣戰之後，我們曾經搭乘蒙康號一起航行到格拉斯哥。我一直很喜歡他，很高興能在這裡看到他。我經常看著他由他的蘇丹籍醫護助理在戶外為那些受傷的義勇軍執行複雜的手術。許多英國軍官後來都因為他的醫技而保住性命。

在這個營地裡有丙名辛勤工作的通信兵，士官長格瑞（Grey）和下士威特摩爾（Whitmore），他們埋身在溫吉特交辦的電訊中，溫吉特以一種標準的無知，把電訊口述給他們，完全不管電訊的長短。另外還有雅察茲．卡巴達（Azaj Kabada），是一位年長的阿姆哈拉人，是阿比西尼亞皇帝派遣到一〇一軍團的代表。他為他的國家自由而奉獻，而且無畏無懼，提供價值無可衡量的協助。山德佛向我形容卡巴達在從加拉巴特出發之後的長途遠征中，如何的不屈不撓，在傾盆大雨中一再來回渡過氾濫成災的河流，協助帶領負重的騾子過河。

一〇一軍團駐紮在迷人的鄉野中。鄰近的山丘是遠古森林的殘跡，有一些巨大壯觀的杜松木；圍繞這個營地是有樹林的牧場，沿著溪流有荊棘樹叢，到處都是野花。白天冷，晚上則是極冷。我到達的一天，正好在舉行每週的市集買賣，我對趕赴市集的群眾感到吃驚。有大批駐軍的布萊（Burye）大約就在十五哩外，義大利人必然已經知道山德佛就在那裡紮營，然而他們並沒有打算包圍他。除了第一天晚上從斷崖前進，我一直是公然地旅行，並沒有採取預防措施，所到之處都受到歡迎。我們的倖免於難證明了：除了在他們的碉堡四周，義大利人並沒有完全控制這整個國家。

義勇軍

在義大利人蹂躪阿比西尼亞之前，海陸拉斯王曾在一九三二年打算讓里茲．亞蘇復辟，而被監禁在阿迪斯阿貝巴。他是著名的塔克拉海馬諾（Takla Haimanot）家族的頭頭，也是戈占省傳統的統治者，而義大利人急於在這裡得到支援，於是在狄波拉馬可士（Debra Markos）授予他大將軍的榮譽頭銜。以往，阿姆哈拉人和提格雷人都會對他們的地區性最高君主付出忠誠，他們全都會追隨他們的君王去反抗任何當上阿比西尼亞皇帝的人。然而對於義大利人的憎恨遠勝過他們對海陸拉斯王的效忠，戈占省演變成一個對付義大利人的主要反抗重心。

山德佛由皇帝的代表陪同抵達，鼓舞了那些飽受戰火摧殘的義勇軍。經過六年持續的戰鬥，他們的反抗勢力開始獲勝。他們大多數都配備虜獲而來的步槍，這些槍枝數量之多正可以評量他們獲得的勝利，他們還必須應付空中的轟炸，以及配備機槍、砲兵和坦克的武裝部隊；如果他們被俘虜，他們無可避免的會被處刑。山德佛曾經分配一些步槍，雖然他能帶來的步槍數量有限，但是溫吉特後來批評他這麼做，堅持把步槍發給那些可能從來不曾使用來對付過義大利人的阿比西尼亞人是一件很愚蠢的事。溫吉特忽略了一件事，那就是如果不給他的自由解放運動所依賴的那些義勇軍一些武器，他們可能會撤掉他們的支援。而更重要的是，當義大利人知道英國人正配發武器給那些反抗軍時，那會讓他們感到恐懼。

山德佛的第一個任務是協調各個不同族群的酋長，即使是武裝起來對抗義大利人的時候，他們也會彼此相互猜忌。在這些協商中，雅察茲．卡巴達的支援是必要的。在戈占省西部的酋長之中，曼加薩將軍和內加許卡巴達將軍是地位最重要的兩個人，他們兩人實質而有效地控制大範圍區域。我一見到曼加薩就很欣賞他；他是個高大、有威嚴的人，臉上帶著一種態度開放、教人愉快的表情，相反地，內加許矮小，表情很不討喜，看起來脾氣不好而且貪慕虛榮與殘暴。然而身為塔克拉海馬諾家族的一員，內加許帶著他的隨從，有著特殊的身分地位。

就在我抵達薩加拉之後，我們聽說里茲．馬莫（Lij Mammo），也就是海陸拉斯王那位親義大利人的兒子，帶著一批強悍的騎兵部隊，正在布萊四周的鄉野中騷擾義勇軍。山德佛立刻出發前去協調反抗勢力，把我留下來接管營區，直到幾天之後，他派人來召我前去。我穿越主要的道路，碰到成群結隊的難民，他們趕著駱駝，帶著他們能留下來的任何家當。南面的天空中因為一些村落被焚燒而變得暗黑。當我抵達時，里茲．馬莫才經過一些慘烈的戰鬥而剛撤退進入布萊城。幾天之後，他再度出擊，但再次被義勇軍擊退而退回布萊城。

山德佛決定和在阿告梅德（Agawmeder）的酋長協商，這是個阿告人居住的行政區，我們一起前往吉許阿拜，也就是阿拜河（即藍尼羅河）開始向高處上升的地方，我們在那裡的教堂附近紮營，它就像阿比西尼亞的其他教堂一樣，是個圓形建築，有泥牆和茅草覆頂，上頭掛著十字架。教堂被樹叢所圍繞，這樣的樹叢被視為神聖的，是早期前來屯墾的阿拉伯人所引進的，在阿比西尼亞北部的許多區域，這種樹叢一直維持古老森林的狀態。

我們一抵達之後，教士便前來拜訪我們的營區，拿出小小的銀十字架讓我們親吻。他們堅持我們到第二天早上吃飯之前，不能喝那裡的湧泉的水。第二天早上一大清早，我到我們營區下方的草地，飲用從一個青苔環繞的小洞穴冒出來的清水，那裡是藍尼羅河源頭噴泉。詹姆士·布魯斯在一七七〇年曾經來過這裡。那是他那趟大旅行的目的地，不過除了他宣稱他自己是第一個到過那裡的歐洲人，實際上在他之前的一個半世紀，一位耶穌教派教士佩德羅·培茲（Pedro Paez）就已經先行到達。即使在布魯斯的年代，阿告人還是無神論者的時候，他們就控制這個湧泉，並視為聖泉。

溫吉特遭人嫌

阿比西尼亞皇帝和其他人，在溫吉特和查普曼·安德魯斯的陪同下，於一九四一年一月二十日，穿過我曾經走過位於烏姆伊德拉（Umm Idla）的邊界，他在那裡舉行一項簡單而動人的儀式，升起他的國旗。在喀土木，溫吉特曾經試圖阻止他擁有個人的護衛但不成功，而當皇帝的顧問群為他拿到元首的雨傘和戰鼓，這激怒了溫吉特。溫吉特說這些東西在現代化的戰事中是相當荒謬的，堅持他們一定要留在部隊後面。他只是單純地缺乏想像力，並沒有注意到這些東西的影響力，這些代表效忠的古代象徵物能重新出現，對那些觀念傳統的戈占省人民來說是有影響的。我覺得，除了戰鼓的聲音可傳之數哩之外，比起大聲公溫吉特所做的文宣，更能擾亂義大利守軍的軍心。

溫吉特的軍事地位在這次的探險活動中更招致他人的不滿。他曾經在十一月二十日飛到薩克拉和山德佛碰面，討論戈占省的情勢和未來的戰鬥行動。那是他們第一次會面。兩天之後，溫吉特由飛行官柯里斯從改良過的跑道，經過一次讓人毛骨悚然的起飛之後，載他回喀土木。山德佛受到溫吉特的感動。有一天晚上他告訴我：「你知道，我並不是一名士兵。沒有錯，從前和一次世界大戰期間，我是一名正規軍人，但那是很久以前的事。讓我感到興趣的是這場秀的政治層面。我不想負責軍事行動，我認為溫吉特才是最適合的人選。我知道我擔任政治顧問會比較有價值。」

皇帝和溫吉特在二月六日經過一趟驚險的旅程之後抵達巴拉雅。溫吉特曾經靠著一具從烏姆伊德拉帶來的羅盤堅持前進。但當他看到一座山脈時，他已經偏離行進路線程二十度；他的路線曾引領著他穿過濃密的竹林，越過火山融岩地形。他可能是受到賽蒙斯上尉一份聳動的報告的影響，他在溫吉特之前，先行帶著一支戰鬥中心進入戈占省，把他曾經依循的小徑所遭遇的困難做成報告送回來。事實上，那是我使用過、從烏姆伊德拉出發，在四天內到達巴拉雅的同一條小徑。在十一月拜會山德佛的時候，溫吉特曾經搭機飛越那個區域，但是帶著皇帝、貨車隊伍和許多駱駝出發，進入廣大而無水源的鄉野中，靠這趟飛行很難算是足夠的偵察行動。

他原來計畫利用騾子運輸，但是這些騾子證實是行不通的，他必須借助駱駝。在這個多山的鄉野裡，沒有其他動物比駱駝更適合，最後一匹馱獸在抵達阿迪斯阿貝巴後方的恩托托山脈時死去。同樣的，依靠他在埃及使用駱駝的經驗，溫吉特太過干預駱駝夫，讓駱駝背負太重，牠們有許多隻死於這次的行軍之中。要劈開厚實的竹林同樣也使他的人馬疲累不堪，卡車很快也被放棄。溫吉特最後趕到前方去確定巴拉雅的位置，確定之後再回來接皇帝。因為不耐而急於想要前進，他分騎皇帝的那匹疲累的馬匹，據說皇帝曾經轉頭看著他，請他走在前頭，並且補了一句話：「我希望我們碰到我的屬下時，他們會知道我們當中哪個人是皇帝。」

溫吉特那種不得體的行為，已經讓他的軍官們驚惶失措。他這時候根本就不梳洗，而他留著一嘴不加整理的鬍子。路透社的戰地通訊員肯尼斯・安德生（Kenneth Anderson）在前進巴拉雅時曾觀察到，溫吉特唯一清洗身體，是在碰到偶爾可見的水坑時，他會把褲子拉低，把臀部浸到水坑裡涼一下，而一個不小心，其他人可能必須從那些水坑裡取水喝。除了一件軍禮服，他顯然並沒有可換洗的衣物，當他穿上禮服，戴上那頂破破爛爛的伍斯里頭盔，他義勇軍們的第一印象，並不是他們心目中所期待的那種人物，他們期待他們的領袖能注意小節。然而我不曾聽過他們嘲笑他。

當溫吉特達到巴拉雅，他被晉升為中校，獲得在阿比西尼亞皇帝手下參戰的所有英國與在阿比西尼亞部隊的指揮權。他同時也得知山德佛已經抵達巴拉雅以迎接皇帝，已經被任命為皇帝的首席政治軍官，晉升為旅長。溫吉特十分妒嫉山德佛的晉升，那讓他覺得他擁有的整個地位受到威脅。從此之後，他對山德佛提出的原則表示反對，程度嚴重到要讓普拉特將軍派送給他一份十分嚴厲的譴責。

賽蒙斯上尉由布朗中尉的澳洲戰鬥中心陪同，在山德佛前往巴拉雅之後的幾天後抵達薩克拉，他派我前去和曼加薩將軍會合，他的部隊正在圍攻丹吉拉（Dangela）。那個城鎮據說有十個營的兵力防守，由一位托勒里上校（Colonel Torelli）指揮。然而義大利的高級指揮官因為受到英國一個師的部隊將進侵入戈占省說法所影響，正關切游擊戰的活動再度出現，曾下令托勒里撤出丹吉拉。山德佛曾經收到來喀土木的這道令命的複本，在喀土木，他們攔截了這道命令，並且破解義大利人的密碼。

就在托勒里從這個城鎮撤軍、將城鎮付之一炬的同時，我與曼加薩會合。他的部隊正遭到攻擊而停滯，在一場槍砲聲隆隆的戰鬥中，有一些義大利人的空中轟炸和砲兵火炮攻擊，他的部隊暫時被驅離公路。阿比西尼亞人虜獲一些戰俘、一些機槍和大批的步槍，那足以說明義大利人受到的損失何其慘重。托勒里繼續他的撤退行動，在夜裡抵達皮柯羅阿拜（Piccolo Abbai）。我們可以聽見遠方間間斷斷的炮火和轟炸聲，第二天托勒里撤退到達爾喬治斯河（Bahr dar Giorgis）的碉堡。

在這場戰役期間，曼加薩曾經運用無為而治的方法，將戰鬥方向交給他下屬的酋長決定，且和這整場戰鬥保持一定距離，不理會我誘惑他採取更主動攻擊行動的企圖。雖然曼加薩不是一名戰士，但他被許多義勇軍接受，視為他們的大君王，他在丹吉拉四周的一塊廣大地域上建立他的威望，曾經成功地打敗義大利人。

撤守丹吉拉是義大利人在溫吉特位於戈占省的戰事中所犯下的最大錯誤。如果他們還留在那裡，他們很可能勉強守住懸崖邊緣地帶，防堵溫吉特下令授權紀迪翁（Gideon）的軍團在那個高原上建立陣地。即使沒有遭到抗拒，紀迪翁軍團也很難讓他的駱駝運輸隊攻上那個幾乎是垂直的懸崖。

這個任務一旦達成，溫吉特便帶著蘇丹前線支援營和阿比西尼亞義勇兵營隊，以一連串的夜行軍方式，前進布萊。這支實質上沒有防禦能力的縱隊穿過黑夜，幾乎每一名士兵都帶領著一頭馱負物資的駱駝。每天晚上到黎明之前，大批的人馬和牲口必須藏匿起來，以防空中攻擊。在最後一晚，溫吉特下令點燃一些小型的火光，以做為導引之用；有一支火炬失控而擴散，使得這支向布萊揮軍的遠征軍，背著烈焰燃燒的山脈，暴露出他們的輪廓。

在我這方面，義大利人撤出丹吉拉之後，賽蒙斯首先派我帶著布朗的戰鬥中心去攻擊位於英格巴拉（Ingebara）的碉堡。布朗有一門三吋迫擊砲，那門砲是在喀土木的鐵路工廠臨時製作，而且沒有射擊測距儀沒想到居然能。兩天之後，義大利人撤離英格巴拉，退守到布萊。我到那裡和紀迪翁軍團會合。

納塔利上校指揮駐守布萊的義大利部隊，曾經奉命不惜一切堅守那個地方。那裡就像其他的義大利據點，工事堅強到牢不可破，可以抵擋溫吉特的小規模部隊任何直接的攻擊。溫吉特的意圖是藉著狄波拉馬可士來威脅義大利人的通信系統，接著靠一次利用手榴彈和刺刀所發動的夜間攻擊，來誘使納塔利撤兵。他也得到來自喀土木的三架衛勒斯里戰機的支援，對這個城市進行轟炸；這是在這場戰役中，他獲得空中支援時，唯一一次動用到空中轟炸。當他看著轟炸時，我站在他身邊，被他臉上的那種無情殘酷的表情所震懾。

在這場戰事中，我大半時間都和義勇軍在一起。我有一具小小的「比威」營帳和我的軍毯，還有一些備用的衣物、幾本書和其他的個人行李。我把這些東西放在一匹備用的騾子上，不過我沒有糧食補給，全靠那些酋長提供食物給穆罕默德和我。由於我喜歡阿比西尼亞食物，所以這並無艱難可言。一切如昔，當我和其他人會合，休．布斯達特邀請一項晚宴，那真是一種教人愉悅的轉變。我們坐在一張鋪著桌布的餐桌上，紅影搖曳的蠟燭照著餐具，吃著精心烹調的食物，喝著他弄來的香堤（Chanti）紅酒。

溫吉特公開表示鄙視這種奢侈。他由一位曾在巴勒斯坦與他共事的平民猶太教徒阿卡維亞

(Akavia)陪伴;經過一項特別的安排,阿卡維亞現在實質上是他的幕僚長。我有一回曾經看到他們兩人在一處營火上烤一隻雞。他們沒有壺和鍋,碟子或刀叉,當雞烤好後,溫吉特蹲坐在地上,用牙齒把雞肉撕成一片片,弄得他的雙手和臉滿是油脂。吃完之後,他說:「喂!阿卡維亞,接著!」然後把吃剩的丟給他。唯有和阿卡維亞在一起,他才出現一種親密感。如果那個晚上,他去加入他的軍官聚會,對話一定會枯竭,他們一定會溜走。他似乎生活在一個他自己營造的孤寂世界裡,因為一些倔強衝動的驅使,使他藉由他的粗暴與乖張來離間他的同僚。在喀土木,他曾經問我是否快樂。我回答大抵上是的,他回應說:「我不快樂,但是我不認為任何偉人是快樂的。」

在和溫吉特的關係上,我個人算是幸運的。他不曾對我粗暴。不過,有一回我真的突破他自己構築的防衛。我們兩人當時坐在一塊岩石上,望著一座起伏優美的山脈。很意外的,他放鬆下來,並且開口說話。他告訴我他的嚴岢、他受到禁欲式的教養、他在學校不快樂的時光、他在伍維奇①之所以不受歡迎、他對獵狐和障礙賽跑的熱愛、他對錫安主義的奉獻。我問他為何會變成一名錫安教徒,而不是猶太教徒。他回答說,他對猶太教的興趣是從他進入預備學校開始,他在那裡遭到無情的欺侮,學校的男孩聯合起來組成一個所謂「獵殺溫吉特」的團體。他曾經被虔誠的雙親依聖經戒律將他撫養成人,在那些不愉快的學校生涯中,他發現舊約聖經中有一種人,雖然每個人的手都是背對他們,但他們永遠不會屈服;他於是把自己視同他們。或許那段早年的歲月裡,溫吉特的人格曾經長久被封閉,或許曾經緩和過,接著變得更剛毅。

布斯達特就非常不一樣,他有熱情的心,並且善於社交,是個到哪裡都能交到朋友的人。他大半生都在海外度過,通常都是在偏遠的地區,但是只要他一回到英格蘭,「休回來了」的消息一傳開，他的朋友都會趕來和他碰頭。雖然他現在是一名比溫吉特更資深的上校，而且第一次世界大戰期間在西部邊界，曾經有過豐富的實戰經驗，曾和俄羅斯白軍作戰，布斯達特現在發現自己隸屬於一名軍官，一個只不過帶過一隊猶太夜攻連隊對付阿拉伯游擊隊的人。這種情勢對他們彼此來說都很難堪。溫吉特天生猜忌成性與妒嫉，使得這種情勢更難讓人容忍。

有一回，在圍攻布萊時，溫吉特帶著一個班，消失在戰鬥中，讓布斯達特忿怒不平的是其他日子都無法聯絡到他。另一次，溫吉特指控布斯達特膽怯，因為他把他的營隊撤離一個無法攻下的據點，布斯達特永遠也無法原諒他。後來，在那場戰役中，當我們在圍攻狄波拉馬可士，溫吉特送口信給布斯達特，要他把他的營隊移到另一個據點。時間消逝，似乎沒有什麼事發生。溫吉特來回踱步，愈來愈沒有耐性，接著他對我說：「立刻去找布斯達特上校，告訴他如果他不遵守我的命令，移動他的營隊，我將讓他很難看地調回喀土木。」

我去找布斯達特，告訴他溫吉特已經很不耐煩。

布斯達特大聲尖叫說：「該死的，如果那個人指揮過的部隊超過一個排，那麼他應該明白要移動一個營是需要花時間的。」

這是兩人之間最典型的不愉快的關係。

義大利人撤出布萊

紀迪翁軍團正在圍攻布萊，溫吉特派我去查克山脈，說服一位游擊隊戰士海勒．約瑟夫（Haile Yusuf），去攻擊位於布萊與狄波拉馬可士之間公路上的登貝察（Dembecha）的義大利人碉堡。穆罕默德和我在日落時分抵達法拉斯貝特（Faras Beit），那是山區中一個澈骨刺寒而冰冷的據點，我們在海勒．約瑟夫的家裡找到他，感到如釋重負，在他那寬大的阿比西尼亞式茅草屋裡棲身。我們自從前一天就沒有進食，因此他供應我們的那頓絕美的烤肉大餐，包括了因澤拉薄餅和加了調味的肉醬，教人非常喜歡。夜裡即使是在營火旁也覺得酷寒，當他們在屋內做這些餐的時候，蟲子從泥牆飛進來，享用我們的血肉。傷寒在這些村落裡並不常見，但我總是假想我一定不要生病，因此，我盡所能吃掉送來給我的任何食物，喝掉送到手上的水。

海勒．約瑟夫圓形的屋子擠滿了他的士兵，他們大多數都穿著虜獲的制服，制服上有些還帶著彈孔。所有人依慣例頭上綁著髮髻。山德佛曾經告訴我，海勒．約瑟夫不像曼加薩和內加薩，他是個戰鬥的領袖。雖然他身材短小，容貌優雅而沉默寡言，卻是個敏銳而且善於發號施令的人。他是個典型的阿比西尼亞貴族，穿著傳統的黑色斗篷。他同意我的提議，說他第二天早上將從登貝察出發，並派出信差召集他的軍隊。

登貝察碉堡被一個營的原住民部隊據守，他們是比大多數義大利人更優秀的鬥士；就像所有的城堡，它被一層厚厚的鐵絲網所包圍；一個大型的茅草覆頂小屋構成的大村落與它毗鄰。在海勒．約瑟夫抵達時，他占領一個單邊陡峭但上頭平坦的丘陵地，離那座碉堡大約一千碼。那座丘陵被一些樹木所覆蓋，但顯然我們一到達，就被義大利人觀察到我們的行動，他們先用機槍對我們開火，接著攻擊我們。在一些混亂的戰鬥中，我們成功地將他們趕回他們的碉堡。海勒．約瑟夫的兵馬接著襲捲那個村子，燒掉屋子，驅散牛和騾子。第二天，這種對他們通信的威脅行動，因為義大利戰鬥機不斷的攻擊而受阻。在《智慧七柱》一書中，勞倫斯曾經描述他和他的阿拉伯人，在土耳其空中攻擊中，如何利用一座丘陵陡峭的山壁蹲坐著，以避免人員傷亡。我們仿傚他們的辦法，所以沒有半點傷亡。

我送了一份報告給溫吉特，要求一挺機槍，以鏟平義大利人的據點。溫吉特已經派了波義爾（Boyle）少校的義勇軍切斷布萊和登貝察之間的公路，波義爾此時派了羅威中尉帶著一挺機槍給我。羅威當天下午到達，並且說波義爾就在兩哩外的布萊公路上紮營。那天傍晚，從那丘陵的頂上，我們注意到一大批人頭鑽動、黑油油一片的人群，正朝著我們這個方向前進，我們明白那是義大利人已經撤出布萊，正朝著登貝察前進。我建議羅威應該回去和他的營隊會合，但他急著先對登貝察開火，說他打算天剛亮時才回去和他們會合。他果真這麼做。

波義爾曾經在公路旁紮營，並沒有準備防禦或採取對付意外狀況的警戒措施。大約在三月六日早上八點鐘，撤退的義大利人先頭警戒部隊攻陷他的陣地。波義爾的駱駝已經放出去吃草。第一槍發射之後，他的部隊還在準備早餐。雙方都感到意外。這是義勇軍營隊第一次遭到砲火攻擊，但他們並不驚慌，勇敢地加以反擊。他們其中有個人拿著反戰車步槍向前衝，擊毀兩輛裝甲車輛。義大利人以密集的隊形停止行進，他們的各個營隊輪流向前和波義爾的部隊交戰。從我們這個丘陵頂上看去，那場景就像是拿破崙時代的某一場戰役正在開打。炮火十分猛烈，小型武器不斷開火。為避免登貝察的守軍突襲波義爾部隊的背後，海勒．約瑟夫不斷對這個城堡施壓；他的人馬重新占領那個毗連的村莊，從四面八方對著那裡的防禦工事開火。這使得義大利人花了兩個小時才攻破波義爾的營隊。他們接著強行進入登貝察，在戰場上死了兩百人，另外帶著數百名傷患；而義勇軍營隊只有一個戰位被殲滅。這場戰役一般人都稱為「波義爾的失誤」。

溫吉特到達登貝察那天，帶著前線防衛軍，那是他僅有的有效戰鬥隊型，他藉這支部隊占領狄波拉馬可士。斷斷續續的戰鬥終日進行，布斯達特連隊的一名指揮官哈里斯上尉受到重傷；他在克里福．德魯的初步治療下完全康復，手術是在一棵樹下的平野進行。第二天早上，義大利人放棄登貝察，撤往狄波拉馬可士。他們撤退第一天便碰上來自約瑟夫人馬的掠奪。這些人曾經與義大利人在沒有奧援的情況下，戰鬥了六年，可以理解的是他們可不想在敵人撤離他們土地的最後一刻被殺。

我觀察義大利人離去，接著下山進入城堡，我發現溫吉特正在搶救一些補給物資，但在過程中變得十分下流。義大利人曾經放火燒他們儲藏的物資，溫吉特正在一堆爆裂的白鐵罐裡搶救，裡頭裝的大半都是肉類。我助他一臂之力，但似乎並未奏效。他接著把一些阿比西尼亞人集合到一座機場排隊，要我過去幫忙。我們設法清出一條適合的跑道，但是沒有一架飛機飛到我們這裡或別的地方。當我們正在指揮這些工作時，溫吉特對他的翻譯員大發脾氣，用一枝棍子打在他臉上許多次。

第二天溫吉特不知消失到何處，聽到一聲爆炸聲時，我們其餘的人正在吃午餐。我心想：「該死的！他們掉到詭雷的陷阱裡！」

走進門口，我們驚駭地看到四個被烈火焚燒的人，就像四支火把在庭院裡搖搖晃晃，死命地用手拍打他們的身體。我們將他們按倒，用我們吃飯的那間屋子的窗簾來撲滅火焰，但是等到我們撲滅最後一道燃燒的火焰時，那四個人的衣服全都已經燒光，只剩下綁腿和彈帶。他們的身體只要還有剩下皮膚的地方，都有深深的灼傷痕跡和巨大的水泡，他們的手燒焦到見骨。其中一人還不斷地呼喊：「開槍打我！開槍打我！」

有三個人來自前線防衛營，另外一人是溫吉特的翻譯官。他們進入一間車庫，當他們點一根火柴抽菸時，一個漏油的汽油桶爆炸，炸到他們整個身體。前一天，克里福．德魯才利用騾子上鞍，運送哈里斯及其他傷者，現在我們甚至連一名醫務兵也沒有，只有隨身攜帶的膠布繃帶。我在義大利人的醫療室裡四處找尋，很幸運的是那裡並沒有被焚燒或被劫掠，最後終於找到一些嗎啡。其他軍官看著我，我發現我這個時候得負起全責，雖然這些傷者並非我的手下。我告訴那些軍官，我打算怎麼做，他們也同意了。接著我向那些圍著四名垂死之人的蘇丹人解釋：我說他們正承受極大的痛苦，雖然還可以撐幾個小時，他們已經沒有希望救活。如果我讓他們沉睡直到死去，他們至少是在不知痛苦的情況下死去。我接著給每個被燒傷的人一劑足以致死的嗎啡。溫吉特的翻譯官曾經一直呼喊著他，那天晚上溫吉特回來時，我告訴他這件事。他沉默良久，接著喃喃地說：「上帝啊！這讓我覺得我是個畜牲！」

背信的游擊隊長

我們此時正朝狄波拉馬可士前進。我不記得我們花了多少時間才到達那裡。我第一次參與這些夜行軍，我才明白幾乎每個人都牽著一頭駱駝，如果我們遭受攻擊，我們將完全無力防禦；不過溫吉特正確地研判，除了可能受到空中攻擊，義大利人並不會打算阻擋他前進。他把這件事歸因於他因為他的道德至高無而很快得到的一些正義，不過再一次回想，便知道他對義勇軍的虧欠有多少，是這些人過去多年來遍布各地的頑強抵抗才讓他現在能夠自由自在地行動。

在我們接近狄波拉馬可士的最後一段行軍的路上，溫吉特召集我們在半夜停下腳步。我們在凌晨四點鐘重新出發。謝天謝地，我們終於可以躺下來睡一覺。四點鐘，並沒有任何行動的跡象，因此我去找阿卡維亞。他說我們可以停下來待到第一道曙光來臨，因為溫吉特已經收到口信，說義大利人的通敵者海陸拉斯王帶著相當多的人馬，在這座丘陵比較遠的那一側紮營。我很擔心地再度躺下來；我們散布在小徑上，根本就未占據任何可以抵擋攻擊的據點。我在黎明和溫吉特會合。他似乎十分鎮定，身為阿比西尼亞皇帝總司令，他對海陸拉斯王起草一份招降詔書。他碰到一些困難才找到一名信差，當他派出信差時，海陸拉斯王已經移往狄波拉馬可士。

我們在那座城對面占領據點之後，很快地我們不再再受到來自那座城的攻擊。初步的行動交付到我們身上，溫吉特重覆使用他運用在布萊而十分奏效的戰術，每天晚上利用布斯達特的某個連隊攻擊某個特定的目標。柯林．麥克唐納在那些攻擊行動中的一次出擊遇難；我與他不太熟識，但是他有許多死忠的朋友。我認識的那位曾擔任達富爾指揮官，但從來就不曾分享我對阿比西尼亞熱忱的艾克蘭，在另一次的夜間攻擊行動中受傷。

貝萊．哲勒卡（Belai Zeleka）證實他是戈占省中最可畏的游擊隊領袖，他是統御整個藍尼羅河沿岸，也是能夠瓦解最後一批從狄波拉馬可士撤退轉進索瓦的義大利人的唯一一位游擊隊領袖。雖然出身卑微，在那些因為家世而獲得地位的人之中，他因為戰鬥技巧和大無畏而能晉升到現在的地位，他也因此能讓他的軍隊達到相當程度的紀律，那是曼加薩和內加薩所辦不到的。

三月十七日，也就是我們抵達狄波拉馬可士附近的兩天後，溫吉特派我和貝萊．哲勒卡接觸，安排我在守軍撤退越過藍尼羅河峽谷時，和他一起攻擊守軍。我隨行帶了二十名阿比西尼亞籍貼身待衛，他們在過去的幾個禮拜裡，一直跟隨著我，他們分別來自索瓦、貝格蒙德及其他地區，在脫離義大利人之後，發現自己游蕩在一個陌生的荒野上。和我在一起的有羅威、來自此時四散的義勇軍營隊的四十人。我還有一名工兵中尉提姆．佛力（Tim Foley）。他是個愛爾蘭人，是個人主義者、是一名技法優秀的即興演奏者，也是個最好的伙伴。

我們和貝萊・哲勒卡會合，期待著好事發生，當他集合他的部隊和隨從時，我們在他的莊園裡度過一天。第二天早上，我向前推進到那條公路，它通往藍尼羅河，在夏法塔克（Shafartak）跨過河流。貝萊・哲勒卡體型纖瘦，皮膚蒼白、臉龐削瘦、嘴唇細薄，臉上不帶笑容，騎著一匹優秀的騾子。圍繞在他四周向前行進的是一批擁簇的人馬和馱獸。我心裡想：「如果有一架戰機飛過來，上帝，求你幫助他們吧！」雖然經歷多年慘痛的經驗，他們還是選擇這樣的隊形穿過荒野。

突然，一聲槍響。貝萊・哲勒卡停下來，手高高舉起。

「是誰開的槍？」

經過查詢，一名穿著華麗的婦女被帶來他的面前。她因為失誤而擊發她的左輪手槍。

「鞭打她！」

她被鞭笞，接著我們繼續前進。

在過去數個星期中，我經常因為有人漫不經心誤射槍枝而感到光火。我認為山德佛帶著一箱箱彈藥從蘇丹出發，費盡氣力渡過氾濫成災的河流時，很有可能就是這樣浪費彈藥的。

我們那天早早紮營，在一個開闊的平原上散開，所幸沒有義大利的戰機。每一回我對貝萊說話時，他總有一些理由拒絕前進，理由是他正在等待更多部隊或是等待後勤物資或情報。

最後他說，那是他的軍隊，等到他準備好的時候，他才會前進。我擔心那些義大利人在我們進入陣地之前就會撤出狄波拉馬可士，我急著要偵察那條公路，為伏擊行動找一個地點；但我知道走在前頭而和貝萊遠離可能是樁錯誤。我們沒有帶糧食補給，得靠他供應我們食物。我想他一定知道他在做什麼。似乎難以教人相信他會錯失一項決定性的勝利，那確定可以讓他獲得永垂不朽的聲望。

接下來，難以置信的是，我們在四月五日聽說狄波拉馬可士的守軍已經撤退，越過藍尼羅河進入索瓦，我讓貝萊．哲勒卡留下來向他的人馬解釋他的背信。我直接前往狄波拉馬可士向溫吉特報告。布斯達特因為錯失這個大好時機而對我十分光火，但溫吉特卻出乎意料的能夠諒解。我們後來得知，海陸拉斯王允諾把他的女兒嫁給貝萊．哲勒卡，以便能指使他。這讓貝萊．哲勒卡心花怒放，而且能夠與塔卡拉．海馬諾家族聯姻這件事讓他無法拒絕。四年後，他和海陸拉斯王的兒子里茲．馬莫在阿迪斯阿貝巴被公開吊死。海爾．塞拉西因為他們在戈占省滋生事端而將他們監禁。他們殺了一名獄卒而逃脫，但再度被捕，他們因為謀殺而被審判，最後判處死刑。

義大利人在一九四一年四月四日撤出狄波拉馬可士之後，海陸拉斯王親自殿後鎮守。即使義大利人在一九三五年入侵之前，他也曾擇機密謀策動，再度對抗海爾．塞拉西，這個事件的六年後，他曾經協助義大利人對付義勇軍。在歐洲每個被占領的國家經過解放之後，通敵判國者都會被他們的國家百姓處決或監禁，但許多人其實不如海陸那樣罪大惡極。但是皇帝卻宣布過去的罪過應該被寬恕與遺忘，這樣子他所有的百姓才能一起努力重建他們的國家。他因此接受海陸的投降，但是公開接受並加以蔑視，接著將他監禁在禁閉室裡。後來海陸被釋放，但被禁止再回到戈占省。

注釋：

①伍維奇（Woolwich）：位於格林威治，泰晤士河南岸。當地設有伍維奇皇家軍事學院。

【第24章】

溫吉特的勝利

溫吉特在一九四一年四月占領狄波拉馬可士，這只是整個快速變化的軍事行動場景中的一幕。康寧漢將軍已在一九四一年二月，已經從肯亞攻入墨索里尼的「非洲東方義大利列車」。他的部隊向前推進突破義屬索馬利蘭，在二月二十日奪下莫加迪休，三月二十六日攻下哈拉爾，四月六日拿下阿迪斯阿貝巴，他從那裡派了一個師北上到狄西。同時間內，普拉特將軍已從蘇丹攻入厄立特里亞，經過數週的激戰，他的部隊在三月二十七日襲擊極其堅固的克林陣地。接著占領亞斯馬拉和馬薩瓦之後，普拉特向南推進到阿拉奇山，那是另一個堅強的山區陣地，由奧斯塔公爵帶了五萬名兵馬鎮守。

英國軍方當局就像其他所有單位一樣，相信阿比西尼亞人如果有機會，一定會對義大利人施加恐怖的報復。有許多例子說明阿比西尼亞人的殘暴，例如詹姆士·布魯斯一七七一年在岡達爾曾經親眼目睹，讓人有理由相信這種假設，而阿比西尼亞人當然有充分的理由展開報復。義大利平民散居在這整個國家，特別是在阿迪斯阿貝巴四周，有大批的義大利平民，官方相信，除非加以保護，他們可能會遭到義勇軍的毒手。沒有別的理由，就為此，普拉特不希望溫吉特在康寧漢之前到達阿迪斯阿貝巴。

就在我到達薩克拉之後，我曾經和山德佛引討論發生報復的可能性。我確定，只要給他們機會，阿比西尼亞人肯定會因為義大利人加諸他們身上的暴行，而對囚犯及平民展開報復；然而山德佛不同意這種說法，堅信阿比西尼亞皇帝會阻止此事並且遵守。山德佛必定是唯一做如是想的人，不過就如經常發生的，只要他表示不同意大多數人意見，事後總證明他是對的。

海爾·塞拉西五月五日回到斯阿貝巴時，透過聲明，期求他那些歡欣鼓舞的百姓，不要在世人的目光下，進行報復而毀壞他們的名聲；我從來就沒有碰過或聽說過任何違抗的案例。在這個事件處理上，他對他的百姓更展現出他的人道主義原則，這是他的權威性的一種醒目的表徵。

狄波拉馬可士、登貝察、布萊和英加巴拉等地組合起來的守軍正在撤退，四月五日渡過藍尼羅河進入索瓦省，部隊主要由土著步兵組成，但也包括一些騎兵與砲兵。指揮這支部隊的馬拉文塔諾上校此時轉而向北，目的是要和奧斯塔公爵在阿拉奇山會合。如果他成功的話，這將會讓奧斯塔公爵的兵力增加三倍以上，用以對付普拉特將軍。溫吉特因此派遣賓巴希少尉亨利・強生（Henry Johnson）和他大量失血的連隊及羅威中尉的一個排的阿比西尼亞士兵前去追趕，這些士兵不到一百人卻要去追一萬兩千人。羅威帶著他的威克斯重機槍，強生則有四門貝倫火砲。我和他們一起前往。強生的命令是把握每一個機會干擾義大利人。他知道他不可能期待兵力增援，因為溫吉特正派遣布斯達特帶領剩餘的前線支援營進入戈占省北部，去占領達爾喬治斯河。強生在戰前，曾經待過蘇丹的葛奇拉柯頓兵團，他和我一樣，曾經獲得一位總督的委任。他已經證明他是個有勇氣和能力的軍官，而當我們出發前去攔截前方的義大利人的時候，他所表現的鎮定，並沒有受到他那看似荒謬的命令的影響。

我先前不曾看過藍尼羅河峽谷，有同時看過它和美國大峽谷的人將它與大峽谷相比擬。此時，我站在它的邊緣，俯看著下方遙遠的那條河流，像一條銀線，位在地球表面一個邊緣斜峭而極寬廣的裂縫的底部。只要貝萊・哲勒卡在這支義大利縱隊繞著窄路下行時加以伏擊，只有少數人可能逃脫。

義大利人已經摧毀橋梁，但是我們涉水兩百碼，渡過水深及腰的河流，到遙遠的另一岸停下腳步。大約一個半小時後，義大利人開始對我們砲擊。但是炮彈在崖壁上方引爆，並沒有造成傷害。我很慶幸我們走下公路或被迫渡河時，他們並沒有這麼做。

接下來的一個月，我們穿越一片乾燥開闊的高原，高原中間被一些峽谷所切斷，我們追隨著為數眾多的人獸前進。這條路沿途到處散布著荒廢的土著的田園，以及被驅散的牲口。義大利人縱隊緩緩行進，一天不過只走幾哩路，到最後經常保持停滯數天，可能是考慮到他們有許多傷患隨行。

我們經常在距離他們散亂的營地大約一哩多的地方紮營。隨著天色變暗，他們的營火就像小鎮的燈火一般，擁有這類豐富的夜戰經驗的強生士兵開始射擊，營火便被水澆熄。在這些平坦的平原上，我們很難找到一個可供防禦的據點，因此，我們只得在開闊地上紮營，每天早上我都預期我們會遭到攻擊並且會被殲滅。義大利人早晚會被激怒展開報復，這似乎是不可避免的；如果他們認為必要的話，他們可以完整地運用一個旅以上的兵力展開行動。

經過了這許多年，而且我身邊又沒有我的日記本——日記本是在一九四三年我飛回英格蘭的時候被拿走的，而且一直沒有歸還給我——這些事件的順序在我的腦子裡變得很模糊。有一天，唐納・諾特（Donald Nott）少校和我們會合。諾特是職業軍人；他的出現使我們放心，我也發現他是個能鼓舞別人的伙伴。就在他抵達不久後，我們到達一個殘破的鄉野，我們在那裡變得比較有攻擊力，即使是白天，也能對義大利的營區展開射擊。

等義大利人最後對我們展開攻擊時，我們顯然已經占領最堅固的據點。多日以來，我們曾經在一個陡峭的平頂上構築壕溝工事，那平頂與義大利人所占據的一個比較大的高原之間，有一塊長一百碼、寬二十碼的狹長土地相連，他們在清晨沿著這道狹長土地發動攻擊，我們將他們打得七零八落。隔天他們再度撤退，我們則再一次重新追擊。

最近曾下過多次陣雨，如果真正的豪雨在最近幾週內狂瀉下來，我懷疑將會發生什麼樣的狀況；我曾經歷過大洪水，洪水後來真的發生了。蘇丹人每個人有一塊草蓆和他們的毯子，除此之外就沒有其他可以抵禦天候的衣物。他們來自蘇丹酷熱的平原，一個遠離這些冰冷嚴寒高原地區的地方。此時他們的衣服都已破爛，他們的草鞋也已經磨破；有些人的腳已經擦傷流血，他們的食物配給短缺，他們的彈藥也一樣不足，但是在強生卓越的領導，這些超凡的軍隊一如往常，維持高昂的士氣與紀律。

只要有可能，我們打算追蹤及干擾義大利人，但是我懷疑除了我們最近的勝利，我們當中任何一個人會覺得自己能夠獲得紮紮實實的勝利。此外，沒有無線電或其他通信設施能與別人聯絡，我們覺得被隔絕和被遺忘。

諾特曾經帶來訊息指出，溫吉特挑戰康寧漢的命令，在五月五日走在殘餘的義勇軍部隊前頭，帶著海爾・塞拉西進入阿迪斯阿貝巴，皇帝受到那些被解放的百姓盛大的歡迎。然而，溫吉特身在何處，諾特並沒有概念，或許因為違抗軍命而被扣押在阿迪斯阿貝巴。

五月十四日，我們在德拉這個小村子的附近紮營，義大利人曾經在那裡駐守兩天，當時溫吉特在某個早上突如其來地露臉，帶著三名來自費契的義勇軍領袖和他們的四百名隨從。阿卡維亞也和他在一起，還有一名英國士官和三名來自布朗的戰鬥中心的澳洲士官及他們少許的人馬。溫吉特帶來一具無線電，並用兩頭騾子為我們那些飢餓的蘇丹士兵載來義大利人的肉罐頭。不幸的是這些罐頭上標示著十字架，那些蘇丹人身為穆斯林，拒絕吃裡頭的食物，他們嫌惡那些罐頭，把它們拋到懸崖下。

溫吉特就這樣子來，我想他就是這麼一個教我們都不喜歡的人，但是我真的很欣賞他的偉大。他一嘴鬍子而且蓬鬆雜亂，下巴凸出，他接著將我們集合起來。一點也不浪費時間，他告訴我們他打算讓義大利人投降，而且要在未來的幾天內辦到。無線電一架好之後，他拍了一封電文給康寧漢表示對於現況的感謝之意。來自狄波拉馬可士的義大利部隊兵力達到一萬兩千人之強，現正進入一個居住加拉族和穆斯林的鄉野，他們傾向支持義大利；他們的目標是要增強奧斯塔公爵駐守在安巴阿拉奇的部隊兵力。而溫吉特打算在十天之間這支部隊摧毀或俘虜。

第二天，溫吉特收到來自康寧漢的一封電文，命令他和戈占省的布斯達特會合，並命令諾特把追蹤義大利人的工作交給來接手的人，並向阿迪斯阿貝巴方面報到。溫吉特讀了這封電文，露出冷冷的笑容，我們都難以置信地聽著這則訊息。他向阿卡維亞說，「把下面的消息以溫吉特的名義送給將軍：『讀讀我給你的感謝函。完畢。』然後關掉無線電。」他站起身來，打開一罐牛肉罐頭，盡其所能地遠望凝視著北方鄰近藍尼羅河的峽谷、懸崖與高地。

「多麼驚人的鄉野啊，它必然能媲美喜馬拉雅山區。」他說。在我們下方，我們可以看見義大利人似乎綿延不斷的縱隊正從德拉撤退，再次朝向阿拉奇山移動。

溫吉特的爭議性

當晚大約九點鐘，溫吉特召喚我去。

「你得立刻出發。帶著羅威和他的手下、那四名士官和三名義勇軍領袖，以及他們所有的人馬。一直前進而不要停滯，直到你們到達義大利人的前線，接著和他們交戰，確定你能造成他們至少兩百人的傷亡。我會追擊他們，從這一側攻擊他們。他們的士氣已低落，我們鐵定可以讓他們棄械投降。身邊不要帶任何牲口，牠們會延緩你的行程。快去，做好準備。祝你好運。」

我不記得那天的月亮是什麼樣；但一定有一些月光。我們走一條粗略的小徑從那懸崖沉降而下前往德拉，接著沿著一個河谷前進，直到黎明。走過這些路之後，我只有一種混亂的記憶，記得當時曾在山脈的陡坡爬上爬下，記得經過河谷底部一個廢棄的村落，遭到那裡的村民從懸崖對我們零星的開火射擊。我記得那座山谷裡的熱氣，那條偶爾可見的迷人溪流，攀爬這些多變的山脈時的那種曲折，還有得向下留意那些步槍槍管，它們全都子彈上膛，而且大多數都打開保險，也還記得當時的那種不平靜。我記得穆罕默德在我身旁，一如平常那般安靜，總是那樣周全又幫忙，而我個人的貼身護衛也總是在我附近。我們繼續前行，直到那天傍晚，我們只做了極短暫的停留。接著其中一位義勇軍領袖阿雅魯告訴我，他剛從某些村民那裡聽到，義大利人就在我們後方的一座山脈上紮營。

前方的山谷是這個地形碎裂的地區中最典型的一種地形，也就是兩邊斜峭的高原，阿雅魯說有一條小徑可以上到那座高原，山頂上有個小小的衛哨，在相鄰而接續的另一座高原上，有一座碉堡稱之為瓦吉迪（Wagidi）。三名義勇軍領袖同意我們的義大利敵人必定會取道瓦吉迪，前往行軍大約一天的阿奇巴，那裡顯然有個大型的義大利軍營。即使是慣於這種步行的阿比西尼亞人也覺得疲累，因此我們決定就在原地休息。然後，在黎明之前，我們將會爬上前方的那座陡峰，突襲那個衛哨。

我們真的辦到了。那個衛哨站是一間小木屋，我們在裡頭發現一名老人和他的五個兒子正在睡覺。我們叫醒他們時，他們顯然十分驚恐，雖然我們已經他們保證不會傷害他們。穆罕默德為他們泡茶，那名老人叫他的妻子為我們煮一些吃的。他告訴我，他其他的兒子帶著一千兩百名當地的徵募兵員（Banda），占據我們可以看得到的那座位於瓦吉迪的碉堡，它就在峽谷對面，靠著另一塊狹長土地。我要他立刻前往那裡，建議那些在地徵募兵員趁著為時未晚，趕快逃離。阿雅魯已經讓老人知道皇帝正要班師回朝，他警告老人，我們後面還有一支大軍跟隨而來。

他帶著一個兒子出發，我們慵懶地在太陽底下度過白晝；在這樣的海拔高度，其實很涼爽。就在天黑之後，一支火箭從那碉堡射出來，後來那名老人回來說那些當地的徵募兵員已經完全棄守，那座碉堡現在已經空盪無人。我們在那天早上占領它，而來自狄波拉馬可士的義大利部隊一路跟蹤我們上到瓦吉迪高原，就在數哩之外紮營。

第二天早上，也就是十九日，我的貼身護衛隊裡的斥候兵向我報告，義大利人已經拔營。我不希望被困死在碉堡前方，所以我向外移動到靠近我們所在高原邊緣附近的一個低矮山脊上戰鬥；如果被驅離此地，我們也能夠穿過那塊狹長土地到另一座高原上，接著在那塊高原上據守。當我們到達我們的陣地，我們看到義大利人正以密集隊形前進，穿過面向我們的那片開闊的平原。他們停了下來，他們的第一發炮彈在我身旁爆炸，將我擊倒。當我站起身來，我的腿覺得相當麻，我猜是一塊石頭擦傷了我的膝蓋，它看起來是被擦破了；不過我還是能蹣跚地行走。二十五年後，在我進行一項軟骨切除手術之前，醫師檢視X光片並說：「你的膝蓋裡有一塊完整的彈片。」

羅威的維克斯機槍很重，所以我們把它留給溫吉特，但是那些澳洲人帶來他們的霍吉斯自動機槍，是一挺較輕的武器，像是一次世界大戰時的武器，附有鼓式彈匣。那機槍總是不太可靠，但是這回卻很管用，我們其他人則是利用步槍射擊。結果看起來似乎是用一個營那般的兵力發動攻擊，我們得以這種方式阻擋敵人。那些義大利人後來利用他們的土著騎兵部隊，發動一次太認真的攻擊行動，他們有些人逼得太近，近到我們足以利用米爾斯手榴投擲到他們之間。我們了解到，如果還停留在此地，我們應該會被包圍，因此我決定撤守到那片狹長土地上。

我手臂撐在穆罕默德肩上蹣跚地折回，我覺得在敵人占據後面那些接連不斷的山脊，並且對我們開火，我們兩個人變成敵人的顯著目標。在穿過那些狹長土地時，我知道我們可以擊退任何的攻擊行動，但是過了那些屏障，義大利人便不管我們。我們看著他們在碉堡四周紮營。我此時才知道，在我們相當沒有組織的撤退行動中，羅威受了傷且被俘。他後來在阿迪斯阿貝巴過世。羅威的阿比西尼亞士兵十分尊敬他；他們說他在登貝察曾經像一頭獅子般戰鬥。義勇軍損失三十人，有的或已戰死，或者已失蹤。至於敵人那方面，等我後來與溫吉特會合時，他帶著詭異的微笑說：「嗯，你已經達到兩百人的目標，我想數字顯然已經超過許多。」

我很驚訝我們殺了這麼多人，但那場戰鬥是零散的，很難看清楚到底發生什麼事。兩天後賓巴希萊理少尉帶著一名義大利少尉和溫吉特的一封信函出現。馬拉文塔諾上校已經同意讓他的部隊投降，而我現在將到阿齊巴要求當地的守軍投降。萊理告訴我，義大利人撤退時，溫吉特如何攻擊他們的後翼，而當時我們正攻擊他們的正面。就在五月二十二日日出之後，我們開始從另一個懸崖走下山。當我們接近它的山腳下時，我們聽到爆炸聲，我後來得知那是在後方的瓦吉迪數百顆手榴彈爆炸的聲音。阿比西尼亞人相信義大利人反悔而攻擊溫吉特的部隊，全部聚攏過來要求我回頭，弄清楚到底怎麼一回事。我拒絕了，經過一番激辯，我們繼續前進。在爬過另一座斷崖之後，我們來到阿齊巴。

我派萊理和那名義大利軍官進入豎著白旗的碉堡，要求指揮官過來見我。在此同時，有數百名當地人在他們大將軍的帶領下，聚集在附近。他們對著我的阿比西尼亞士兵高聲辱罵，其中一人開了一槍，接著每個人開始擊發他們的步槍。因為場面太激烈而讓我震驚，我帶著我的翻譯官和一名貼身護衛，拿著阿比西尼亞國旗向他們走去。我對他們大聲吆喝，直到他們停火，接著要求和那位將軍說話。當他走上前來，我告訴他如果他在自己國旗下開槍，他將被絞死，他得立刻將他的暴民弄走。他照辦了。

沒多久，萊理從城堡裡走出來，帶著那名義大利指揮官，由他能說英語的醫官陪同。那位上校說他已經準備棄城投降，要我嘉勉他的部隊為光榮而戰，同意我升起英國國旗取代義大利國旗，但不是阿比西尼亞國旗。我告訴他我的唯一條件就是要他們無條件投降；因為我在皇帝的部隊裡服役，我應該在這座城堡上空升起阿比西尼亞國旗。他立刻回應他的軍官們絕不同意這樣的條件。

我說：「很好，我欣賞他們的決心，但我希望明白他們拒絕向我投降將付出代價。卡薩拉斯王帶著他的部隊從索瓦省前來，阿巴達·阿瑞凱拉斯王（Ras Abada Aregai）帶著他的部隊從曼茲前來，還有數千名的戈占省義勇軍正一路趕過來。他們將短短幾天內在到達這裡。等他們席捲這座碉堡，他們將會毫不留情。這是你們保住性命的最後機會。如果你們現在投降，我們保護你們前往費契。如果你們拒絕，你們將血戰到底。」

那位醫官打斷我的話說：「不，不，這並不是我們想要的！」

義大利國旗從碉堡上降下來，阿比西尼亞國旗升上去取而代之。阿雅魯、馬孔能和比魯這三名義勇軍領袖出現在這場典禮中，但我堅持沒有我的許可，他們的隨從不能進入那座碉堡。沒多久，我就發現他們當中有個人拿了一條毯子離開；我叫人把他帶到門口，在他的同胞面前加以鞭打。我已扛下守軍生命安全的責任，但只有一小撮人是我能信賴的。一切太容易失控，我的囚犯可能遭到謀殺。稍後沒多久，我聽到喊叫聲，發現另一名阿比西尼亞人正在偷一名義大利人的手錶。他也遭到鞭打。我接著告訴阿艾雅魯和另外兩名酋長，我將吊死下一個被我發現在這碉堡中不守紀律的人，命令他們再次警告他的手下。這樣做的確嚇阻了他們。

在此同時，萊理和那些士官收集所有的步槍和機槍，拔掉它們的插鞘，他們將插鞘裝進盒子裡，我打算讓那些守軍像我們一樣，把他們的武器背回費契。我們也在碉堡內發現大批彈藥。經過稍早的行為示範，我實在找不到理由為何這些彈藥該落入當地人的手裡，所以我告訴義勇軍領袖他們應該派出手下，以小組為單位，在護衛的情況下，搬移這些彈藥。我覺得他們應該得到這些彈藥。

我已派了一名快跑者前去向溫吉特報告這座碉堡已經投降，而他也做出回應，告訴我將守軍移送到費契。守軍為數大約兩千五百人。溫吉特的信差向我描述溫吉特如何在連隊數量損失大半的蘇丹防衛軍面前，接受馬拉文塔諾的投降，那只是一小群對抗他們的部隊。

在義大利人投降之前，有些人已經將他們的手榴彈朝懸崖下方投擲，當溫吉特威脅將對他們開火時，他們才停下來，投擲這些手榴彈，正是我們走下懸崖時所聽到的爆炸聲。

我想我們要到達費契得四天時間；實際上可能會更久。對我來說，行軍似乎是無限漫長的，我擔心的是當地人可能會攻擊我們這支長達一哩而且沒有武裝的部隊，這很有可能引來所有那些想要打劫的人。顯然他們已經在我們行進時一直跟蹤我們，我們紮營時，他們在附近閒晃。所有的人帶著步槍。在我們離開阿吉巴之前，義勇軍領袖們協助我把皇帝的戰俘平安送到費契，他們願意背起這樣的重責大任，讓我大為感動，而他們也真的這麼做。我每天走在我的兵馬前方，而萊理和士官們殿後監護。

我在費契很高興地把戰俘交給溫吉特，他安排他們和其他戰俘集合在一起。這樣一來，總人數就達到兩百八十二名義大利軍官、八百名其他官階的兵士官和一萬四千五百名土著部隊。他虜獲八門野戰砲、八門排砲、四門迫擊砲、六十挺重機槍、一百六十挺輕機槍和一萬兩千枝步槍。這樣的勝利為他的成就畫上句號。他從蘇丹出發只帶了兩個營隊，一個是蘇丹營，一個是阿比西尼亞營，配備的武器除了他們的步槍，就只有一門迫擊砲、一挺維克斯機槍和少許的布萊恩機槍；靠著義勇軍的幫忙，他已經達成他對阿比西尼亞皇帝的承諾：解放戈占省。

我在費契向溫吉特報到時，我覺得我在藍尼羅河峽谷的失手已經得到贖罪。我明白我的勝利得歸因於他。他可以輕易地否決給我另外將功贖罪的機會。他一直很欣賞我因阿比西尼亞人而投入的熱情。幾個月之後，我聽說他曾推薦我獲頒一枚優異服務勳章。我只是按部就班，而能獲得這項獎勵，對一名中尉來說，這真是超乎我的想像。

不幸的是，在幾乎是我最後一次跟隨溫吉特的場合中，他的舉措極為野蠻殘酷。我會提及這次的事件是因為這樣有助於描摹出這個爭議性人物的個性特質。

他穿著晨袍，走到儲存虜獲武器的圍地；武器由皇帝的代表持有，由一個將軍的護衛守衛。那個將軍拉起他的手，說：「沒有人獲准到這裡來的。」

溫吉特高聲咆哮說：「你不知道我是誰？」他用他的棍杖打了那名老人的臉。護衛們的步槍上膛，發出一陣咯咯的聲響，而我相信我們兩人都將被射殺，但是溫吉特並不在意。他邁著大步走開，挑了一把他打算交給某個人的左輪手槍，然後走了出去。

就在這事件後不久，溫吉特奉命向總部設在哈拉爾的康寧漢報告。這位將軍很急著要把他弄出這個國家，因為溫吉特曾經違抗他的命令，指揮皇帝的部隊從狄波拉馬可士前進阿迪斯阿貝巴，康寧漢戰前在巴勒斯坦處理政治紛爭頗有聲望，他決定不讓軍事政府與皇帝之間的關係更進一步複雜化。他此時在第一時間將溫吉特派到開羅。在他離開阿比西尼亞時，許多人的心裡也許正想著：「謝天謝地！我們現在終於甩掉溫吉特了！」他在緬甸搞出更大的事情，他挑起了同樣的敵對狀態。

奧德．溫吉特和T.E.勞倫斯在英國史上，建立了同樣的地位。這兩個人都擁有同樣戲劇性的特質，讓他們獲得不朽的名聲，雖然勞倫斯對最後的勝利所做的貢獻沒有助益，但他的聲望勝過一次世界大戰中任何一位將軍；同樣的情況也適用於溫吉特。而這兩個人的情況可以歸因於他們的特質而不是他們的成就，使他們出類拔萃。而許多文章曾經寫過勞倫斯，但是關於溫吉特的一手報導則付諸闕如，而在溫吉特參與阿比西尼亞戰事中，認識他的人如今都已逝去。克里斯多佛．賽克斯（Christopher Sykes）曾寫過關於他的一部最好的傳奇，但從未與他謀面。賽克斯曾經花了好幾個小時和我討論溫吉特這個人，我告訴他所有我記得的事，但他選擇省略我提到描述溫吉特情緒難以控制的兩起偶發事件。我想他這麼做是不對的，將這兩件事收錄進去，並不是要詆毀溫吉特，而是因為我認為他是個十足具有歷史重要性的人物，每一則偶發事件都可以顯露他的人格特徵，都是值得記錄的。

溫吉特具有冷酷無情的企圖，然而他的目標超越了他的企圖心。他是個理想主義者，是個狂熱分子。他需要一個理由來凸顯自己，但是他的不耐與傲慢使得他必須受人指揮。他應該能在十字軍東征的年代裡存活下來。我可以假想他在那個野蠻時代裡的樣子，他在戰鬥時，眼睛裡流露著狂熱的光芒，想要解放聖城，但他同樣也決定在聖城攻陷時，他將接受加冕成為耶路撒冷之王。

溫吉特的功與過

就在溫吉特離開費契之後，皇帝宣布他打算來到此地，對戰俘舉行一次校閱遊行。諾特派我去找馬拉文塔諾上校，告訴他皇帝的決定。

那位上校說：「那是不文明的。對戰俘這麼做很野蠻。」

我回答說：「你們膽敢對我說戰俘受到野蠻對待。阿比西尼亞皇帝的女婿德斯塔拉斯王在南部指揮大軍，向格拉茲安尼元帥投降之後，你們義大利人開槍打死他；卡薩拉斯王的兒子們向你們投降後，你們義大利人也開槍打死他們。你們還殺了在這附近的狄博拉里巴諾斯修道院的四百名傳教士。你們的黑衫軍在你們占領了阿迪斯阿貝巴之後，謀殺一萬名男女和孩童。現在你們厚顏無恥站在這裡，高談對戰犯殘暴野蠻。幾天前，在阿吉巴，我發現你們軍官的相片裡，他們手抓著頭被砍下的阿比西尼亞人的頭髮。腳踩在他們的屍體上。那場戰爭結束時，阿比西尼亞的戰俘被拖去遊行，你們或許也參加了那場在羅馬舉行的羅馬人凱旋活動。現在輪到你們。明天十點鐘，我不管用哪一種方式，你們將走過阿比西尼亞皇帝面前或是被卡薩拉斯王的士兵驅趕經過皇帝面前。」

第二天，這場遊行很平靜且有秩序。由強生的蘇丹士兵擔任警備，他們手持布萊恩步槍，皇帝和他的兒子阿富薩·伍森、查普曼·安德魯斯和其他少數的隨從，坐在一頂開放式的帳篷裡。這位個子雖小但不屈不撓的人物出現，為這場儀式進行帶來特別的尊嚴與意義不凡。對他而言，身為一支戰鬥部落的領袖，這樣的遊行或許是一種勝利必備的證明，但是他的臉上並沒有顯露出勝利的表情。他靜靜地觀看，表情憂鬱且相當悲傷。卡薩拉斯王年老而體重，坐在他的騾子上，位於強生和我之間。面無表情地看著這場遊行中那些謀殺他兒子的人。聚集的群眾不管男女，都沒有人宣洩他們的情緒，即使許多人的親友已經死在義大利人的手中。

遊行結束後，我用車載查普曼．安德魯斯到阿迪斯阿貝巴，住在山德佛的老房子裡。我參加皇帝為那些曾在他的部隊裡服務的英國軍官舉行的宴會。溫吉特並不在場；否則，對戈占之役而言，這個場合是一個恰當而值得回憶的結論。

我後來聽說溫吉特六月初已經抵達開羅，發現自己沒有工作，受指示重新恢復他的少校官階。在希臘和沙漠上發生的慘禍已經吸引了每個人的注意。少數人曾經聽說他在戈占省的功蹟。在那場戰役中，他因為得到的支援不足，在他於瓦吉迪獲得大捷之前，便有人試圖將他召回，甚至試圖完全免除他在這個國家之中的職務，這一切已經讓他感覺到痛苦和怨恨。

最後他奉命寫一份戈占省戰鬥地位的報告。他在寫報告時，正承受瘧疾周期性的復發，還有過去數月所累積下來的壓力。這份報告相當具有爭議性，詳述一套全新的游擊戰術理論，但是也包含對他的長官批判與毫不奉承的描述。他用他一貫偏愛的字眼「軍事上的大猩猩」來貶抑他們當中的某些人，用「騎兵旅的廢物」來形容一些曾在他手下服役的軍官。

韋維爾將軍讀了那份報告，並加以記錄，那份報告幾乎可以證明溫吉特因為抗命而得被逮捕。起初將軍傾向壓住那份報告，但最後決定刪除那些具有攻擊性的篇章之後，才將限量的複本傳送出去。不過他下令針對溫吉特抱怨的許多事項進行調查。這份報告引起極大的公憤，因為它而引發的調查甚至更多。

溫吉特此時必定已經明白他是多麼的不受人喜愛，也關切他是否能得到進一步的聘任。他在阿比西尼亞的服役並沒有得到任何獎勵，也沒有半點被認同的跡象，雖然他事後得到勳章，肩上多了一槓。

他為了讓海爾・塞拉西復位，而在戈占省戰鬥，讓他和他的子民所承受的不公得到平反。此時他相信英國打算剝奪阿比西尼亞的獨立，因而變得心神不寧。他目睹敵人在阿比西尼亞境內所建立的「占領下的屬地政府」而抱著極度的懷疑；英國和阿比西尼亞皇帝交涉此事，肯定十分不恰當。

溫吉特相信我們打算讓阿比西尼亞人失望，給予他們一種類似勞倫斯與阿拉伯人的關係。勞倫斯的擔心是情有可原的；溫吉特則不然，當時查普曼・安德魯斯人在開羅，他只要從他那裡做一點調查就可以發現答案。不過此刻溫吉特已經跳過理性判斷的階段。他大量服用阿塔布林藥劑①，他的體力已瀕臨崩潰。他因為擔心和沮喪而精神狂亂，有一天在旅館裡割自己的喉嚨。他怪異的行徑，使得他進入他的房間時便引起別人的注意。他被發現倒臥在地板上，然後被帶到醫院去。稍後他記載：「我想我們對待衣索匹亞是冷酷而專制的，我們談到解放只是悲哀的虛偽之詞。我想我死在自己的手上，能讓人們停下腳步來想一想。」

有些溫吉特的誹謗者於是宣稱布斯達特在戈占省也能創造與溫吉特一般的成就，卻不會有對抗和組織散漫。布斯達特顯然對於戰爭有豐富而多樣化的經驗。但他缺少了溫吉特的思考獨創性、大膽的想像力和殘暴而單純的心思。在我的觀念裡，普拉特或康寧漢的部隊裡沒有一個軍官能像溫吉特，支配他自己的部隊。

溫吉特完全痊癒之後，就被送回英格蘭，在精神上他依舊是個重病患者，他的復原大半都得歸功於一位偉大的醫生上議員霍德。他一如往例，對霍德發表議論，第一個議論是：「你知道的，我不是唯一想要自殺的偉大士兵。舉例來說，還有個人名叫拿破崙。」

最後霍德才能向溫吉特的作戰部確定溫吉特精神狀況是健康的；這使得他能免於永久除役而繼續服役，帶著他的欽敦游擊隊②，在緬甸獲得永垂不朽的名聲。

注釋：

①阿塔布林藥劑（Atabrin）：瘧疾預防藥的品牌名稱。

②欽敦游擊隊（Chindits）：英國溫吉特准將於一九四二年為在日本占領下的緬甸進行長期游擊戰而組建的印度第三師之一部，這支游擊隊由空運補給。一九四三和一九四四年兩次深入緬甸叢林遭受重大傷亡，其軍事價值受到人們的懷疑。

【第25章】

德魯士人

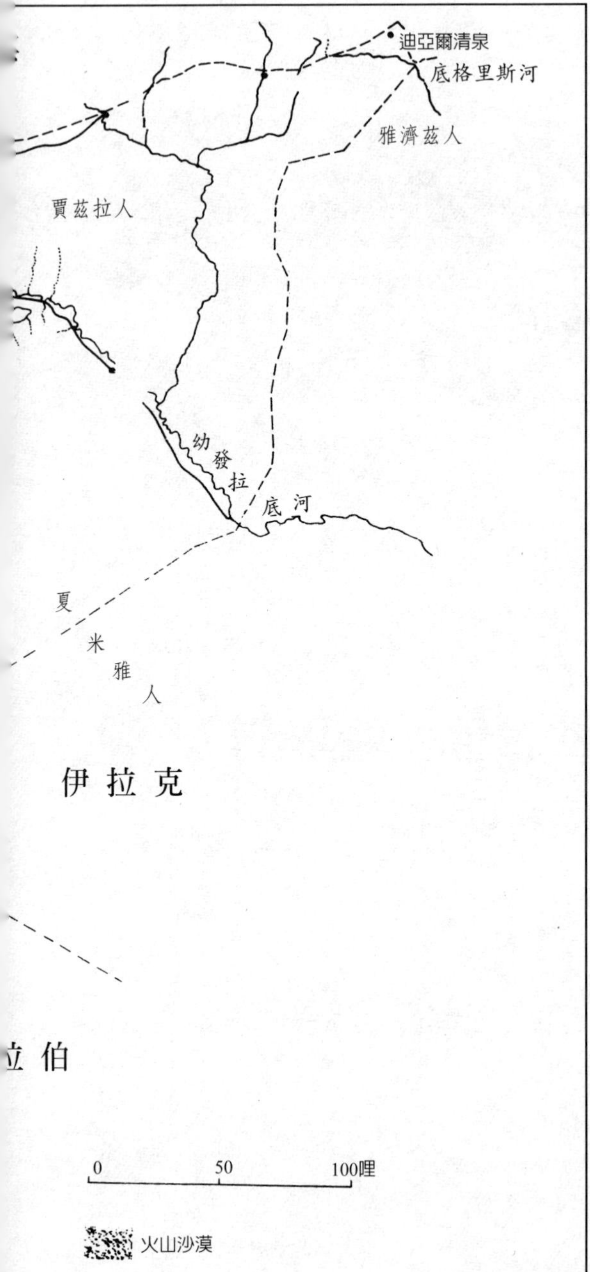
迪亞爾清泉
底格里斯河
雅濟茲人
賈茲拉人
幼發拉底河
夏米雅人
伊拉克
拉伯
0
50
100哩
火山沙漠

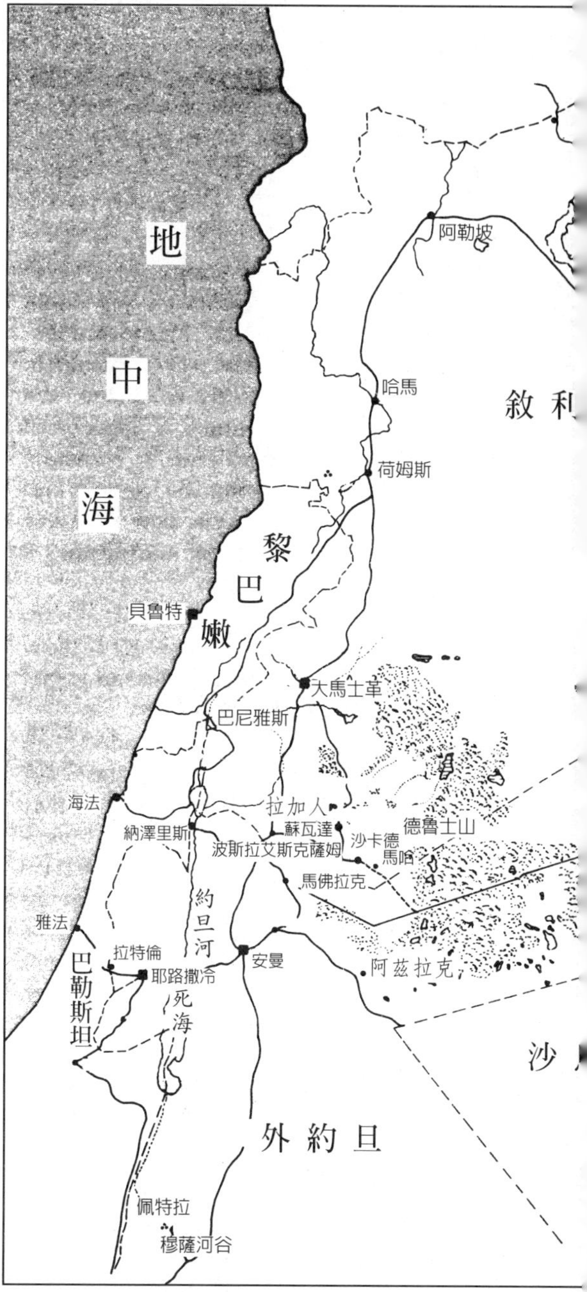
地
中
海
阿勒坡
哈馬
敘利
荷姆斯
黎
巴
嫩
貝魯特
大馬士革
巴尼雅斯
海法
拉加人
蘇瓦達
沙卡德
德魯士山
納澤里斯
波斯拉艾斯克薩姆
馬哈
馬佛拉克
約
旦
河
雅法
拉特倫
巴
勒
斯
坦
耶路撒冷
安曼
阿茲拉克
死
海
沙
外約旦
佩特拉
穆薩河谷

敘利亞：一九四二～四三年

就在海爾．塞拉西班師回阿迪斯阿貝巴的隔天，我奉命向位於開羅的總司令部報到，因為我將加入外約旦的格魯布阿拉伯兵團。這意味我必須在馬薩瓦搭上船，才能取道亞斯馬拉，搭上一輛我從民間徵調的貨車，由一名義大利人開車載著我走。我們穿過渥洛的首府狄西，經過最近才被普拉特將軍攻占的阿拉奇山堡壘下方。到處都是南非特遣隊，甚至有英國及印度的部隊，沿著公路紮營或在護航下行進。那是我第一次目睹一支現代化的軍隊活生生的執勤，我發現那情景引人入勝且教人興奮。

我從馬薩瓦搭一艘載滿南非部隊的軍艦航行到塞德港。抵達開羅後，我向陸軍總部報到，但是有人告訴我阿拉伯兵團的駐防已經額滿，我將回到阿比西尼亞的蘇丹防衛軍。

那是一九四一年六月，英軍最近才侵入敘利亞，遭遇法國維琪軍團出乎預期且十分頑強的抵抗。由於在開羅和我面談的那位上校十分同情我，我建議他為我在敘利亞找個差事，我提到最近我才到過那個國家旅行，對德魯士丘陵（Jabal Druze）很熟悉。這後來證實是一個很幸運的備註條件。他告訴我英軍正前進大馬士革，但在德拉受阻，那個地名是我在勞倫斯的《智慧七柱》一書中著名的篇章裡所熟悉的，威爾遜將軍相信在德魯士丘陵策動一場叛變，其威脅將能使法軍加速撤軍。為達到這個結果，傑拉德．狄高瑞上校將組織一支德魯士兵團。他問我是否想當他的副將？我對這項任務手足舞蹈，這次我將得到國王的任命，官拜少校，第二天就到外約旦的馬佛拉克（Mafraq），加入狄高瑞。

我抵達那裡時，狄高瑞正忙於招募德魯士人；有些人是來自法國部隊的逃兵，其他的則是平民百姓。由於那裡沒有備用的英國步槍，於是我們配發給他們在西部沙漠虜獲的義大利步槍。四天後，我帶著騎馬的德魯士人，人數相當於一個連的兵力，穿過敘利亞邊界進入德魯士丘陵。所有的人全副武裝，但完全沒有組織紀律。經過一個多小時，我停下來，要他們開個會，挑出兩個人擔任軍官，還選出其他人擔任軍士。這項非正式的辦法十分奏效，等我帶領這個單位時，就再沒有任何理由讓我必須採取懲戒的行動。不可否認的，我第二天碰到狄高瑞時，他對我在沒有官方授權的情況下任命軍官，對我提出訓誡，不過那是我和他共處的日子裡，唯一一次的意見相左。

德魯士丘陵感覺上並不像是一座山，而是在小丘陵上隆起的一塊高地，沒有一個丘陵是陡峭的。這一年農作物才剛採收，這個鄉間給人一種像一個孤寂的火山岩廢墟的感覺。許多的酒莊裡生產我所吃過最好吃的葡萄。我把我的指揮部設在馬哈，那是我們從馬佛拉克一天就能抵達的地方。我們在這裡受到村民的歡迎，並接受年長者的款待。就像其他的德魯士村莊，馬哈由許多大規模建造的平頂屋所構成。我占用了一間用玄武岩石磚建造的屋子，有兩個堅固的拱形柱撐起屋頂；有一張石板凳繞著三面牆；這些屋子僅有的傢飾就是毛毯和墊子。連隊其他人在村子裡找他們的親戚朋友各自安頓。

我有一位勤務兵名叫法里斯夏辛（Faris Shahin），他負責照顧我並與我同住；他是由法瓦茲上尉特別為我挑選的人，上尉曾經被選為我的副手；法里斯和他有姻親關係，是屬於受高度尊重的哈納威家族。他就像所有的德魯士人，很聰明而且受過教育，見多識廣，而且各方人緣都好，不過他僅僅十六歲，而且樣貌美好幾近女孩子，這是許多德魯士男孩共同的特徵。然而溫柔的外表會誤導；他對自己和他的家族抱著一種殘暴的驕傲。我有一回看到當某個人輕蔑地評論哈納威家族，他立刻激動起來，他的手已經貼近他的短劍，當時他看起來真的很有危險性。

我對德魯士人的見識愈多，就愈喜歡和欣賞他們。他們那種同步產生的友善與熱忱，教我感到高興，而我總是很清楚他們身為戰士部族的那種自豪。我和我連隊的關係故意維持非正式關係，我把自己視為他們的領袖而不是他們的指揮官。他們對我們的價值是一種非正規部隊，與他們在周遭村落裡的族人關係密切，因此我對我勤務兵房間的內務、校閱場的訓練或是行軍禮，不想多費唇舌。我只要求他們給予他們領袖的尊重，關於這一點，他們都表示同意。

德魯士人

德魯士人並不是阿拉伯人，也不是伊斯蘭教徒①。他們是源自黎巴嫩的居民，其中一些人的族系是在十一世紀在此落地生根的這支神秘的族系確認了哈基姆（Al-Hakim）國王②的神格地位，那是埃及法蒂瑪王朝③第六任統治者，他在西元九八八年以十一歲的稚齡即位，在位二十五年。他是個心態不平衡、殘酷而暴虐的人，他的自負沒有限制，他一直宣稱自己是神聖的；他最後在開羅被刺殺。

就在他死前不久，他曾經派遣杜拉齊人（Durazi），也就是他的門徒中的一支，前往勸誘黎巴嫩的居民認祖歸宗，那些改變信仰的杜拉齊人原本就是德魯士血統。他們的人數加倍，但是直到十九世紀後半，他們依舊以黎巴嫩山脈做為根據地。一八六〇年，德魯士人受到土耳其人的煽動，大半在土耳其帝國的一個角落，負責一項不分青紅皂白的馬洛奈基督教徒的大屠殺。然而當一支法國部隊登陸來報復這項大屠殺，土耳其人否認跟他們的關係，使得他們許多人離開黎巴嫩，移民到敘利亞，在豪朗（Hauran）地區，也就是後來眾所周知的德魯士丘陵定居下來。當他們抵達時，那裡還是個火山岩地形的蠻荒之地，只住了阿拉伯的游牧民族，但這裡曾經是羅馬帝國的繁榮交易站，德魯士人在那裡發現了古代城市與村落的遺址。他們重新修復一些屋舍，建造其他型式相仿的房子，開始在肥沃的火山岩土壤上耕種。

一次世界大戰之後，法國人讓敘利亞和黎巴嫩託管，但他們的規定並不是普遍被接受，一九二四年，德魯士人起而反抗。有許多次，馬哈的長者告訴我這個戲劇性的事件是從買巴爾族而起。有個被法國官方通緝懸賞的人向當時最著名的德魯士人巴薩・艾爾亞特拉許（Pasha al-Atrash）蘇丹王尋求庇護。數日之後，一名法國軍官帶著一名武裝護衛來到蘇丹王的家，命令他把那個人交出來。巴薩蘇丹拒絕，因為把某個來求助並同意給予庇護的人交出去，那是對這個部落風俗的一種可恥而嚴重的侵犯。那名軍官因此使用武力把那個人捉走，並用車載離。巴薩蘇丹王和他的部眾騎上馬匹，在那輛車開回蘇瓦達（Suwaidah）的途中加以埋伏攔截。巴薩蘇丹王用他的劍一劍就把那名軍官的腦袋砍下，我的情報提供者堅稱，他的部眾也把那名護衛殺了。

在巴薩蘇丹王的領導下，一支由大馬士革派來圍攻蘇瓦達守軍的三千人勁旅，被他們摧毀。他們接著前進大馬士革，並占領這城市部分地區，法國人從鄰近地區對那裡施以炮轟。反抗軍得到在黎巴嫩的德魯士人支持，散布在整個敘利亞大半地區，直到兩年後法國人傾全力進兵這個國家，反抗軍才被鎮壓下來。而德魯士人是最後才撤退的人。

我帶著我的連隊從馬哈出發，拜訪鄰近的村落。我傾聽他們每個人對於英國人的善意所發表的冗長發言；那不是件輕鬆的差事，因為德魯士人所說的是一種古典的阿拉伯語，和我從蘇丹的查哈瓦人與麥道布人那裡學到的阿拉伯語大不相同。每到一個村落，我們就受到款宴，甚至是大清早抵達，餐宴往往到了傍晚才準備好。而我們則是一個個輪流被款待，一杯又一杯地，喝著一種小杯子盛著的一種有荳蔻味道的苦咖啡。

這種無完沒了的餐宴就像一種奇怪的戰爭方式；不過十分奏效。從大多數村落，我們可以看到沙卡德（Salkhad）小村落後頭的山丘上的碉堡，只由距離蘇瓦達比較近的法國軍隊駐守。一旦我們靠得太近，他們就會向我們開火，不然他們不會採取任何行動，而我們會安分地保持在射程之外。不過我們的出現本身，而非人數多寡或是戰力如何，就會構成威脅；就像一支懷有敵意的德魯士部隊，會讓我們詳細調查整個丘陵區散布的反抗軍；而那丘陵區就在法國人建在德拉和大馬士革之間的通信範圍的側面。

我相信在沙卡德的法國人必定知道，來自那個丘陵地區各角落的代表團正在馬哈拜訪我，以確認他們對英國忠誠。在這些訪客當中，包括了巴薩・艾爾亞特拉許蘇丹王本人，他一直是我童年時代心目中的英雄人物。而此時我見到他，他並沒有讓我失望；他完全不是虛有其表，他的出現立即贏得尊重。他的臉四周罩著白色的頭巾，嚴峻而有權威，他的身體用一塊精織的黑色斗篷包裹著，瘦而挺立。然而在我的訪客中，他只是禮貌性拜會，並沒有表現對英國的效忠。法國人容許他從流亡地回到那個丘陵地區，條件是他不會再發動戰事來對付他們，而現在他一直遵守他的諾言。

大多數晚上，法里斯和我接受其他連隊的邀請，造訪馬哈的每一間家屋，吃德魯士人傳統的大餐，一種稱為「曼薩夫」（mansaf）的烤羊肉和烤麥子，堆在一個大型的圓盤上，上頭淋上融化的奶油。我喜歡這種食物，這些夜晚總是教我開心。每人酒足飯飽之後，年輕人和小男孩隨著他們的笛子吹奏的音樂翩翩起舞，有時還會集體高唱戰歌，有個人還起來吟詠詩歌，讓群眾安靜下來，有時我們只是坐下來交談。年長者還記得土耳其人統治和阿拉伯人叛變的歲月。他們描述費瑟④進入大馬士革，那種教人瘋狂的激情，騎著駱駝和馬匹的武裝士兵奮力前進，還有許多的旗幟和聲勢浩大的部落歌唱聲。他們也提起他們在巴薩蘇丹王的指揮下起來反叛，對付法國人，當時即使是小男孩和老年人都參加戰鬥，在蘇瓦達四周的火山岩戰場上戰鬥。

在馬哈，我們和法里斯的父親夏辛會合，他是個眼盲但很溫和的人，法里斯很盡心盡力地照顧他。夏辛是個著名的詩人，在夜裡有時會有人央求他起來吟詩。他有一種優美的嗓音，當他吟誦時，他變了樣子，讓所有的聽眾隨著他進入過去的歷史情境裡。雖然我不太明白他的詩句，但對詩句的旋律十分滿意。法里斯的祖父也來拜會我們，他是個醒目的人物，白鬍子，十分機警，戴著代表宗教長者的那種小而緊的白色無邊帽；他在權勢顯要的哈納威家族裡有相當的地位。

因為他們神秘的宗教，德魯士人鄰近的伊斯蘭教徒因而帶著疑慮不安看待他們，所以年輕的人德魯士人不願意遠走他鄉找工作，而寧可待在自己的村子裡。德魯士人的社會因此是組織十分緊密而且排外的。在馬哈這個地方，我第一次遭逢一個文明的社區，看到他們擁有阿拉伯人的行為模式，但是仍保有古代傳統的風俗與衣著。我很滿足地發現他們的生活方式有一點受到別的地方影響，讓人回憶起五十年以前東方世界的模樣。

轉換部隊

傑拉德．狄高瑞已經從馬佛拉克移師到波斯拉艾斯克薩姆（Bosra eski Sham），他在那裡宏偉的城堡裡建立他的指揮部，那是薩克里安人在一座保存完好的羅馬人競技場周邊建的城堡。他召喚我前去，我帶著我的連隊騎馬越過德魯士丘陵到達那裡，接近那裡時，在遠處就能看到那座城堡。狄高瑞指揮德魯士兵團的同時，也擔任凱斯．頓恩准將（Brigadier Keith Dunn）的政治官，他指揮的是第五騎兵旅；就在同一時間，有許多阿拉伯酋長和他們的隨從前來拜訪他；其中有些人，像是哈威塔特家族（Huwaitat）的奧達阿布台伊（Audah Abu Tayyi）的孫子，都是聲名遠播的人物。我因這些教人印象深刻的大人物來來往往而感到震撼。

我在馬佛拉克第一次與加文．貝爾（Gawain Bell）碰面，他指揮另一支德魯士連隊。他也來自蘇丹政治局，但他不像我，他的阿拉伯語十分靈光。狄高瑞派我們兩人帶著我們的連隊前往蘇瓦達巡邏，但是我們所碰上的盡是一些遠射程的步槍的火力。

我喜歡狄高瑞這個人，他是一個十分文明的人，熱忱且見多識廣，而且衣著總是十分整齊。然而他後來調到開羅，我發現我得暫時代理指揮這支德魯士兵團，直到來自外約旦邊界防衛軍的布勒上校到達接任。布勒不像狄高瑞，他是個職業軍人，即使現在是戰爭時期，他也表現出像承平時期當兵一樣極端注重禮節與儀式。一九四一年在敘利亞的法國部隊投降之後，他對他的副手傑克．柯拉德（Jack Collard）發表議論說：「現在我們可以安定下來好好當兵。」我預料他希望我待在他的指揮部裡，但我建議他應該任命另一位軍官擔任他的副將，讓我留在我的連隊上。他欣然同意。

在法國維琪兵團投降後，英軍接管敘利亞政府，同時由德魯士兵團擔任部分的衛戍部隊。在馬哈，我的騎兵連由一支剛招募而來的德魯士駱駝連隊取代，他們更適合在向東的火山岩地形分布的沙漠上巡邏。依我的要求，布勒同意我留下來接管這支部隊。

我很遺憾得和原來的連隊分開，但我很快、甚至是更開心能和新連隊共處。我對駱駝比馬匹更感興趣，我為自己買了一頭血統十分純正的駱駝，配著她那多彩而且精緻的鞍具和裝飾流蘇墜子裝飾，她看起來光鮮亮麗。法里斯繼續留下來擔任我的勤務兵，而我很幸運有薩里馬茲（Salih Ma'z）擔任我的副手，他是個能力很強的軍官，曾在法國部隊服役，深受馬哈人民的敬重。我在一九三六年已經見過他，當時他負責指揮那支帶著我從蘇瓦達前往阿茲拉克的部隊。

在馬哈的生活更像過去，只不過現在的工作換成是監視沙卡德，我們巡邏火山岩地形的原野，監視那些牧羊部落棲息的零散布分的山崖。這樣的工作也讓我初次認識阿拉伯人的黑色帳篷。這些牧羊的部落在沙漠上的階級制度中地位低下，但是我們發現到他們不好意思表現出自己的熱情，甚至即使他們明顯的十分貧困，也不太願意吃我們的食物配給。

任職敘利亞

一九四一年十二月，官方決定由自由法國軍接管德魯士丘陵，而德魯士兵團應該移防到巴勒斯坦。我和這些德魯士人歡度時光，已漸漸變得懶於前進，因此我急於在這場戰爭中扮演一種比較積極的角色；我希望前往西部沙漠。

我不隸屬任何確定的陸軍單位，這成了我的障礙。這支德魯士兵團歸屬於特種作戰執行部（Special Operation Executive），一般人稱之為SOE，我就是對他們申請調職。由於情勢發展看起來，德國人極有可能在六月入侵俄國，可能取道高加索山跨過敘利亞，SOE於是命令我如果此事成真，那麼要我草擬計畫待在敘利亞的大後方。我很高興做這件事，我知道為這樣的結果，我將有一段很有趣的時光，而且很興奮德國人真的來到。在此同時，SOE也安排我在巴勒斯坦接受一項爆破訓練課程，但是在這項課程開始之後，給了我一個禮拜的假。

我利用這個假期到外約旦的佩特拉城，當時因為戰爭，所以沒有觀光客來剝奪我那種探險的感覺。一位來自位於穆薩河道（Wadi Musa）碉堡的阿拉伯籍退伍軍人陪著我，還有一名來自附近山崖的牧羊人陪同。我騎馬走下那漫長狹窄而且單邊陡峭的峽谷，前往佩特拉。突然之間，完全出乎意料，就在前方二十碼的地方，我看到那座寶殿卡茲納（Khaznah），它的兩側被懸崖框住。再向前走幾步，整個遺址就在眼前，在反射的光線中，呈現玫瑰紅的色彩，就鏤刻在我面前的那座懸崖壁上。這個教人屏息的巨大建築物，是在西元前四世紀由納巴泰伊安人（Nabataeans）所建造，至少有六十呎高。它那低一點的樓層包含了六十根哥林斯建築型式的廊柱，再上頭是六根柱子擁起一個殘破的山形牆和一個圓形結構，更上面是一個圓錐形屋頂和一個甕形物。我可以想見一八一二年布爾克哈特⑤第一次見到它的時候所發出的驚嘆，我也可以想像他想著他的探險之旅前方還有更進一步的奇觀正等待他，他當時的那種興奮之情。

在另一個人工雕刻的洞穴裡過了一夜後，我們在日出之後，隨即攀爬砌在山脈表面的一道階梯，前往達爾（Dair）。達爾和卡茲納相仿，在佩特拉的所有遺址中，就這兩座建築物從外面看去，它們那種很不尋常的古典正面外貌，是最為壯觀的。裡面則剛好相反，狹窄擁擠而且無趣。我從達爾向下俯瞰一堆雜亂的岩石尖峰、斷崖和峽谷，那裡偶爾出現的樹叢更凸顯這個地景的荒蕪淒涼。我們造訪許多的遺址，設計與外觀各有不同，有些是經過粗糙地雕刻，有些尚未完成；我特別記得宮殿陵墓（Palace Tomb），這是獅子王和另一位國王的陵寢，不同顏色的岩石堆砌給人一種如水洗絲綢般醒目的印象。

我從佩特拉前往巴勒斯坦的拉特倫（Latrun），那裡的修道院裡很不協調地住了大約二十名軍官，包括了一些澳洲人，正要參加那項爆破訓練。我們在此地待了一個月，被傳授破壞、爆破、武裝和非武裝戰鬥，以及伏擊和夜戰。我發現周遭的景觀十分迷人，有那種在希臘可見的相似風化侵蝕景致。在我們有限的課餘時間，我悠遊在這些猶太丘陵之中。我還記得在岩石之間看到一些櫻草花，告訴我春天已經不遠。

課程結束時，我們爆破的材料短缺。有一天晚上，我們的首席教官從薩拉芳德（Sarafand）用他的貨車後方貨台載了一種水雷，他在薩拉芳德試過，但是那種水雷太大而無法放進鼓風爐裡，因為知道這樣，所以他只得一片片地運回來。第二天早上，我們把那些礦石放到貨車上，載到附近的原野上，助理教官詳細指導我從礦石裡頭挖出一呎見方的嵌板，我建議使用硝化甘油和一根短的引信，他同意我這麼做，於是我裝上擊發裝置。我們拋到大約五十碼外。

他在課堂上告訴我：「我們最好蹲在那些岩石後面，以免碎片飛過來。」

一分鐘後，那顆水雷爆炸。我注意到在附近一座丘陵耕作的一些阿拉伯人拔腿狂奔穿過那片原野。我們的首席教官在薩拉芳德聽到爆炸聲，看到濃煙聚成的煙柱，急速趕回拉特倫，他相信我們已經把彈藥庫給炸掉了。

我喜歡這樣的課程，但是我懷疑我是不是有機會實際運用我所學到的這些技巧。一九四一年十二月，某個晚上，我們就在拉特倫聽到「擊退號」和「威爾斯王子號」被德軍擊沉的消息。在那場戰爭中，再也沒有其他的災難能比這件事更教人內心震撼。

很快地，那項訓練結束，我回大馬士革，和由開羅派來協助我的艾德華·韓德生中尉（Edward Henderson）會合。對我來說，這是一件值得欣喜的抉擇，也是一段永恆友誼的開始；對韓德生來說，這是他初步進入阿拉伯世界，他後來在那裡的波斯灣國家裡締造了他的名聲。

我們的計畫是在整個敘利亞境內大規模地旅行，讓我們自己能熟悉這片土地的狀況，盡可能結識多一點的鎮民、村民和部落人士。當德國人到達時，我們才能選擇適當的地區進行敵後破壞工作。我們決定從大馬士革和它周邊的地區開始。

一九三六年，我回蘇丹的途中，用了一兩天的時間待在大馬士革，對這個城市十分失望。土耳其人和法國人讓它失色不少。土耳其人鋪了一個大型的柏油廣場，蓋在他們過去曾經以水泥溝渠連接巴拉達河（Brada）的地方，而法國人則是蓋了很不協調的水泥建築，甚至那些被稱為「正直街」（street called Straight）的市集也被蓋上鐵皮頂，或許是因為一九二四年法國人大轟炸所造成的結果。但是在八世紀初所建造的那座棟偉大的歐姆雅德（Omayyad）清真寺還是那般宏偉，韓德生和我很快就發現那座城市比較偏遠的部分依然未遭破壞。在市郊有一座有果園、花園和流泉的天堂，在春天杏樹與梨樹開花的時候格外美麗。

有一天晚上，那位負責英軍與阿拉伯人關係事務，並且經常對我十分幫忙的艾芬史東上校（Elphinstone）帶著我們去看「旋轉的蘇非派苦行僧」。我們先去位在這個城市心臟地帶的阿布德．艾爾卡迪爾（Abd al-Qadir）皇宮。那位王侯是著名的阿布德．艾爾卡迪爾的孫子，艾爾卡迪爾在一八三二年到一八四七年，曾在阿爾及利亞英勇地對抗法國人。他曾經被俘囚禁，最後被釋放，他的餘生都在大馬士革度過。一八六〇年大屠殺發生時，這位有俠士風範的人物騎馬進城，無視於那些瘋狂兇狠的暴民，盡他所能解救那些基督徒。

我們走進一條安靜而空盪的街道，前往那位王侯的宮殿。就像所有的阿拉伯屋子一樣，這宮殿的正面空無一物，只有一個入口。我們敲了敲門，門被打開，那位王侯走上前來歡迎我們，領我們入內。他本人留給我的印象不多，我無法記得他的長相或是他的穿著，但是他的宮殿讓我十分開心。寬敞的房間圍著中庭花園而建，庭園裡有一個噴泉在果樹之間流動，透過一扇窗，我看到也聽到那條巴拉達河。這條河在此地已經遠離它的運河河道，流經一面外城牆。屋子的天頂有雕刻和繁複的繪畫；地板上鋪著美麗的古老地毯。這裡有一些長椅和少許的小桌子，此外沒有其他家具。這裡的單純融合著光彩，游牧民族的了無虛飾混合了城市生活的精緻高雅。

我們喝了咖啡、吃了一些甜點之後，主人陪著我們進入苦行僧的寺院。這些苦行僧屬於賈拉爾艾爾丁艾爾魯米（Jallal al Din al Rumi）在十三世紀所創立的梅夫列維（Mevlevi）教派。他們的大本營原本設在土耳其的康雅⑥，他們的始祖就埋葬在那裡，直到凱末爾⑦決心讓這個國家進行現代化之後，才在一九二五年關閉這座僧院。而在大馬士革的這個地方，蘇菲派苦行僧依然奉行他們傳統的儀式。

我們抵達時，他們正在禱告，我們被引進一間房間招待咖啡；半小時後，我們被引導進入一座庭院，我們在那裡加入了沿著牆而坐的一項聚會。我很清楚那對他們來說，是一項意義非凡的宗教場合，不只如此，對我們來說，那也是一種很有趣的場景。

那些苦行僧的首領正敲擊一只鈴鼓，坐在一旁的一名小男孩適時地擊打鐃鈸，而那些苦行僧則分兩排站在這座庭院兩邊，以一種陣陣傳送、催人入眠的旋律，合諧一致地吟誦。接著有三個人和一名男孩毫無表情地緩緩向前走到庭院中央，這些人都穿著白衣，而那男孩穿著寶石綠的衣服；所有人都是穿著長長的滾邊的袍子，腰身緊縮，戴著高高的、圓錐形的棕色氈帽。他們站立良久，沉默無聲、靜止不動，接著他們的雙手緊扣在胸前，以他們的右腳做支撐點，開始旋轉。他們非常緩慢地把手臂升高到頭上，接著雙手張開水平地垂放下來。當他們一轉再轉的時候，他們似乎完全遺忘周遭的一切事物。

十分鐘後，這項吟誦停止，他們停止旋轉。經過一陣停滯，吟誦重新開始，接著先前的那三個人，不包括那個男孩，重新站到他們的位置上。音樂開始變得很響亮，而且變得更急促和更有力，我似乎能記得還有笛子的樂聲和一只鼓的敲擊聲，加入原有的鐃鈸敲擊聲和鈴鼓的碎碎聲。這三名面無表情的白衣人就這樣旋轉了半小時，他們的裙擺繞著他們飄揚起來。另一次的停止，接著那位首領在這場聚會進行及托缽僧祈禱時，邀請我們留下來。即使只是個旁觀者，我也曾經自我領悟。而此時我慢慢地回過神來。

旅遊兼探勘

接下來的幾個月，韓德生和我遊歷敘利亞許多地方。我們曾拜訪荷姆斯⑧，這個奇異邪惡的哈馬人城市，那裡不計其數的水車日以繼夜地運轉而咯吱咯吱地響著，我們還到阿勒坡，那裡曾是薩拉丁⑨的首府；他那巨大的城堡雖然因地震而受損，但是依然主宰這個城市的景觀。我們參觀那裡的市集，那裡幽暗的巷弄擠滿了來訪的貝都人。

我熟讀道諦的《古沙國遊記》和勞倫斯的《智慧七柱》，讀過許多有關沙漠阿拉伯人的書籍。而現在我可是第一次接觸到北阿拉伯地區的這些偉大部落。韓德生和我看到了夏瑪人（Shammar）的遷徙，那是一個在移動的國度。我們也拜訪鄰近大馬士革的魯瓦拉（Ruallah）族人夏日營地，那是一個散布在沙漠，由黑色帳篷構成的城市。我們在那裡見到了他們著名的君主努里艾爾夏蘭（Nurial-Shalan）。四分之一個世紀之前，當時努里帶著魯瓦拉人為進軍大馬士革而加入費瑟的部隊時，勞倫斯把他形容成一名老人。現在他顯然才剛變老；然而他並沒有給人那種印象，雖然他的臉上有皺紋，他的頭髮染黑了，但他行走毫無困難，而且還能直挺挺地坐著，留意在他四周所發生的一切。他依舊是他的部落無可置疑的統治者；他僅僅目光一瞥，就能引起他人立即的注意。

我們和他的同族及他的賓客一起，在他那頂與眾不同、前方開口而且由十支柱子支撐的白色帳篷裡接受宴饗，輪流從一個由奴僕拿進來的巨大盤子上拿食物，那盤子裡有一隻被切割的小駱駝，放在一堆像山一般而且浸在液體奶油裡的米飯上頭。吃過這麼油膩膩的一餐之後，苦味的濃咖啡是最受歡迎的。我坐在那裡看著那些駱駝牲口被趕到水井邊，還有阿拉伯人騎著他們純種的牝馬經過；以及圍著這帳篷四周的所有的人來人往。我們說到勞倫斯，努里曾經為他的一個兒子取這個名字。我問他們勞倫斯的阿拉伯語說得如何，有些人說幾近乎完美，其他人則說那無關緊要，但所有人提到勞倫斯時都抱以極大的敬意。

我們待過敘利亞所有的城市和黎巴嫩，待過貝都人的村落和帳篷，我們拜訪過許多基督教的修道院。我們見過許多的人，有阿拉伯人、土耳其人、切爾卡西亞人⑩、阿拉維人⑪和德魯士人，而且趁機看看十字軍東征城堡內的一些東西。克拉克騎士城堡是最壯觀而且保存最好的城堡。後來有阿拉伯家庭住進那座城堡內；我在戰後重回那裡，他們已經被驅逐出去，因為有他們而存在的那種永續的感覺也因而消失；克拉克騎士城堡已經變成另一座供觀光客遊覽的古蹟。

最後韓德生和我確定在拉加（Laja）的火山岩原野是最教人滿意的藏匿之地。在那裡的火山岩和下方的岩石之間，有許許多多的洞穴，幾個世紀以來，這些洞穴為那些歹徒和其他被通緝的人提供一個安全的避難所，即使近在咫尺，也很難確定他們的位置。還有那些洞穴就在大馬士革向南公路可到達的範圍之內，我們可在那裡觀察及報告那公路使用的交通狀況，或許可以做一些破壞工作；它們離德魯士丘陵也很近，我在那裡有許多朋友。以此為基礎，我們現在對敘利亞黎巴嫩有廣泛的知識，我們能夠在那個國家四處旅行，接下來，我們許多的接觸行動應該可以證實很有用。

然而當德國的大軍深陷在俄國而無法動彈，他們對敘利亞的威脅也消失了。隨著時光流逝，我也依我的要求被調回開羅，但我依然期待能在利比亞的敵後執行任務。

注釋：

①德魯士人信德魯茲教派，那是起源於埃及法蒂瑪王朝哈里發哈基姆在位末期的一個教派。哈基姆被伊斯蘭教伊斯瑪儀派（Ismailis）極端分子尊爲眞主的化身。德魯茲教派現存於約旦、黎巴嫩和敘利亞等國部分地區，其信仰和習俗與伊斯蘭教主體大不相同。他們期待隱退中的哈基姆及其門徒哈姆札（Hamzaibn Ali)重返人間。伊斯蘭教在星期五舉行聚禮，德魯茲教派卻在星期四；他們不遵守許多伊斯蘭教教法，實行一夫一妻制，相信靈魂轉世。

②哈基姆在位時間爲九九六～一〇二一年。

③法蒂瑪王朝（Fatimids）：曾在北非和中東建立帝國的一個穆斯林王朝，以先知穆罕默德女兒法蒂瑪的名字命名。

④費瑟（Faisal）：指費瑟一世（Faisal I ibn Abd al-Aziz），一八八五～一九三三，伊拉克國王（一九二一～一九三三）。漢志國王侯賽因・本・阿里之子。在一九一六年阿拉伯人起義中起過重要作用。第一次世界大戰後曾短期任敘利亞國王。在英國支持下當上伊拉克國王，成爲阿拉伯民族主義領袖。

⑤布爾克哈特（Burckhardt）：指Johann Ludwig Burckhardt，一七八四～一八一七，瑞士旅行家，是現代歐洲人第一位前往佩特拉古城者。一八〇九年訪問敘利亞，學習阿拉伯語，後去撒哈拉沙漠南部旅行。一八一二年在佩特拉發現

重要考古遺址；他到尼羅河上游旅行時，在阿布辛拜勒發現最莊嚴的大寺廟。著有：《努比亞遊記》、《敘利亞及聖地遊記》、《阿拉伯半島遊記》。

⑥康雅（Konya）：古稱伊康，土耳其中南部康雅省省會和聖城，位於安卡拉以南二百六十公里。聖保羅曾到過此地。伊斯蘭神秘詩人麥夫蘭納在此建德爾維希（伊斯蘭教蘇非派）教團。每年十二月舉行追悼麥夫蘭納的舞蹈大會。

⑦阿塔圖克（Atatürk）：土耳其語「凱末爾，土耳其之父」之意，原名Mustafa Kemal，一八八一～一九三八，土耳其共和國締造者、第一任總統（一九二三～一九三八），創建人民黨（一九二三），後改稱人民共和黨，發展民族經濟，實行社會改革，廢除哈里發制度，被授與「土耳其之父」（Atatürk）的稱號（一九三三）。

⑧荷姆斯（Homs）：古埃梅薩城（Emesa），敘利亞中西部荷姆斯省省會和工業城市。位於大馬士革以北一百六十公里奧倫提斯河畔。

⑨薩拉丁（Saladin）：全名Salah ed-din Yussuf ibn Ayub，一一三七～一一九三，埃及和敘利亞的蘇丹，領導穆斯林在巴勒斯坦反抗十字軍。他參加敘利亞的埃米爾努爾丁（Nur ed-din）的軍隊。一一七四年努爾丁死後薩拉丁即自稱蘇丹，征服美索不達米亞，小亞細亞的塞爾柱王朝諸侯向他稱臣。薩拉丁在後來的幾年裡一直與基督教軍隊作戰，一一八七年在台伯留附近打敗他們，幾乎收復在敘利亞境內所建的全部要塞。由法蘭西國王和英格蘭國王率領的又一次十字軍東侵於一一九一年攻占阿卡，擊敗薩拉丁。之後不久薩拉丁死於大馬士革。

⑩切爾卡西亞人（Circassians）：來自高加索的民族。使用西北部高加索語，分爲阿迪格人（下高加索）和卡巴爾達人（上高加索）。大多數人在俄國，但在敘利亞和土耳其也有切爾卡西亞人的村社，在伊拉克、約旦和以色列有小的集群。他們是遜尼派穆斯林，大多數人從事農業和畜牧。實行等級制度，有王族、貴族，而且至今還有奴隸。

⑪阿拉維特人（Alawites）：即阿拉維人（Alawi），努賽里人什葉派信徒的另一名稱。阿拉維人現今在敘利亞掌握政權。

【第26章】

在西部沙漠與特種空軍部隊共事

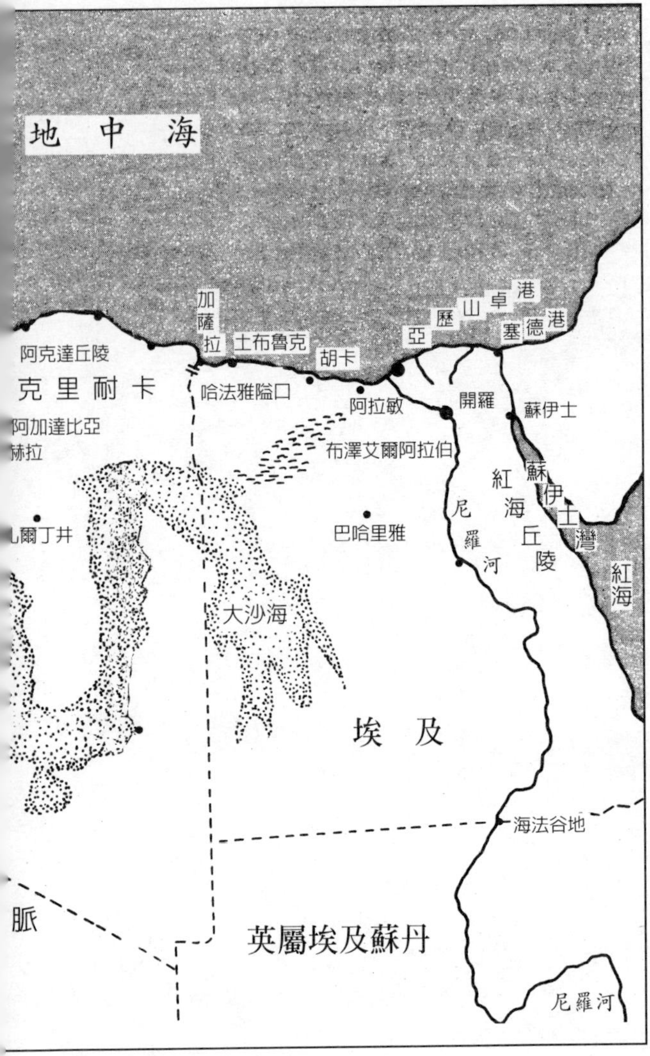
地中海
加薩拉
土布魯克
胡卡
亞歷山卓港
塞德港
阿克達丘陵
克里耐卡
哈法雅隘口
阿拉敏
開羅
蘇伊士
阿加達比亞
赫拉
布澤艾爾阿拉伯
紅海丘陵
蘇伊士灣
紅海
尼羅河
爾丁井
巴哈里雅
大沙海
埃及
海法谷地
脈
英屬埃及蘇丹
尼羅河

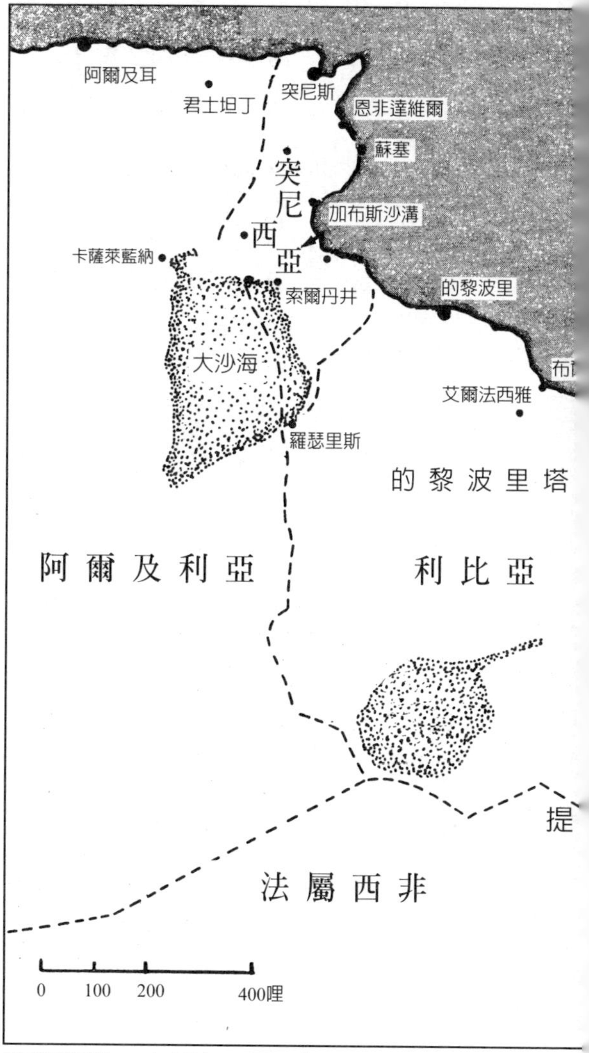

西部沙漠：一九三九～四二年

在開羅，我待在一間旅館裡，每天前往「灰柱」（Grey Pillars），這棟大型建築物是特種作戰執行部的總部所在地。我在那裡發現我和派特．唐威爾（Pat Domville）共用一間辦公室，他是個相當教人難以信服的聯隊隊長，他曾在伊拉克擔任一名幕僚軍官。他似乎無所事事，只會瞎扯。我獲得含糊的保證，我應該很快會由長程沙漠軍團空拋到敵人前線後方的克里耐卡，但是我將接受這項任務，並沒有任何型式的簡報。日子過了好幾個禮拜，我一直被懸盪在「灰柱」。

因為有許多空閒時間，我前去探訪開羅古城，那裡的城砦高度被那座穆罕默德阿里清真寺和它細長的樓塔所超越，但它兀立在萬里無雲的穹蒼之下。不同時期與不同設計的清真寺、各種樓塔、圓拱墳墓、支離破碎的城砦巨大的城門、古代格子狀的屋子，全都毫無預期地散布在狹窄街道構成的迷陣中。

我所見過的東方城市，中古世紀的開羅最能吸引我，它也是最真實的，在和西方世界接觸中，是受到影響最小的城市。那裡的群眾依然穿著土著衣服，那裡的男人穿著白色長袍和無邊扁帽，婦女包著黑衣服，我十分樂於漫步在他們之間。身為SOE的成員，我的職位被允許穿著平民服裝而無需穿制服；這比較不會讓我過於顯眼，而且說阿拉伯語也有些許幫助。我喜歡坐在某一家門面開放的茶攤上飲茶，看著前來往的人群，我還可以同時買一條毯子、一把古老的土耳其匕首、一條長長的絲絹、一串琥珀念珠或是一件銀器，任何東西都可以在這裡找到，但看你是否找得到門路。挑夫們背著重擔高聲叫喊「Balak！Balak！」以清出一條通道。他們用斗篷包著，帶著虔誠進入清真寺；一位穆安津對祈禱者誦讀冗長而緩慢的召喚。這裡是多彩的、是悲慘的、是骯髒的、是貧窮的，還有一種不錯的幽默感會不知不覺得變成突如其來的爭吵，更瀰漫著種種的氣味。

我在開羅時，那裡的沙漠正有激烈的戰鬥，後來很快證明，情況對第八軍來說變得十分嚴重。一九四二年五月二十六日，隆美爾①攻擊加薩拉防線（Gazala Line）。指揮第八軍的理奇將軍無法將隆美爾驅離卡德倫（Cauldron），因而受創慘重，特別是他的裝甲部隊，到了六月十二日，他被迫撤兵，到了二十日，隆美爾拿下土布魯克（Tobruk），虜獲三萬三千名戰俘。

中東戰區的總司令奧欽列克將軍（General Auchinleck），解除理奇的職務，親自指揮第八軍團，撤往阿拉敏（Alamein），並於六月三十日抵達。那裡距離亞歷山卓港僅六十哩，他阻擋了隆美爾的前進；但是在開羅，每個人都在懷疑他還能守住阿拉敏防線多久。整個埃及似乎危在旦夕，蘇伊士運河也受到威脅。指揮部和大使館燒掉他們的窗簾，而年輕的軍官則輕率地稱呼那天是「聖灰星期三②」。

唐威爾此時要求我，如果德軍占領這個開羅城市，要我待在敵後。我毫無熱情地接受。雖然我在舊城逛過，但是我對開羅的認識很淺薄。我對它的居民有好感，但是在他們當中，我沒有一個朋友，甚至沒有進過任何一個埃及人的家裡。唐威爾此時為我介紹三名很特別的埃及人，向我保證他們對英國效忠，會提供我任何的協助。我發現我很難相信他們已經準備冒著生命危險，來協助一個他們不認識的英國人，而且我想到這些國家主義者會有反英情結。

唐威爾也讓我和英軍的一名無線電報兵接觸，並且了給我一袋的金鎊，和一小包未切割的鑽石。他明白我將在這裡待很長一段時間，除非我很快就被德國人逮捕，不過似乎也很有可能。我在市集買了許多東西，接著開始著手去找一間安全的屋子。這一切似乎相當不專業，因為我曾經從「灰柱」的組織架構裡學習到這一點。

情勢變得很明顯，當奧欽列克在阿拉敏將德軍困住之後，開羅方面的驚慌已經減弱許多，未來仍是不確定的，不過立即性的危機已經結束。我向唐威爾建議，如果必要性增加，他應該另外找一個資格更符合的人待在開羅，而將我派到紅海丘陵。在那裡因為有阿巴達部落（Abadah）的合作，如果德軍攻下開羅，向尼羅河上游進攻時，我可以在某個位置對德軍的通信設施進行干擾破壞。他同意了，數日之後，他把派我出去，無疑地他很高興能甩掉我。

提姆．佛利曾和我一起在戈占省共事，現在在紅海丘陵採鎢礦，我到那裡和他碰面，我們一起在我們的工廠裡工作，他有即席創作的本事，還有他的技術、他的友善和隨和的天性，我不可能再找到一個像他一樣理想的合作伙伴。他和阿巴達人也處得不錯，有些人還為他工作。這些人是屬於四個偉大貝加族中的一支部落；其他三族是比薩林（Bisharin）、哈登多瓦和班尼阿米爾族；他們占據了從埃及到厄立特里亞的紅海丘陵全部地區。我在這場戰爭爆發之初，曾在厄立特里亞邊界接觸過班尼阿米爾族，為這些充滿男子氣慨且俊美的人們而著迷，而阿巴達人和他們長得相似。

顯然地，我們不能告知他們德國人可能會占領埃及；我們所能做的就是盡可能和他們交朋友；把那些最適合的人選標上記號。在此同時，我偵察到尼羅河的接近路線，在鐵路線上挑選可以下手的目標，而佛利則繼續挖鎢礦，那是迫切需要的東西。他有大量的炸藥，而我則去找武器、彈藥和特殊炸藥，例如從埃及運來的貝型地雷。然而經過十月末的阿拉敏之役後，隆美爾此時完全威脅到利比亞，對埃及的威脅顯然已經消失。我因而從佛利那裡借了一輛車和司機，北上開羅，打算申請一項更積極的任務派遣。

回到「灰柱」，我發現自己再度到處閒蕩而無所事事。我覺得受夠了，我要求見旅長，我和他從未謀面。他讓我一直站著，說他非常忙碌，問我想要什麼。我說我原來被從大馬士革調來要空降到敵後。現在我要求一項保證，讓我能有效地被派遣到沙漠上。當他說他不能給我這樣的保證時，我說我希望試試加入長程沙漠兵團，如果長程沙漠兵團接受我，我要求SOE能夠放人。

他說：「長程沙漠兵團不會讓你當少校。」

我的回答相當簡潔：「我能當上尉就心滿意足了，如果能和他們在一起，甚至當中尉也可以。」

他回答說：「我不會放你走。而且在沒有我的許可下，你是不應該來開羅的。」

我直接繞過他的辦公室去見軍事秘書長，他表示同情並對我說他將和那位旅長討論我的案子。第二天我走進「灰柱」，我聽說那位旅長正打算威脅我，以抗命為由將我送軍事法庭。

很幸運地，在這一刻，有個人建議我和大衛・史特林（David Sterling）聯繫，他幾天內就要和他的SAS③部隊出發，到敵後展開他的一項敵後行動。我不曾聽說過史特林這個人或是SAS部隊，但是我很快就從這個消息獲益不少。我發現大衛・史特林正在他弟弟彼得的辦公大樓裡，他六呎三吋高，黑髮而且穿戴整齊無瑕，他親切地聆聽我解釋我在SOE的挫折。

我告訴他我曾經在阿比西尼亞和溫吉特共事，熟悉沙漠生活，而且能說阿拉伯語。我要求他能帶我走。他詢問我如何知道他將展開一種突擊行動。

「我並不是真的清楚，但是這些事就是這樣處流傳。」

「好吧！你盡快到位於運河上的卡比利（Kabrit）那裡的SAS總部。我會打電話給他們，說你即將前去。我明天就會到那裡去。」

我問：「那位旅長那邊怎麼辦？」

他拿起電話，要求和那位旅長說話。

「這裡是史特林上校。塞西格少校在我這裡。我將帶他參加一項未來的戰鬥任務。所以請你立刻放行。」

我就這樣加入了如今威名遠播的特種空軍部隊，那是史特林在二十五歲建立及指揮的部隊。

SAS的史特林

戰爭爆發之初，大衛·史特林曾經加入蘇格蘭禁衛隊（Scots Guards），後來調到突擊隊。一九四〇年末，他跟隨一支為數兩千人的突擊隊前往中東，但是由於海軍在撤離希臘和克里特島時，受損嚴重，不再有多餘的船艦可供這項突擊任務，因此，這個單位遭到解散。

史特林後來當上中尉，他相信，小規模且受過高度訓練的隊伍空降到敵人戰線後方，攻擊敵人機場，將能造成敵人重大的損傷。沒有人慎重考慮過他的意見，直到他遇上總司令奧欽列克，他同意他的計畫，授權他挑選六名軍官和六十名兵員。由於誤導德國情報單位，這支英軍得以在中東空降，史特林的單位被命名為「特種空降旅L特遣隊」。這就是SAS的誕生，史特林設計一個飛翼匕首圖形做為他的隊徽，以及如今著十分著稱的部隊格言「敢於獲勝的人」。

當時，由於近期的種種兵災，各種配備取得不易，不過史特林卻因為一次前往印度錯誤的空投行動，而拿到一頂帳篷和一些正好合用的降落傘。由於剛剛成軍，加上一些失敗的空降行動，史特林的小部隊在地面戰鬥，起初得靠長程沙漠兵團的援助，不過後來這個單位也擁有自己的運輸機隊。

SAS是以小組為單位，兩人配一輛吉普車，每輛吉普車配備一挺維克斯K型機槍，在沙漠中能發揮出敵不意地出現，攻擊德軍的通信設施，摧毀油庫和彈藥庫或是在公路上布雷。在十四個月之中，他們摧毀兩百五十六架戰機。在一次著名的胡卡（Fuka）機場突擊行動中，SAS估計摧毀五十架戰機，而史特林宣稱他們只摧毀四十架，這些戰機包括十四架容克52型運輸機。

一九四二年，史特林曾經被晉升為中校，亞歷山大將軍（General Alexander）後來接替奧欽列克將軍，下令將SAS特遣隊提升為一支編實的軍團。僅僅一年的功夫，史特林就為英國陸軍增加了一個新的軍團，而且設計了一套新穎且有效的作戰方式。

他以體諒和尊重對待他的軍官與士兵，他贏得他們的友誼，也得到他們的敬重。當他拜訪陸軍總部時，雖然他心意已決，要取得他需要的一切，但面對反對意見，他總能保持耐性，而經由合理的辯駁，達到他最後的目的。有一回當我們討論他打算將SAS發展成一旅級單位的計畫時，我建議如果他能獲得晉升，將會有幫助。他回答說：「我覺得我像這個單位一樣，已經夠膨脹了。」

SAS行動

我在一九四二年十一月和史特林一起離開卡比利。他隨行帶了九十人，乘坐吉普車和十二輛三噸卡車，載著糧食配給、彈藥、汽油和水。這些人包括了新成立的SAS的「B」連隊和「A」連隊的加強兵力。我們沿著亞歷山卓港行進，進入沙漠；接著，我們經過布澤艾爾阿拉伯（Burj al Arab），抵達阿拉敏。這個戰場散布著被摧毀的坦克和大砲、被燒毀的卡車、墜毀的戰機，還有現代化空戰所造成的各種殘骸。我們趕上那些滿載部隊看似綿延不盡的卡車車隊、運送補給物資的卡車、通信車、幕僚指揮車、救護車、機動救援車輛、載著雪爾曼坦克車的運輸車、火砲車輛，他們全都在煙塵下，蹦蹦跳跳、吱吱作響地穿過這個沙漠。就這樣日復一日，我們行經這個龐大的車陣，夜晚在他們之間紮營。

我發現那真的讓我感到極度興奮。在阿拉敏的局勢已經改觀，我們此時可以感受到即使的黎波里也近在咫尺。但是我對沙漠作戰是個生手，非常清楚過去三年戰場的勝敗，我並沒有參與，而這場戰爭最後的高潮是在阿拉敏。我曾經遠離我的同胞參與這場戰爭。從來不曾經歷過軍團生活那種精密結合的同志關係，起初對於一個軍團的傳統也一無所知。很遺憾的，我永遠也不能吹噓我曾是「沙漠之鼠」的成員。

我們爬上哈法雅隘口（Halfaya），進入利比亞，在土布魯克稍作停留，以收集汽油和糧食配給。這個港口塞滿了沉船，海軍正忙著清除。到處都可以感受到一種緊急的氣氛。愈來愈多的護航部隊向西前進。戰機凌空而過，有重型轟炸機和機型優雅和閃亮動人的噴火式戰鬥機；當我們聽到它們發動機的聲音，我們只是抬頭仰望，對這些屬於我們的戰機很有信心。經過數小時的長征，我們穿過或稱為綠色山脈的阿克達丘陵（Jabal al Akhdar）。就在此地的峽谷和森林坡地上，烏瑪·穆克塔（Umar Mukhtar）曾經帶著他的塞努西族部落在一九二〇年，英勇但無助地與義大利人作戰。在過去三年中，同樣的這些部落無畏於義大利人的壓制與殘暴，經常協助英軍。SOE的情報人員被空降到敵人戰線後方時，全部仰仗他們。現在他們占領了許多義大利人廢棄的農莊；他們還是住在黑色帳篷裡，但是把他們的綿羊和山羊養在屋子裡。看到這樣的情景，我們的部隊裡有些人失望地表示：「你能相信嗎？」不過對我而言，那似乎是一種很明智的安排。

我們在阿加達比亞離開海岸公路，向南進入沙漠，包圍阿格赫拉（Agheila）的德軍陣地，那裡離海岸大約一百哩，是英軍先前兩次推進所能達到的最深入的據點。我們現在所穿過的這座沙漠，就像我曾經看過的沙漠一樣荒蕪不毛，滾滾黃沙、砂礫散布，偶爾有岩石，但絕對沒有一棵樹或草叢。我們明白可能有任何程度的布雷，我們必須藉由空中偵察標定，並加以轟炸或用機槍掃射。不過一切都很順利，到了十一月二十九日，我們在查爾丁井（Bir Zaltin）與指揮A連隊的麥恩少校（Major Mayne）會合，查爾丁井位於阿格赫拉南方一百哩。

A連隊是一支自信十足而且引人注目的部隊。去年，這些人曾經掌控這個沙漠，知道如何運用沙漠的空曠來做為藏身之處。他們許多人來自城鎮，只有少數人在戰爭爆發前離開過英格蘭。然而現在在稱為沙海的巨大沙丘上，或是在哈瑪德石漠上，他們就像在自己家一樣熟悉，德國人從來就沒有發展像長程沙漠兵團或SAS這類的部隊在我們的戰線後方作戰。偏重這種以小規模獨立單位作戰，不管是在沙漠、叢林或在山區或海濱，是英軍的一種特色。

史特林打算讓A連隊夜間襲擊介於阿格赫拉與布爾拉特（Bouerat）之間公路的運輸，B連隊則沿著布爾拉特和的黎波里之間兩百八十哩的公路行動。這些與蒙哥馬利將軍對隆美爾位於阿格赫拉陣地的攻擊是同步進行的，預定十二月十三日展開。史特林的意圖是在入夜後，阻斷沿海岸公路的所有行動；白天德軍的運輸就得看英國皇家空軍的慈悲。

我曾經隸屬於史特林的B連隊，B連隊現在分成八個巡邏隊，每一支隊伍配含了兩或三輛的吉普車。我和戈登．艾斯頓中尉共乘一輛吉普車，隨行有兩名通信兵乘坐一輛無線電吉普車。史特林回卡比利去督導SAS軍團的成立，但他打算在這麼做之前，陪著B連隊走，一直到達艾爾法西雅（Al Fascia），那是一座古代羅馬人在布爾拉特南方四十哩處所建的蓄水塔。

艾爾法西雅在查爾丁井西邊四百哩，但為避免被偵測，我們繞了大圈，從長程沙漠軍團繪製的地圖上標示的一個「不可通過」的地區穿越。我們白晝休息，傍晚出發，整個夜裡旅行；這種行進十分可怕，入夜之後，我們利用車頭燈照明。這個連隊有麥克．沙勒（Mike Sadler）明智的嚮導，他是個羅德西亞人，有奇特的能力，可以在夜間行進時維持正確方向，即使是在滿布岩石的地面上、岸邊陡峭的乾河床、或是碰到散布軟沙的地區。他是依靠星斗來確認他的方位。

艾斯頓和我輪流開車；這需要注意力集中，以避免被流沙所困或碰到水坑裡的石頭而受損。我對我的駕駛技術從來就沒有滿意過，我算是個差勁的駕駛，我發現這些夜晚開車路程無限漫長、十分疲累而且天氣極冷，雖然很幸運地天空並沒有降雨，而在其他地區雨勢十分大。這種行進方式證明比起白天冒險行進更惡劣。有一天下午，我們遭到兩輛義大利裝甲車的射擊。他們並沒有影響我們，但我預期我們既然已被發現，將會遭到戰機的攻擊，不過夜幕低垂時，這個疑慮得到化解。

我們在十二月十三日抵達艾爾法西雅，蒙哥馬利的攻擊行動預定那天發動。B連隊的其他七支巡邏隊離開，讓我們接手他們的陣地。我們的目標是對付通往布爾拉特西邊的公路。我們決定白天蟄伏在艾爾法西雅，那裡沿著各個不同的河床有樹叢，我們可以為吉普車進行偽裝掩護，以防空中偵察，同時可以在羅馬人的蓄水池取水，不過顯然沒有其他人用過這個蓄水池。我們在夜間應該到達那條公路的攻擊距離內，但是到達那裡的距離實在太遠，我們期盼不會在不注意的時候遭遇阻攔。

史特林決定在他離開前往埃及之前，和德軍有另一次交手機會，因此，他和他的駕駛古柏士官參加我們第一次的突襲。我們把兩名通信兵和他們的吉普車留在艾爾法西雅，接著在天色變暗時出發，等我們到達公路，我們的隊伍散開來，當艾斯頓和我正在等待一支護航隊伍時，史特林朝著一個營地開火。沒多久，艾斯頓開著車，我們看到來自阿格赫拉那個方向一支大型護航隊伍的燈光。我們一直等到它靠近，利用兩挺機砲對它實施縱向射擊，一直打到我們兩個彈匣耗盡為止。我們接著開車衝向公路，炸掉一些通信電線桿，剪掉線纜並且安放一些地雷。

我們再向前推進到一個有營帳的大型營地，那裡的車輛正開著車燈到處走。我們打亮我們的車燈，加速衝進那個營地，輾過一排帳篷，從較遠的另一頭衝出去。再次地，沒有人對我們開火，但是就在我們一離開那個營地時，我們的車胎爆胎。我們停下來試著把輪胎換掉，但是車轂動彈不得。我們用槌子敲打，但是那車轂文風不動，我們很清楚自己在對著開火的那個營地附近。最後我們就這樣拖著一顆破胎回到艾爾法西雅。早上古柏指出我們沒有拆下車轂，反而把它弄得更緊。我從來就沒有換過輪胎。

孤軍奮戰

天黑時，史特林和古柏動身出發，漫漫長路回去埃及，艾斯頓和我回到公路上，再度把我們的通信兵吉普車留在艾爾法西雅。

每天晚上，我們發現到更多更下來的車輛和更多的營帳，但是公路上的交通量愈來愈少。有一回我看到一輛大型坦克朝著我們開過來，就在同時，一輛幕僚指揮車從反方向開過來。我決定對那輛坦克下手；當它爆炸時，那輛指揮車煞車停了下來，車內乘員下車尋找掩護。這些夜晚，我們一個廣闊的地區裡對著營區開火，其中還包括了一個地區指揮總部，那是後來我們才得知的。其中還包括了一個地區指揮總部，那是後來我們才得知的。我們開進一個營地，停下來選擇一個目標。我們經常聽到有人在他們帳篷裡說話，有時候看到有人在月光下移動，但是我有一種自我安慰的錯覺，以為自己是隱匿的，因為我們一直沒有受到挑戰或被開槍射擊。有一回，我們把車子騎上一組帳篷，才發現自己其實是在一堆戰車之中；我們顯然是在一個戰車修復場裡。我試圖對著那些帳篷開火，機槍卻卡死。我盡可能安靜地更換機槍的彈鼓，不過明白即使這般的嘎啦嘎啦，機槍還是無法射擊，因此我們開進沙漠，將它們搞定後，找尋其他目標。有一天晚上，我們開車到一個有十多輛卡車停在帳篷外的軍人福利社；裡頭有人在說話、放聲大笑和唱歌。我在遠距離對著帳篷開了一槍，並在我們離開時，近距離打中那些卡車的引擎。

在這些戰鬥行動期間，我們必定殺傷許多人，但我從來沒有看到遭我們傷害的人，所以我還能維持一種事不關己的感覺，不過我真的開始感覺自己很幸運，不必待得更久一些。似乎很難避免的，早晚有一天我們會被一名哨兵發現，然後他會對著我們的車子開槍。即使他沒有打中艾斯頓和我，那些地雷遲早也會把我們炸死。

我們潛伏在艾爾法西雅時，有許多次聽到引擎聲，懷疑那支巡邏隊伍正在搜尋我們。

有一天早上，艾斯頓帶著我們吉普車上的那兩名通信兵去取水。就在他離開之後，我留意到一架小型偵察機朝著那貯水池飛去；它盤旋之後離去。稍後我聽到許多重型車輛的聲音，沿著那乾河床朝我而來。我們小心翼翼地把那輛無線電吉普車藏在樹叢間的一張偽裝網底下。我拿了一條氈子，走到一段距離外，進入沒有一點明顯掩蔽物的開闊地上，接著，我躺在一個小坑洞裡，用氈子把自己蓋起來，上頭灑上泥土和一些植物。我從氈子底下向外偷窺，看到兩輛裝甲車；我想我聽到這個乾河床的另一頭有其他車輛的聲音。

那些車輛開始搜索，但是並沒有發現那輛吉普車。其中一輛經過離我躺下的地方僅僅數百碼。我聽到它停下來的聲音，我的頭埋在氈子下面，我懷疑他們是否已經看到我並且打算開槍；不過它隨後就開走。在他們最後駛離之前，時間似乎過了好幾年。他們一離開，我聽到多挺機關槍開火的聲音。我很確定他們已經殺害或俘虜其他的吉普車人員，而我則是孤軍奮戰。

我躺在毯子底下反覆思考，覺得最好的方法還是留在艾爾法西雅，希望第八軍終究會回來；水槽裡有水，無線電吉普車裡有食物和幾把手槍，但是我不知道如何操作無線電。我覺得德國已經搜索過這裡，第二天可能不會再來；不過我留在毯子下面，以防他們又回頭。我的背袋裡有道諦的《古沙國遊記》，不過我一點讀的興致都沒有。

過了幾個小時之後，我望見艾斯頓在樹叢之間很小心警戒地移動，我從掩體裡呼喚他，嚇了他一跳。「哈囉！戈登，我以為他們抓到你了。」

「我聽到槍聲時，我以為他們抓住你了。我只希望他們沒有發現那輛無線電吉普車。我回來找那輛車。那架飛機就從我們頭頂上飛過。很幸運的是，我們的吉普車在樹叢裡，他們並沒有發現它。那些裝甲車輛一直沒有靠得很近。」

「嗯，他們夠接近我了！」

艾斯頓出發，並帶走那輛吉普車和另外兩輛。稍後那天下午，馬丁少尉和他的駕駛兩人都是自由法國軍的人，開著他們的吉普車出現。他們一直跟著B連隊的其中一支巡邏隊，他們遭到德國人的突襲，但是設法逃離。接近艾爾法西雅時，他們再度被追擊，遭到裝甲車槍擊。這正是我們曾經聽到的槍聲。

我們決定入夜後移到另一個乾河床，保持夠遠的距離，在那裡潛伏不動，以等待第八軍團的到達。我們的油量很低；已經不夠我們到公路上進行突襲。馬丁的汽油也不夠，決定和我們待在一起。到了黃昏，許多輛裝甲車到達，擺開陣勢駐紮。我們後來啟動引擎開跑時，他們一定聽見了我們的聲音；看起來似乎它們已發現到我們的蹤跡，他們算準我們不在貯水槽那裡，因而繼續進行搜索我們。

我們新的藏匿地點是一個有樹和鋪滿青草和野花而教人愉悅的乾河床。有些阿拉伯人清晨出現在那裡。就像所有的部落阿拉伯人，他們用白色的氈子包住他們的衣服，他們很友善，我也發現他們的阿拉伯語相當容易聽懂。我們為他們煮茶，後來他們為我們抓來一頭羊，當晚和我們一起過夜。他們痛恨義大利人，在鎮壓利比亞期間，義大利人曾經十分殘暴地對待當地的居民。我有信心當德國人幫助義大利人時，這些阿拉伯人一定不會背叛我們。耶誕節那天，也就是我們離開艾爾法西雅後兩天，我們再度聽到裝甲車輛的聲音；他們聽起來似乎很接近，但並沒有進入我們的乾河床。我很確定我們曾經越過的岩石地面到那裡，他們將無法追蹤到我們的蹤跡。

史特林曾經以艾爾法西雅做為B連隊的集合地點，我們預期其他的巡邏隊在短時間內會到達我們附近。我們不清楚其他隊伍是被殺害或已經被俘虜；但是我們明白我們組合在一起的突襲曾經在蒙哥馬利進行攻擊期間，為夜間的交通或多或少帶來一種阻礙。

隆美爾十分關切SAS對他的通信設施進行突襲。里德·哈特（BH Liddle Hart）英譯他的日記裡寫到：

> 他們一再成功地射中我們防線後方的貨車、埋設地雷、砍倒電報電線桿和類似的邪惡的活動⋯⋯

十二月二十三日，我們在一個陽光普照的美麗早晨出發，去檢視我們正面南方的鄉野。起初我們沿著巴比雅大道，接著靠兩輛裝甲車輛護航，穿過那迷人而有裂口的誠誠河床（Wadi Zem-Zem）前往艾爾法西雅。很快地，我們開始發現到英軍車輛的蹤跡，那可能是史特林的一些人馬留下來的，他們曾經待在這附近負責破壞我們的補給線。那些痕跡看起來相當新，我們很仔細地加以觀望，看能否找到一名「湯米」（Tommy，英軍的代稱）。接近艾爾法西雅時，我突然看到一輛落單的車子。我們加以追逐，卻發現車上人員是義大利人。來自坎普史塔佛（Kampfstaffel）的我方部隊也在這個區域。他們前天曾經偷襲一些英軍突擊隊，取得標有英國彈藥庫和重兵防禦據點的地圖。他們正前來這個區域，希望能打倒一支「湯米部隊」。

在戰後寫這篇文字時，我才明白隆美爾本人必定曾經跟隨著我在艾爾法西雅，看著前來搜索我們的那些裝甲車輛。

史特林從開羅回來，艾爾頓、馬丁和我在我們藏匿處附近和他會合。那裡在德軍防線後方大約四十哩的地方。他打算在索爾丹井（Bir Soltan）建立一個前進基地，離馬瑞特防線大約三十哩，從那裡出發用一小組人和位在突尼西亞的第一軍團接觸，該軍團十一月才在北非登陸。要前往比爾索爾丹，我們得旅行兩百哩路，最後一段路是沿著大東部沙海（Great Eastern Erg）的邊緣前進。我們發現那裡有高聳而斜峭的沙丘，十分難以穿越。

史特林曾經想要帶著我從索爾丹井前往突尼西亞，但他啟動其中一輛吉普車時出了麻煩，他換了我的吉普車，讓我留下來等待增援部隊的到達。在成功越過馬瑞特防線之後，他在接近加貝斯沙溝（Gabes Gap）時被俘，雖然他三度逃亡，但還是被關了起來，一直到戰爭結束。

希臘聖戰連行動

在史特林離開後，我發現我對接連不斷發生的許多事有不確定感。我並沒有寫日記，只有一些寫給我母親的信，曾描述那些日子，但已經失落了。我記得艾斯頓和我潛伏在的黎波里南部的納胡薩丘陵（Jabal Nahusa），監視義大利人的陣地。

有一回我們缺水，但是勉強走到阿拉伯人讓他們牲口飲水的水井，因為可能那些義大利人對我們出現有話說。我們曾經結識兩名年輕的阿拉伯人，我請他們為我們汲水。他們很快就發生激烈的口角。艾斯頓很擔心地問我他們到底出了什麼事，我能向他確定的是，他們只是在爭論到底要利用他們的驢子或是叫他們的姐妹去載那些果漿桶。

義大利人撤退之後，我進入他們挖掘的壕溝。當我走出來的時候，我注意到我的褲管底下有一大團跳蚤，它們並沒有跳動，只是緩緩地上爬。我用刺刀將它們刮除。

和來自卡比利的增援部隊接頭之後，艾斯頓和我在一九四三年一月二十三日越界進入突尼西亞，也就是的黎波里攻陷之日，我們建立一個基地，讓那些突襲部隊回來時得以落腳。我們接著取道納魯特（Nalut）和加里安（Garian）前往的黎波里，向第八軍團報到。艾斯頓奉召回開羅，我則編配到SAS新成立的希臘聖戰連隊。這個傑出不凡的隊伍，全部都是由軍官組成，由吉甘特斯上校（Colonel Gigantes）指揮，是仿傚古希臘時代的席班部隊（Theban band）。

隆美爾曾在同時間撤兵退回馬瑞斯戰線（Mareth Line），那裡原是法國人沿著突尼西亞部分邊界所建立的戰線，用以抵禦義大利人來自的黎波里塔尼亞的入侵。法國人曾預期這個國家往南到那條戰線，對機動部隊來說，是難以越過的，這個誤解反而讓SAS得以在那裡作戰，而蒙哥馬利最後得以包抄馬瑞特防線。

希臘聖戰連隊被派遣南向，前往鄰近大艾爾格沙海的卡薩萊藍納（Qasr Rhilana）等待由里塞克將軍（General Lercerc）指揮的自由法國軍的抵達。稍早幾個月，這支部隊從位於法屬赤道非洲的拉密堡展開它的遠征；他們取道提貝斯提和費占省，越過撒哈拉沙漠，最近才抵達突尼西亞境內。

當我們和里塞克將軍的部隊接頭，彼此的部隊都大感驚訝。當時正是中午，我們正在接近我們目的地附近休息和煮飯，我們聽到許多車輛接近的聲音。我們並沒有概念這支隊伍為何，於是立刻拔營。一名法國軍官後來用法文向我形容他突然看到的情景「un tas de petites voitures qui courait à travers le désert」，意思是「看到幾輛小小的車子穿過沙漠而來」。我們是第一支與里塞克將軍接觸的英國部隊，在接下來的六個禮拜我們都和這些法國人共處。

三月十日，德國人對於他們的側翼暴露而十分著急，他們經過一趟非比尋常的行軍，越過傳說中難以穿越的鄉野，攻擊位於卡薩萊藍納的法軍，不過被驅離。噴火戰鬥機前來援助我們，驅離德軍的轟炸機，其中一架投下兩枚炸彈，就掉在離我數碼的沙漠上，但是並沒有爆炸。

紐西蘭軍團在副指揮官佛萊堡將軍（General Freyberg）指揮下，於三月十九日抵達卡薩萊拉納，他們經過一趟非比尋常的行軍，越過傳說中難以穿越的鄉野，攻擊位於卡薩萊藍納的德軍。

希臘聖戰連隊此時編屬到這支卓越法國部隊，他們被隆美爾譽為第一軍團中最優秀的部隊。二十日蒙哥馬利對馬瑞特戰線的前線攻擊失敗。他因而派遣哈洛克將軍指揮的第十軍團，前去增加正向哈馬德隘口推進的紐西蘭軍團。

二十七日那天下午四點鐘，紐西蘭軍團和第八裝甲旅攻擊那個隘口。我們在高地上，有極佳的視野一睹那場戰役。一波又一波的輕型轟炸機和戰鬥機飛得極低，呼嘯越過德軍的陣地，在這個火傘下，坦克向下推進，進入兩座陡峭的丘陵之間的走廊。到了傍晚，德軍全面大撤退。第二天早上，我們尾隨他們穿過那道隘口。這個戰場滿布屍體、被摧毀或被俘獲的坦克、大砲和軍輸車輛。七千名德軍被俘虜，這是一場決定性的戰役。隆美爾放棄馬瑞特戰線，撤回阿卡里特谷地（Wadi Akarit），而蒙哥馬利在四月五日對那裡發動攻擊。

回首一九四〇年在加拉巴特，我為之印象深刻，當時只有一個砲兵連的人馬對著義利人的陣地開火。而現在對著阿卡里特谷地進行的轟炸，對我來說，是難以置信的事。五日清晨四點正，黑夜在我們身後突然天光大亮，突如其來地沿著整個地平線變成一片持續不斷且火光閃爍的火焰。我們並沒有參與那場戰事，但是戰鬥一結束，我們跟著紐西蘭騎兵連，駕坐他們的輕型坦克車領頭前進。我們經過大批的義大利人，他們急著投降，其中還有少許德國人。接著我們遭遇到德軍的反戰車砲而停了下來。

我貼著配屬給情報官的坦克，他正坐在車頂上，忙著寫東西。有些紐西蘭士兵帶著另一名戰俘向我們走來。那位情報官已經在審問一些人犯。他抬起頭來大聲說：「別再帶過來了，我已經得到所有我想要的情報。我正忙著寫信給我媽。叫他沿著那條小徑走，那裡有人會接應他。」

然而他們向我走來，其中有個人說：「我想你最好看看這一位，長官。」

那名義大利人是一位年長而且穿著有彩緞和鑲邊的軍官，他抬起頭看著那位情報官，無力地說：「我已經試著投降大約一小時，每個人都告訴我走到馬路上。」他停頓了一下，接著補上一句話：「畢竟我還是個義大利將軍啊！」

他事實上正是指揮撤哈拉軍團的將軍。我為這位疲累不堪的老人受到極度的屈辱而感到難過。我曾經痛恨義大利人，因為他們入侵阿比西尼亞，但是這種同情感除掉了我內心的痛恨。我們把他帶去見佛萊堡將軍，當時他們正在談論一架噴火式戰鬥機適時擊落一架凌空飛過的德軍戰機。

領著第八軍團前進真正教人愉快，我們無人可擋地向前推進，達到所知道在非洲最後的一場勝利。我們此時正在突尼西亞平原上。我記得很清楚，大量的野花綻放，有許多天我們行經緋紅的罌粟花、鮮黃的金盞花和白色的雛菊、鳶尾花和劍蘭。每回我們做炊事，把汽油倒進沙地上，產生烈焰，就會有一塊地方的野花被烤乾和傾倒。我們經過法國人的農莊和棕櫚樹一排排規律排列的農園。其他人很高興終於脫離沙漠，重回文明世界；對我來說，我下意識地痛恨這些歐洲人占據土地的證據。

我們在德國人離去之後大約五分鐘進入蘇塞（Sousse）。那是一種奇特且動人的經驗。起初，鎮民認為我們是最後一批撤退的德國人。接著他們判斷我們是美國人，揮舞著美國國旗。人多數法國人的眼中含著淚水。這個城鎮充滿了歇斯底里的突尼西亞籍猶太人，他們的衣服上繡著大衛之星的圖案。最後，第八軍團來到位於背山的突尼西亞半島上的恩非達維爾（Efidaville）的堡壘，停了下來，而另一邊的第一軍團為了陣亡者而進入堡壘。我的弟弟羅德里克在第一空降旅，正和他們在一起，而我當時並不知道這件事。他後來空降到西西里島的普里馬索橋（Primasole Bridge），接著空降安恆（Arnhem），他在那裡受傷，遭到逮捕。

大衛．史特林對這場沙漠之役告捷所做的實質貢獻，肯定可以和溫吉特在緬甸的勝利相提比論，但他所付出的代價只有一點點。史特林布署一小撮兵馬，相反地溫吉特的第二支欽敦游擊隊是從史林姆將軍攻入緬甸的主要部隊裡抽出一個師，其實那裡的兵力布署可能比較有效。然而溫吉特帶著他的第二欽敦游擊隊進入緬甸時，日本人在叢林裡似乎是無法征服的；等他回來，證明英軍如果在叢林裡一對一，可以打敗日本人。這項成就有效地經過宣傳，對整個十四軍團的士氣有很大的提振作用。

史特林和溫吉特的作戰理念都具有原創性，兩個人也同樣都是毅然決然，敢於執行他們的計畫。但是可能沒有另外兩個人像他們兩人一般，在特質上很不相同。史特林不像溫吉特，他會迴避自己的情感，穿著一成不變，因為他的背景出身，他的行為表現彬彬有禮。

這幾個月在西部沙漠上，我對這個鄉野和這裡的居民，缺乏一種參與感，那種感覺對我在溫吉特的戈占省之役期間，是相當重要的。我們在那裡利用動物運輸，利用走路打仗。而在此地，我們作戰使用的是非常適合SAS角色扮演的吉普車；我們可以利用它們來載所需的一切東西，而我們要擔心的不過就是周遭環境，對我們的行進是好還是不好。在這些狀況下，我個人對於沙漠本身可是得不到半點樂趣；即使是那龐大的沙海沙丘，也讓我毫無感動；它們只不過是另一種需要機械加以克服的障礙。

與德魯士人重逢

一九四三年五月，希臘聖戰連隊從恩非達維爾被召回埃及。我們搭車沿著北非海岸穿過的黎波里、奔哈齊（Benhazi）和阿克達丘陵，經過土布魯克和阿拉敏，接著我們再從開羅開車前往SAS位於巴勒斯坦北部的艾斯里特（Athlit）的新設指揮部。

這個連隊駐守地方距離其他連隊大約一哩多，實際上是個獨立單位；而且由它現任的紀甘特斯上校指揮。這些軍官中有許多人在義大利入侵希臘時，曾經英勇作戰，如今他們打算拖延訓練，堅持當機會來臨時，他們會知道該怎麼做。他們大部時間用在洗澡、或在附近的一家咖啡館裡爭論政治議題。

一九四三年六月，我和這支連隊前往詹寧（Janin）參加一項跳傘訓練。他們許多人很期待這項課程，相反地，我卻很害怕，我對於跳到空中有一種特別恐懼感。然而因為加入SAS，我必須做這件事。在我跳傘的前一晚，我做了一個惡夢；我夢到我是一名囚犯，將在天明前被槍決。我醒來時，大汗淋漓，發現我要面對的只是一次跳傘。經過一個星期努力的受訓，在那項訓練中，我們受了許多嚴重傷害，我們共跳八次傘。兩次是在夜間，後六次是低空跳傘，在我跳下之前，絕對不向下看。這項訓練中途，我們這個團體中有個人遇害，他的降落傘無法打開，他直落到地面上，就摔在我站的地方附近，但這件事對我的震撼遠比我預期的輕。這項訓結束時，我有一種十分滿足的成就感，但是沒有再次跳傘的欲望。回到艾斯里特，我們繼續訓練，為反攻歐洲準備，預料將能在巴爾幹半島派上用場。

我經常造訪附近邊界丘陵上的阿拉伯村落，那裡的村民熱忱慇勤，除了他們對於英國人支持猶太人移民而心有怨恨外，對我還是很歡迎。過去無數個世紀，他們的祖先居住在巴勒斯坦。幾年之後，在英國和美國的默許下，他們被驅離他們的家園或隸屬於他們所無法忍受的以色列統治，以色列宣稱他們對兩千年前被驅逐遠離的一個國家擁有主權。這樣一個極大的錯誤，在各方普遍忍許下，對一支無辜的民族造成傷害；而這樣的慘劇和廣大民眾仇恨的種子，被人心滿意足地播下。

就在我抵達艾斯里特之後不久，我得知一支德魯士連隊駐守在附近。一有機會，我馬上去拜訪他們，當我開車進入他們的營區，我所見到的第一個人就是法里斯。我在車上向他打招呼，他趕忙過來，對其他人叫喊我回來了，因為幸運的機緣，我在馬哈曾經指揮過這支騎乘駱駝的連隊，而現在是由夏利．馬茲指揮。他帶領我跟著法里斯前去那大團的營帳，其他人則簇擁圍繞著我們前進。所有人都要求我留下來用晚餐。夏利因為他們只有軍中的糧食可以招待我而向我致歉。他堅持我星期日，也就是兩天後一定要回來；接著他們準備了一份傳統的德魯士人「曼薩夫」羊肉燒麥大餐。

我很高興再度見到他們，受到這樣一致而且真誠的歡迎。他們告訴我他們現在是步兵，在這裡已經待了六個月。他們說：「只要我們能再度回到馬哈……」他們提醒我：我們曾經在火山岩石漠上巡邏，我們曾經如何一起嘗試射殺羚羊，在某個水池邊紮營，睡在游牧民族的帳篷裡。他們回想起我們曾經造訪的德魯士人的村落，還有我們一起在馬哈和其他村落吃過的大餐，還有在他們的葡萄園裡吃過的葡萄，還有許許多多我幾乎已經遺忘的事件。星期日我帶了兩名希臘軍官同行，重新回到那裡享受羊肉燒麥大餐，用過飯之後，夏利要了煙斗，他們唱著德魯士人的戰歌，那是在敘利亞戰役中，我騎乘進入德魯士丘陵時所聽到的相同的歌曲。

那次聚會之後，只要有機會，我就會去拜訪他們。有個周末，夏利、法里斯和我前往黎巴嫩境內的赫蒙山（Mount Hermon）上的一個大型德魯士村落馬茲達艾許夏姆（Majdal ash Shams），打算從那裡攀登那座山脈。我們開車取道提伯里亞斯（Tiberias）和胡勒河谷（Valley Hule），經過一座迷人的小村落，也就是古代神話牧神潘安的花園巴尼雅（Baniyas），再前往馬茲達。整個河谷被夕陽拂照，十分美麗。因為夏利先捎了口信給住在那裡的一名親戚，所以他們正期待我們夜裡到達。那天晚上我們到了很晚才上床，我們天一亮就起床。

我們開車前往另一個德魯士村落阿納（Arnah），那是位在山區最高處。到處都滴落冰冷的水，是從山上流經高大的綠樹——柳樹、白楊木、桃樹和杏樹——而後流下來的。據說在阿納有三百六十口湧泉。從那裡到赫蒙山山頂，步行要花三個小時。接近山頂時，我們碰到一名年長的德魯士人，帶著他的一群山羊。就像大多數山中村落的德魯士人，他穿著一件紅外套，鬆垮垮的藍色褲子和一條白色頭巾。他拿了一碗冰鎮過的羊奶給我們，那真是十分受用，接著他和我們坐下來談話，而他的羊群在積雪之間四處晃蕩，牠們的鈴鐺聲隨之飄盪，而我們眺望敘利亞、巴勒斯坦和黎巴嫩。

遊覽敘利亞北部

我在一九四〇年加入蘇丹防衛軍，因此我有一週的假期在喀土木度過，接著另一個星期我去拜訪佩特拉古城。假期不夠並未剝奪我的樂趣，因為幾乎所有的時間，我都是在一些我一直期待看到的地方，做我感興趣的事。我很清楚我是如何的幸運。而此時，我有兩個星期可能拜訪敘利亞北部。

我先前從來不曾翻越幼發拉底河流域進入賈齊拉（Jazirah）；現在我則開車沿著土耳其邊界走百哩路前往底格里斯。這個邊界代表了古代阿拉伯人遠征的極限，從西元十一世紀開始，一波波阿拉伯人入侵活動超越嘗試此一界限，最後打破此一界限，並且加以突破，直到這座山的山腳下。

我經過一個骯髒惡劣的屯墾區卡馬夏利亞（Qamashlia），大半由土造建築覆上鋅板的屋子所構成，所幸住了各種不同迷人的部落，而彌補它的無趣，包括了阿拉伯人、戴彩色頭巾的庫德族人、戴著羊皮做的黑色頭巾的高加索人、亞美尼亞人、亞述人、土耳其人和土克曼人。大約再向前走數百哩路，我抵達迪亞爾清泉（Ain Diyar），可以望穿底格里斯河峽谷，以至於高聳一萬兩千呎的庫德山脈，那是一個山峰和懸崖交雜而讓人印象極為深刻的地方。在山脈後，我可以看到其他的山脈峰峰相連，向北延伸到凡城，更遠是喬治亞和高加索山脈。

這裡的村民那天晚上在迪亞爾清泉的廣場上跳舞，一排的男性隨著鼓聲和他們歌聲的節奏，婆娑起舞。他們是庫德族人，全都穿著精緻的國家傳統服裝，戴有穗的頭巾，繞著高高的毛氈無邊帽，滾邊的夾克外套，寬大的褲子交織著多種色彩的條紋。在他們腰間的腰帶上，掛著大型經過雕刻有銀鞘的匕首。他們是我首度見過的庫德族人。我為他們著迷，也明瞭在上個世紀末在凡城，我的父親曾經在這個族群之中工作。而此時只不過距離數哩，越過土耳其邊界，庫德人被禁止穿著他們的國家服裝；凱末爾曾經宣稱，這些人只是「山地土耳其人」。

我繼續向前越過迪亞爾清泉，穿過底格里斯河流域進入伊拉克。我開著車向南穿過夏默阿拉伯人的營地，那是最偉大的貝都族的一支，接著到達辛加爾丘陵（Jabal Singhar），那是一座孤立的山脈，住著雅濟迪人（Yazidis）。由於被人認為他們取悅撒旦（Shaitan），因而被誤冠上「惡魔信徒」的封號，就因為這個理由，他們遭到伊斯蘭教徒的迫害。雅濟迪人有許多讓人好奇的禁忌；他們在其他部落之中，說話絕對不以「sh」的字做為起頭，不穿藍色的衣服，也不穿頸子開口的襯衫，絕不把糞便排到水中，也不吃生菜。我為他們美好的相貌、他們的高貴氣質和他們住所的整潔而感到印象深刻。時間已經不夠，我只能在辛加爾丘陵停留一天，但是我決定有一天我要再回來。八年後，我在一趟長途旅行中，騎乘馱獸穿越伊拉克庫德斯坦時，我真的這麼做。

假期結束時，我回到位在艾斯里特的連隊，十分意外地，我在那裡結束我的軍旅生涯，目的是因為海爾・塞拉西的私人請求，我要重回阿比西尼亞負責內政事務。

注釋：

①隆美爾（Rommel）：Erwin Johannes Eugen Rommel，一八九一～一九四四，德國陸軍元師。參加過第一次世界大戰，後在德勒斯登軍事學院任教，早期即同情納粹黨。在第二次世界大戰中任元首大本營衛隊長，一九四〇年率德國裝甲師入侵法國。後任德國非洲軍團司令，獲重大勝利，但被英軍增援的第八軍團擊潰。他本人因病從北非返國，後出任法境軍長。一九四四年負傷回家，參與暗殺希特勒密謀，敗露後在赫林根自殺。

②聖灰星期三（Ash Wednesday）：即大齋節第一天。因古代基督教會在舉行儀式時，用已經祝聖的灰在教徒的前額劃一十字，故名，天主教和一些聖公會沿襲此俗。聖灰是將前一年棕枝主日供奉的枝條焚燒而得。

③SAS：皇家特種空軍。在秘密和反恐怖主義作戰中執行特殊任務的英國部隊。最初在一九四一年成立的特種突擊隊空降在敵占區內。英國特種部隊的訓詞是「敢於取勝」。一九五二年恢復成爲英軍正規部隊，執行特種作戰任務。他們的工作是極爲秘密的，一九八二年在福克蘭群島戰役中表現突出。

【第五篇】

重回阿比西尼亞：1944～1958

【第27章】

與皇太子在狄西

一九四三年十月，海爾・塞拉西要求我被調派前來擔任他的長子阿斯法・伍森的顧問，他曾被任命統治渥洛省。除了因為正值戰爭交錯的時刻，我並不太願意離開SAS外，我覺得難以拒絕。為了晉見皇帝，我飛往阿迪斯阿貝巴，再搭車去見皇太子，接受那份工作，接著飛回開羅。在接受這項為期兩年的任命之前，官方單位給我許可回倫敦。

我對搭飛機意願很低。接下來的兩個月，每天早上我得去行動掌控航空公司（Movement Control）查詢。有一天，那位負責的主管說：「昨晚你去哪裡了？我們有個客人取消機位，留了一個位子給你。我們打電話到你的飯店，但是你不在。不過這正好，」他接著說：「我們聽說那架飛機被擊落了。」幾天後我離開，在倫敦復員退伍。

接下來的兩個月，我和母親同住，她住在徹爾夏一棟陽光普照的公寓頂樓。三十年後，那屋子變成我的，它可以俯瞰費希克公園（Physick）和遠方的泰晤士河。她的第二任丈夫雷吉・艾斯特雷在麥爾布魯克過世，而我的弟弟德蒙也在空軍遭難。我們四個孩子中，德蒙和母親最親近，在他死後，她再也無法忍受住在麥爾布魯克。

擔任顧問

一九四四年一月，我經由人員護送重回埃及，長途航行進入大西洋，穿過直布羅陀海峽。我從開羅出發旅行，沿著尼羅河上溯前往喀土木，我將在那裡和道格拉斯・紐伯德待在一起。他十分忙碌於涉及蘇丹的戰爭事務。他很清楚未來情勢的改變是必然的；然而他依然一如往常，保持泰然自若、心情輕鬆與歡樂。我珍惜那些日子的回憶。因為無法再見到他，當我人在阿比西尼亞的時候，他過世了。為了他所愛的蘇丹人，儘管他的健康狀況並不好，他還是一直工作到最後。

我取道狄西省阿斯馬拉前往阿迪斯阿貝巴，搭車旅行走上義大利人建造的公路。在阿迪斯阿貝巴，我和山德佛家人同住；山德佛此時是內政部的諮詢顧問。我很喜歡和他們在一起，但是我急於想要前往狄西並且開始工作。皇太子阿斯法．伍森在阿迪斯阿貝巴，他也期待隨時能動身前往狄西；但是他的起程時間一直延後。到了最後，他告訴我先行出發。

狄西位在一個海拔高度八千呎、貼著低地與丹納吉爾沙漠的巨大懸崖上；二十年後，我在東非大裂谷另一邊的葉門，也看到景致壯觀、可以與之相提並論的懸崖。那裡有些德國人建的義大利式別墅，我住在其中一間，除此之外，狄西還算是個相當迷人的地方，大量茅草覆頂的土庫爾小屋，分布在桉樹灌木叢間。我在此地經常看到鬍鷲在這個小鎮的垃圾堆裡覓食；這些有鬍鬚的猛禽翅膀張開多半有九呎之寬，可以輕鬆滑翔，有時會掠過我的頭頂上。

我在狄西待了兩個星期，皇太子才抵達，隔天晚上舉行一場晚宴。義大利人占領期間，他在英國接受教育，所以他能說流利的英語。對我來說，他是個受歡迎而且友善的人。他非常明白二十七年前，在大革命的那段紛亂多事之秋，我的父母親曾經把他收容在領事館內。

狄西是他被任命的第一個行政職務。不幸的是他和他父親的關係十分緊張。皇帝偏愛比較年輕的哈拉爾省馬孔能太子，而與阿斯法．伍森較為疏遠。

阿比西尼亞同時需要外來協助，一是外界的顧問諮詢，以協助建立財政、司法、教育和行政部門，再者需要技術人員來維持義大利人在較大城市已經建立的機制。在首都，有些官員認同需要諸如此類特別協助的必要性；但在地方省分，少數人才有任何政治或行政方面諮詢的需求。他們天性保守，十分堅持歷史的方法，並不相信發明。在狄西省的阿比西尼亞官員並不想讓一個英國人干預他們的行政，提供土地改革或稅制方面的建議。他們認為這種做法在阿迪斯阿貝巴做得太多。由於我曾受到皇帝的任命，所以他們能容忍我的出現。但他們決定限制我對皇太子的影響力。我一個星期只見他一次，我們的會面純粹只是社交，很少談論政治方面的話題。

我先前對渥洛省沒有任何經驗，它不像其他省份，有它特別的問題。我曾經打算去旅行，相信等到我完成旅行，我的諮詢將會有實質上的價值；然而每一回我提出來，就會被延後，而且沒有任何理由。我真正達成的唯一改革是有關監獄過於擁擠的問題。那裡的情況十分惡劣。監獄位在城鎮的中心，但是沒有適當的下水道設備，糞便從茅坑式廁所溢流到山邊。我設法將監獄移到城外；我還完成了其他一點微不足道的事。

在戈占省之役，我曾經和巡邏隊一起生活，和他們一起吃飯，住他們的屋子。參與他們那種古老的生活方式，見證一個已逝去的年代的風俗和熱忱，那是教人陶醉的經驗。我經常在想，我是多麼懷念我和前線防衛營共事的日子。然而在狄西，我有自己的屋子和僕人，但我發現我從來就沒被其他人邀請過，除了阿斯法．伍森。事實上，在比較大的城鎮裡，就阿比西尼亞人這方面來說，這種對待歐洲人的行為是正常的。即使是在阿迪斯阿貝巴的山德佛家人，他們也很少受邀參加宴會。我無可避免會把這種待遇和我在敘利亞，與德魯士人和阿拉伯人共處的經驗相互比較；他們歡迎我到他們的家，以熱忱加在我身上；甚至是我剛碰到的陌生人，也會堅持要招待我。

在我抵達時，阿斯法．伍森曾經送給我一匹阿拉伯駿馬，我幾乎每天都會騎著牠到鄉野裡；有時候，我會射殺鷸鳥或野鴨。我在狄西度過了整個「大雨期」，通常那是從六月開始，預期到九月中旬，也正好是 Mascal 節日，也就是十字架慶典時結束。雨季裡的清晨天氣通常都不錯，但是到了中午，雲層開始堆積，接著雨水傾瀉而下，經常持續到夜裡。當雨水結束後，大地景觀變成一片馬斯考雛菊的金黃色。在阿比西尼亞，各種花卉當然是美麗的，但是唯獨這些雛菊所製造的全面性的效果，可以和伊拉克及波斯的秋牡丹、罌粟和鬱金香形成的那種繽紛多彩相比擬。

那一年在狄西，是我生命中最挫折的時光。其他地方都有重大的事件發生。在歐洲和中東，大型戰役才剛開始。SAS在地中海參加戰鬥，溫吉特帶著欽敦游擊隊進入緬甸，而我被困在狄西，一事無成。然而這是事件偶發的本質，我曾經到過其他地方，但是我從來就沒有機會去探索阿拉伯的空白之地，那探索證明是我生命中最重要的經歷。

雖然我在狄西的任職令是兩年，但是我在第一年結束時便辭職。接著在阿迪斯阿貝巴，在一位朋友家的晚餐中，我當時正等待離開這個國家，正巧與沙漠蝗蟲研究組織的李恩（Lean）碰面。在晚餐中，他表示要提供我一個工作，去找尋阿拉伯沙漠裡的蝗蟲繁殖中心。我立刻接受，也沒有問報酬或要其他任何東西。李恩向我保證他的組織可以取得穆斯凱蘇丹王的許可，從阿拉伯南部海岸旅行進入沙漠。那意味著可以去多法（Dhaufar），而多法正是進空白之地的門戶。

【第28章】

沙漠、沼澤與山脈：一九四五～五八年

我童年時一直想成為一名探險家。早在童年時代在阿比西尼亞，還有我後來提過的書，我心中早早便預先想好到非洲探險。海爾．塞拉西邀請我參加他的加冕大典，讓我有機會到丹納吉爾鄉野旅行；這是我對沙漠的初步認識，也是我第一次的探險經歷。

班格諾曾經利用汽車在利比亞沙漠旅行，深入最偏遠的地區，而在戰爭期間，長程沙漠兵團和SAS給我同樣的經驗，相形之下，我則沒有機會探索北非沙漠。唯有在阿拉伯那廣大的土地上才有此種經歷，即使是阿拉伯人稱為魯布卡利大沙漠（Rub al Khali）的「空白之地」，大部分地區仍維持不曾被侵擾的狀態，為沙漠探險提供最後的挑戰目標。

湯瑪士①和費爾畢②在一九三〇年初，曾經穿過「空白之地」，之後就再也沒有一個歐洲人到過那裡，也沒有飛機飛過那裡，而車輛最遠也不過到過比較接近那裡、位於印度洋岸的薩拉拉（Salala）英國皇家空軍的基地，以及位於特魯西亞海岸（Trucial Coast）的城鎮。和撒哈拉沙漠相比，「空白之地」還有許多廣大的地方未曾被人探索，被一些好戰部落所屬的無人土地所圍繞。因此，我自己也曾經認為它是難以接近的；而現在完全出乎預料的，它就在我可及之處。

在這次事件中，我為蝗蟲研究組織工作兩年。那段時間內，帶著少數來自拉希德部落經過挑選的貝都人為伴，我進行我個人兩次的穿越「空白之地」之旅，一九四六年末，我繞道穿過那座沙漠靠約旦的邊界前往多法，當時那區域是由一位有恐外症的伊瑪目③所統治，因而對歐洲人來說，到那裡比到西藏更難。蝗蟲研究組織對我蒐集到的資料很滿意，並繼續雇用我到別的地方工作。我加以婉拒，決定繼續待在拉希德人之中，和他們一起繼續完成我到「空白之地」和安曼內陸的探險。我已經是第一個探訪廣大的利瓦綠洲（Liwa Oasis）的歐洲人，那裡雖然離特魯西亞海岸僅僅六十哩，然而卻乏人問津，為了一睹烏姆艾爾沙敏（Umm al Sammim）神奇的流沙。我在阿拉伯一直待到一九五〇年。

在《阿拉伯沙地》一書中，我曾敘述我和貝都人在一起那難忘的五年歲月，以及我曾經試圖把那座高五百呎、寬一百哩的沙漠和它那些如雕似琢的沙丘的純淨之美，傳達給世人。那裡的距離是以騎駱駝幾個小時來計算，到處都是一片寂寥，是我們已經從我們的世界所驅離的感覺。在「空白之地」，我們曾經忍受不斷的飢餓，更糟的是口渴，有時好幾天僅靠一品脫的糧食過活；在無遮蔭的土地上，還有炙人的酷熱；冬夜裡的酷寒，不斷地留意被突襲，步槍一直拿在手上；一直擔心我們性命所依的駱駝會倒下。

很難分析是什麼動機誘使我從事這些旅行，或是我能從這樣的生命中得到什麼樣的滿足感。當然是有某種未知的東西誘惑；那是經常不斷的決心與耐力的考驗。在「空白之地」的這些旅行對我來說，是一種不得要領的苦行，幸好有我那些貝都人的友誼關係可以依靠。他們所擁有的只是他們的駱駝和鞍具、他們的步槍和匕首，還有一些羊皮水袋和炊事鍋與飯碗，最後是他們身上穿的衣服。而他們所擁有的那種自由是我們這些渴求財富的人所無法體驗的。他們任何一個人可能在哈德拉毛特（Hadhramaut）城裡和村落中找到一份工作；但是除了少數人，所有的人會拒絕那種比較輕鬆的生活。他們接受任何的挑戰、所有的艱困，會驕傲地大聲說：「我們是貝都人。」

我和他們會合時，我要求不要特權；我決定和他們過一樣的生活，和他們一樣去面對那座沙漠的艱難。我知道我在體能耐力上無法和他們相比，但是因為我的家庭背景、伊頓公學、牛津大學、蘇丹政治局等背景，所以我認為我能以文明的行為和他們並駕齊驅。當考驗來臨，幾近餓死、渴到喉嚨打結，疲倦又挫折，水與食物短缺時，我卻不符標準，真是讓人覺得丟臉。當他們拿短縮的糧食招待偶遇的陌生人，我變得退縮且易怒。當我們站在一邊頻頻敦促他們多吃一點，堅持他們是我們的客人，那真的是教人恨到最高點，而對我們來說，這是一個「被祝福的日子」。

當然，在那地方我們也有機會經過某些人的營地時，有某個人向我們打招呼，堅持要招待我們，宰一頭駱駝請我們吃，而且在清晨為我們送行，讓我半信半疑，是因為我們接受他的款待，才給他一種親切感。我從來也不曾忘記過，貝都人那種慷慨，傾囊付出所有他們賺到的錢，也不管那是不是會讓他們一文不名；他們是誠實的人，對他們自己和他們的部落感到自豪；他們彼此忠誠對待，對我也不會少一些，但我只是個來自異鄉而且抱持外國信仰的陌生人，那種不惜犧牲自己生命的忠誠，通過的考驗不只一次。

無可避免的，這些貝都人不太尊重人類的生命。在他們經常性的出擊或遭到突擊時，他們殺人，也會被殺，而每次的殺戮都是牽扯到這個部落或家庭對所建立的另一個血緣關係的殺戮，而且毫不留情，雖然他們並不會虐待任何人。我很快就有一些想法，那就是如果任何人曾殺死我的某個同伴，我會毫無疑問地尋求報復。我並不相信「生命的虔誠」。

我曾經打算長久與這些貝都人生活，但是政治狀況超乎我的掌握，最後阻擋我跟他們進一步的接近。接著我體會到逃亡是什麼樣子。《阿拉伯沙地》一書是我對我同伴的讚美；是對如今已經永遠消失的生活方式的追憶。

接下來，在一九五〇年中期，為找尋進入那座沙漠的替代方案，我在伊拉克庫德斯坦山脈的群山之中，騎馬旅行三個月。那裡的景色十分壯觀，但是經過多年我在阿拉伯人之間的生活，我覺得我與庫德族人的相容性比較低。

一九五〇年秋天，我到伊拉克南部的沼澤地兩個星期，去打野鴨。我在後來八年的時光中，大多數都在那裡做那樣的活動，直到我在一九五八年大革命之後被逐出伊拉克。以下這段經歷是摘錄自《沼地阿拉伯人》那本書，我在那本書裡敘述那些年的經歷，傳達那個偏遠的地區對我的某種吸引力：

第一次造訪這個沼澤地的記憶從來不曾離開我：火光映在半轉頭的臉上，那塘鵝的叫聲，野鴨飛來覓食，一個男孩子的歌聲從黑夜中的某個地方傳來，一艘艘獨木舟列隊移入某個河道中，透過焚燒中的蘆葦叢的黑煙，看到緋紅的落日，通往沼澤狹窄的水道依然很深。一艘獨木舟上有個赤裸的男人，手裡拿著一把三叉戟，茅草屋建在水面上，黑油油、身子滴水的水牛，看起來好像剛從沼澤裡誕生，才踏上第一塊乾燥的土地。星斗映在深黑的水面，有青蛙的嘓嘓聲，獨木舟在傍晚歸巢，一片平和而持續不斷，這是個不知引擎為何物的寂靜世界。我再度體會到我要分享這種生活和不只是當一名旁觀者的期盼。

在沙漠中，我月復一月，和五、六個伙伴生活在一種緊密相連的關係之中，其中兩個人是我最親近的，我在那裡的五年，他們一直待在我身邊。在我們的旅途中，我們很少碰到其他人，也幾乎沒有見到一個婦女。相反地，在沼澤地裡，我在那些被喚為馬丹族的阿拉伯人村子裡吃飯睡覺，完全分享他們共同擁有的生活。

起初我也遭到一些質疑，但是我立刻就贏得他們的信賴，所到之處，都受到人們的歡迎。我的醫藥箱幫助我獲得認同，因為那裡沒有人為他們治病。我同時也獵殺野豬來幫他們的忙，那些在蘆葦叢裡的野豬會對他們造成危害。我為自己弄到一艘三十六呎長漂亮的獨木舟，有四名少年加入我，擔任水手，當我在沼澤地的時候，他們總是一直在我身邊，我真實感覺到我接受他們的家人，當做自己的看待。不管是划船穿過那看似無窮盡的沼澤地，或在夜晚坐在滿室煙燻的蘆葦草屋裡，一群人聚在一起看著那些才華洋溢的小男孩載歌載舞，都讓我很高興與這些歡樂、迎面而來的馬丹人在一起。在一種共享生活方式的各種情況中，一些缺點，像是蚊子、跳蚤或是那些無法避免會讓眼睛刺痛的煙，似乎很少讓我感到困擾。

這些年裡有好幾個月，也就是一九五一年到一九五八年，那些沒有時間流逝感、不受煩惱而且未被破壞的這個沼澤地區的土地，讓我感到開心。秋天野禽從西伯利亞飛來時，有多種的野鴨和一群接著一群的灰鵝。冬天最教人愉快，冷颼颼的風吹落盧里斯坦④的雪，到處都是數量豐盛的野禽。春天裡，礁石覆上白色的花和盛開的睡蓮。唯獨夏天，因為天氣的變化，濕漉漉的濕氣，似乎教人難以忍受，於是我到別的地方去。

舉例來說，一九五一年五月我重回庫德斯坦，龍膽根因為雪融而顯露出來，正開著花朵，整個山側因為鬱金香而變得火紅。我騎在馬上騎遍整個伊拉克庫德斯坦山脈；我在那裡可以看到少許的村落，但並沒有前去造訪，而幾乎沒有一座山頭沒有被我爬過。接著我在一九五二年和一九五三年，花了兩個夏天的時間，帶著三、四名挑夫，在雄偉驚人的興都庫什山和喀喇崑崙山之間旅行。我從契特拉（Chitral）俯看瓦克罕（Wakhan），而從巴洛吉爾隘口（Baroghil Pass）看到我腳下遠處的阿姆河⑤源頭。在我回亨札（Hunza）途中，我曾貼近喀什米爾西北部的帕爾巴特峰（Nanga Parbat），經過下方那座峻嶺拉卡波斯山（Rakaposhi），接著到達新疆邊界。有一天黃昏，我們碰到一群吉爾吉斯人（Kirghiz），一群裹著氈子、騎在犛牛上的蒙古人，他們剛從北邊的山道走下來，我曾想像越過這個邊界禁區之後的亞洲內陸種種，這些都從他們身上得到具體答案。

一九五四和一九五六年，我待在阿富汗。起初我拜訪喀布爾西側高地，看到巴丹人住在他們的黑色帳篷裡，也看到哈薩人所居住的村落，可能是這些人的蒙古祖先成吉斯汗曾在那裡建立村落。第二年夏天，我在盧里斯坦與尼斯人共度，住在他們那個與契特拉交界的偏遠山谷中，在那個年頭那裡鮮有外面世界的人知道。

我在波斯、伊拉克庫德斯坦和阿富汗的旅行，詳細記錄在我的書《沙漠、沼澤與山脈》（*Desert, Marsh and Mountain*）之中。我也曾在某個夏天重回摩洛哥，在那裡有哈吉塔米艾爾加拉威的保護，我們有護衛陪同從一座壯觀的營地經過高聳的亞特拉斯山到另一座營地。不過在一九五八年伊拉克發生大革命之後，我就不可能再重新找回沼澤地的生涯，經過一段長達十四年的時光，我決定重回阿比西尼亞。

注釋：

①湯瑪士（Thomas）：指卜耳全・湯瑪士（Bertram Thomas），英國探險家，著有《快樂的阿拉伯》（*Arabia Felix*）。

②費爾畢（Philby）：指哈利・聖強・費爾畢（Harry Saint John Philby），一八八五～一九六〇，英國探險家與阿拉伯專家。繼T.E.勞倫斯之後擔任外約旦的英國主官（一九二一～二四）。著有《阿拉伯之心》（*Heart of Arabia, 1922*）。

③伊瑪目（Imam）：伊斯蘭教宗教領袖或學者的尊稱。

④盧里斯坦（Luristan）：位於伊朗西部的歷史城鎮，原意是指「盧爾人之地」。

⑤阿姆河（Oxus）：由瓦赫什河與噴赤河在土庫曼阿富汗邊境匯流而成的河流。一部分成爲兩國界河，再向西和西北流，在一寬闊的三角洲處入鹹海。全長一四一五公里。爲中亞最大的河流和重要的灌溉水源。

【第29章】

拉利貝拉；南到肯亞邊境

阿比西尼亞南部：一九五九年

我在一九五九年一月初，飛到阿迪斯阿貝巴，但恩和克莉絲．山德佛夫婦到機場迎接我，他們用車子載我到他們的農莊。他們的大兒子狄克和女兒艾蘭納與斐麗珀也在，他們三人都已婚，加上他們的家庭，變成一個完整的家族，他們迎接我回到穆魯。

我很高興再度來到阿比西尼亞。在阿迪斯阿貝巴之外的一景一物、聲音和氣味，讓我想起從前：圓形的茅草頂教堂在樹叢間；村子有牛在乾燥山邊吃草；擁擠的開放市場，人們依然穿著傳統的白色夏瑪服裝；還有山脈熟悉的輪廓。

兩星期後，我前去英國大使館和曼斯費爾德家人同住。首席書記非利浦．曼斯費爾德和他的妻子艾琳諾（Elinor）曾到過蘇丹，當時他在政治局，她則是人類學家。雖然我先前沒有見過他們，但蘇丹讓我和他們之間有許多共通之處。我很快就明瞭他們對阿比西尼亞和它多元的民族極感興趣；他們倆人都學過阿姆哈拉語，那是一種不平凡的成就。我見過許多傑出的阿比西尼亞人和他們共進晚餐，包括皇帝的孫女路德公主，她是一位迷人而有文化的淑女，英語說得極完美。

我一抵達阿迪斯阿貝巴，便奉召謁見皇帝，對一名非官方的訪客來說，那是一種極少有的特殊待遇。

他說：「你進來的時候，立刻讓我想起了令尊。」接著他在探詢我的母親近況之後，問起我的計畫。我告訴他我將帶著騾子同行，最遠走到肯亞邊界。但我希望一開始能跟曼斯費爾德造訪位在阿比西尼亞北部的拉利貝拉。皇帝回答說，他的秘書會提供我一封信函給南方的官員，阿斯法．伍森會為我們到拉利貝拉的旅行安排一切。

在離席之前，我說我何其榮幸，能參加他的加冕典禮。而且能在他的旗幟下，解放阿比西尼亞。他帶著溫和的微笑回答說：「我虧欠你們英國太多了，英國人曾經與我國人民在戈占省的那場戰役中並肩作戰。」

第二天我晉見皇太子；他也非常友善，我們有過長談；他問我許多有關阿拉伯和我離開狄西之後到過的其他國家的問題，接著他向我保證，他會安排我到拉利貝拉的一切事宜。

我們在一九五九年二月十五日離開阿迪斯阿貝巴，到了狄西，住在阿斯法·伍森的貴賓館，第二天搭車前往瓦迪亞（Waldia）。那裡的大將軍是在溫吉特的戰役最後階段跟隨我的義勇軍首領之一，他熱烈的歡迎我，招待我們上好的因澤拉薄餅和肉魚，還有許多容易讓人醉倒的蜂蜜酒。曼斯費爾德不像大多數的英國人，他和我一樣很喜歡吃極辛辣的食物。

我們隔天早上離開瓦迪亞，帶著七頭騾子和一支武裝的護衛隊。我們有兩名隨身僕人，波加爾（Bogale）是三十歲的阿姆哈拉人，他是我在狄西時廚子的兒子，另一位是加夏（Gasha），他是一名加拉族人，為曼斯費爾德工作，兩人都能說一些英語。

我們出發時，天氣陰沉，隨時就會下雨。那天晚上我們在拉斯塔山脈南面的濃霧中紮營。晨間，陡峭地攀爬了一萬兩千呎，我們越過那些山峰，把雲拋到身後。向下走遙遠那一端的河谷時，那些光禿的山峰聳立在我們面前。在那些山峰的緩坡高處，有男人和男孩子穿著獸皮，正在用他們的牛犁田；在我們之前走下那小徑的是一些篷車路隊，他們的驢子背負著採自丹納吉爾的鹽棒。蘆薈正沿著山邊開著火紅的花，冷冽的空氣聞起來有香草怡人的氣息；而在我們頭頂上，深藍的天空映著白色的積雲，髭兀鷹和鷲張著翅膀一動也不動地在空中盤旋。我們在河谷較低處，經過莊園，以及有教堂坐落杜松樹叢間的村子。

我們那天走了八小時，隔天在抵達拉利貝拉之前又走了七小時。這個廣大的城鎮位在高大的檜木林間，正好在高聳山脈向北的一側。那些茅屋不像我知道的那種稱為土庫爾的圓形茅屋，而是以石頭打造，而且是四方形的，大多數是雙層建築。當時只有兩間屋子是以鐵皮浪板做屋頂，那已經變成阿比西尼亞村落的一種不協調和難看的特色。拉利貝拉每週有定期市集，那種景象多年未曾改變，我們到達時，市集正要開市。我們要去看的那些著名的一神論教堂，第一眼什麼也沒有看到，因為那些教堂都位在地表之下，只有十分靠近時才能看到。

我們受到那位酋長傳教士懇切的款待，他是個優雅而受過教育的人，邀請我們在他的宅院裡紮營。我們在拉利貝拉時，他非常慷慨地招待我們，並且親自帶我們到教堂附近參觀。那裡有十二座這類的教堂，全都很不一樣。最壯觀的一座是以石灰岩塊雕造而成的，有深深的溝渠和四周的岩石相隔開來。其他的教堂中，有些除了上方，四面皆貼著岩石而建；其他的則同樣是嵌入岩石裡，雕造而成。有座教堂叫做貝塔・米得漢・阿拉姆（Beta Medhane Alam，意思是救世主），長度超過一百呎，七十二呎寬、三十六呎高，裡裡外外都有精雕玉琢的廊柱；另一座叫貝塔・喬治斯（Beta Georgis），造型是一個希臘式的十字架。兩座教堂都是一神論教堂。

這些教人屏息的石造教堂，都建於十三世紀，是拉利貝拉國王的查格威王朝「巧取豪奪」的例證；據說它們都是建在原來既有的教堂之上，原來的教堂大多數都在十六世紀被阿馬德・格蘭茲所帶領的伊斯蘭教入侵者所摧毀。原先我曾想像它們的樣子，還有它們的那種雕工與建造時所耗費的人力，親眼見到它們真教我感到驚奇。

拉利貝拉位在難以接近的阿比西尼亞心臟地帶的山區之中，對我來說，它象徵著這個古老王國的歷史；對它的子民而言，它代表他們深沉的信仰及對過去的一種崇敬，那些修道院有些東西反映出宗教改革前的英國。或許在世界上沒有其他的地方像它那樣，讓我印象如此深刻。

阿佛列斯大約在一五二一年造訪拉利貝拉；一位德國探家羅夫斯（Rohlfs）在一八六五年也

同樣造訪此地。自此之後，極少有歐洲人來到此地。我在阿迪斯阿貝巴聽說有計畫要載觀光客飛到拉利貝拉，這讓我十分驚恐；在這樣的一個地方，來了一大群漫不經心的訪客，有男有女，而且經常穿著一樣，他們將會帶來一種可怕的影響。你可以想像一群擾攘不休的群眾跟隨著觀光客，向他們要錢才同意被拍照，並且學會乞討和偷竊。

星期日上午五點鐘，我們在一輪滿月之下進行拜訪，我們和那名酋長傳教士出發前往位於貝塔馬里安的一個教區，那座教堂是使用最頻繁的一座。我們接近時，禱告的聲音和鼓聲在前方的土地上飄揚。這個教會活動一直持續到十點鐘，而我們則從頭到尾站著；沒有人坐著。我們到達時，有人給我們一種和枴杖相似的扶手，經過一段時間之後，我們都感激有這些東西。我因這種調子十分高的吟唱而受到啟發。有個男孩子幾乎全部的時間都在歌詠，他的嗓音實在美好。我們出來時，那位副主祭隨著他們的鼓聲節奏，正帶動一種傳統而和緩的舞蹈。

我們在拉利貝拉期間，拜訪了一間十七世紀教堂，叫做因拉漢納・柯里斯托（Imrahanna Krestos），距離瓦格省（Wag）的一座山阿布納約瑟夫（Abuna Yosef）大約四小時。它被嵌在一個河谷的一座洞穴裡，是在伊斯蘭教入侵之後殘存下來的教堂之一。其他的教堂中，在提格雷省有一座叫狄博拉德摩（Debra Dermot），得靠繩索攀爬一座陡峭的懸崖才能到達。

我曾聽說歐洲人譴責阿比西尼亞神職人員不學無術、迷信、荒淫無道。我在拉利貝拉和因拉漢納所見到的傳教士所給我的整體印象卻不是如此；我為他們的熱情、親切和明顯的虔誠而感到訝異，他們具體表現出所謂「溫和的衣索匹亞人」的樣子。事實上，我歸因於他們沒有那種報復心，那是阿比西尼亞人的一種傳統特質，是他們教堂裡傳授的教諭。

我們早晨離開因拉漢納，騎馬回拉利貝拉；這一路上全是不間斷、教人屏息的景觀，彷彿橫跨了半個阿比西尼亞。隔天我們離開拉利貝拉，經由瓦迪亞和狄西一路旅行，在三月一日到達阿迪斯阿貝巴。

東非大裂谷

我在三月二十六日離開阿迪斯阿貝巴，這次帶著波加爾和加夏搭巴士前往索都（Soddu），我在那裡堅持租用驢子展開我的旅程，穿過阿比西尼亞南部到位於肯亞邊界的莫亞爾。然而，前往索都的公路因為最近的大雨而變得十分讓人痛恨，而駕駛堅持要掉頭。最後我們搭了一輛貨車的便車，擠在一桶桶的煤油之間。那天晚上再度下起傾盆大雨，雖然我們經常被困死在泥沼之中，但我們還是設法在三月二十九日到達索都。

我前往美國教會工作站，他們給了我一個房間。雖然他們熱誠以待，但這些教會人士特別讓我生氣；他們不時將自己喻為「上帝的選民」，他們主要關切的事似乎是，不遺餘力地讓依附在阿比西尼亞一神論教堂的當地基督徒拋棄他們圍在脖子上的藍或綠色的線，可以理解的是他們並沒有成功。

在索都很難取得驢子，但是當地的首長非常幫忙，為我找到兩頭供做騎乘，四頭用來背負行李。我預期在這樣的季節裡，我們將會有一趟濕濘而不舒服的旅程，但是我對此並不擔心。我真正討厭的是未來任何更遠一點的旅行必須使用汽車運輸，即使在最宜人的天候中，我也不喜歡那樣旅行；騎驢子旅行，讓我覺得接下來的兩個月是值得的。

我們在四月一日離開索都，造訪位於東非大裂谷的阿巴雅湖（Lake Abaya），接著我們回頭到那些山脈上，三天後到達位在高處的一個開闊原野上的成嘉（Chenchia）。在那城鎮之下，向下延伸的是一片石南樹叢、竹林、杜松和哈吉尼亞樹。我前往我格外渴望造訪的康索（Konso），我的路線將帶領我經過布爾奇（Bulchi），成嘉的首長協助我為前方的旅程訂購年輕的騾子。過去要租同樣的馱獸是有可能的，但今日感謝汽車運輸的引進，那些老舊的道路系統已經被破壞，所以每隔幾日便必須替換那些騾子。

我每天旅行五、六個小時，花了七天時間才到達布爾奇。有時我們在那些山脈的一座村落附近紮營，有時是在刺槐樹叢下的荒野。所謂的「小雨」，在南部卻是下得十分大，現在雨水則是一路下到底，接下來的一週則是猛烈的雨勢，還帶著雷電與狂風，不過幸運的是最猛烈的雨勢都是在入夜之後。在一場風暴之後，太陽露臉，整個世界看起來美麗，被雨水洗過而閃亮動人。

波加爾和加夏兩人工作賣力，對潮濕從不抱怨，隨時準備協助那些騾子。波加爾是個孔武有力的人，原本預定負責掌控這個車隊，不幸的是他會因為生氣，而影響了他的脾氣。不過加夏卻毫無怨言地接受他的脾氣，很開心地做飯菜，有時幾乎是在看似不可能的情況下做出來。

接下來的兩天，我們有多次遇見獅子的足跡，而且有一回我們還看到一小群水牛，不過這是我們在這趟旅程中見到的全部的動物。在這裡，狩獵的動物數量之多曾經和肯亞一樣，但是武器齊全的阿比西尼亞人已經幾乎掃光所有的動物。

我們攀爬了三千呎才抵達布爾奇，當時正值市集日。這個小鎮幾乎全部由茅草頂的屋子所組成，散布在杜松樹叢和尤加利樹叢之間。我們在懸崖邊附近紮營，那裡有極佳的視野能遠眺東非大裂谷，看到遠處的山脈，這是我在阿比西尼亞所見過最壯觀的景致。

我們在四月十六日離開布爾奇，旅行穿過那些山脈，五天之後到達加萊西（Garaisi）。我從那裡大約一萬呎的高處，得以俯視大裂谷底部的加摩湖（Lake Ghiamo）。再向前走兩天，到了紀多爾（Ghidole），我有另一次無限寬廣的視野，向北看，沿著湖的縱深，兩岸緊貼著綿延不盡的山脈，向南則望過沙漠，看到美加（Mega）和肯亞邊界。

我們在紀多爾待了兩天，為找尋其他的騾子而四處協商。接著向下走，慢慢來到酷熱而被樹叢覆蓋的低地。等我們到達巴卡拉威村落，人已在康索鄉野之中。我們在鄰近巴卡拉威的冰島教會紮營；在紀多爾當地曾有個挪威教會，而且最初有一對澳洲籍夫婦在布爾奇傳教。這些特別的傳教士似乎都是單純又友善的人；無論如何，我真的很討厭他們的出現。我暗自思量，到底有多少來自相互對立教派的傳教士，像是天主教、英國新教、浸信會、安息日耶穌復臨會和其他教派，目前正在阿比西尼亞南部傳教，無理地瓦解這些部落人士的生活？

在康索，大約有三萬人仍是無神論者，儘管如此，他們受到外來壓力的影響還是很小。他們的村落位在多岩石的丘陵之間，大約五千呎高，這些丘陵地形被仔細地開闢成梯田耕種。每個村落和每一個聚落，都以一座座石牆相隔。花朵盛開的刺槐樹點綴在那最近因雨而變得蒼翠的地景上；接下來的季節，水將變得稀少。

康索婦女戴皮帽、穿皮質圍裙，男性偏愛各種不同的髮型，帶著矛，頸子上掛著刀鞘，裡頭插著長刀。一名十八歲的男孩在他的頭髮上還插著兩支駝鳥羽毛，顯示他最近剛剛接受某種成年禮。有人告訴我，年長的康索酋長隱居在一座丘陵上的一個樹林裡。我在此地所見到最神奇的事是康索人用來紀念戰士的紀念碑，戰士的雕像旁總有其他人物，甚至是戰士曾經殺死的獅子做為陪襯。這些人像豎立高達四呎，有些被漆成紅色。其中一座人像的前額黏上一根象徵陽具的東西，這意味著這位特殊的受難者曾經是波朗部落的人，有些部落中的人會形式地在他們的前額戴著一根金屬製的陽具。

和康索人共處三天之後，我前往泰爾泰（Teltale）。雖然這不過是個大村落，卻是波朗的行政中心，是個大型的加拉族部落，他們擁有自己的駱駝和牛群；許多波朗人在被曼尼里克征服後，曾經移民到肯亞，以躲避阿比西尼亞人。泰爾泰的首長外出，但他的妻子是個幹練的年長女士，她招待我，並為我找來兩頭駱駝和兩頭驢子。

我們在五月四日離開美加，旅行五天穿過半沙漠地形的荒野，每天晚上在波朗人村落附近紮營，那些是臨時性的茅草覆頂的結構，居民十分慷慨好客，提供我們在他們三餐中很重要的鮮奶和酸奶。我喜歡這些人。牧人向我抱怨總是比農人多，而這些無神論的波朗人讓我回憶起二十五年前在威比謝碧利碰到的那些阿魯西人。

我們接著到達位於美加的英國領事館。毗鄰是一座懸崖，上頭覆蓋著將凋的杜松林，落到下方酷熱的平原。那裡有少許比較大型的條紋羚羊，是前一年瘟疫幾乎滅絕的一大群羚羊中的倖存者。

我到達時，領事約翰．布隆里（John Bromley）休假外出，但一位副領事，年輕的伊安．里曼代行他的職務。里曼是個不錯的主人，我很高興在這裡舒服地度過短短的幾天。我的鞋子已經磨破，里曼用車送我到英國設在肯亞邊界的行政區總部莫亞爾，他認為我在那裡或許可以找到一些人。這得感謝這雙磨破的鞋子，我因此而得以見到人在莫亞爾的行政區指揮官喬治．韋布（George Webb），他是個優秀的語文專家，能說波朗語、史瓦西利語，他也是個飽讀詩書、見多識廣的人，幽默風趣而且特別開明有禮。喬治找來當地的鞋匠，要他第二天早餐之前做好一雙當地人的皮製拖鞋（chapli），第二天他真的做好了。而同時間，他和他的妻子裘，來招呼里曼和我。

喬治．韋布有一種能清楚陳述事情的天賦，那天傍晚，我學到許多有關他的波朗人、索馬利部落，及圖爾卡納人（Turkana）、山布魯人和其他肯亞北部部落人士的事情；幾年之後，我和這些人十分熟識。第二天早上，他開車載我繞行莫亞爾市街；就在一離開城鎮，我們看到一坨新鮮的大象排遺；越過邊界之後，目前已經沒有一隻殘存的象。里曼和我在下午回美加。當我要離開時，喬治對我說：「當我看到你的時候，我的心情很低落。我在想：『噢，上帝啊，又一個可憐被拒付的白人要來退支票了。』」我在兩年後前往肯亞，再度見到韋布家人，從那時候起，他們變成我的親密好友。

我們回美加時，遇到一支迪果迪亞索馬利人的移民隊伍，男男女女，還有小孩，帶著一大群駱駝，向前推進，隊伍前頭的正面很寬，正要穿過所謂的「索馬利防線」，那是阿比西尼亞官方所畫定的界線，試圖用以防堵這些曾經侵入的索馬利人侵襲其他部落的領土。里曼也帶著我還有波加爾和加夏，從美加到亞維洛（Yavello），他在那裡跟我們分手。亞維洛就像所有沿著義大利建造的公路而冒出來的城鎮，是個鐵皮屋頂建造的小屋組合而成、不迷人的地方，屋子多半都是髒亂而吵鬧的酒館。離開亞維洛之後，我在古奇人（Guggi）的地盤旅行了四天，這是一支和波朗人相似的游牧部落。我很高興看到他們被阿比西尼亞政權統治，那些試圖勸服他們皈依的教會影響很小。有一天我們在一個村落旁紮營，鄰近一座懸崖的一個深潭旁，在一叢刺槐樹下，上頭還垂掛著蘭花。古奇人告訴我，沒有人可以砍下這些樹，因為裡頭住著一條神聖的巨蟒，他們說牠有二十五呎長，他們會獻上綿羊或山羊做為犧牲品。

我們隔天到達阿格勒曼里安（Ageremariam）。自離開亞維洛之後，我們曾經穿過荊棘樹叢，但接近阿格勒曼里安時，我們碰到一座高大、黑暗、垂掛著地衣青苔的森林。我們在那裡遣走兩頭駱駝和兩隻騾子，帶著其他五頭騾子前進。我們已重回高原，景色應該十分壯觀，但我只記得當時下大雨，雲層很低。很幸運的是，我在阿迪斯阿貝巴買了三件塑膠雨衣雨帽，我們包在這些雨衣裡頭，艱難地沿著公路緩步前進，一場大雨後的另一場傾盆豪雨，使道路變成一條河流。四天後，我們到達德拉，在那裡找到一輛巴士載我們到沙夏曼納（Shashamana），隔天到阿迪斯阿貝巴，我們在五月二十七日抵達。

稍後我回英國途中，在喀土木和現在是派駐喀土木的英國大使的查普曼·安德魯共度一個星期。自從一九五六年蘇丹獨立之後，喀土木已經有些許改變；這個城鎮已經向著曾經是沙漠的地區擴張，大使館和高級官員的官邸現在都位在那個區域。過去的居民則沿著藍尼羅河岸居住，那裡正是我第一次到蘇丹，剛完成我的職務徵召時所到之處，現在是辦公大樓區，甚至還有商店。然而我並不後悔；因為獨立，使一個時代宣告結束。多年來，像道格拉斯·紐柏德、安古斯·紀蘭、查爾斯·杜普以斯和蓋·摩爾這些人，把他們一生最好的時光都奉獻給這個國家。現在則是物歸原主，或許在全非洲最教人喜愛的人，就是蘇丹人。

【第30章】

北到瑟門與馬格達拉

阿比西尼亞北部：一九六〇年

在歐洲旅行之後，我在一九五九年十二月重回阿迪斯阿貝巴。這一年稍早，我在阿比西尼亞南部的旅行中，曾經穿過曼尼里克在上個世紀末擴張其帝國的那個鄉野。那裡不管是景觀或居民，和阿比西尼亞北方完全沒有相似之處。這次我計畫採取不同的方向，沿著阿拜河或稱為藍尼羅河的路線，向北到坦納湖；接著我在前往瑟門山脈的路上，可以順道前往岡達爾；從瑟門出發，我回程會再度造訪拉利貝拉，接著到馬達格拉，回阿迪斯阿貝巴。

坦納湖

當我選定路線，我心裡一直想著傳統車隊從阿迪斯阿貝巴出發到坦納和更遠處所走的方式，他們必須在夏法塔克橫渡阿拜河，接著再北向穿過戈占省到達爾喬治斯河，再從那裡到岡達爾；那是最著名的路線，也沒有什麼困難度。相反的，沿著阿拜河東邊必須橫越看起來地形明顯破碎的鄉野，要穿過許多難以克服的峽谷。還有，因為我對戈占省比較熟悉，而這條東行的路線穿過一些我認識不多的鄉野；顯而易見的，這才是我的選擇。

雖然皇帝在一九六〇年元月提供給我路途中將會碰到的首長的信函，我因而抱著希望能夠立刻出發，但是在海關放行我從英國寄送的一套新帳篷之前，我卻碰上教人瘋狂的延誤。這種耽擱是阿比西尼亞官僚體系最徹底的模式。等我最後拿到我的帳篷時，曼斯費爾德夫婦開車送我前往穆魯，也就是我此行的起點。因為有些許疑慮，我再度雇用波加爾；在我的前一趟旅行中，他很有效率，但他經常與人有口角並且具有攻擊性；不過他答應我會改善他的行為，懇求我帶著他同行。至於廚子，我找了一位名叫瓦達・哈納（Walda Hanna）的年長阿姆哈拉人。他是山德佛家人極力推薦的人選；他聘了一名男孩叫阿達布（Adabu）來幫他的忙。

經過前一年的延誤和在租用運輸馱獸上所遭遇的困難之後，這次我決定自行購買要用的。我雇了三名騾夫，有一位是名叫馬布拉圖（Mabratu）的提格雷人，他能說些阿拉伯語，我派遣波加爾帶他們到鄰近的一個市集去買三頭騎乘用的騾子和五頭載行李的騾子。山德佛夫婦在一月二十六日載我到那裡，我們在那裡找到已經買好馱獸的波加爾。牠們看起來狀況良好，第二天早上我們一為牠們裝上行李，並且固定好之後，證明牠們的狀況確實不錯；其中一頭想脫逃，在波加爾抓住牠之前，衝了好幾哩。然而，一旦控制住牠們，牠們表現十分良好。

我們在兩天之內走到費契。一九四一年，就在這個地方，我曾經將此地的義大利守軍從阿吉巴送到位於瓦吉迪的溫吉特手中，和他們已經投降的主力部隊會合。費契的首長提供我一封有他署名的信函，並且派一支護衛部隊陪我們一直走到德拉，我們前方的鄉野有土匪而惡名遠播。我們貼著靠近費契的山脈前進，穿越加瑪河（Jamma River），在二月七日抵達德拉；溫吉特就是從那裡派我前去擔任側翼，扼阻義大利軍隊接近瓦吉迪的威脅。

這次我花了三天才到瓦吉迪。那一路上，我造訪了一座被廢棄的石造教堂狄博拉卡比喬治斯（Debra Karbi Giogis），它位在瓦吉迪下方挖空的懸崖裡，是附近四座這類教堂的其中一座。接著經過一次艱困的攀爬，上達那座高原之後，我們遇見我曾經參與的一次小戰役的場景，那是我在一九四一年曾經據守的一座碉堡，如今已經傾頹，我們在裡頭紮營。第二天，經過一次陡峭的下坡，再經過一次艱難的攀爬，登上一座相連的台地上，我們抵達另一座曾經向我投降的碉堡。附近後來建立了一個村落，我們就在那裡紮營，這個地方已經不叫做阿吉巴，而叫狄博拉辛納（Debra Sina）。

我們出發穿越在那座村落上方一千三百呎高的法里特山（Amba Farit）。顯然前一天那裡曾經有人遭一班埋伏的土匪打劫過，然而因為有我的護衛部隊，我感到安全，儘管我所有的武器只是一把單管的霰彈槍。那上坡的小徑起初巨大的石南樹叢，接著是巨大的山梗萊木，但沒有什麼特別陡峭的路。越過那光禿山頂之後，我們穿過丹柯洛河谷（Dankoro Valley）的起頭，我們可以看到谷地一路到丹柯洛河與阿拜河會流處的茂密林木。在一個少有樹木的區域裡，那真是個教人意外的景觀，這個區域通常只有教堂四周才有樹木。

我們在阿馬拉賽恩特（Amara Saint）的村子裡紮營，那是我們當天通過的諸多深邃河谷中的一座。那晚徹夜降雨，第二天早上，法里特山河的灣岸水聲湍急，激起白色的湍沫。早晨在三名酋長、兩名警察和十二名武裝人員的陪同下，我們爬上在地質史上曾經是一處高原、如今被一個險峻而高達千呎的峽谷一分為二的兩塊台地。我們穿過一系列此類的台地地形，它有半哩寬，每個台地和另一個相連的台地之間有一道窄窄的岩石山脊，兩邊陡峭垂向我們腳下的山谷。在那懸崖下方的岩棚附近，偶爾可見到一些小小的村落，但在這缺水高原的其他地方則沒有任何居民。

第二天近晚時分，我們一路順著一道支脈下山，經過一處清泉，那裡有男人和男孩，他們只穿著一件皮質圍裙，肩上掛著獸皮，正在讓一小群牛隻飲水。我們從那裡經過短暫但十分艱難的下坡路，來到陪同我們的四位酋長中其中一位的村子；他很慷慨地為我們宰了一頭山羊，並且把他的屋子讓給我們睡。

隔天早上，向下顛簸行走兩個多小時之後，我們涉水渡過巴希洛河（Bashilo），那是一條流速快並注入阿拜河的河流。我們已在貝格蒙德省境內，那天晚上，經過一番激烈的攀爬，來到越過河谷的一處山架的一個村子，一名老人和我們坐在一起，他談起過去的年頭裡曾見過經過這條路的一些顯赫人物的名字，包括卡薩拉斯王、瓦達喬治斯王、海陸拉斯王、古薩瓦勒拉斯王、伊穆魯拉斯王和其他許多人物。他的追憶讓我腦子裡清晰地浮現我童年到青年時代所經歷的事件。讓人驚訝的是在前一天，其中一名酋長詢問到里茲．亞蘇是否仍在人世，他其實在四分之一個世紀之前就已經死了。我後來才明白這個區域何其偏遠，如何與外界失聯。

當地的指揮官在日落時分抵達，很生氣當地居民對我招待不周，其實他們已供應我因澤拉薄餅、蛋和阿比西尼亞啤酒，也為我的騾子拿來木柴和青草。第二天他陪著我，進行一次陡峭而且看似爬不完的攀登，到達村子上方的一處高原，我從那裡可以看到藍尼羅河，不過就在三哩之外。此後我們的行進是輕鬆地翻越光禿且起伏平緩的鄉野。

五天之後，就在二月二十九日，我們抵達加拉德佛斯（Galadewos），我在那裡接受當地指揮官在他殘破的家裡提供的熱情款待，那是個七十多歲的開朗老者，留著白鬍子，卻依然活躍而且頭腦清楚。他這一生中見識過許多戰鬥，曾經在柴比特，於古薩瓦勒拉斯王麾下揮軍打敗敵人，曾經參與對抗位於坦比安的義大利人的那場激烈的肉搏戰，也曾經協助英軍奪下岡達爾。

早晨，我造訪默卡．薩麥特．加拉德佛斯的那座石造的長方形教堂。它位在指揮官家屋上方的丘陵上，坐落在古老的杜樹林之間的圍牆內，建築入口處上方有一間門樓。我從那裡第一次看到坦納湖。這座教堂是在十六世紀由阿馬德．格蘭茲所建，屋頂已經被外露柱子結構、上覆茅草的屋頂所取代。神父領著我前往門樓，從一堆東西裡找出一件被蠹蟲蛀蝕，有流蘇頭套的紅色羊毛外衣，那和我在北非所見過的衣物相同。他們向我保證那衣服是阿馬德．格蘭茲所有，長度只到他的腰部。我知道他在坦納湖附近的一場戰役中遇害。地點和這裡很近；加拉德佛斯正是曾經打敗他的克勞迪皇帝的阿姆哈拉語稱呼。

隨著我們的接近，有茉莉芳香的叢林夾岸的溪流、零落分布的杜松林與橄欖樹林、有古老森林殘餘林木的村落、一群群的牲口和位於高地上的教堂取代了加拉德佛斯那光禿的地景。我們的騾子狀況不佳，牠們的負重已經減輕，但是我們大部分的路線都很嚴苛，而且那裡經常野草不足，甚至在這裡的土地上，野草也嚴重過度放牧。

三天之後，從我們的營地附近出發，我和一名當地嚮導前去欣賞藍尼羅河瀑布的景致。這些瀑布就是眾所周知的提西薩特瀑布（Tisisat）——意思是「煙火」，距離大阿拜河從坦納湖流出來的地方約十二哩。在這個乾季裡，瀑布群由三個分離的瀑布組成，瀑布高度一百五十呎，中央的那一道瀑布最寬也最壯觀。即使此刻，仍有許多水花和一道彩虹，但它們的總寬度不過大約六百碼，若那河水量大時，這個瀑布的景觀必然十分壯盛。

從我們的觀景點出發，我們向下走到十六世紀葡萄牙人所建的一座小橋遺址，戰爭期間，在一次極為嚴峻的行動中，義大利人用炸藥炸毀。整條河流在這個地點集中，河水穿過一塊玄武岩的裂隙流出來，寬度不到八呎。我們的嚮導說，聽說有人曾跳躍過去。如今這裡已經用樹幹架起橋梁。

回程中，我們曾經在那位嚮導的村子停下來，他們提供我咖啡、啤酒和因澤拉薄餅；我們一離開他的家屋，便被邀請到另一家喝更多的咖啡。我很喜歡停留在這些熱情的人們之中。

三天之後，我們到達坦納湖，起初我們先橫貫一座丘陵山脈，經過酷熱、煙塵又多且無趣的鄉野之後，最後來到一處延伸到坦納河的平原。一位和善的較低階酋長「巴蘭巴拉斯」（balambaras），在他的村子裡提供我們午餐，接著陪我們到湖邊。路上我們經過其他村落，和一些優質牛群，數量之龐大，勝過我先前在阿比西尼亞任何地方見過的牛群。那裡的土地經過密集的耕作，耕作地區一直到湖水邊。我們循著湖岸走了幾個小時，來到里布河，那是注入這個湖泊的一條寬闊河流，我們就在那裡紮營。夜裡，夜色十分優美，有金黃和淡黃的灰影，還有灰藍的遠山；到了早上，太陽升起，陽光灑在平原和山脈上，景色十分美麗。此地的人是韋托族人（Waito），是很特殊的族群，有黑而鼻梁高聳的鼻子；男人和小男孩只穿著一件薄薄的白色棉質夏瑪，圍著身體而只露出一個肩膀。那位「巴蘭巴拉斯」帶著我走到里布河畔，搭上一艘用紙草編成的獨木舟「坦克瓦斯」（tankawas），它有尖尖的船首和挑高的甲板，韋托族建造這種坦克瓦斯船，在湖面上就像船夫一般。平靜地漂流時，我可以聽到許多鳥類不停的鳴叫，有埃及鼓翅塘鵝、羽冠鶴、還有我不認得的較大型的灰鶴，沿著河岸還有罕見且有光澤的朱鷺、白鷺和各種的涉禽類水鳥。當我們回去時，那些村民撈到一些小鱸魚當我們的午餐；那位「巴蘭巴拉斯」提到這個湖裡有河馬，韋托族人會獵捕河馬，並且拿來食用。

稍後，我們用船將行李運過那條河，讓騾子泅水過河。那位「巴蘭巴拉斯」用他的騾子來替換我兩頭最弱的騾子，那兩頭騾子在此地很快就復元。我很難過得向他道別，因為他是個很親切的人，一直盡其所能來幫助我。我們回頭前往我們接近這座湖而離開的那座山丘，第二天沿著山丘下方行走，前進八小時，直到山丘與那座河再度交會。夜裡，波加爾為了一塊因澤拉薄餅，愚蠢地和瓦達漢納及馬布拉圖爭吵，第二天一直處在歇斯底里狀態中。等我們到達岡達爾，我將他送上一輛巴士遣送回阿迪斯阿貝巴。我們都很高興能甩掉他。

攀登瑟門山脈

我們在岡達爾度過五天，讓那些騾子休息，並且在市場裡為牠們買一些穀子。我在城外的英國新約教會的院子裡紮營。經營這個教會的史托克斯（Stokes）外出，我很惋惜與他失之交臂，因為他是個學者，對本土化的阿比西尼亞基督教知識豐富且有高度的興趣。不過他的妻子在，我非常感謝她的熱忱。我不喜歡岡達爾，對我而言，這個城鎮所表現出來的，正是阿比西尼亞近年發展所帶來最不迷人的城市風貌的典型，像是無所不在的鐵皮屋頂、搖搖欲墜的現代化建築、汽車運輸的噪音和空氣污染；居民穿著破舊的歐洲式服裝，失去了他們外貌的獨特性。留給我一種骯髒的印象，那是三十年前不曾有過的。

在這樣劣質的環境裡，即使是我見到的牛群似乎也少了些什麼，但是有兩樣最吸引人的東西，那是唯獨能逃過義大利人漠不關心的古蹟修護，都是位在城市之外。事實上，這裡所有的這些城堡都是在法西拉達斯和他之後的繼位者所建造的，是難得的讓人印象深刻的建物。它們各有不同的建築形式，但和其他地方的建築沒有明顯的密切關聯。因此，它們的起源引起爭辯。就我的觀點來說，它們是在葡萄牙人被逐出阿比西尼亞之後才建造的，它們必定受到葡萄牙人的影響。布克斯頓在他的《衣索匹亞之旅》一書中，假設它們來自南阿拉伯，但是我到過那裡漫遊，卻看不到它們有半點相同之處。

岡達爾之後，我們在達巴特（Dabat）待了兩天，我在那裡賣掉兩頭騾子，另外買了三頭。此地有個英國新教教會，對法拉薩人傳教，這些人自稱是猶太人，但是他們在猶太法典時代之前的信仰，和正統的猶太教有所不同。因此這些人被稱為阿比西尼亞猶太人，和他們的基督教鄰居在外表上沒有什麼差異，能與他們和平共處。

離開岡達爾一個星期之後，我們到了達巴拉克（Dabarak），這次我們一路上都是沿著西方懸崖的邊緣，穿越冰冷荒蕪的鄉野。此時在我們前方是綿亙的瑟門山脈，其中包括了非洲的第一高峰。很難教人相信我們就從它的南邊望見它，它比起我們旅行路線對面的高地，明顯地更為高聳，但既不壯觀，也讓人印象不深。

我們在早晨離開達巴拉克，立即穿過巨大的石南樹叢，攀登瑟門山脈，有些石南木的大小就像蘋果樹一般。其間還生長著一叢叢高大、長滿鮮黃花朵的金絲桃，偶爾也有一些野玫瑰和少量的紫色鳶尾花。那天我看到許多鳥類在白天覓食，有髭兀鷹、巫師禿鷹和禿鷹及扇尾烏鴉。夜間我們在靠近山頂一處開闊原野上的一個村落旁紮營，我散步走過它的北面山壁。

一種教人為之駐足的景象浮現在我眼前，那景象與阿比西尼亞任何地方，甚至與非洲都不相吻合。一面絕壁有數哩長，陡峭而聳立，高達數千呎，它讓人毫無察覺地沒入石南木覆蓋的緩坡，較低處則依然是森林地。在我腳下八千呎，是那條半圓形地繞著這座山脈，接著流向蘇丹境內的塔卡茲河。

接下來我們沿著那道懸崖東方，一萬五千七百五十呎高的瑟門峰，朝著拉斯達山的方向走。因為走的是一條捷徑，山脊寬度僅僅數碼，一邊是大峭壁，另一邊是險峻的山谷前端，接著山脊再度變寬，變成一個寬廣的下坡和谷地。那裡有許多小村落，半圓形的石造民居粗略地覆上茅草屋頂。即使是白天，天氣一樣寒冷，而夜裡則是酷寒；那裡的男人和男孩子在他們的衣服上另外包著獸皮，小男孩還戴著一種精密針織的羊毛軟帽。儘管這裡的地形陡峭，但許多土地都開墾耕作，在緩坡上有一大群牛隻，還有一群群的綿羊與山羊。那裡也有驢子，但是沒有騾子，由於我們的騾子此時狀況極差，我買了兩頭驢子來背負大部分的行李，讓那些比較疲累的騾子能在無負擔的情況下行走。

經過三天在村落之間的短程行進，我們在拉斯達山的山腳下紮營，紮營處是瑟門山脈海拔最高的村落，我們讓那些騾子休息一天。那裡的村民拿麥桿餵牠們，那裡的麥桿數量很多，我也為牠們買了一些麥子。牠們經歷過一段艱苦的日子。我們曾企圖穿越接近那個山谷前頭的一些山谷，但有時候被迫走到比較下方，接著我們得爬上另一個陡峭的山坡到遙遠的另一側。在這樣攀爬中，有一次爬到一萬四千呎的高度，我們的騾子阿巴布失足跌倒，我們不得不留下牠，讓牠躺下來。阿巴布眼中流著淚水。那位陪同我們的酋長答應他在回他的村子途中會解救牠。

北面的峭壁景色之壯觀是我生平首見，它的景致可能不只是壯觀而已。它被寬闊而兩側險峭的峽谷所阻斷。這些懸崖是瑟門最教人印象深刻的景致，也是野生山羊最後的根據地；這種巨型動物經常被局限在這個山脈活動，現在已瀕臨滅絕的邊緣，不過村民說還是可以在拉斯山和布瓦希特懸崖找到四、五隻野生山羊。在此地，我也看到和聽到成群的烏鴉。

第二天，我們在鄰近拉斯達山山巔上的一條陡峭但輕鬆的小徑，花了三小時的時間找尋通道。通道被一道有竅孔的胸牆所圍拱，按照那位酋長所說，那是在阿都瓦之役時所建造的，但此說法十分不可能。此地也有巨大的山梗萊和長青樹；較低處有火紅的商陸花，生長在雜草之間；牛群和綿羊在靠近那條通道的地方吃草。從最後一個村落，觀察到在最高的那個緩坡上，有一小片白白的東西，我懷疑那是雪，但我不曾聽說瑟門有雪；其實那些雪已經變成冰。

瓦格首府索可達

我們開始回頭朝阿迪斯阿貝巴前進。我想在途中造訪拉利貝拉，然後再去看看馬格達拉，希奧多皇帝就在那裡的山脈被捕並且陣亡，也是一八六八年納皮爾之役的最後結局。最後我打算參觀塞加勒古戰場，塔法利拉斯王和索瓦族大軍於一九一七年在那裡打敗米凱爾王，確定里茲・亞蘇的地位不保。不過我最關切的還是抵達索可達（Sokota）；那是瓦格省的首府，我可以更換我的騾子，那兩頭驢子狀況還不錯，而我的騾子只有三頭此時還能夠背負重擔。

經過三小時，從一處長滿山梗萊的緩坡輕鬆地下坡之後，我們到達一個村落；當地的指揮官不在，因此我們在附近一些岩石下方找到遮風蔽雨之處紮營。這座山脈的這一側並沒有生長石南木，瓦達漢納必須焚燒牛糞充當營火。雖然我們在抵達那座村落之前，碰到一場刺骨的暴風，但我們很幸運，因為如果是在瑟門山脈體驗這種風暴，那是十分讓人痛苦的經驗。我後來看到一陣巨大的暴風雨從拉斯達山那裡襲捲過來，而此時幾乎每個晚上，我們都會遭遇強烈的風暴，其中一次還吹垮我的帳篷。讓騾子休息一天，並為牠們買了一些燕麥之後，我們在三月二十六日出發前往索可達，走了整整十四天。幸運的是有兩名警察陪著我們走；沒有他們，我們將不可能通過，因為有他們為我們取得驢子，才能讓驢子載著我們的行李走過一村又一村。雖然我拿其他的驢子和驢子主人交換驢子時，我會給他們補償，但是經常得不理會他們吵鬧不休的抗議，才能辦到。在這趟旅行中，我並沒有看到任何農民受到地主的蹂躪而變得貧窮。相反地，雖然我所接觸的這些村民一成不變地表現出熱忱，但他們給我的印象是他們思維獨立，並且適時伸張他們的權利。我不明白什麼是真正的貧窮。

我們旅行兩天，穿越地勢低、酷熱而居住著阿告人的鄉野。有天中午休息時，附近村落的阿告人為我們帶來足量的因澤拉薄餅和調味肉醬，讓我們飽餐一頓，這無疑是受到他們酋長的指示，他是個有影響力和惠益良多的人。

三月三十日，我們碰到多個驢子車隊載著鹽前往瑟門，我們穿越塔卡茲河，那是一條相當寬的河流，有檉柳樹夾岸，流到此地一座陡峭山脈的山腳下。在鄰近地區的某個地方，在卡薩拉斯王和塞雲拉斯王的部隊從阿比阿迪撤兵而要渡河時，義大利人曾對他們進行轟炸和施放毒氣。我們正在渡過一個淺灘時，我看到一隻鱷魚；當地人顯然十分害怕牠們。

接下來的七天，我們盡一切可能試圖治療我們的騾子，我們坐了兩、三個小時的車子，一路掙扎，接著在夜裡又走了一小段路。這條路多半是嚴苛的，經常是上坡和下坡，幾乎每個地方都不易降雨，使得我們很難找到水給騾子喝。然而那些村民十分友善和幫忙，為我們汲水，供應我們食物。穿越提格雷省並且回頭到瑟門的途中有相當感人的視野，但是我們穿越的鄉野並不怎麼壯觀。我依然樂於在此地旅行，並不急著回索可達，我們到了四月六日才回到那裡。那是個迷人的小鎮，位於一個有胡椒樹的窪地上，北面有座懸崖。許多民居有兩層樓，所有的屋子都是茅草屋頂。這裡是瓦格省的首府，由世襲的瓦格森家族（Wagshum）所統治。現任者十分友善，能說不錯的英語。聽說我有麻煩，他派了他的代表到最後一個村子向我保證，會提供我交通工具。

在索可達南方兩哩，我造訪一座被精心雕進一塊岩石表面的教堂，那裡有一道溝渠隔離。瓦格森家族的陵墓在一座相鄰的岩洞裡，每一具遺體被放進一具棺木裡，上頭有他的名號。

我把一頭騾子留在最後一個村子，我另外以象徵性的價錢賣掉兩頭，另外買了四頭來取代牠們。我還是留住我自己騎乘用的騾子；牠因為糧草不足而瘦弱，不然牠很適合騎回阿迪斯阿貝巴。我選擇從費契出發，大部分路段採取步行，現在我打算如法炮製。我需要一頭騎乘用的騾子，那不只是一種特權，在阿比西尼亞，能站立的活人沒有人旅行不會沒有一頭騾子。我的兩頭驢子雖然背負沉重，但是狀況依然良好。

我在四月九日離開索可達時，因為能夠再度旅行，加上行李運輸的聲音，讓我有一種解脫感。在瑟門，看著我們那些背著重擔而精疲力盡的騾子，曾經讓我感到沮喪，還額外的焦慮，擔心牠們會倒下，我們將會束手無策。我很高興看到瓦達漢納再度騎乘在騾子上，在擺脫波加爾之後，他接下職務，現在他們五個人可以安心地一起工作。瓦格森提供我兩名新到的警察陪我們走到拉利貝拉，我很難過得和其他的警察分手，他們已經盡其一切所能來協助我。

教堂與戰爭

我們攀登了兩座山，從第二座山那凹凸不平的岩頂上，我們可以看到拉利貝拉上方一萬四千呎高的山脈，阿布納約瑟夫。在費勁的橫越一系列陡峭的山脊之後，我們最後在接近依姆拉漢納克里斯托斯（Imrahanna Krestos）的一座森林邊緣紮營。第二天我們早早出發，得以在太陽照上枝頭時到達依姆拉漢納，此地的鄉野因為最近的一場雨而變得蒼翠。我們在杜松林和橄欖樹之間卸下行囊，我和曼斯費爾德去年待過這裡，我沿著一條緊貼著懸崖並有盛開的龍舌蘭夾道的小徑走，來到裡頭有間教堂的大型洞穴。清晨的太陽照進洞內，照在一排排間隔排列的黑木與灰泥之上，那裡的神父還記得我，歡迎我並帶我四處逛逛。我很高興在這樣非凡的環境中，看到這樣單純而非常古老的教堂，讓我有一種相同的奇蹟的感受，那和我最初看到它的感覺是一樣的。

我在中午離開依姆拉漢納，以便趕回拉利貝拉過復活節，這一年，衣索匹亞和我們的復活節正好是同一天。我們回程曾穿過阿布納約瑟夫山脈的山肩，在它的一處山架上紮營。我們第二天一大早就抵達拉利貝拉，正好是受難節①的前一天。

主祭神父讓我再次在他的宅院裡紮營，稍後邀請我陪著他參加在貝塔馬里安舉行的復活節彌撒。我永遠也忘不了那在微弱的光線中舉行的儀式、那石造的教堂、參加聚會的那些穿著白衣的信徒成群圍繞在我四周，他們那一張張黝黑而虔誠的面孔，還有薰香飄散的香氣，更有那些異國風的吟唱和一名男孩無伴唱的嗓音清純之美，製造極其吸引人的樂聲。這種吟唱隨著古代傑茲語（衣索匹亞四千年前使用的古老語言）的聖餐儀式的進行而改變；無論何時，只要是那位領讀者唸錯了，就會被信眾所糾正。午夜時分，我們繞著教堂外圍行進，每個人拿著一支點燃的蠟燭；象徵性的，我們在找尋升天的耶穌的聖體。這種儀式以一種領唱者（debtara）的舞蹈做結尾，舞蹈隨著教堂緩緩的鼓聲而進行，那些鼓懸掛在他們的脖子上。

稍後主祭神父宴請他的神父和那些領唱者，大約有一百五十人之多。這宴會在一個天氣良好、陽光普照的日子舉行，從十一點持續到晚上六點。我應邀發表一場演說，由我的東道主翻譯。宴會結束時，男孩執事拿了一面鼓過來，接著開始舞蹈和嬉鬧。

第二天，那位大神父帶著我前去米德漢阿拉姆（Medhane Alam），他讓我看一個大型的遊行隊伍用的十字架，據說是用黃金打造而成，是若干年前在其中一座拱門上的一個洞裡發現的，或許是在阿馬德．格蘭茲入侵時被封藏起來，他也拿了一些他們最古老的經典給我看，有部分是以手抄的阿拉伯語注解。我們接著前去看三座相鄰的教堂，狄博拉辛納（Debra Sina）、各各塔（Golgotha，原意是耶穌被釘死之地）和塞拉西三位一體教堂（Selassie The Trinity）。各各塔教堂的牆壁四面是鏤刻救難圖、比照真人般四分之三大小的聖約翰像、聖喬治像和兩位衣索匹亞聖人。教堂還有一座拉利貝拉國王的陵寢，以布包裹起來，還有不可或缺的「塔布特」（tabot），是一塊代表約櫃的聖潔厚木塊，放在一個有蓋的檯子上，大小與形狀和陵寢相當。在拉利貝拉國王陵寢的後方，是耶穌救難圖，有天使站在祂的腳下。我被引領去觀看一個設計精美的手持十字架、一個扶手、一張椅子，據說都曾屬於拉利貝拉國王所有。我們接著進入塞拉西聖殿；它包含了三個大型的祭壇，大小一樣，另有一個小祭壇在中間及左手邊的祭壇之間。大型的中央祭壇雕了一個有羽翼的人像，神父告訴我，那代表人、獅子、老鷹和牛。這個聖殿是聖殿中的聖殿。義大利人顯然在占領期間曾經強力施壓；那位神父向我保證，在我之前，沒有其他歐洲人曾在此佇足。我們由此地走到其他的教堂群，包括艾曼紐（Emanuel）、莫庫里奧斯（Merkurios）、阿巴里班諾（Abba Libanos）和加百列（Gabriel），在拉利貝拉沒有兩座教堂長得一模一樣。

要往莫庫里奧斯，必須沿著一條漆黑的隧道穿過那塊岩石。經過這些教堂之後，我們前往喬治斯教堂，它和其他教堂分離獨立，是我最喜歡的教堂。我再度為那些構思這些教堂的人的眼光而駐足，感到驚訝，他們必定曾經目睹這些教堂從腳下的那些岩石上鏤刻出來，接著他們可以驗收這些看似不能的艱鉅任務。這任務耗費的人力必然龐大，要鑿出溝渠和庭園，還要挖掘和裝飾這些教堂，還得處理數千噸重的土石。大半工藝都超凡絕倫，因為那是在一個人口稀少的地區，以最原始的工具打造而成的。在拉利貝拉的五天期間，我一直可以意識到這些永恆的避難所的平靜與溫和的性靈。

四月十九日，我們離開拉利貝拉前往馬格達拉，在尋訪納卡托拉（Nakatola）和甘納塔馬里安（Gannata Mariam）兩座教堂之後，我們再度越過塔卡茲河，它流到這裡，變成一彎淺淺的溪流，我們再在一座懸崖下方的許多村落中的一個小村旁紮營。第二天，我從一萬呎高處，可以看到遠處的馬格達拉，但是它卻讓我們每天走五個小時以上，花了六天多的時間才到達。我們有時必須幾近向東貼著河谷的前端行走，接著再來個大轉彎，向西迂迴繞道，以避開左邊的那些峽谷。

四月二十三日，我們到達迷人的小鎮烏瓜提安納（Ugualtiena）。在一些岩石平台之間，我看到一些長鬃狒狒，阿比西尼亞僅有此地才看得到；那天成日都可以看到髭兀鷹。我們接著穿過巴希洛河，很幸運的是我們到達時，這條曾經氾濫成災的河流河水再度消退。過去四天，我們曾經碰到大雨，夜裡還有風暴，不過只有一天我們是在行進中。隔天，我們經過一座米凱爾王所建的教堂，再向前走一點，是他的宮殿（gibbi），由一座只有八碼寬的狹長谷地通往後方的一座高原。這個狹窄的谷地曾被切割出一條小壕溝，不過已經被人重新填滿泥土。我們繼續穿過那座高原，直到我們來到迷人而不曾被侵擾的小鎮坦塔（Tanta）。

我們的對面是壁面陡峭的馬格達拉高原，和塔納高原之間相連的是一道看來不可能通過的山脊。然而坦塔的首長告訴我，顯然可以經由一條沿著山脊的小徑到達馬格達拉。這位首長里茲·法里斯是加巴拉·馬里安大將軍的兒子；他和嫁給米凱爾王的曹蒂圖皇后有親戚關係。他住在某個城裡，十分熱情接待，且能說十分流利的英語。

我在第二天早上出發，和瓦達漢納、阿巴布及馬布拉圖前去尋訪馬格達拉。我們發現自己被迫得從那些相連的山脊向下走到河谷裡，我們從河谷顛簸慢行，走一條荒蕪光禿的小徑，爬上馬格達拉南邊的山壁。我們花了三小時才從坦塔爬到山頂上。我突然想起來，在塞加勒之役後，里茲·亞蘇和葉默拉斯王在馬格達拉遭到索瓦部隊的圍攻時，可能使用過這條小徑逃脫。

在馬格達拉綠草如茵的高原上，有一些杜松木，還有一排十二間的小木屋，以及約翰皇帝所建造的教堂，他經過一段時間才接續希奧多的王位。除了遠方有個站立不動的人在放牧一群綿羊和山羊，還有一群狒狒在懸崖邊，此外別無他物。

過了一會兒，有個滿頭白髮的老人，行動健朗，裹著他的夏瑪裝，從其中一間小木屋走出來迎接我們。他叫阿拉夸・狄西（Alaqa Dissie），是這個小社區的首領。因為知道我是英國人，他告訴我一八六八年英軍奪取馬格達拉時，他的父親就在此地。我想，他的父親極有可能在此地見過我的祖父。在一個空曠山頂上，希奧多那個悲劇性年代的東西在此地已經蕩然無存，只有一名相貌莊嚴的老人偶爾可以將過去的歷史和現在兜攏在一起。

他讓我看地面上一些教人屏息的遺跡，那曾經是希奧多的教堂所在地，他指著他父親曾經告訴他希奧多被埋葬的位置；不過沒有可以標示墓穴所在地的東西，連個墓碑也沒有。接著他領我到希奧多的皇宮。它位在一個懸崖邊，希奧多生前有時候會把他的犯人丟出去。此地有一條建好的小徑向下通往一個斜峭的山坡到下方另一座高原。這是通往馬格達拉唯一可行的路徑，也是納皮爾的軍隊攻占山頂的路線；其他地點的懸崖幾乎都陡峭難行。

一道堅固的城門曾經護衛著希奧多的宮殿，就是在這裡，在他的部隊潰散而逃之後，他拒絕投降，並在英軍席捲而來時，舉槍自盡。我覺得當時如果希奧多等待時機，並且防禦這個據點，納皮爾要拿下馬格達拉會有很大的困難，但他反而是在那座山下發動讓他致命的戰鬥；不過在開闊地上徒手作戰一直是阿比西尼亞部隊的傳統。多年之後，米凱爾王，也就是里茲・亞蘇的父親，曾經在馬格達拉設要塞，我在那個遺址之上，還能看到當年他所建的一些石牆。

我們接著造訪那間迷人的小教堂。那是以泥塗壁，加上一個茅草屋頂建造而成的，頂上加了一個約翰皇帝所送的精緻十字架。教堂內有塗在布上教人嘆息的繪畫，內容說的是聖經裡的故事，像是耶穌受難圖、聖母哺育聖嬰、耶穌拉撒勒復活、進入耶路撒冷城、審判日和地獄。那裡還有一幅相當傑出的畫作，畫的是約翰皇帝在戰鼓和國旗的伴隨下，由索瓦省的曼尼里克、戈占省的海馬諾、渥洛的米凱爾和提格雷的曼加薩等人護衛列隊行進。

阿拉夸・狄西帶領著我們回到他的家，他在那裡招待我們喝咖啡，並堅持我們留下來用午餐。我們回程時，他指著那空曠的平原給我們看，他說：「這裡曾經一度都是房子。」我一直想要看看馬格達拉，那天我非常愉快，不僅是因為有阿拉夸・狄西的陪伴。他是個善良的老人，他的臉上帶有與生俱來的尊嚴和熱情。

拜訪歷史地點

回到坦塔，我第二天歡享里茲・法里斯慷慨的熱情款待。我們在四月二十九日離去，越過一個散布深邃峽谷的平原，前往遠方的山脈。那一幕景致點綴著小村落，他們的農稼經過最近一場大雨而顯得碧綠。那天我們的主人是「巴蘭巴拉斯」艾里・伊曼姆（Ali Imam）；雖然他有伊斯蘭教的教名，但他是個基督教徒，此地許多的村民都是伊斯蘭教徒。我只是刻意要在他的村子休息一下，接著再向前推進，他卻宰了一頭羊當我們的午餐，並且堅持要我們留下來過夜。我們一路繼續接受這般的熱情招待，直到十九天後我們抵達阿迪斯阿貝巴。

巴希洛山聳立在他的村子附近，那懸崖是如此之斜峭，它的下方可能會有落石從數百呎高的地方直落而下。那天早上我們經過時，一大群鷲鷹、髭兀鷹和烏鴉在那懸崖上盤旋，一隻隼縱身而過，而岩狸則在下方的卵石堆上曬太陽。

隔天我們到達瓦拉伊魯（Warra-ilu），我們半路碰到外出的首長，他因此回頭在他家招待我吃一頓飯。他的家建在柵欄內，位於一個圓形丘陵上，控制整個小鎮，四面八方皆有壯觀的視野。

兩天後，到了摩拉勒（Morale），我們便位於渥洛省的邊界。我隔著一個深邃的山谷眺望摩拉勒，就是在那裡，在峽谷和曼茲山脈的群山之間，教人敬畏的義勇軍領袖阿巴巴·阿拉凱曾經成功地阻擋了義大利人。

離開摩拉勒，在陷入許多向東沉降的峽谷之前，我們被迫向北走了好一段距離；在那之後，我們轉而向南沿著分水嶺走，但山嶺的缺口就在兩側，不過在數碼之外。最後我們終於發現自己正沿著那偉大的懸崖邊緣行走，地面上鋪滿一叢叢盛開花朵的百里香、火紅的商陸花、黃與白的雛菊、藍色的勿忘我、白色的毛茛和一些我所不知道的花卉，有白、有金、有紫。遠處的天空清澄，丹納吉爾沙漠下方的赫泰爾湖依稀可見，但是視野經常受阻，那天早上，當地有一場風暴，冰雹依然還在地面上。離開摩拉勒八小時後，我們到達一個小村子，在一間屋子裡落腳，巨大的石南木所生起的營火讓我們溫暖舒適，屋外則是強風豪雨且帶著濃霧的黑夜。

不過第二天早上天氣不錯，陽光普照，天空晴朗。我能看清隔著丹納吉爾沙漠、一百五十哩外的阿魯西山脈和澤澤山脈，也看得到赫泰爾湖和阿耶魯山。那天大多數時候，我們繼續沿著那座懸崖的最邊緣前進。每個山架上都有村落，每一呎可能耕種的土地都已開墾，有時是在一個陡峭的山坡上，那必定是用雙手開墾的。山腳下有更多的村落和耕地，再過去是有樹叢的鄉野。我們走了六小時後在馬薩佐（Masazo）歇腳，那是一個大型而分散的村子；我可以看到在前方的特馬巴隘口（Pass of Termaba），一條來自狄西的公路從那裡爬上那座懸崖後方。此地附近有一些瓦達漢納的親戚，他們擁有一座農場，早上在繼續走四小時路之前，我們曾經停下來和他們一起用早餐，夜裡在主要公路上的一個警察哨站過夜。馬布拉圖已經精疲力竭，因此，我送他上一輛巴士回阿迪斯阿貝巴。

我渴望看到恩柯巴，那裡曾是曼尼里克建立阿迪斯阿貝之前的官邸所在地。我們因而繞道東行。途中經過托拉馬斯克（Tora Mask），一九一六年魯爾塞吉拉斯王的軍隊在那裡被米凱爾王所掃平。這場戰役就在恩柯巴上方的高原，魯爾塞吉紮營的地方開打；我被帶領去看他豎立帳篷的地點，他曾在那裡收容他的傷兵，也在那裡陣亡。那裡曾有一場大屠殺，魯爾塞吉拉斯王的八千大軍，僅僅不到兩百人得以倖存。

我們下山經過一道長長的陡坡進入一座河谷，接著爬上上方的山脊，哥羅貝拉（Gorobela）就在那裡，它取代了恩柯巴；事實上，它頂多只是個大一點的村落而已。在我們下方是個小而陡峭的孤立丘陵，曾是曼尼里克的皇宮所在，不過如今已蕩然無存。現在則是樹叢蔓生，我在清晨前往那裡，我很訝異那山頂上的空間多麼侷促有限，但是那裡的視野很好，能看到低地前往恩柯巴的路。有人告訴我，曼尼里克經常坐在他宮殿外面的一棵樹下，拿著他的望遠鏡看他的城堡水流到下方。

那天晚上雨勢猛烈，第二天我們出發，一路回頭到天氣嚴寒而下著毛毛雨的高原時，天氣卻十分清明，我們那天走了十個小時；第二天早上又走了三小時，直走到塞加勒戰場。有一名村落的酋長陪著我們，他孩提時代在發生戰事時，曾到過這裡。雖然我的阿姆哈拉語不太靈光，但還能明白他對戰爭的描述。

兩個小丘陵聳立在周遭的平原上，兩丘相隔八百碼。南邊那座大約五十呎高，曾經被塔法利拉斯王，也就是後來的海爾．塞拉西，和他的大軍所占領。哈布塔．喬治斯先鋒官帶著索瓦人部隊的主力在塔法利拉斯王的右側，卡薩拉斯王帶著從塞加勒徵募而來的部隊在他的左側。前頭直到右方較小的山丘，有一道泉水流入像沼澤般的地面。戰役發生的那天，渥洛族部隊試圖在黎明前發動一項突襲，但是他們的一些騎兵被困在沼澤地，他們的吵雜聲和混亂驚醒了索瓦人。這場戰役始於雙方激烈的炮火，但很快的兩支部隊相互接近，展開激烈的徒手肉搏戰。有一段時間米凱爾王的部隊由艾里拉斯王帶領，原來可能獲勝，不過艾里拉斯王被捕之後，渥洛族的部隊開始退讓。

我永遠也不會忘記孩提時代，我親眼目睹索瓦大軍勝利凱歸阿迪斯阿貝巴，他們身上拿著從死者身上拿來的衣服做為裝飾，那情景讓我深深著迷。而此時，站在塔法利拉斯王的小山丘，我發現我很容易想像在我腳下的那平原上一來一往持續進行的戰爭。我們的導遊說他在那場戰役之後隔天到那個戰場，他形容地面上如何散布著屍體，還有他們破碎的衣物，特別是靠近泉水區的地方。即使是現在，當我檢視米凱爾王最後佇立的那個小山丘，岩石之間的裂縫和缺口依然塞滿了骨骸和骷髏。

離開阿迪斯阿貝巴之後，我曾在泉水區旁喝咖啡和煎蛋，我坐在那裡，回想起當時如果米凱爾王贏了那場戰役，不知將會發生什麼事，因為他其實可能很容易就辦得到。而塔法利拉斯王和其他的索瓦人領袖，如果他們在那場戰役裡被俘，他們肯定會遭到處決。

渥洛族大軍很可能大舉侵入阿迪斯阿貝巴，劫掠那個城市。嗜殺而懷報復之心的里茲・亞蘇會復位為皇。而我懷疑我們可能會發生什麼事，因為我的父親把塔法利拉斯王的兒子收容在領事館裡。阿比西尼亞的整個未來沒有塔法利拉斯王的銳意改革和他的目標堅定不移，情況可能會完全改觀。

回顧我最近的旅行，我希望我能夠把提格雷省納入行程裡。我後悔沒有看到阿克蘇那塊巨大的石碑，也沒有到坦比安山脈的群山之間周遊，卡薩拉斯王和塞雲拉斯王曾經在那裡奮勇抵抗義大利人。然而我曾經回到拉利貝拉和依姆拉漢納克里斯托斯，並且造訪許多我一直渴望看到的地方，包括坦納湖、瑟門山脈、索可達、恩柯巴和塞加勒古戰場，尤其是馬格達拉。

叛變

幾個月之後，就在一九六〇年十二月十四日，我人在英格蘭時，皇室禁衛軍試圖推翻阿比西尼亞皇帝，當時皇帝人在海外，訪問邦交國巴西。那場暴動是由哲曼梅．紐威（Germame Neway）策動與指揮，他曾在美國大學受教育，也當過西達摩省省長一段時間。他的哥哥曼吉斯圖將軍統領皇室禁衛軍，他們的一切都是得自於皇帝。當時皇宮裡也有一些官員參與，他們都是皇帝信任的人。

到了夜裡，叛軍逮捕各個部長和議員，將他們監禁在皇宮裡。不過有些人逃出來，其中包括卡薩拉斯王唯一倖存的兒子阿斯拉塔卡薩（Asrata Kassa）。他火速帶著反叛事件的口信給丹尼斯．萊特（Denis Wright），萊特安排這些新聞曝光，讓人在巴西的阿比西尼亞皇帝看到。在此同時，在阿迪斯貝巴的叛軍強迫皇太子阿斯法．伍森在廣播上宣讀一份文告，說他很遺憾「有少數人，依靠他們的出身或婚姻得到的財富過日，剝削衣索匹亞人民的個人利益」，他也宣布「今天衣索匹亞人已經明白體認他們的意願」。他被宣布為「人民政府」的領袖。大學生挺身而出支持革命，而阿布納針對如此行事的人宣布一項開除教籍的公告，而由麥里德．曼加薩將軍指揮的正規陸軍，加上空軍，依然效忠政府。軍隊包圍皇宮，發生激烈的戰鬥，造成多人死傷。

皇帝火速趕回國，先在阿斯馬拉落地，接著前往阿迪斯阿貝巴。他在十二月十七日抵達，受到人民所組成的一項混亂儀式的歡迎。這個國家依舊平靜無事，唯獨首都的皇宮四周例外。叛軍首領捆綁他們虜獲的各部會首長，用機槍對他們掃射；十八人遇害、多人受傷，死者包括塞雲拉斯王，和皇帝親密的盟友阿巴巴·阿拉凱拉斯王。

哲曼姆和曼吉斯圖接著成功逃出皇宮，但在後續那些叛軍集合起來時，被認出來。就在被逮捕的當時，哲曼姆開槍射殺他的哥哥，但沒有殺死他，接著他舉槍自盡。曼吉斯圖受到公正的審判，接著被懸首吊死在市集中；另外兩名試圖跟隨他的叛軍被判終身監禁。皇太子告訴他的父親，他是在被脅迫的情況下，宣讀叛軍的聲明文告，而皇帝也接受他的解釋。

注釋：

① 受難節（Good Friday）：在基督教為復活節前的星期五，紀念耶穌基督被釘十字架。在基督教的許多教派中，這是一個哀悼和悔罪的日子。

【第31章】

一個文明的末路窮途

因為阿比西尼亞的情勢轉變，我在一九六〇年底前至肯亞的奈洛比。我的目的地並不是歐洲人農耕屯墾的「白色高地」，而是與索馬利蘭、阿比西尼亞、蘇丹和烏干達等國交界的北方省份。由於氣候和通信上的種種困難，有些地區還有遭受越界而來的偷襲的風險，這個省已經對遊客關閉，除非有一張特別的通行證。很幸運的是，我在一九五九年在莫亞爾邊界見過面的喬治·韋布被調到奈洛比，負責管理北部省份。他從省長那裡為我取得必備的許可，讓我可以到那裡旅行；結果是我以步行方式進行相當漫長的旅行。

我從位於肯亞山脈的那座冰河與森林，以及從這個國家的高原地區向北，地形高度驟降，隨著旅行者接近環繞魯道夫湖，也就是今天人們所知的圖爾卡納湖①四周的火山岩地形，地形慢慢變成被太陽曬得焦黑且光禿的平原。我在孩提時代讀過，那些拜訪或統治過在這個廣大而孤立的北部地區裡的游牧民族的人物所撰寫的一些教人興奮的書本，我一直想到那裡旅行。現在我辦到了。我住在帳篷裡，利用駱駝當做運輸工具，主要用來載水，和一群為數十二人土著隨行人員旅行數月到達終點。肯亞的這部分土地滿是動物，包括成群的象和許多的犀牛。而現在我已經放棄所有的射擊，除非為了盤飧，偶爾打打羚羊或鳥類。我每天早上起床就是一個美好的一天。

一九六一年和六二年，我曾經花了數月的時間與這些土著共度，他們包括了波朗族和圖爾卡納族（Turkana），他們像努爾族人一樣赤裸著身子，另外還有著名的馬賽族旁支山布魯族（Samburu）。接著在一九六三年，越界進入坦干尼亞，我騎著驢子周遊於住在邊界另一邊的馬賽人之間，他們從恩戈羅恩戈羅火山口②一直向南延伸分布。若不是現在被撫平綏靖，馬賽人都還保持最初那些與他們相遇的探險家所見到的樣子，大多數都沒有改變。他們是俊美而高傲的戰士，頭髮染成紅色，用紅布漫不經心地垂掛在一邊的肩上，依然攜帶那種長刃的矛和紋飾奇特的盾牌，守護著他們的牛群。

我在一九六八年重回肯亞，在最後的十八年裡，我大多數時間都待在那個迷人的鄉野中。北方有少數地區是我不曾旅行過的。有許多年，我擔任一名榮譽狩獵管理員，我執行步哨巡邏搜尋盜獵者，帶著一支十二人的護衛隊，他們大多都是圖爾卡納族人。

肯亞和我第一次到那裡的時候相比，有相當大的改變。今天觀光客蜂擁而至，到那曾經空無一人的海濱，開車壓遍這座狩獵保育公園，而這個國家多數的野生動物今天已經虛竭。不過真正讓我重回肯亞而不是其他地方的理由是，我對山布魯族和圖爾卡納族人的情感。我這一生一直覺得需要有人類相伴，不管何時何地，都盡可能避免孤單。即使我不會說他們的語言，我還是很高興在旅程中有人陪伴我。然而最讓我心滿意足的是我和一些個人建立親密的友誼，就像我旅行到提貝斯提，有伊得里斯的陪伴，在阿拉伯有賓卡賓納（bin Kabina）和賓加拜沙（bin Ghabaisa）相伴，在伊拉克沼澤地有安馬拉（Amara）和沙拜提（Sabaiti）陪同。我發現和部落中人所建立的這種關係，比起和我同一族群的人更讓我感到輕鬆自在。或許這種特質的起源，可以追溯到我在預備學校受到同輩傷害所產生的一種痛苦反射，當時我只是剛從阿比西尼亞的一個英語世界僑居地歸來的小男孩。

在肯亞，拉威・里伯亞勒（Lawi Leboyare）從他十歲離開他的村落學校，就一直和我在一起，過了十五年。雖然他以自己人是山布魯人為傲，但是他在一個變動世界裡，能夠成功地自我調適。當我有一回對於他偏愛汽車、電晶體收音機和流行音樂表示感嘆，他笑著說：「當然，事情的真象就是你是屬於舊石器時代的人，而我是現代人。」三年前，他和我在英國住了一個月，在旅行家俱樂部裡，我聽到有人很嚴肅地問他：「你顯然在英國受過教育，你念哪間學校？」我當時聽了很開心。我每一年有幾個月會住在我位於倫敦的雀爾西公寓，俯望著泰晤士河，但是拉威那間鐵皮頂、泥土牆的屋子，是我們一起為他和他的家人建造的，那間屋子才是我最近這些年來真正的窩。

在這個變動、革命與不穩定的年代裡，我總是很感謝我在肯亞的家，那個國家自從一九六三年獨立以來，一直不曾經歷過分裂。即使當朱莫肯亞塔③死了，政權也是和平轉移到繼任者手中。所有的非洲國家中，顯然也是全世界的國家裡，唯獨在肯亞，旅客可以到任何地方而沒有人會被警察阻擋和盤問他是誰、他在做什麼或是他要去哪裡。如果一九八二年肯亞空軍失敗的政變能成功，那麼情況可能大不相同。肯亞可能接下來就因為政權交替的不穩、革命和內戰而飽受苦難，而那正是許多非洲國家自從獨立以來，一直承受的折磨。就像阿比西尼亞，那曾是個因為它歷史傳承的君主政權而成為一個自豪且獨立的國家，如今卻降格成為一個馬克思主義國家。

重回阿比西尼亞

我在一九六六年回到阿比西尼亞參加海爾·塞拉西重回阿迪斯阿貝巴二十五周年慶典；那個場合再度證明他和英國之間特殊的友誼。一九五四年，在他官方訪問英國期間，英國女王曾經在溫莎古堡授予他嘉德騎士勛位。一九六五年，女王和菲利浦王子禮貌性回訪阿比西尼亞，她任命他為英國陸軍的一名戰地校閱官。而一九六六年五月，這位皇帝更邀請當年參與戈占之役與溫吉特共事的殘餘軍士官到阿迪斯阿貝巴當他的賓客。

喬佛瑞·貝克爵士將軍代表英國陸軍，溫吉特的遺腹子後來當上砲兵中尉，他代表他的父親出席。但恩・山德佛已經在阿比西尼亞；其他人和我一起搭機飛抵。我很高興再度見到他們，他們包括了休・布斯達特，還有查普曼・安德魯斯、克里福・德魯、唐納・諾特、還有原任士官長而現在是中校的格瑞、勞倫斯・凡德波斯、尼爾・麥拉侖、艾倫、阿卡維亞，還有其他我先前不曾見過的人。我們被安置在一間舒適的旅館裡，有車子隨時供我們派遣，有陸軍軍官護衛我們。

有一位士官的行李在轉運過程中遺失，當我們在晚上抵達受到皇帝的接待時，他還是穿著他的旅行裝，他為他儀容服裝不正式而向皇帝道歉。海爾・塞拉西微笑地舉起手阻止他，並且說：「我已經聽說你的不幸。請不要讓這件事困擾你。」等這位士官回到旅館，發現一套深色西裝、晚禮服、襯衫、內衣、一把刮鬍刀、牙刷，還有所有他需要用到的東西，全部放在他的床上。這就是海爾・塞拉西典型的作風，在這樣擁簇而多事的慶典中，親自關切一切細節，來化解一位次要的賓客的尷尬。

接下來的三天裡，我們參加一項完美缺的閱兵遊行，有裝甲和機動化陸軍部隊，由一輛吉普車載著一頭盛裝打扮的獅子做前導，那是一件讓人印象深刻的軍團吉祥物。我們看著空軍凌空而過，看到傘兵空降在標靶上，大批的學童動作完美一致地操作著瑞典製的播種機。我們參加在曼尼里克宏偉的皇宮裡舉行的一項國宴；我們拜訪大學；我們在他們的俱樂部裡接受那些穿著無可挑剔、說著流利英語的陸軍軍官們的招待。

海爾・塞拉西與其家人

海爾・塞拉西在他父親馬孔能拉斯王，也就是曼尼里克的重要副手過世時，年僅十三歲；從那個時候起，他就必須跟反叛者及陰謀抗爭，而讓他用盡一生的氣力。自然，他完全靠自己而長大成人，等他取得權力時，他逐漸變得專制獨裁。他要面對這般不斷阻礙他目標的阻力，其他人可能會變成一個兇殘而野蠻的暴君，像希奧多的情況就很類似。然而海爾．塞拉西對於施暴和處決，有一種始終不變的恐懼。他本人從來就沒有判過任何人死刑，他也從來沒有批准過一項死刑，除非是謀殺，而他本人更是從來就沒有判過任何人死刑，只是針對某個人給予壓制而已。

自從在一九一六年被任命為攝政王開始，海爾．塞拉西盡其所能引介他深植於內心的各種改革。他面對一般大眾的反對聲浪，不僅僅是來自曹蒂圖皇后那些思想保守傳統的黨羽。而在對外事務上，他成功地讓阿比西尼亞在一九二三年獲准進入國聯。但直到他在一九三〇年繼任皇位，他才有必需的權限，開始削弱那些權大位重的封建拉斯王，讓國家的行政集權化，處理奴隸制度，解決教育、醫療和通信等問題。

但是時間不夠用。在他加冕大典過後的五年，義大利人入侵並占領阿比西尼亞。在他們的暴行中，還把皇帝曾苦心教育並在未來將要倚重的年輕世代，加以逮捕和處決。皇帝在一九四一年返回阿迪斯阿貝巴時，他要面對重建政府的艱鉅任務，重新伸張他在這個國家的權威，這國家大部分地區在經歷對抗義大利人的持續性暴動之後，多半還是動盪不安。義大利人曾經興建的碎石鋪成的道路，對他而言是一種幫助，但義勇軍所擄獲數之不盡的武器，對國家安全構成一種威脅；在北方就有一支阿澤布加拉族（Azebu Gala）的反抗勢力，但很快就被壓制下來。

海爾．塞拉西總是展現出他無比的耐性。許多人，包括海陸拉斯王，以及義大利人入侵時叛降的他那位女婿塞拉西．古薩將軍，都因為他的仁慈而虧欠他一條命。他是十分虔誠的教徒，相信身為「上帝的選民」，他有不可鬆懈的責任，必須報效他的國家；他不厭不倦地工作直到最後，他最優先關心的事務便他百姓的福祉。藉由歐洲籍顧問的協助，他讓軍隊現代化，重新改造行政體系，特別是立法、財政、醫療和教育部門。在一九六六年五月的那三天之中，他向我們展現的，正是他在先前二十五年的偉大成就。

海爾・塞拉西熱愛他的家庭，有小孩子有一種關愛的能力，贏得小孩子們對他的信賴。他的妻子，也就是美寧皇后（Empress Menen）和他的長女坦南雅渥克（Tananya Work）是他最信賴的伙伴。不幸的是，他那位凡事利他而曾在蓋・摩爾的醫院裡受訓擔任護士的小女兒慈夏公主（Princess Tsahai），後來因為在阿迪斯阿貝巴醫療單位工作太專注，而於一九四二年過世，他最鍾愛的兒子哈拉爾省馬孔能王子，於一九五七年在一場車禍中喪生。皇后本人則在一九六二年過世，他們最小的兒子沙拉・塞拉西（Sahla Selassie）在一九六三年過世，皇太子阿斯法・伍森於一九七三年的一次腦中風後，搭機到倫敦接受治療，在那裡呈半癱瘓狀態，至今仍存活於世。

當然，經過這麼多年，皇帝本人變得愈來愈孤寂與孤立。他從來就沒有發現到這麼容易就授權，在他統治的初期，每個問題都是自己解決就能得到結果。甚至他所任命的大部分官員對於應該負起的責任怠忽不理，而且總是想把重要的決策丟還給他。這可以局部解釋為傳統上對高層的一種順從，但是也可以解釋為他們害怕因為做了某個錯誤的決定，而失去有利可圖的地位。許多阿比西尼亞官員貪污瀆職、貪婪且只顧自己的利益。

諷刺的是，一九六〇年一項有意圖的突襲行動被輕易地弭平，使得海爾・塞拉西低估了那些他曾經親手打造的那些受教育階層人士，他們想要高度參與他們國家的政府組織，而已經日漸升高的不耐。在他年老時，他逐漸變得全力投入外交政策，而把國家經營交給一個老人組成的政府。他做了許多元首外交訪問，包括到一些共產國家和第三世界國家；在非洲新獨立的國家之中，他獲得高度的尊重，結果使阿迪斯阿貝巴被非洲聯合組織選為永久性的總部所在地。

革命發生

一九七二年一月，但恩．山德佛過世。皇帝聽到這個噩耗時，正好出國訪問奈及利亞，他馬上搭機返回阿迪斯阿貝巴。他立即發出一則無線電訊，要求山德佛家人延後葬禮，以便他能夠參加。山德佛五十年的歲月獻給阿比西尼亞，而此刻他的死，他的家人，也包括我在內，都意會到一個紀元已經結束。

隔年衣索匹亞北方發生一場旱災，接著是渥洛省的大飢荒。然而這些事並沒有被海爾．塞拉西政府向世界其他地方揭露，直到約納珊．丁薄比（Jonathan Dimbleby）到那些地方旅行，帶著一名攝影師，拍了一些恐怖的相片。他把這些圖片放在電視上播放，中間還穿插在阿迪斯阿貝巴的一項宴會的圖片。他藉此來隱喻海爾．塞拉西在吃大餐的同時，他的百姓正在餓肚子，不過實際上，他所拍攝的圖片其實是在元首出訪時，蘇丹總統所舉行的一場宴會。丁薄比的電視節目讓海爾．塞拉西在歐洲失去許多同情，在阿迪斯阿貝巴也引起一致的忿怒。其實，熟悉海爾．塞拉西的人都知道，他個人是十分節制的。我記得路德公主在和曼斯費爾德家人共進晚餐時，曾表示：「能夠換換口味，吃這樣的餐教人感到愉快。你們不知道在皇宮裡，我們的食物是多麼的簡單又單調。」

與衣索匹亞北方的旱災同時發生的，是阿迪斯阿貝巴的生活費用快速上揚，起因於一九七三年埃及與以色列之間爆發戰爭所導致的石油危機。這也引起食物囤積和計程車司機的一場大罷工，還有整個軍隊的普遍性叛變。

一九七四年二月，海爾·塞拉西任命一個新政府。總理恩德卡丘·馬孔能（Endelkatchew Makonnen）是個年輕人，他就像他的許多同僚一樣，曾在牛津受教育。眾所周知，他的政府是阿比西尼亞最有能力的政府，它讓國家未來前途一片看好。儘管如此，由年輕陸軍軍官所組成的委員會德格（Derg），他們曾經叫唆暴動，現在決定要奪取政權。他們的第一步是逮捕恩德卡丘，讓伊穆魯拉斯王那位思想開放的兒子米凱爾伊穆魯取而代之，擔任總理。他們此時實質上控制這個國家，他們採取同一步驟是剝奪皇帝的權威與特權，他們甚至逮捕他的家人，包括塔南雅渥克公主、路德公主和皇帝其他的孫子此時都被監禁在阿迪斯阿貝巴。

海爾·塞拉西此時已被孤立在他的皇宮裡。他的伙伴們一個個不是抽身便是被捕，直到他僅剩少數的僕人。由學生組成的喧嘩群眾在皇宮外示威，以德格的指控做為主張，高聲要求要他退位，說他曾經盜用巨額的金錢。接下來，在一九七四年的九月，德格指控皇帝私運數百萬元進入他私人的瑞士銀行帳戶裡，並正式將他罷黜。事實上，海爾·塞拉西根本就沒有半點貪婪，到後來證實他根本就沒有在海外做任何投資。

海爾·塞拉西被兩名官員從宮殿裡帶走，進了一輛福斯汽車，前往曼尼里克的宮殿，被關在一間小木屋內。當他離開皇宮時，他向其中一名軍官表示：「如果這場革命對這個國家好，那麼我會喜歡這場革命。」知海爾·塞拉西者如我，我可以確定他是真心的。

在皇帝被罷黜之後，德格要將皇冠移交給阿斯法·伍森，他當時人在倫敦進行治療。他十分關心他父親的安危，拒絕被捲入此事。在這個時機，當時如果那位頗孚眾望且評價甚高的安曼·

安東將軍（General Aman Andom）能夠建立他的權威，他或許就可以成功地設立某種型態的代表性政府，或許可在君主立憲的元首體制之下。然而他受到曼吉斯杜・海勒・馬里安上校的威脅，他是個殘暴而極具野心的共產黨徒。一九七四年十一月，曼吉斯杜以坦克攻擊安曼・安東的官邸；在隨後發生的戰鬥中，安曼・安東被殺害。十一月二十七日，人們所說的血腥的星期六來臨，曼吉斯杜處決六十多名貴族成員，其中包括恩德卡丘・馬孔能和阿斯拉塔・卡薩，沒有經過任何的審判，他親手射殺了他們。這是「紅色恐怖」的開始。一九七五年三月，德格正式推翻君主政體，宣布這個國家為共產主義國家。

我後來詢問威利・摩里斯爵士（Willie Morris），他曾是革命時期英國駐阿迪斯阿貝巴的大使，我問他是否有俄國或中國的情報人員將共產主義引入衣索匹亞。他回答說：「不需要。這次革命多半是靠英國和英國的共產黨徒訓練學校的教師與大學演說者帶來的。」

紅色恐怖國家的誕生

一九七五年五月，海爾・塞拉西必須接受一項攝護腺手術，不過對八十三歲的老人來說，他復原神速。他被送進一間公立的醫院病房，目的無疑是要屈辱他，但成群的百姓每天都來探望他。或許這樣受眾望的證據讓曼吉斯杜對海爾・塞拉西還是感到有所戒懼。他在八月二十七日帶了兩名士兵去海爾・塞拉西再度被囚禁的小木屋，並且將他謀殺。一般人相信曼吉斯杜是利用一顆枕頭將他悶死。當死訊公諸於世，死因被歸為心臟衰竭。然而海爾・塞拉西在死前的健康狀況良好，也沒有半個醫生看過他的遺體。那是被人秘密地移走，被葬在某個不為人知的地方。

在此同時，當了衣索匹亞兩年元首的塔法里班提准將，也遭曼吉斯杜謀殺，曼吉斯杜接著宣布自己為衣索匹亞共產黨的總書記。一九七八年三月，曼吉斯杜也謀害了艾特納胡上校，他曾是他的得力副手；他透過廣播聲明，為他的這項舉動辯白，宣稱艾特納胡把人民福祉給予更高的價值，超乎社會主義科學化的運用，所以他必須死。

一九七八年三月二十二日，《泰晤士報》刊載一篇由後來住在阿迪斯阿貝巴的漢斯·艾瑞克（Hans Eerik）的長篇報導，描述這個城市主要的狀況。阿迪斯阿貝巴已被區分為三百個次行政區，每個區有一個監獄，有八到十名守衛「奉命採取革命化的手段」。此外，在阿迪斯阿貝巴還有三千多名得到授權的殺手，同時還有官方任命的暗殺中隊。除了有這些次行政區的箝制，那裡還有大型的政府監獄，現在幾乎關滿了那些惡意抨擊政府的犯人。每天有一百到一百五十人帶出監獄，在大街上槍決。那裡還有海報和傳單宣布「紅色恐怖將要擴延」，而在廣播中也宣告，要揭發任何可能是無政府主義者、地主或人民剝削者的左鄰右舍。一般人相信曼吉斯杜的俄國籍顧問曾經說動他，讓他相信唯有靠著紅色恐怖才能瓦解人民的意志。另外也成立一個秘密安全部，是由一位東德的將軍所管理指揮。

在其他的恐怖事件中，那份報導描述一支暗殺隊如何闖入大清真寺的伊瑪目的家屋，沒有任何理由就綁架伊瑪目十四歲的兒子。四小時之後，他們將孩子的屍體拋在他的屋外。而伊瑪目奉令不能動他兒子的屍體，讓他躺在那裡曝屍。經過幾個小時之後，屍體被帶走，丟進一個大墓穴裡。孩子被集合在街上，命令他們指出他們父母親的屋子。他們接著被帶進屋內，在他們的雙親面前加以槍殺，他們的父母親不准舉行傳統的哀悼禮。

自一九八四年春天以來，衣索匹亞北方一直沒有降雨，現在已經帶來一場大飢荒，那種災禍遠勝過皇帝被推翻、曼吉斯杜建立權勢。因為穆罕默德．阿敏拍攝一部電視影片，向全球公諸於世，衣索匹亞才接受海外大規模的援助。事實上，提格雷和厄立特里亞已經陷入動亂，起因於統制糧食配給，但我相信曼吉斯杜完全不管人民受苦受難，無論如何會利用這個適當時機，不只對付厄立特里亞的分離主義分子，也幫他摧毀所有北部省份那些守舊的個人主義分子。他假借人道主義之名，對居民實施強制性的遷移。法國的「無國界醫療組織」在衣索匹亞解救災荒，估計有一萬人在這些遷移中死亡。同時期內，在一九八四年，衣索匹亞政府估計前後共花了五千五百萬到一億英鎊，用來慶祝馬克思主義國家建國十周年慶。

一九八六年五月我寫這篇文章時，我看到《周日泰晤士報》的當天頭版標題是「數千人逃離衣索匹亞政權」，這是由彼得．高德溫在索馬利亞西北方的土格瓦加勒（Tug-Wajale）的一處難民營裡所寫的長篇報導，描述每天有上千的歐摩洛人和來自阿魯西與衣索匹亞南部部分地區的加拉族原住民抵達難民營，以逃脫政府所謂的「農村公社化」政策的恐懼。這項計畫把佃農和牧民聚集在有守衛的村落中，計畫於一九八六年初推行，很明顯的是「因為這種強迫式的重新殖民……已經造成數千人死亡」。阿迪斯阿貝巴的政府明白宣布在九年的期間，將移動數百萬人口。高德溫附帶提到，目前的作業還伴隨著大規模的強暴、宗教性的迫害和財產充公。部落中人被告知，任何一切事物，包括妻子和女兒，都必須依照社會主義原則，拿出來分享。

衣索匹亞有它古老的文明，有它早期的基督教堂和它獨立自主的光榮傳統，而現在不過只是蘇俄一個卑微的衛星國。它的共產政權遭到它的人民廣泛地唾棄加強在他們身上的意識型態，這個政權受到蘇聯顧問團、東德的安全人員和古巴的軍隊給予權力上的支持。它目前的許多居民必定懷念海爾．塞拉西在黃金歲月中的長期統治，必定還以感激之心，記得他們前任的統治君王，而那也是他應得的。我的期望是能歷史學者能及時地針對他對他的國家所做一切的真實價值，給了評斷。而我有幸能夠認識這個偉大的人物。

注釋：

①圖爾卡納湖（Lake Turkana）：東非肯亞西北部和衣索匹亞的湖泊，一九七九年以前稱爲魯道夫湖。位於奈洛比以北四百公里，北端伸入衣索匹亞，長二百九十公里，寬五十六公里，面積六四〇五平方公里，深約七十公尺。湖邊發現原始人化石。由於大量蒸發，湖面已日漸縮小，鹽鹼化嚴重。一八八八年歐洲人發現此湖，以奧地利親王名字命名爲魯道夫湖。

②恩戈羅恩戈羅火山口（Ngorongoro Crater）：坦尚尼亞北部火山口，位於東非大裂谷。火山口邊緣海拔約二千一百公尺，而其洞底低於此高度近六百公尺。面積約二百六十平方公里。現爲保護區中心，已列爲世界性名勝。保護區面積達七千八百平方公里，爲當地的馬賽人提供了廣闊的放牧場，還爲大羚羊、瞪羚、斑馬等野生動物提供良好的生態環境。

③肯亞塔（Jomo Kenyatta）：一八八九～一九七八，肯亞政治家、總統（一九六四～七八），原名恩根吉（K. Ngengi）生於肯亞米圖米。蘇格蘭教會學校畢業後在倫敦攻讀，後成爲泛非聯盟領導人。一九四〇年代後期，他的肯亞非洲人聯盟主張肯亞完全獨立。他曾被控領導茅茅（Mau Mau）恐怖組織（他本人否認此說），一九五二年被判處七年苦役。一九六〇年他在拘禁中被選爲新的肯亞非洲民族聯盟主席。一九六一年被選爲議員。一九六三年任肯亞獨立後第一任總理，一九六四年任肯亞共和國總統。他執行溫和的社會經濟政策，與肯亞白人社區的許多成員關係和睦。

後記

回首過去，我明白我在阿比西尼亞興奮與歡樂的童年時光，遠離與西方世界的直接接觸，在我心中深深植入在未知的土地上、在一群桀驁不馴的部族之間探險的那種渴望。

我熟悉阿比西尼亞所有傳統的風華壯麗，有它歷史悠久的儀式風俗和一種數世紀中不曾改變的生活型態。年輕時，我實現一種少年時代的夢想，在非洲的荒野獵捕具有危險性的動物。後來，我在不曾有人探索的地區旅行，用了多年歲月和部落中人共處，他們除了他們自己的世界，對外面的世界毫無概念。然而我知道我來的實在晚了。

一九三四年我在丹納吉爾沙漠探險之後一年，義大利人入侵阿比西尼亞，我就在他們占領奧薩省的戰鬥路線上。一九三九年，就是這一年，我到提貝斯提山區旅行，穿越不曾有過車輛穿過的沙漠，而就是這一年，大戰宣告爆發。戰爭期間，機械化的自由法國軍在那裡集結，從法雅向北驅車前往的黎波里塔尼亞。接著在一九五〇年，我才帶著我的貝都族同伴在「空白之地」探險五年，之後我離開阿拉伯，當時那些石油公司已經在協商探勘阿曼內陸地區；那裡就像其他阿拉伯地區，他們工業化的活動摧毀了極其古老的沙漠阿拉伯的生活方式。一九七七年，我短暫返回阿曼和阿布達比時，我立刻看到今日的阿拉伯，擁有非凡的財富，已經沒有任何東西留給我。

這個世界多數地區，包括我這一生曾經待過多年的國家，現在都處於動亂中。蘇丹因為南北長期漫長的內戰而分裂，現在西部地區更因為乾旱而瀕臨毀滅，那裡的查哈瓦族、麥道布族、班尼胡笙族和其他部落，我曾經很快樂地和他們共處共事，現在卻有數千人正因為饑荒而垂死。在提貝斯提，泰達人配備了自動武器，而且得到格達費的利比亞部隊的支持，正發動另一場內戰。在此同時，伊拉克和伊朗的軍隊在伊拉克沼澤地激烈戰鬥；而在努里斯坦山區和阿富汗的其他地方，部落人士痛恨他們的共產傀儡政權並加以抗拒，他們正遭受俄羅斯部隊和重型武裝直升機無情的攻擊。然而對我而言，最大的慘劇則是阿比西尼亞所面臨的噩運。

一九六九年七月，我剛好在肯亞，在魯道夫湖畔，我難以置信地聽到一名光著身子的圖爾卡納族漁夫說「瓦尊古」（Wazungu）已經登陸月球，「瓦尊古」是他所謂的歐洲人，也包括美國人。他是從一個遠方的教會工作站聽到這個消息。對他來說，這項難以理解的成就並沒有特殊意義；對我而言，則讓我有一種褻瀆聖明的感覺，對現代人高度的科技能力有一種沮喪感。即使在我少年時代，我就體認到汽車運輸和飛機必將逐漸縮短這個世界的距離，而且無可避免地將摧毀它那種迷人的多樣化。我的預言完全得到驗證。套裝旅行已經侵犯了那最偏遠村落的隱私性；電晶體收音機喧擾地播放流行音樂，已經僭越了吟遊詩人的地位。當我和拉希德族人在沙漠上一起生活時，他們會利用短刀刀械敲擊一塊打火石來生火，而現在他們則是從他們的收音機或電視機，來聽取或觀看全世界的消息。二十五年前，他們關切的事情是部落的偷襲，現在卻是世界霸權對於武器管制的意見衝突和未來可能發生的「星戰」。今天的拉希德人就像我們其他人一樣，知道他們要面對核子滅絕的可能性。

如果我們還能殘存下來，不管情況如何，未來真正的地理探險應該是到外太空或是深海裡。此外，進行探險的方法唯有藉助現代科技和龐大的經費才能達成；每一項探險的參與者無可避免的將限定於少數被選定的人士。拜內燃機之賜，地球表面已經完全開發探索，不再能讓任何有心探險的個人去探訪未知的地方。

在一些艱困條件下，以步行的速度旅行，我或許是這種歷史傳統中最後的探險家。當我和外面的世界完全失聯，完全得依靠我那些部落同伴時，我最快樂。我的成就來自於贏得他們的信賴。我所得到的回饋，就是：在阿比西尼亞，我是第一個探索奧薩蘇丹領地的歐洲人；在阿拉伯，我曾經到達利瓦綠洲，發現寓言傳說的那個烏姆艾爾沙敏流沙；而且，在我的旅行中，有許多次，我真的是適時到達那裡。

BBC地球臥遊系列

城邦書號	書名	著編者	定價
MB1001E	大旅行—七位旅行名家七段冒險歷程	柯林・施伯龍等	1000
MB1002E	火車大旅行—六位名家六段火車風情	馬克・涂立等	特價599
MB1003E	不可思議的旅程—六種動物的自然旅行	奈吉爾・馬文	特價799
MB1003	不可思議的旅程—六種動物的自然旅行（平裝版）	奈吉爾・馬文	399
MB1004E	歷史鐵道大旅行—七位名家七段火車浪漫遊	艾力克賽・賽爾等	特價799
MB1005E	亞歷山大東征傳奇—從希臘到印度的帝國之夢	麥可・伍德	特價799

當代名家旅行文學

城邦書號	書名	著編者	定價
MM1001D	走過興都庫什山	艾瑞克・紐比	特價199
MM1002	那裡的印度河正年輕—小西藏巴提斯坦漫遊記	黛芙拉・墨菲	320
MM1003	交會的所在—追尋亞美尼亞人的蹤跡	菲利普・馬斯登	320
MM1004	千里入禁地（上）—丹斯格橫越亞洲之旅	尼克・丹斯格	260
MM1005	千里入禁地（下）—丹斯格橫越亞洲之旅	尼克・丹斯格	260
MM1006	東方王朝—印尼三島之旅	諾曼・路易斯	300
MM1007	尋找說故事的人—追隨史蒂文生的南太平洋之旅	葛文・貝爾	320
MM1008	精靈之城—德里一年	威廉・達爾林普	340
MM1009	白色南國—南極大陸新奇之旅	莎拉・威勒	340
MM1010	2500公里的足跡—一個女子、四隻駱駝橫越澳洲沙漠	羅蘋・戴維森	300
MM1011	拉達克之旅	安德魯・哈維	300
MM1012	香料群島之旅—追尋「天擇論」幕後英雄華萊士	提姆・謝韋侖	300
MM1013	慢船到中國（上）	葛文・楊	280
MM1014	慢船到中國（下）	葛文・楊	280
MM1015	深入賽普勒斯—神話與戰爭紋身的國度	柯林・施伯龍	300
MM1016	意志極境—徒步橫越南極大陸	雷諾夫・費恩斯	340
MM1017	西藏追蹤（上）—追尋楊赫斯本探險傳奇	派區克・法蘭區	280
MM1018	西藏追蹤（下）—追尋楊赫斯本探險傳奇	派區克・法蘭區	280
MM1019	老巴塔哥尼亞快車（上）—從北美到南美的火車之旅	保羅・索魯	280
MM1020	老巴塔哥尼亞快車（下）—從北美到南美的火車之旅	保羅・索魯	280
MM1021	夢憶非洲	庫琪・高曼	320
MM1022	綠色安息日—人類學家海爾達玻里尼西亞生活紀實	索爾・海爾達	320
MM1023	葉門—字典國度奇幻之旅	提姆・麥金塔－史密斯	320
MM1024	亞平寧的愛情與戰爭	艾瑞克・紐比	300
MM1025	萬物之名—刻鏤在埃及塵沙中的生命、語言與開端	蘇珊・布琳德・莫若	280
MM1026	傳說之城—踏尋英俄大競力的歷史現場	菲利普・格雷茲布魯克	340
MM1027	赫丘力士之柱（上）—周遊地中海	保羅・索魯	300
MM1028	赫丘力士之柱（下）—周遊地中海	保羅・索魯	300
MM1029	幽黯國度—記憶與現實交錯的印度之旅	V.S. 奈波爾	340
MM1030	險峰歲月—第一個登上聖母峰的探險家希拉瑞傳奇	艾德蒙・希拉瑞	340
MM1031	金色船隊—史上最後運穀大賽	艾瑞克・紐比	320

MM1032	世界的盡頭—種族與文化的邊境之旅	羅柏・卡普蘭	460
MM1033	雲霧森林—亞馬遜叢林探險紀事	彼得・馬修森	300
MM1034	尋找聖靈戰士—俄羅斯東正教倖存史	菲利普・馬斯登	300
MM1035	在印度的微光中—諾貝爾桂冠詩人帕茲的心靈之旅	歐塔維歐・帕茲	260
MM1036	出發與抵達	艾瑞克・紐比	260
MM1037	尋找烏巴—沙海下的亞特蘭提斯	麥可・克萊普	380
MM1038	非洲沉默—珍稀動物悲歌	彼得・馬修森	300
MM1039	印度沒有句點	馬克・涂立	360
MM1040	順風車遊越南	凱倫・穆勒	340
MM1041	日本驚奇—追隨一位傳奇女子的文學之旅	伊芙琳・凱	220
MM1042	窮山惡水美國夢	強納森・雷班	340
MM1043	最後的貝都人	麥克・艾許	360
MM1044	騎大象走印度	馬克・山德	300
MM1045	奧圖曼大地巡禮	菲利普・格雷茲布魯克	300
MM1046	阿富汗護身符—中亞高原萬里行	席拉・潘恩	320
MM1047	叢林詭計—航向印尼獵頭族禁地	馬克・山德	220
MM1048	錫卡的鳳凰木—非洲童年憶往	艾絲珮絲・赫胥黎	360
MM1049	尋找成吉思汗—騎馬橫越蒙古大草原	提姆・謝韋倫	320
MM1050	與丹吉爾人同行	提姆・麥金塔－史密斯	380
MM1051	維迪亞爵士的影子—一場橫跨五大洲的友誼	保羅・索魯	420
MM1052	航向長夜的捕鯨船—《白鯨記》背後的真實故事	拿塔尼爾・菲畢里克	320
MM1053	超越天與地—雷龍之國不丹的隱秘歲月	潔米・惹巴	360
MM1054	印度：受傷的文明	V.S. 奈波爾	260
MM1055	長江萬里行—一條時間之河的故事	賽門・溫徹斯特	400
MM1056	在信徒的國度—伊斯蘭世界之旅（上）	V.S. 奈波爾	300
MM1057	在信徒的國度—伊斯蘭世界之旅（下）	V.S. 奈波爾	300
MM1058	尋找白鯨記	提姆・謝韋倫	260
MM1059	沿岸航行	強納森・雷班	360
MM1060	重返西西里	諾曼・路易斯	200
MM1061	千里下恆河	艾瑞克・紐比	340
MM1062	三等車票	希瑟・伍德	460
MM1063	縱走日本二千哩	亞蘭・布斯	340
MM1064	水路入朱諾—從西雅圖到阿拉斯加的藍色公路之旅（上）	強納森・雷班	300
MM1065	水路入朱諾—從西雅圖到阿拉斯加的藍色公路之旅（下）	強納森・雷班	300
MM1066	皮革輕舟勇渡大西洋—重現六世紀聖布倫丹傳奇	提姆・謝韋倫	360
MM1067	追逐光之山—揭開印度歷史名鑽身世之謎	凱文・羅施畢	340
MM1070	午夜快車—歐亞大陸放浪行（上）	澤木耕太郎	300
MM1071	午夜快車—歐亞大陸放浪行（下）	澤木耕太郎	300
MM1072	長草叢中的死亡	彼得・凱普史迪	320

MM1073	在群山之間	威福瑞・塞西格	260
MM1074	究竟之旅	理察・伯恩斯坦	450
MM1075	史坦貝克俄羅斯紀行	約翰・史坦貝克	260

不歸類

城邦書號	書名	著編者	定價
MI1001D	人猿泰山（電影原著小說）	艾德格・萊斯・伯洛茲	199
MI1002	安娜與國王	安娜・李奧諾文斯	280
MI1003	一個騎兵在中國──從北京古城到雲南邊境五千里遊蹤	文格德	240

探險與旅行經典文庫

城邦書號	書名	著編者	定價
ML1001E	我的探險生涯（上）──西域探險家斯文・赫定回憶錄	斯文・赫定	上下冊
ML1002E	我的探險生涯（下）──西域探險家斯文・赫定回憶錄	斯文・赫定	合購399
ML1003C	阿拉伯沙地－當代探險名家塞西格阿拉伯沙漠之旅	威福瑞・塞西格	480
ML1004C	獨自一人──南極洲歷險記	李察・柏德	480
ML1005C	沼地阿拉伯人──當代探險名家塞西格阿拉伯沼澤之旅	威福瑞・塞西格	480
ML1006C	新疆地埋寶藏記	愛爾伯特・馮・李・寇克	480
ML1007C	夜航西飛	白芮兒・瑪克罕	480
ML1008C	戈壁沙漠	蜜德雷・卡柏等	480
ML1009C	智慧七柱（上）附DVD	T.E.勞倫斯	299
ML1010C	智慧七柱（下）	T.E.勞倫斯	480
ML1011C	拉薩之旅	亞歷珊卓・大衛・尼爾	480
ML1012C	日昇之處	亞歷山大・威廉・金雷克	480
ML1013C	康提基號海上漂流記	索爾・海達爾	480
ML1014C	山旅書札──一位女士在洛磯山脈的生涯	伊莎貝娜・璐西・博兒	480
ML1015C	小獵犬號航海記（上）	達爾文	480
ML1016C	小獵犬號航海記（下）	達爾文	480
ML1017C	前進阿姆河之鄉	羅勃・拜倫	480
ML1018C	世界最險惡之旅（上）	艾普斯雷・薛瑞－葛拉德	480
ML1019C	世界最險惡之旅（下）	艾普斯雷・薛瑞－葛拉德	480

旅人之星

城邦書號	書名	著編者	定價
MS1001	看不見的巴黎	楊子葆	299
MS1002	印度謎城──瓦拉那西	林許文二／陳師蘭	399
MS1003	日光城市・雪之領域	鄭栗兒	320
MS1004	想飛的翅膀	鄭明華	220
MS1005	旅行何必正經八百	溫小平	230
MS1006	帶著娃兒移居北海道──台灣媽媽北國生活札記	李道道	220
MS1007	一個台灣醫生的絲路假期	歐陽林	200
MS1008	舞動歐洲加年華	孫守仁	399
MS1009	捷運公共藝術拼圖	楊子葆	280
MS1010	行過烽火大地	張翠容	280
MS1011	想飛家族	顧澄如	160
MS1012	行旅畫帖	雷驤	580

張耀作品集

城邦書號	書名	著編者	定價
NH1001	東京・雨・十三度／上海77層樓	張耀	450
NH1002	叫Café的地方	張耀	460

葉錦添作品集

城邦書號	書名	著編者	定價
MK1001	流白	葉錦添	680

EUREKA圖文版

城邦書號	書名	著編者	定價
ME1001	巴黎迷路風情	稻葉宏爾	340
ME1002	極光與峽灣的國度	小谷明	240
ME1003	英國妖精與傳說之旅	森田吉米	300

EUREKA文庫版

城邦書號	書名	著編者	定價
ME2001	沒有預約的旅程	愛麗絲・史坦貝克	320
ME2002	尋找魯濱遜	高橋大輔	260
ME2003	巴黎到月球	亞當・高普尼克	360

旅行文學是關於行動的文學，一邊是行動，一邊是文學。
旅行可以鍛鍊心智的成長，閱讀題材豐富多樣的旅行文學作品，
則是最輕鬆也最容易進行的發現之旅。

赫丘力士之柱（上）（下）

——周遊地中海

The Pillars of Hercules

作者／保羅・索魯
譯者／薛璞
定價／上下冊各300元

詹宏志導讀推薦

地中海之旅向來被視為教育之旅，一趟尋找智慧與經驗的旅程。保羅・索魯決定不搭飛機，只藉助火車、公車、渡輪以及船舶。這段旅程行經十七個國家，行走一年半才完成。書中敘述了各式各樣的小故事，並穿插引述曾寫過地中海的作家與作品，如海明威、勞倫斯・杜雷爾、T.E.勞倫斯等人。旅行途中，還拜訪知名女作家陶樂希・卡琳頓；諾貝爾文學獎得主馬富茲；也拜訪旅居摩洛哥的美國知名作家鮑爾斯。索魯與這些文學大家的智慧對話是當代文壇重要記錄。

作者介紹

他是當今文壇一位特立獨行的作家
也是一個瘋狂的旅行者
更是反省「旅行」本身的旅行者
索魯的旅行一向別出心裁，是想像力最奇詭的旅行作家
對「旅行書寫」有獨到的見解
多數的旅遊作品的重心在一個獨特的「旅遊地」
索魯就刻意創造一個沒有旅遊地的旅程
多數的旅遊作品的「美滿結局」是回家
他就寫下一本「旅行者沒有回家」的奇特旅行書
他寫小說和旅行文學，兩者都舉世矚目……

這個書系所引介的，幾乎都是當代重要的旅行文學作家，
每本書的旅行路線也都很特別，加上作者獨到的觀察與精彩的文筆，
更增添閱讀的樂趣。

精靈之城
——德里一年 City of Djinns

威廉．達爾林普／著
黃芳田／譯
25開平裝／定價：340元

一九九四年湯瑪士．庫克旅行文學獎得獎作品

威廉．達爾林普曾獲《週日時報》年度英國青年作家獎。二十二歲時，便出版了暢銷又備受好評的《在薩那都》，並於一九九〇年獲得《約克郡郵報》的最佳處女作品獎，以及蘇格蘭藝術協會春季圖書獎。

印度，一個大家耳熟能詳卻又陌生的國家。德里，則是印度史上衝突不斷又充滿精靈的都城。儘管它曾經一次又一次地遭到侵略者焚城，千年復千年，但因有精靈的守護，這個城市也一次又一次如火鳥般浴火重生，就像印度教徒所相信的輪迴轉世之說，肉體會經由一再的輪迴直到變得完美為止，德里似乎也注定了要百年復百年地以新輪迴之姿出現。

作者威廉．達爾林普帶著無限的好奇，與藝術家妻子從英國遷居到遙遠的前英國殖民地德里，他拋棄意識形態與種族優越感，記錄親眼目睹的德里景象與耳聞的德里掌故，穿梭於歷史與現實之間，述說印度人眼中的「精靈之城」——德里的古往今來，以及英國殖民的遺風。

◆「本書不純然是旅遊作品，它是一個獨一無二、充滿溫柔、歡樂和學習精神的心靈，對於呈現在眼前的古城所做出的反應紀錄……達爾林普絕非僅是個旅行家而已，他的成就更遠在其上，這是個獻身於文字的作者……為他的讀者帶來手不釋卷的閱讀樂趣。」—詹．莫瑞斯《獨立報》

◆「本書是一本集歷史與日記大成的趣味之作，基於深深的好奇心，而追尋那些屬於遙遠年代、但仍在二十世紀德里出沒的魅影煙雲。」——《每日電訊報》

◆「……〔本書〕是本穿梭於時間和往來於空間的旅遊見聞錄，環繞著現在與過去打轉，在二者之間來回擺盪。達爾林普以空中飛人般的特技，輕鬆地表現出手到擒來的講故事本領……本書還有一大優點，就是作者不懷任何偏見或盲從觀點，他在探討德里時，把意識形態與種族的包袱全都拋掉，只是一貫地充滿好奇、研究精神、投入其中，因為洞燭而增長的見識……是近年來有關首都的精心之作。」——《今日印度》

cité 城邦

劃撥帳號1896600-4　　戶名：城邦文化事業（股）公司
電話：（02）2397-9853　　地址：台北市信義路二段213號11樓
（02）2397-9854　　全省各大書店均售

旅行文學是關於行動的文學，一邊是行動，一邊是文學。
旅行可以鍛鍊心智的成長，閱讀題材豐富多樣的旅行文學作品，
則是最輕鬆也最容易進行的發現之旅。

西藏追蹤（上）（下）

——追尋楊赫斯本探險傳奇

YOUNGHUSBAND

作者／派區克・法蘭區
譯者／鄭明華
定價／上下冊各280元

詹宏志導讀推薦

法蘭西斯・楊赫斯本（Francis Younghusband），他有個中文名字叫榮赫鵬，
大英帝國最後一顆閃亮的探險明星，
是記者、間諜，也是地理學家；
是帝國主義者、宗教導師，也是作家、哲學家。
這位傑出的探險奇人，
卻在一場政治與探險的激情導演下，
為西藏帶來近百年慘烈的命運……
作者派區克深入西藏歷史現場，
跨越八十年時空，展開一場「追尋楊赫斯本」解謎之旅，
寫下這部令人激賞、不容錯過的傑出傳記。

「法蘭西斯・楊赫斯本集軍人、神秘主義者與探險家於一身。他完成大英帝國晚期的夢想，成為另一個馬可孛羅或阿拉伯的勞倫斯。他在派區克・法蘭區所著傑出的傳記中，再度呈現其一生多彩而有趣的面向。法蘭區巧妙地將他自己的研究及楊赫斯本的事蹟交織成章，字裡行間展現歷史的透視空間。由親切的序文至富有啓示的結語，全書貫穿刺激、幽默、好奇與深入的觀點。」—— **麥可・赫洛伊德** ——

「我無能力為這部技巧純熟、筆調愉悅的作品下評語……『楊赫斯本』是一本傳記傑作，公平、坦白，讀來津津有味……在現代傳記中頗為少見。」—— **詹・摩里斯，《獨立報》** ——

「作者第一部震撼人心的英國人物傳記作品，為數十年來少見的佳作。」—— **尼亞爾・費格森，《每日郵報》** ——

「這是一部美妙之作：技巧純熟、聰穎、公正、有趣，最重要的是忠於史實……在這本以楊赫斯本的奇遇為主題的書中，法蘭區將其引人矚目的一生轉化成首部傑出傳記。可以預見，如此有趣且具創造性的傳記，未來亦將極少見。」—— **威廉・達林普，《目擊者》** ——

國家圖書館出版品預行編目資料

我選擇的生活：世紀探險家塞西格回憶錄／威福瑞.塞西格（Wilfred Thesiger）著 ； 趙惠群譯 . -- 初版 . -- 臺北市：馬可孛羅文化出版：
城邦文化發行，2002〔民91〕
面； 公分 . --（當代名家旅行文學；76）
譯自：The life of my choice
ISBN 986-7890-21-3（平裝）

1. 塞西格(Thesiger, Wilfred, 1910--) — 傳記 2. 衣索匹亞 — 歷史 3. 衣索匹亞 — 描述與遊記

762.25 91019714

【當代名家旅行文學】76

我選擇的生活──世紀探險家塞西格回憶錄
The Life of My Choice

作　　者／威福瑞・塞西格（Wilfred Thesiger）
譯　　者／趙惠群
策　　劃／詹宏志
責任編輯／黃美娟
封面設計／王小美

發 行 人／涂玉雲
出　　版／馬可孛羅文化
台北市信義路二段213號11樓
電話：(02)23560933
E-mail：marcopub@cite.com.tw
發　　行／城邦文化事業股份有限公司
台北市愛國東路100號
電話：(02)23965698
郵撥帳號／1896600-4 城邦文化事業股份有限公司
http://www.cite.com.tw
E-mail：service@cite.com.tw
香港發行所／城邦（香港）出版集團有限公司
香港北角英皇道310號雲華大廈4/F，504室
E-mail：citehk@hknet.com
馬新發行所／城邦（馬新）出版集團
Cite (M) Sdn. Bhd. (458372 U)
11, Jalan 30D/146, Desa Tasik, Sungai Besi,
57000 Kuala Lumpur, Malaysia.
電話：603-9056 3833　傳眞：603-9056 2833
E-mail：citekl@cite.com.tw
排版印刷／中原造像股份有限公司
初　　版／2002年11月5日
定　　價／480元

ISBN：986-7890-21-3　　（英文版 ISBN：0-00-637267-8）